Ana María Rodas (Guatemala), corazón y cerebro.
Poesía completa (1973-2015) y acercamientos críticos

Frances Jaeger, editora

Escritores Esenciales de la América Central 4
Casasola Editores, 2026

Ana María Rodas (Guatemala), corazón y cerebro.
Poesía completa (1973-2015) y acercamientos críticos
Frances Jaeger, editora

Primera edición © 2026
Poemas, © Ana María Rodas
Serie Escritores Esenciales de la América Central 4
Editora general, María Roof
Diseño de portada: Alicia Castillo
Diagramación y cuidado editorial: Óscar Estrada
528 páginas, 6" x 9"
ISBN-13: 978-1-942369-79-0
ISBN-10: 1-942369-79-4
Impreso en Estados Unidos

La serie «Escritores Esenciales de la América Central» reúne en un solo tomo crítica, reseñas, entrevistas, biografía, discursos, fotografías, bibliografía y otros materiales relacionados con los autores contemporáneos más destacados de la región. Su objetivo es promocionar a los escritores cuya obra no ha recibido hasta ahora su merecida atención crítica.

Para proponer un nuevo tomo, ver requisitos en la página de Casasola Editores (casasolaeditores.com) o dirigirse a Óscar Estrada: oscarestradahn@gmail.com.

Publicados:

#1. *Rosario Aguilar (Nicaragua): acercamientos críticos*

María Roof, editora. Casasola Editores, 2017

#2. *Julio Escoto (Honduras): Memoria e imaginación en su obra literaria*

Helen Umaña, editora. Casasola Editores, 2023

#3. *Gloria Guardia (Panamá): acercamientos críticos*

Nilsa Lasso-von Lang, editora. Casasola Editores, 2024

#4. *Ana María Rodas (Guatemala), corazón y cerebro. Poesía completa (1973-2015) y acercamientos críticos*

Frances Jaeger, editora. Casasola Editores, 2026

Ana María Rodas (Guatemala), corazón y cerebro.
Poesía completa (1973-2015) y acercamientos críticos

Frances Jaeger, editora

Tengo hígado, estómago, dos ovarios,
una matriz, corazón y cerebro, más accesorios.
Todo funciona en orden . . .

. . .

¿Qué esperaban?

¿Que tuviera ojos,
glándulas,
cerebro, treinta y tres años
y que actuara
como el ciprés de un cementerio?

–Ana María Rodas, *Poemas de la izquierda erótica*

Tengo una piel que emite señales de luciérnaga
en tiempos de apareo
un cerebro que imagina abrazos

–Ana María Rodas, *El fin de los mitos y los sueños*

Agradecimientos

Este libro es el resultado de la generosidad, la colaboración y la cooperación de muchas personas. Primero, quiero agradecerle a Ana María Rodas por otorgar el permiso de reproducir su poesía, por responder a múltiples preguntas y por enviar gran parte de las fotografías que aparecen en el libro. Sin sus contribuciones, este volumen jamás habría llegado a publicarse en su presente forma.

Asimismo, Maria Roof merece mi profundo agradecimiento por su infinito apoyo, sus acertadas observaciones y su ojo de águila al editar el manuscrito. A través de los años, me ha acompañado desde la primera mención del proyecto hasta la revisión final. Ha sido una colega magnífica y una fiel amiga durante mi carrera académica y le quedo agradecida por su constante fe en mis capacidades.

Le agradezco a Barbara Dröscher el permiso de traducir al español el capítulo sobre Ana María Rodas de un libro suyo, además de las horas que ella dedicó a la revisión del texto. Su generosidad y sus sugerencias han mejorado considerablemente el producto final.

Les agradezco a todos los autores de los artículos críticos: a Jorge Chen y Francisco Solares-Larrave por sus ensayos nuevos escritos expresamente para este tomo, y a Sofía Kearns, Teresa San Pedro, Oralia Preble-Niemi, Anabella Acevedo Leal, Aida Toledo, Mónica Albizúrez y Milagros Palma por sus contribuciones y por su colaboración al mandarme los textos y así facilitar la preparación de esta edición. Sin el aporte de estos participantes, la sección crítica del libro quedaría menos lujosa.

Es imprescindible para las antologías críticas contar con los ensayos más selectos ya publicados y la anuencia de los editores responsables de su publicación anterior para su reproducción en este tomo. Mis agradecimientos a: Roy C. Boland de la revista *Antípodas*, Françoise Aubès y Florence Olivier de la revista *América-Cahiers du Criccal*, Néstor Ponce de la revista electrónica *Amerika*, Isolda Arita de la Editorial Guaymuras, Ulysses Cifentes de la Editorial Palo de Hormigo e Ylonka Nacidit-Perdomo, presidenta de la Asociación Crítica Dominicana Literaria sobre Escritoras Hispanoamericanas (CDLEH). Agradezco también la colaboración de Janet Gold al facilitar el contacto con la editorial Guaymuras y de Diane Marting por establecer nexos con la ministra de la Mujer de la República Dominicana.

Quisiera también agradecerle al Consejo Editorial de la serie "Escritores Esenciales de la América Central" de Casasola Editores por favorecer la publicación de este libro y apoyarlo con tanto entusiasmo.

Finalmente, un agradecimiento especial a Francisco Solares-Larrave, mi otro par de ojos de águila, que se ha hecho presente en todos mis proyectos, y quien me presentó a Ana María Rodas por vez primera hace muchos años y así sembró la semilla que ahora afloró en esta publicación de poesía y crítica. Como él, ninguno.

Y por último, un enorme "gracias" a Edmundo por los muchos momentos cuando me dejó trabajar en paz para que pudiera terminar este libro. Sé que hubo veces en que realmente querías mi atención, querido hijo, pero decidiste respetar mi labor profesional y te lo agradezco profundamente.

Contenido

Introducción. "Ana María Rodas: 50 años de poesía"

Frances Jaeger, editora

Poesía inconcebible

Ana María Rodas es una figura clave que marca un antes y después en la poesía centroamericana. Su primera colección, *Poemas de la izquierda erótica* (1973), renovó el lenguaje poético, la imagen de la mujer poeta y la concepción de lo que es poesía. Rodas es una poeta trascendental en las letras contemporáneas, cuyos cinco poemarios, por vez primera, aparecen reunidos en un solo tomo. Aprovechamos el cincuentenario de la publicación de su poemario inaugural para brindar un panorama retrospectivo de la totalidad de su obra poética, acompañado de las mejores indagaciones sobre su proyección y vigencia.

Este tomo, *Ana María Rodas (Guatemala), corazón y cerebro. Poesía completa (1973-2015) y acercamientos críticos*, de la serie Escritores Esenciales de la América Central, reproduce toda su poesía publicada hasta el último libro y datos biográficos de las circunstancias y condiciones vitales tras la obra literaria, intercaladas en el escueto esquema del contexto contemporáneo de eventos claves en Guatemala. La bibliografía de las obras publicadas, tanto de poesía como de narrativa, los premios y reconocimientos preceden una nutrida selección de las apreciaciones profesionales de renombrados expertos en el estudio de la palabra.

Esta doble antología de obra y crítica nos invita a imaginar la poesía de Ana María Rodas como un conjunto complejo, intelectualmente atrevido, contestatario y revisionista, que a la vez continúa una larga tradición poética en Centroamérica, América Latina y el Occidente. Los artículos críticos nos sugieren múltiples constelaciones prismáticas desde las cuales acercarnos a esta poesía en sus polifacéticos contextos.

Presentamos una visión diversa y detallada de una poeta que ha vivido y ha escrito durante las etapas más duras de la historia de su país. Esquivando categorías ideológicas simplistas, la voz rebelde de Ana María Rodas sobresale en su poesía, pero esa no es su única voz. Con candidez, ella nos admite en su mundo íntimo y su mirada implacable nos obliga a encarar lo que quizás no quisiéramos reconocer: depresión, dolor, injusticia, genocidio.

Esperamos que la lectura de todos los poemas publicados entre 1973 y 2015 intensifique la gran estima de su obra y confirme la rica trayectoria de su estética poética a lo largo de cinco décadas, a la vez que apoye nuevos estudios sobre esta poeta esencial en la historia de las letras hispanoamericanas.

Polémica más que celebración: "esto no es poesía"

En 1973 estalló una bomba literaria en Guatemala con la publicación de *Poemas de la izquierda erótica* de Ana María Rodas. En ese primer poemario emerge una voz nueva y fresca cuya individualidad cambia para siempre la literatura denominada "femenina" en Centroamérica. Antes, la poesía guatemalteca escrita por mujeres seguía cierto marcado patrón: lenguaje florido, enfoque en temas "apropiados" para las poetisas, desestimación y relegación a una posición inferior en la literatura nacional. De buenas a primeras, Rodas revela una poesía subversiva de aquellos límites, expresada en lenguaje coloquial y cotidiano, y exterioriza de manera directa sentimientos y pensamientos inauditos, como el deseo femenino, disconformes con el ideal burgués de la mujer decente. De ahí que críticos literarios de la talla de Luz Méndez de la Vega, Dante Liano, Magda Zavala, Barbara Dröscher y Teresa San Pedro, entre otros, hayan afirmado la posición central de Ana María Rodas en el feminismo latinoamericano y la nueva literatura escrita por mujeres a partir de los años setenta.

La publicación de *Poemas de la izquierda erótica* marca un parteaguas en la poesía femenina centroamericana y causa polémica por su lenguaje, temática y técnicas, además de su modo inusitado de promoción. No tarda en aparecer el rechazo oficialista —"esto no es poesía"— , pero gracias a la otra identidad profesional de Rodas, la de periodista, el poemario logra captar la atención pública. Se colocan ejemplares a la venta en los supermercados de la ciudad capital de Guatemala,[1] lo cual posibilita el contacto directo con un público lector más amplio, y el libro logra ganar asiduos lectores fuera del país.

Con la actual posición privilegiada de Rodas en las letras, nos parece insólito que hasta la fecha los análisis de su poesía se hayan limitado a capítulos aislados en libros y artículos dispersos en revistas nacionales e internacionales. Existe un solo compendio de crítica literaria dedicado exclusivamente a Rodas: *Desde la zona abierta* (2004), editado por Aida

1. Erich Hackl incluye este detalle en el ensayo que acompaña la reedición en 2019 de *Poemas de la izquierda erótica* por la editorial de Madrid, papeles mínimos ediciones.

Toledo, excelente compilación para su época de selectos ensayos, unos originales, otros ya publicados. Según nuestras investigaciones, una sola tesis doctoral (1995) y dos tesis de maestría (2016 y 2017) analizan su obra.[2] Aún más llamativa es la falta de estudios sobre su último poemario, *Esta desnuda playa*, de 2015. Parece paradójico que se reconozca la importancia de Rodas como figura clave de las letras latinoamericanas, especialmente las centroamericanas, pero que su obra más reciente no haya recibido atención crítica.[3]

El patriarcado ignorante a la defensiva

Irónicamente, en sus denuncias de la novedosa poesía de Rodas el patriarcado ignoraba un hecho innegable: algunos de los aspectos despreciados reflejaban prácticas alabadas en poetas hombres de otras épocas. Un ejemplo entre otros: el lenguaje vulgar —muy común en la poesía de los antiguos griegos y romanos, como Catulo, y no digamos en el Siglo de Oro con Quevedo— o el rechazo de lo supuestamente poético, como Nicanor Parra en su antipoesía de 1954.

De vez en cuando se resucita la lamentable y falsa polémica inicial sin reconocer que aquellas acusaciones eran prueba del fuerte machismo y misoginia que reinaba en Guatemala en aquella época. Tampoco se admite fácilmente que esas críticas de los años setenta mostraran la ignorancia literaria y cultural de quienes las pronunciaban porque no eran conscientes de sus propios antecedentes literarios.[4] Por desgracia, repetir las notas de desprecio sin reconocer que son simples muestras de machismo les otorga cierta autoridad táctica, aunque carecen de valor crítico.

---

2. Ver detalles en el Anexo II. Estudios de las obras de Ana María Rodas.

3. Huelga decir que si se compara esta situación con la de otros poetas centroamericanos importantes, como Ernesto Cardenal, Roque Dalton u Otto René Castillo, por ejemplo, una omisión de este tipo sería impensable. Magda Zavala, al comentar la recepción de *Poemas de la izquierda erótica* en 1973, halla que "El país y específicamente su propio entorno literario, desestiman su trabajo que no calzaba entre los modelos literarios aceptados" (63). Yo diría que, desafortunadamente, cierta malintencionada desestimación crítica se ha mantenido a lo largo de la producción poética de Rodas.

4. Es importante recordar que varios poetas reconocidos en Guatemala, como Luis Alfredo Arango, admitieron conocer e incorporar las técnicas "antipoéticas" del chileno Nicanor Parra en su *Poemas y antipoemas* (1954), además de las tendencias poéticas de las literaturas latinoamericanas y mundiales contemporáneas.

Erotismo, feminismo y mucho más

Una de las revelaciones que nos produjo la revisión de los análisis críticos a considerarse para este tomo fue que el magno estallido literario de *Poemas de la izquierda erótica* en 1973 marcó una pauta interpretativa que se mantuvo durante décadas. Parece que una obra literaria de profundo impacto en un momento histórico concreto crea el riesgo de que las interpretaciones de toda palabra posterior queden circunscritas por las primeras impresiones. Un simple vistazo a los artículos sobre la poesía de Rodas confirma esta tesis: predominan los estudios sobre *Poemas de la izquierda erótica* y el segundo mayor enfoque recae sobre los dos poemarios siguientes: *Cuatro esquinas del juego de una muñeca* (1975) y *El fin de los mitos y los sueños* (1984).[5] El cuarto poemario, *La insurrección de Mariana* (1993), ha recibido menos atención, pese a los esfuerzos de Barbara Dröscher y Oralia Preble-Niemi por destacar su valor.[6] El estudio más extenso de la poesía de Rodas es el apreciado ensayo sobre los cuatro primeros poemarios publicado en alemán por Dröscher en 2004.[7] Sin embargo, ningún estudio crítico analiza la colección más reciente, *Esta desnuda playa* (2015).

El error de asumir que un solo poemario represente la totalidad del corpus literario de un autor ha distorsionado la percepción de la poesía de Ana María Rodas. El predominio del erotismo feminista como nota definitoria de *Poemas de la izquierda erótica* ha oscurecido los muchos otros temas expuestos por Rodas a lo largo de su obra, como la depresión, el suicidio, las dificultades sociales de la mujer divorciada, el impacto de las décadas de Guerra Sucia en Guatemala, las paradojas ocultas de la praxis política liberal en América Latina, el complejo de culpabilidad de los sobrevivientes durante las negociaciones de paz, la lucha constante de afirmar un lugar en el mundo y la cultura popular.

Algunos estudios han destacado la diversidad temática de Rodas pero la seducción del erotismo de *Poemas de la izquierda erótica* ha sido casi irresistible.[8] Aunque esta reducción mediante el filtro de un tema

---

5. La tendencia de concentrarse en *Poemas de la izquierda erótica*, *Cuatro esquinas del juego de una muñeca* y *El fin de los mitos y los sueños* obedece a cierta lógica. El hecho de que los primeros poemarios se hayan reeditado dos veces en un solo volumen subraya los fuertes lazos para Rodas entre las tres obras.

6. Rodas declara que este libro es "raquítico", pero concordamos con Dröscher en que es un libro sumamente complejo que merece más atención.

7. En este tomo aparece por primera vez el ensayo de Dröscher traducido al español: "Ana María Rodas: contribuciones a la literatura contemporánea".

8. Además de los esfuerzos de Dröscher y Preble-Niemi, los análisis de Mónica

predominante es siempre lamentable, en el caso particular de Rodas ha resultado particularmente limitante.[9] Para mencionar un solo ejemplo, *Esa desnuda playa* contiene muchos poemas interesantes, aunque de ninguna manera eróticos, que refieren a la cultura popular y al contexto cultural contemporáneo, que no responden a la percepción excluyente de Rodas como productora de poesía erótica y feminista. Considero que este desajuste entre la apreciación de Rodas y su trayectoria poética es un factor mayor en la carencia de estudios sobre su último poemario. Tratándose de una escritora de envergadura, el silencio es desconcertante.

Junto con este desajuste entre la percepción unidimensional de Rodas y la diversidad temática de su poesía, entra en juego el estrecho contexto cultural de Guatemala en los años setenta cuando apareció *Poemas de la izquierda erótica.* Dado el uso de un lenguaje coloquial y a veces vulgar, las denuncias de que "esto no es poesía" fueron inmediatas. Además, las estrategias de mercadeo del poemario, como venderlo en supermercados y de anunciarlo en revistas y periódicos a través de sus colegas en la prensa, fueron criticadas públicamente, para sorpresa de Rodas, que había disfrutado buenas relaciones con la comunidad de escritores guatemaltecos, contando algunos como mentores y amigos. Rodas hace una lectura desde su género del desprecio y, como resultado, el texto que inicia su segundo libro, *Cuatro esquinas del juego de una muñeca*, articula deseos de romper definitivamente con el círculo cultural guatemalteco dominado por varones machistas.

Con herramientas analíticas más idóneas, la crítica internacional acertadamente examinó las poesías de Ana María Rodas, descubriendo, entre otras dignas características, sofisticación artística, innovaciones de forma y fondo y vínculos entre la poeta y estimadas figuras literarias de otros lares. Como explica la poeta en una entrevista, ella pertenecía a una generación, o grupo, de escritores que leía extensamente a autores latinoamericanos además de franceses y norteamericanos. En las tertulias de la época el tema principal era la literatura, y la obra de Rodas refleja

---

Albizúrez de *El fin de los mitos y los sueños* constituye otro intento de alejarse de la limitada tendencia de ver toda la poesía de Rodas por el lente de *Poemas de la izquierda erótica.*

9. Aquí sólo señalo algo que muchos hemos percibido en los estudios sobre poetas latinoamericanos. Por ejemplo, uno se acerca a la poesía de Roque Dalton y Otto René Castillo por su fuerte compromiso político, o estudia a Nicolás Guillén desde los temas de la negritud. No obstante, mientras que los poetas masculinos también son clasificados según un tema predominante, los estudios críticos no quedan estancados en ese tema único, ignorando otros enfoques de otras obras.

su profundo conocimiento de los movimientos literarios pasados y de mediados del siglo XX.[10] De ahí la necesidad de abordar su obra desde perspectivas más abiertas.

Acercamientos críticos perspicaces

En esta antología, para complementar la inicial información biográfica y datos sobre la carrera literaria de Ana María Rodas, dos entrevistas con la poeta iluminan su vida, sus pensamientos y el contexto en el cual escribe. La primera entre Rodas y Aida Toledo es la transcripción ligeramente editada de una larga conversación entre las dos poetas en 2002. Rodas agrega detalles sobre sus libros, sus vivencias y el desarrollo de su obra. La segunda entrevista es la mía que comenzamos en 2017 pero nunca pudimos terminar, de ahí su forma fragmentada, truncada. Sin embargo, en ella, Rodas revela sus amplios conocimientos y erudición al caracterizar el contexto cultural de Guatemala que la rodeaba mientras se formaba como escritora.

Corazón y cerebro reúne selectos análisis críticos rigurosos y agudos que brindan valiosas apreciaciones de la obra poética de Ana María Rodas. De la colección previa de artículos críticos, *Desde la zona abierta* (2004), editada por Aida Toledo, hemos seleccionado solo los ensayos de Sofia Kearns y Oralia Preble-Niemi por dos razones principales: primero, no tiene sentido reproducir entero un libro existente y disponible, y, segundo, varios ensayos de *Desde la zona abierta* eran republicaciones de textos que ya habían circulado.

Las novedades de esta antología crítica incluyen: ensayos originales que se publican aquí por primera vez, los de Frances Jaeger y Jorge Chen; la actualización del prólogo a la primera edición de *El fin de los mitos y los sueños* de Francisco Solares-Larrave y la versión actualizada y editada de un artículo de Anabella Acevedo Leal; la primera traducción al español del análisis extenso y clave de Barbara Dröscher; y la republicación de artículos que solo han aparecido una vez, sea en forma impresa o en línea. Estos y los demás artículos representan lo mejor de la crítica actual sobre la obra de Ana María Rodas.

10. Ver más sobre las innovaciones de Rodas respecto a temas poéticos de antigua factura en mi ensayo de la sección de Acercamientos críticos, "Corazón y cerebro: De lo erótico a lo intelectual en la poesía de Ana María Rodas".

Desafortunadamente, varias buenas apreciaciones quedaron excluidas porque los dueños de los derechos de autor no autorizaban su reproducción o imponían tarifas irrealizables; sin embargo, los títulos aparecen en el Anexo II. Estudios de la obra de Ana María Rodas para apoyar futuras investigaciones. También, para mantener el enfoque en Rodas, se omiten estudios comparativos importantes y necesarios entre la obra de Rodas y la de otras poetas. La única excepción es el ensayo de Sofía Kearns que resalta la inspiración que significa Rodas entre las nuevas generaciones de poetas, en este caso, en la poeta maya Rosa Chávez.

Los acercamientos críticos se ordenan según la amplitud de su enfoque, empezando por los que abarcan varios poemarios, seguidos de los concentrados en una sola obra. Nuestro estudio introductorio a la sección de crítica, "Corazón y cerebro: De lo erótico a lo intelectual en la poesía de Ana María Rodas", propone un modo innovador de examinar la poesía de Rodas al leer los cinco poemarios al revés, desde el último hacia el primero, aprovechando la retrospectiva para interpretar las aparentes rupturas en los poemas como claves para constatar su diálogo con las tradiciones literarias. Se exploran intertextualidades con la tradición clásica del poeta romano Catulo del siglo I a. C., y con el nicaragüense Ernesto Cardenal y el chileno Nicanor Parra del siglo XX, para establecer, sorprendentemente, que Rodas representa una especie de antipoeta feminista dentro de un mundo patriarcal. Es, hasta la fecha, el único texto crítico sobre Rodas que analiza los cinco poemarios.

"Ana María Rodas: contribuciones a la literatura contemporánea", de Barbara Dröscher, se publicó originalmente en alemán en su libro *Mujeres letradas* (2004) sobre cinco insignes autoras centroamericanas: Carmen Naranjo (Costa Rica), Ana María Rodas (Guatemala), Gioconda Belli (Nicaragua), Rosario Aguilar (Nicaragua) y Gloria Guardia (Panamá). Es uno de los pocos textos que estudia los cuatro primeros poemarios de Rodas de manera sistemática. El análisis detallado de textos de cada poemario se beneficia de enriquecedores detalles de la vida personal de la poeta cosechados en entrevistas de Dröscher con ella. Una contribución significativa del ensayo es su extensa exploración del cuarto libro, *La insurrección de Mariana*, que otros críticos apenas abordan, pero que Dröscher estima complejo e importante. Este análisis es un aporte provechoso por las conclusiones acertadas y amplias ligadas al contexto personal.

"Ana María Rodas y la negociación con la tradición patriarcal" de Sofía

Kearns emprende un examen extenso de los tres primeros poemarios, libros que Rodas luego conceptualizó como una unidad y publicó dos veces en un solo tomo: *Recuento* (1998) y *Poemas de la izquierda erótica (trilogía)* (2004). Partiendo del contexto de la América Latina de los años sesenta, Kearns explora en detalle cómo Rodas expone la sexualidad de la mujer dentro del mundo patriarcal. Su análisis profundiza en los poemas sobre el amor y las relaciones amorosas, resaltando el discurso feminista inherente. Determina que ciertos textos dan voz a una "guerrillera de amor".

"Ana María Rodas y la ansiedad de la influencia" de Teresa Anta San Pedro analiza los tres primeros poemarios partiendo de la idea del crítico estadounidense Harold Bloom de la ansiedad de la influencia. San Pedro argumenta que Rodas cabe en su descripción del verdadero artista, enfatizando su rebeldía ante las voces que buscan callarla. Concluye que Rodas se ubica entre los poetas "fuertes", la etiqueta de Bloom para los (pocos) capaces de encarar a sus antepasados literarios, luchar y debatir con ellos y no perderse. Se examinan detalladamente los poemas que demuestran la rebeldía y la inconformidad de Rodas frente al canon literario que busca descartarla y desaparecerla.

En "La poesía de Ana María Rodas: Logos y *poiema*", Oralia Preble-Niemi aborda los primeros cuatro poemarios. Reconoce su gran impacto en términos temáticos, pero en este estudio logra algo que pocas veces se ha intentado: aislar el *poiema*, el manejo del lenguaje figurativo, la manera en la que Rodas ha trabajado cuidadosamente las imágenes y metáforas. El resultado es el aprecio por las sutilezas expresivas que frecuentemente se pierden al prestar atención crítica a las posiciones rebeldes temáticas. Al reconcentrar el eje en el *poiema*, Preble-Niemi afirma que la poesía de Rodas se halla entre la mejor de su época.

"Sobre la poesía de Ana María Rodas" fue el prólogo a la primera edición de *El fin de los mitos y los sueños* (1984) escrito por Francisco Solares-Larrave y el segundo texto crítico publicado sobre la poesía de Rodas.[11] Quedó citado en diversos estudios, aunque no figuró en las reediciones del poemario. Como Solares-Larrave explica en el ensayo siguiente de esta antología, "Actualización necesaria: usos y significados del cuerpo en *El fin de los mitos y los sueños* de Ana María Rodas", las circunstancias editoriales no le permitieron revisar el poemario antes de crear el prólogo.

11. El primero lo publicó Mario Alberto Carrera en 1983: "Ana María Rodas" en su *Panorama de la poesía femenina guatemalteca del siglo XX*.

Además, nunca esperó que ese primer intento de situar la poesía de Rodas en el contexto de su obra previa sería leído fuera de Guatemala. Ahora, varias décadas después, ha redactado una actualización y ampliación del texto inicial, ubicando el poemario de Rodas en el contexto de la poesía contemporánea latinoamericana.

"Ana María Rodas, el peso de la palabra poética" de Anabella Acevedo Leal es una versión modificada del original publicado en 1998. Hace un breve recorrido por su poesía, incluyendo abundantes detalles de la vida de la poeta. Señala los poemarios en el contexto de las vivencias de Rodas, además de hacer referencia a su profesión como periodista. El ensayo se orienta hacia la vida personal de Rodas para aclarar referencias en su poesía.

A continuación, se ubican los trabajos críticos sobre un solo poemario de Rodas. El primero es el ensayo original de Jorge Chen, "'Carta a los padres que están muriendo': diatriba y emancipación de un discurso transgresor en Ana María Rodas", que presenta un análisis a fondo del texto que abre *Cuatro esquinas del juego de una muñeca.* Partiendo de la tradición de los textos epistolares, Chen observa ciertas etapas en el desarrollo de esta carta de Rodas, lo cual le permite examinar en detalle la diatriba cuando Rodas se rebela en contra de esos "padres". Chen pone en relieve cómo este texto en particular articula el rechazo necesario para lograr una verdadera emancipación.

"Final del conflicto / final de una historia: los espacios en *El fin de los mitos y los sueños*" de Mónica Albizúrez analiza el tercer poemario de Rodas. Al situarlo en el contexto sociohistórico de Guatemala de los años setenta, la crítica emprende una exploración detallada de los espacios públicos y privados interpretados en la poesía. Determina que *El fin de los mitos y los sueños* es contemporáneo con otro testimonio guatemalteco, *Me llamo Rigoberto Menchú, y así me nació la conciencia* (1982), con la diferencia de que el poemario de Rodas da testimonio de las mujeres escritoras urbanas y ladinas que se quedaron en el país.

El ensayo de Milagros Palma, "Erotismo, heterosexualidad y violencia de género en el poemario *Poemas de la izquierda erótica* (1973) de Ana María Rodas", plantea una manera innovadora de leer el erotismo en los poemas de Rodas. En vez de ser una celebración de la sexualidad femenina, los poemas marcan una clara discrepancia entre las promesas de la izquierda latinoamericana de igualdad y libertad y la opresión y violencia que experimentan las mujeres en las relaciones heterosexuales.

La poesía de Ana María Rodas inspiró a otras mujeres a escribir y es apropiado cerrar esta sección con el texto crítico que identifica a Rodas como precursora de las generaciones siguientes, "Convergencias feministas y de justicia social en dos generaciones de poetas guatemaltecas: Ana María Rodas y Rosa Chávez" de Sofía Kearns. La obra reciente de Rosa Chávez muestra afinidades con la de Rodas en su voz rebelde femenina, pero a la vez representa otra experiencia humana: es indígena, de las etnias K'iche' y Kaqchikel y lesbiana. En el estudio comparativo de Kearns, podemos percibir el impacto de estas dos voces pioneras en las generaciones posteriores.

Las minibiografías de los contribuyentes a este tomo siguen a los acercamientos críticos, además de recursos útiles para futuros estudiosos de la obra de Rodas: referencias a su inclusión en antologías y traducciones de su obra a otras lenguas, y la bibliografía de estudios de sus obras. Redondea la antología la sección iconográfica con fotografías familiares y profesionales y las portadas de los poemarios.

Ana María Rodas (Guatemala), corazón y cerebro. Poesía completa (1973-2015) y acercamientos críticos presenta una visión más diversa y extensa de una de las figuras más destacadas de las letras hispanoamericanas actuales. Esperamos que esta doble antología sirva como punto de partida para alentar nuevas lecturas y relecturas de las poesías, a la vez que debates e innovadoras interpretaciones críticas.

Obras citadas

Carrera, Mario Alberto. "Ana María Rodas". En *Panorama de la poesía femenina guatemalteca del siglo XX*, de Carrera, Guatemala, Editorial Universitaria de Guatemala, 1983.

Hackl, Erich. "Ana María Rodas y su poesía". *Poemas de la izquierda erótica*, de Rodas, Madrid, papeles mínimos ediciones, 2019, pp. 95-103.

Parra, Nicanor. *Poemas y antipoemas*. Santiago de Chile, Nascimento, 1954.

Zavala, Magda. "En pos del mapa de la escritura poética de las autoras centroamericanas". En *Con mano de mujer. Antología de poetas centroamericanas contemporáneas (1970-2008)*, editado por Zavala, Heredia, Costa Rica, Fundación Interartes, 2011, pp. 13-139.

Poesía completa

Poemas de la izquierda erótica (1973)

Porque vivimos a golpes porque apenas si nos
dejan decir que somos quien somos
Nuestros cantares no pueden ser sin pecado un adorno

–Gabriel Celaya

Nota al lector: En nuestra edición, identificamos los poemas por el primer verso, siguiendo la tradición de las primeras colecciones de Ana María Rodas que acostumbraban omitir el título.

Domingo 12 de septiembre, 1937
a las dos de la mañana: nací.
De ahí mis hábitos nocturnos
y el amor a los fines de semana.
Me clasificaron: ¿nena? rosadito.
Boté el rosa hace mucho tiempo
y escogí el color que más me gusta,
que son todos.
Me acompañan tres hijas y dos perros:
lo que me queda de dos matrimonios.
Estudié porque no había remedio;
afortunadamente lo he olvidado casi todo.

Tengo hígado, estómago, dos ovarios,
una matriz, corazón y cerebro, más accesorios.
Todo funciona en orden, por lo tanto,
río, grito, insulto, lloro y hago el amor.

Y después lo cuento.

Estamos hechos de recuerdos
de un pelo rubio
de un pecho
                    de cuatro
                    cigarrillos
                    moribundos
De rítmicos movimientos.

El ron se hunde, ruidoso, en la garganta
--10.000 células muertas--
y el deseo
ametralla
en los dedos.

Asumamos la actitud de vírgenes
                                    Así
                                    nos quieren ellos

Forniquemos mentalmente,
suave, muy suave,
con la piel de algún fantasma

                                    Sonriamos

femeninas
inocentes

Y a la noche, clavemos el puñal
y brinquemos al jardín
abandonemos
esto que apesta a muerte

Lavémonos el pelo

y desnudemos el cuerpo

Yo tengo y tú también
hermana,
dos pechos
y dos piernas y una vulva.

No somos criaturas
que subsisten con suspiros

Ya no sonriamos
ya no más falsas vírgenes

Ni mártires que esperan en la cama
el salivazo ocasional del macho.

Como ya recorriste la vía más ancha
no tienes interés
en sus peces ni en sus pechos.

Pegado a tu pedestal
porque tú
también
tienes uno de esos
mueves los hilos de tu trama

y te olvidas
que hasta ayer
te empujaba el sentimiento.

Limpiaste el esperma
y te metiste a la ducha

Diste el manotazo al testimonio
pero no al recuerdo.

Ahora,
yo aquí, frustrada,
sin permiso para estarlo
debo esperar
y encender el fuego
y limpiar los muebles
y llenar de mantequilla el pan

Tú comprarás con sucios billetes
tu capricho
pa-sa-je-ro

A mí me harta un poco todo esto
en que dejo de ser humana
y me transformo en trasto viejo.

Aquí, en medio de llamadas de teléfono
y de trabajo por hacer
estoy despedazándome

poco a poco
en silencio.

Pequeñas crisis
pasajeras, me digo por dentro a mí misma
para ver la realidad

achicada
poco importante.

Conservo la calma,
sonrío,
casi como
y duermo a ratos
para escapar un poco de esta guerra

interior
entre glándula y neurona.

Si algún día
pudieran reemplazar el corazón y la hipófisis
por sólo piedras.

Poco a poco
un extraño proceso
me ha ido transformando en alarido

Pero sonrío
y no me quejo.

Entran mis compañeros
para mostrarme cartas,
me consultan proyectos.
Yo, un poco menos mujer,
menos humana
tapo la herida que soy, que me avergüenza,
con el vendaje estéril

de la eficiencia.

Sin que lo sepas
te estoy diciendo
que si vinieras
no podría negarte el espacio
que te tengo
guardado
en el cuerpo.

Que el deber y todas esas porquerías
de esclavitud perfecta
no podrían crecer lo suficiente
para erigir una pared en medio nuestro
que no botara mi deseo
ni tu urgencia.

Enigmático, te deslizas de la luz para la sombra.

Gran comediante,

si me mintieras menos
o si yo tuviera el valor para decirte
que te quiero
--en vez de escribir versos--
habría menos versos, cierto
pero tal vez surgirían las batallas

que por ahora
sólo existen
en mi mente.

Irrealizable,
ese es tu nuevo nombre.
Detrás de esa palabra
te escondes, un mundo diferente, desconocido,
territorio virgen para mis besos,

jungla caliente

que jamás recorrerán mis pechos ni mi vientre.

La piel, ese instrumento delicado
que me limita,
me sirve también como una espora.

Me ves pasar
y no comprendes
que al mirarte
me reduzco cada vez al estado ese

de gelatina

que sólo puede ser inteligible
para una mujer cuando está hambrienta.

Esta tarde observaba tus manos
perfectas.

--¡Cómo ardía mi piel para que la tocaras!--

Tus manos, que sólo me han dicho buenos días
que dibujan amenazas eróticas
irrealizables.
Porque cómo va a ser
que tú y yo, personajes tan rectos
y qué dirían después
y todo eso.

Además, una aventura no conduce a nada
sino a amargura
a veneno.
Y hay que pensar en los hijos
y en los diez mandamientos.
Y en la buena mujer que espera en casa.

Pero yo,
esta tarde y ahora, mucho más tarde,
me rebelo;
no por nacer rebelde
sino porque aprendí a serlo.

Porque mi piel me dice que es bueno
que se siente tan suave
el despertar del deseo
que no comprendo
cómo se mata el hambre comiendo, y el sueño
en la cama
y la sed con el agua.

Y el deseo
--este que me acapara cuando veo tus manos--
debe ser archivado como algo malo
en el cajón
más sucio del cerebro.

Sin embargo,
no todo está perdido.
Yo sigo viendo tus ojos en el sueño
                    y así, te beso
--porque la imaginación es algo serio--
cada centímetro de piel.

Tu voz me eriza cada vez que la recuerdo.

                    Me conformo con eso.
Con la memoria de lo que no ha sido,
con la experiencia negativa
de tu ausencia.

En vez de semen en las piernas y en la cama
hay una fila interminable de palabras.

No importa,
además de ser mujer, soy poeta.

Verde ¿dónde te encuentras?
¿En qué rincón de la ciudad gris
te levantas con sueño?

¿Y a dónde voy?

Verde, contéstame eso
en una carta que recibiré mañana
                         o pasado mañana
donde a fuerza de engaños
y de falsas palabras
                    no digas nada.

Me maquillo
para esconder el gris hongo que me crece
desde que te fuiste, verde,
en el fúnebre azul de la mañana.

De acuerdo,
soy arrebatada, celosa,
voluble
y llena de lujuria.

¿Qué esperaban?

¿Que tuviera ojos,
glándulas,
cerebro, treinta y tres años
y que actuara
como el ciprés de un cementerio?

Hoy he descubierto la belleza
                    de ser yo misma.

--No,
no fue así;
me lo enseñaste--

Pero al hacerme mujer
al mostrarme que los seres
                    son tan libres

comprendí
que libre-yo
y libre-tú
podemos   tomarnos de la mano
y realizar la unión sin anularnos.

Así
después de la cópula perfecta,
de la unión que no ata
                    de entregarse
                    sin miedo

con tu semen y tus besos me has vuelto
un organismo vivo
un ser perfecto.

A tí te aterra
hablar de estas cosas.

Las sientes, claro, pero sólo te carcomen por dentro.

Porque ¿cómo decir "yo deseo"?
--las mujeres no deseamos
sólo tenemos hijos--

Cómo puedes pedir a tu marido
que te lama y te monte
--eso no lo aprendiste en el colegio--

Y cuando él alcanza su orgasmo egoísta
no puedes gritarle
yo no termino.

Ni puedes masturbarte
ni buscarte un amante.

Para una mujer eso no es bueno.

Eres un niño malcriado
que necesita
jugar y chupar los dulces de otras niñas.

Edipo Rey,
mi imagen te atormenta.

Quieres pero no quieres
y en la lucha
te gusta desvirgarme diariamente
y demostrarme
--aunque me necesitas--
que inflado de soberbia navegas otros vientres.

Y todo para qué, niño pequeño,
si cuando tienes hambre
buscas mi leche.

Vamos a hacer la exhibición retrospectiva.
Fotos amarillentas;
cartas mudas que antes, cuánto hablaban.

Ante la nueva urgencia
lo que sentí alguna vez
                    ya no es recuerdo.

Sólo un absurdo pegar engendros
en las paredes de mi cuerpo.

Así, cubierta de otros hombres
                    que fueron
me tienes que desnudar muy lentamente.

Ven, no tengas miedo
en el brazo derecho todavía hay espacio
                    para otro cuadro.

Mira:
con estas manos jugué a las muñecas
y juego a ser mujer.

Las uso para comer o desnudarme.

Para estrechar
con pasión y ternura
                    tus testículos
                    --dos mundos de misterio--
tu pelo y tu silencio.

Pero también me sirven
para hundirte los ojos
para rasgar tu carne
y para hacer cicatrices profundas
                    en tu cerebro.

Hoy pensaba, sentada al lado de mis años
que varias veces tuve hijos
sin ser mujer.

Creció largo el cabello
cambió a los doce años
la forma de mi cuerpo.

Vinieron los hombres
y tuvimos placer

Y tú con tus ojos
y tu ira
y tu amor que destruye y que aniquila
me has hecho
--entre moretes y quejidos--
ser.

Aprovéchame ahora, cuando te pertenezco.
Eso me gusta, sigue.
Muérdeme un poco más los pechos.
Recorre mi cuerpo con tu lengua
                                        tibia
                                        suave.

Crece dentro de mí
lo necesito.

Empápame con fuerza
y escúchame gemir
anunciando mi nuevo nacimiento.

Eramos--pero de esto hace ya mucho tiempo--
un hombre y una mujer
con sus traumas
y sus deseos
y los pusimos juntos en el lecho.

Tú llevaste también un suéter verde
tres años perdidos
un cepillo de dientes
dos sábanas
a rayas.

Yo puse la incongruencia
tres hijas y dos perros.

Traías el fuego en la mirada
yo
la ternura.

Aprendimos a vivir con las ventanas abiertas
para que entraran por ellas
el sol y los amigos.

Lloramos cuando nos dio la gana.
Tú me hiciste
los retratos
más absurdos.
Yo te he escrito versos malos
plagados de verdadero sentimiento.

Hasta ayer podía recordar los aportes que hicimos
a nuestra felicidad
a nuestro infierno.

Mañana, como el amor es magia
no voy a saber cuáles eran tus cosas,
cuáles las mías.

Yo amo en tí
los pies
de los indios.

La piel morena
          los ojos negros.

Y te amo a tí
porque los amo a ellos.

Hace algún tiempo jugabas a ser Dios
y me gustaba jugar contigo.
Pero tomaste en serio nuestro teatro
y ahora,
como si fuera el pan diario,
                              si no bajo al infierno
                              o cuando menos
                              al purgatorio
te irritas como un niño
y de un puñetazo --furibundo--
                              rompes mi paraíso.

Menos mal que hasta ahora
me dura el gusto de jugar contigo.
                         Cuando se acabe
tendrás que visitar tu propio fuego
y tal vez te duela un poco la memoria
de lo nuestro.

Cuando ella le dijo: yo soy el veneno
se rió blandamente
y besó sus pechos.

Después,
cosas que pasan todos los días
una infidelidad pequeña,
los llantos,
los celos
una bella historia que se apaga.

La luna dio vueltas y vueltas.

Hoy que se encontraron
le dijo:
tú eres el veneno
y buscó sus ojos: ajenos, helados.

Le dolió más fuerte que todos los días
su sonrisa blanda.

Por fuera
parecía casi nada:
dos sábanas
quemadas por un cigarrillo,
varios almuerzos
y un montón de madrugadas jóvenes
                    mirando hacia el techo.

Como parte de todo
una jícara que cuelga de una lámpara
                    recuerda
haber sido comprada con amor.

Así, visto desde afuera
en realidad no era casi nada.
Por dentro aún arde;
un cuchillo de recuerdo ahonda la llaga.

Porque yo soy la causante de tus iras
de tus tensiones
de tus penas
y además soy didáctica
destruyo tu paz todos los días
y te amarro.

Nunca supe hasta hoy
que yo era así de impresionante.
Creía ser mujer
nunca supe que fuera un cataclismo.

Tienes la gran cualidad
de convertir en mortaja las palabras
y la gracia
de volver mezquino lo sereno.

No hay duda,
por más que trataras de negarlo,
eres un hombre de cuerpo entero.

Así, siendo pedante
y pagada de mí misma
orgullosa, pringada de veneno,
veo cuánto te debo.

Ahora
cuando la pasión se ha muerto intoxicada
de pasión.
Cuando las cosas
vuelven a ser cosas y no tormento
echo poco de menos
la turbia mirada de deseo
el mordisco en el hombro
los líquidos fluyendo.

Porque qué otra cosa
queda después de que se hartó el hambre
sin remedio.
Ahora. Hoy precisamente
tiré tanta basura
que hice espacio
en mi cuerpo
para empezar, hoy mismo, otra historia.

Vine, doctor, porque me duele la cabeza.
Hay noches que no duermo
y me sofoco y estoy inquieta.
Además, a veces me deprimo.

Claro que sí, tomé mis cápsulas rosadas
en forma
un poco irregular, es cierto.

¿La lengua? Limpia.
Treintaitrés, respire hondo.
Presión normal, reflejos buenos.

Y en medio de la farsa
del estetoscopio frío, de los tranquilizantes,
del cuénteme cómo sigue
y saludos por casa
se mienten con descaro, sin vergüenza.

Lástima que a los hombres aún no los envasan
como ampollas
como capsulitas
como pomadas.

Yo soy el tiempo
y la vida
y todo el universo.

Yo no
espero.

Para mí, la espera es pérdida de vida.
Cuanto hago
es más verdadero cada día.

Cuando muera, si es que muero,
sepultaré conmigo
la historia, el arte y todas esas mierdas
que a otros aterran
con terror de infierno.

--La muerte quizá sólo es el nacimiento
de una nueva inocencia--

Se dormirán, tranquilas,
la juventud que otros han perdido
la libertad que otros no poseen
la incomunicación
que a todos
nos empapa.

Seguiré siendo el tiempo
y la vida
y el universo entero.

¡Cómo me gusta
esta piel que me acompaña a todas partes!
Hace ya algunos años
que la llevo.

Me ha durado. Es buena.
Mezcla perfecta de indio y europeo
olorosa a pan moreno.

Ya sé.
yo no debiera hablar de ella
pero sucede que es la única que tengo.
Me encierra toda,
me limita y me une al universo
es húmeda y oscura
recubierta de vello.

Algún día
--si no muero antes
y estalla prematura--
estará cubierta con arrugas,
con manchas, con despigmentaciones.

Y cada huella será el recuerdo de estos días
bajo el sol, bajo los besos.

Movediza y libre,
bandera de este pueblo autónomo
que me funciona adentro.

Donde quiera que estés,
Ven.
Ahora es
cuando te necesito.

Tengo hambre y sed de palabras
y a mi lado
sólo hay silencio

(ni un eco, ni un murmullo
sólo el maldito silencio)

Por eso me apretujo dentro de mí misma
hasta saltar las lágrimas
y en el pelo
se me prende
el sabor salado del olvido.

Algún imbécil dijo
que el poeta es la clave del mundo.

¡Mentira!
A mí sólo me queda encogerme hacia dentro
y esperar
ciegamente
un sonido, una expresión cualquiera
y que alguien
donde quiera que esté
emita una señal diciéndome que existo.

Desperté y continuaba siendo
la recreada niñez.
        Porque dormimos juntos por un rato
y esta mañana
el olor de tu pelo era mi almohada.

Los poetas somos cosas raras
--¿compramos en el supermercado
el arroz y el azúcar?--
Una nube nos hace ver diluvios
pasados y futuros
--¿te acordaste del té?--
Además nos gusta deslizarnos
por entre el sufrimiento
y montar las olas de la ira
--no tenemos papel,
lo compraré mañana
y también dos pastillas de jabón--
Y lo que más nos gusta,
en mañanas absurdas
es despertar muy suave
y sentir que aún estamos
adentro
de la
piel.

Los teléfonos debieran ser parte
de la poesía
--la poesía está llena de recuerdos--
Hoy, una llamada solitaria
hizo rodar de nuevo el pasado a mi falda.

Se murieron tres años
casi cuatro.

Un bigote se movió sobre unos labios
murmurando
cosas triviales, de todos los días
que cómo están los niños,
si al fin me voy a Francia
que la perra tiene
tres cachorros
que cómo creció Carlos.

Y el teléfono de ayer me dijo

Cuánto te quiero
Cuánto te extraño.

Esto no sirve, dicen.
No es poesía porque hablo de máquinas.
De cocina.

De lo que cuesta,
cuando no hay deseos,
trabajar.

Yo escribo simplemente lo que siento.
Y todo es poesía, porque para mí lo mismo
vale una gota de lluvia
que el humo negro.

¡Ahora sí! me atajan.
La lluvia, es objeto poético,
el diesel, problema municipal.

Dijeron que un poema
debería ser menos personal;
que eso de hablar de tú o de yo
es cosa de mujeres.
Que no es serio.

Por suerte o por desgracia
todavía hago lo que quiero.

Quizá algún día utilice otros métodos
y hable en abstracto.
Ahora sólo sé que si se dice algo
debe ser sobre tema conocido.

Yo sólo soy sincera --y ya es bastante--
hablando de mis propias miserias y alegrías
puedo contar que me gustan las fresas,
por ejemplo,
y que algunas personas

me caen mal por hipócritas, por crueles,
o simplemente porque son estúpidas.
Que no pedí vivir
y que morir no es algo que me atraiga
excepto cuando me hallo deprimida.
Que estoy hecha
sobre todo
de palabras.
Que para poder manifestarme
uso tinta y papel a mi manera.
No puedo remediarlo.
Por más que trate
no escribiré un ensayo
sobre la teoría de conjuntos.

Tal vez más adelante
encuentre otras formas de expresarme.
Pero eso no me importa ahora;
hoy vivo aquí y este momento
y yo soy yo
y como tal actúo.

Por lo demás, lamento no complacer a todos
Creo que ya es bastante mirar hacia mí misma
y tratar de aceptarme
con huesos con músculos
con deseos con penas.
Y asomarme a la puerta y ver pasar el mundo
y decir buenos días. Aquí estoy yo.
Aunque no les guste.
Punto.

Al sentir que era una cárcel
se fue un día cualquiera.

Dejó atrás la piel que olía a pan moreno
la ternura,
noches de fiebre
y el sudor del combate
en la almohada.

Olvidó ese pedazo de su vida
o al menos eso dijo
para poder hundirse en otras carnes
de metal o de piedra.

Como el alma se le iba
                    en cada madrugada
cuando hasta el hígado gritaba que volviera
tornó buscando los barrotes de su pelo.

Para encontrar que la antigua cárcel
era un muro sin puertas.

Amante nuevo:
quiero explicarte bien que entre tus ojos
y mis ojos
sólo hay deseo.
Que tu piel blanca a veces se oscurece
porque aquel que me marcó sigue aquí adentro.

Que quisiera decir tu nombre
                    y no puedo
porque al abrir la boca yo recuerdo
una cama distinta
otros labios bebiéndose mis pechos.

Y cuando lloro
y me prendo a tí con tanta fuerza
no es de alegría, amante.
Es de recuerdo.

Ya volví a saber
lo que es meterse en cualquier cama
con cualquier hombre
sin pedir ni dar nada, como muertos.
--Antes de tí lo hacía
pero antes de tí, yo no era nada--.

Ahora aprendí
a regresar a casa, a lavarme con asco
a verme en el espejo
a encontrar en mis ojos cuánto te amo
y a sentir con el cuerpo cuánto te odio.

Oficio de poeta.
Menos mal.
Así, en vez de castigarme a ciegas
con el pasado
y de llorar a solas
puedo sentarme frente a una máquina tan gris
como el ambiente
mover los dedos rápido
y decir que todo es una mierda.

Jean Michel, eres un niño
que asoma sus ojos a mi ventana
y ve
aquel desván de la casa
lleno de cofres y cosas pasadas.

Jean Michel, sonríes y agitas tu cabeza
coronada de rojo
y no te explicas
--porque tus ojos son nuevos--
cómo es que todo eso
que tengo adentro
me hace reír o llorar, según el tiempo.

Ahora
tú y yo tenemos que empezar
a ver hacia el pasado
y revestirlo de cosas espantosas
                    que jamás existieron
inventar que fuimos infelices
          cada día
que siempre nos mentimos.

Los amigos, piadosos,
nos seguirán el juego
y se preguntarán con aire de inocencia
cómo era posible
aquella unión a todas luces despareja.

Ahora tenemos que matar
                    todo este fuego
o convertirlo poco a poco en odio horrendo.

Me falta equis número de años para bajar
al agujero
que abrirán en cualquier cementerio.

Y en esos años tengo que contar
cómo una vez fui joven
amé
y tuve un hombre
y encontrar, a través de mis versos
un lugar entre los poetas de mi tiempo.

Te me acabas
como la vela que lanza
          su último fuego.
Como el asomo de vida que al final
remueve al que está ya casi muerto.
                    ¡Cómo es de extraño
escribir poemas
para alguien que fue
y que comienza a diluírse en el cerebro!

Ahora olvidas
y te vas, marinero
a buscar otros cuerpos, otras olas.

Ponte en medio de los huesos
--allí donde debieras llevar alma--
aunque sea un tronco de ciprés
          y que te ayude
a flotar con el viento.

En estos meses
me he convertido en niebla.
No sé a dónde voy
                    tú me diriges.
Unos días me besas, me sonríes.
Otros, mezclas tu dolor, tu indiferencia
tu crueldad
tu mejor puñalada
y me lo estrellas
                    todo junto
                    en la cara.

Y me dejo influir
No tengo más remedio
Yo a fuerza de quererte no era yo
                              sino tu sombra.

Qué puedo ser ahora
cuando tú mismo
por hallarte perdido
sólo eres la sombra de una sombra.

Te voy a dar estos poemas
Llévatelos
Serán tu mejor equipaje
tu mejor sueño.
A cambio de los besos
de los recuerdos.
A cambio de tanta felicidad
que pudimos darnos libremente
cuando no eras famoso
cuando no eras un genio.
Cuando eras un hombre
y yo una mujer
solos
en medio del universo.

Para ser hombre
es necesario tener arrestos
¡Tan fácil esconder la cola,
negar los hijos,
decir soy amoral
olvidar los excesos
de amor y de celos
cerrar la puerta
y dejar adentro
--porque cómo estorban--
los huevos!

Nunca digas, contador de historias
por qué tus cuentos
son extraordinarios.

No reveles que tus palabras
son los sonidos de los seres
que dejaste agonizando en el camino.

No te extrañe tampoco que mañana
como único auditorio
de tus hermosas frases
de tus palabras

dramáticas
sonoras
tengas a tus pies un mar de arena.

Atrévete a mirarme. Soy el primer grano
de tu inmenso desierto del futuro.

Gran hacedor: te admiro.
Me parece imposible
que de tantos cientos de cadáveres
saques el hilo
para tejer la brillante trama de tu vida.

Digámonos adiós
Vete, no sientas pena
mi angustia
es menos
dura.
Tú huyes de tí mismo
yo en cambio sólo huyo de ti.

Una cosa me aterra:
cuando tú te hayas ido
¿de dónde sacaré las experiencias
para escribir
sobre los sufrimientos con tanta realidad?

Mírame:
yo soy esos torturados que describes;
esos pies,
esas manos mutiladas.
Soy el símbolo
de todo lo que habrás de aniquilar
para dejar de ser humano
y adquirir el perfil de Ubico
de Somoza
de cualquier tirano de esos
con los que juegas

y que te sirven, como yo, para armarte
un escenario inmenso.

Haces bien, gran maestro.
Yo soy la guerrillera en tu régimen
el ob-je-to
que se alza con armas de amor
entre tu ejército de gorila egoísmo
y el poder que imaginas
al fin de tu jornada.

Rastrea bien mis pasos
en tu alma
y aplasta sin escrúpulos
cualquier brote de ternura subversiva
no sea que prenda el amor
y tu ordenada dictadura
se vaya a la mierda.

Quizás deje la lucha
ser guerrillera no conduce a nada
más que a esas cosas
que tú trazas con línea tan sutil.

No voy a esperar tu próxima tortura
ni el día que me eches
escaleras abajo
para que los perros muerdan mi calavera.

Te amo
tú eres
mi pueblo.

Pero en tus manos hay metralla
y en tus ojos, oscuros policías
No hay
comunicación entre mi amor
y tu violencia

Tú, país alienado,
no mereces la pena
de desperdiciar mis balas, ni mi sueño
se hará realidad alguna vez tras tus fronteras.

Marcho al exilio, dictador,
antes de terminar como charco de sangre
en cualquier camino tuyo de papel.

Ya sé
Nunca voy a ser más que una
guerrillera del amor.
Estoy situada algo así
como a la izquierda erótica.
Soltando bala tras bala
contra el sistema.
Perdiendo fuerza y tiempo
en predicar un evangelio trasnochado.

Voy a terminar como aquel otro loco
que se quedó
tirado en la sierra.

Pero como mi lucha
no es política que sirva a los hombres
jamás publicarán mi diario
ni construirán industrias de consumo popular
de carteles
y colgajos con mis fotografías.

Cómo debes reírte ahora
de las cosas que dije
de mis ingenuidades
de mi pasión
de mis enojos.
De los sueños que para mí
significaron todo
y que a tí te sirvieron solamente
para llenar vacíos que quedaban
en tu tiempo de loco.

Los poetas tienen fama
de utilizar palabras suaves.
De hablar del amor, de la melancolía,
de los cielos azules, del horizonte vago.
O yo no soy poeta
o pongo en entredicho a mis colegas.
¡Qué vergüenza que no me dé vergüenza lo que digo!

Cualquiera tiene derecho
a decir lo que piensa.
Cualquiera tiene derecho
siempre que estén de acuerdo
las leyes, las costumbres,
los colegas,
el que te paga el sueldo
el vecino de enfrente y el gobierno.

Yo espero oír la voz del hombre
en las gargantas jóvenes.
Que callen ya los gritos
de estas dos ancianas putas
caducas, mañosas, vergonzantes,
que han olvidado todo, menos el engaño.

Que se insultan una a la otra
repartiendo veneno y puñaladas
en sus tiendas de hechizos.
Viejas brujas reducidoras de arrestos
transformadoras de hombres en carneros.
Viejas infames,
horadadoras de cerebros,
profanadoras de cuerpos
alienadoras de pensamiento.
Nada más que dos putas viejas
situadas a la derecha y a la izquierda
haciendo acumular el número de muertos.

Este país está poblado por ovejas.

Las ovejas no piensan, por lo tanto
se contentan con estar
en cualquier rebaño.
Animales blanduchos que ni siquiera balan
cuando van camino al sacrificio.

No hay una voz humana todavía.
Sólo se escuchan los gritos de las viejas
que se disputan los restos.

Celebremos una fiesta de las artes
e invitemos a todos.
Mezclemos la sangre y la mierda
y pringuemos a todos.
Cantemos juntos alabanzas al Señor
porque cantar alivia el alma
y alegra el espíritu.
Olvidemos, cantando,
a esos absurdos torturados
que se obstinan en arruinar nuestra alegría
apareciendo diariamente en los periódicos.

Celebremos la fiesta
y recibamos premios, o cuando menos, dinero.
Que a todos da Dios en no arrebatando.
Tapemos con sedas y brocados
nuestros vestidos de diario.
Seremos limosneros con sombrero de plumas
por un rato.

Hagamos un festival de la cultura
y levantemos tal cantidad de monumentos
al teatro, a la plástica,
a la música, al arte en general,
que tapemos, en poco tiempo
esta espantosa cantidad de muertos.

Hombres: seres pensantes
mitad cosa, mitad gusano
revolcándose
en alfombras de líquido o de humo.

--En la calle un perro muerto
muestra sus vísceras.
                    Más auténtico
que el nudo de perros enlodados
que pelea
por una hembra en celo--

La náusea, los bostezos, la risa estúpida
los ojos alienados.
Sobre la mesa
doce o dieciocho Playboys
(lo literario es bueno).

Escondido, subclínica,
el animal se arrastra por el suelo.

Existen varias castas:
los que comen la mierda
y los que cagan.
Y algunos como yo,
parias producidores de nada,
animal que se tapa las patas
                y la sangre y la baba
y el veneno en los dientes
                                con palabras.

Tu subversión me conmueve, compañero.
Te reúnes a menudo con amigos
para decir que América Latina
--Iberoamérica, perdón--
está hecha mierda.
Que es necesaria la revolución.

Eres un buen patriota, compañero
Tus amigos también

Y como hablar da hambre
ordenan a la carta el bistec y el vino
                    que algún día
cuando les quede tiempo
después de hacer casa y comprar auto nuevo
y viajar por Europa y el Japón
harán llegar al pueblo.

Tú no sabías
que vivir juntos significara esto
de hacer el amor por tedio
Porque has pasado a ser
un objeto más que se posee.
El escondite perfecto para guardar allí
                    la ira, el odio
                    la frustración del día.

Te niegan el amor, ahora,
porque ya perteneces.
Te han encerrado en una caja oscura
juguete ya jugado
Y la esperanza perdió su color
                        sin remedio.

Casi todo está muerto
        y lo que queda
lo estás aniquilando con gran eficiencia.

Te observo atentamente
para aprender a transformarme de ser humano en fiera
para sobrevivir en esta jungla
donde gobiernan los hombres como tú.

Revolucionario: esta noche
no estaré en tu cama.
Que no te extrañe la subversión de amor
                        antiguo dueño.

Tú hinchas el cuero
y te preocupas tanto de problemas sociales
No te fijas, farsante,
que en tu casa
calcas tan justamente
los modales del mejor tirano.

Todos tenían derecho a estar presentes.
Lástima
que todos me estorbaran.

Y cómo era posible
que en medio de tanta cosa ajena
me hallara. Mía. Como jamás
me había pertenecido
en las pasadas semanas.

Escribiré un libro
y por eso
mis huesos serán menos polvo
de aquí a algún tiempo.

Me quedo con eso.

Dentro de diez o cuarenta años
ni tú ni yo
ni los que aquí estamos
escondiendo soledades en reunión,
seremos.

Y dentro de tantos años,
se prolongará para siempre
esta nueva soledad que me acapara
todo esto que soy
que siempre está conmigo.
Lo que yo misma no esperaba.

La piel,
mi piel.
Este erizamiento primitivo
que ya no lo produce nadie ajeno.

Yo con mis vísceras,
con mi silencio
con esta calma nueva
                con este sentimiento
de plenitud perfecta.

Quiero disfrutar ahora
        el ser yo misma.
Mañana voy de regreso al camino.

Ahora que te hallé, mujer,
te buscaré todos los días
            para alejar las serpientes
los árboles del bien y del mal
    y los ángeles de espadas de fuego.

Sin el Dios que a ratos fue Demonio.

Creación, hallazgo, plenitud.
                Silencio.

Pero qué silencio.

Mujer, ya viene el sueño
aprovecha este tiempo
y olvida a los que ahora
                        se agitan, beben,
aman, fornican.

Ya llegó el sueño, amiga.
Calma tu sangre
y aférrate al momento
en que por fin comienzas un camino.

    Sin brazos amantes, sin muletas.
Recíbelo, no es más que el sueño
                        y ya es bastante.

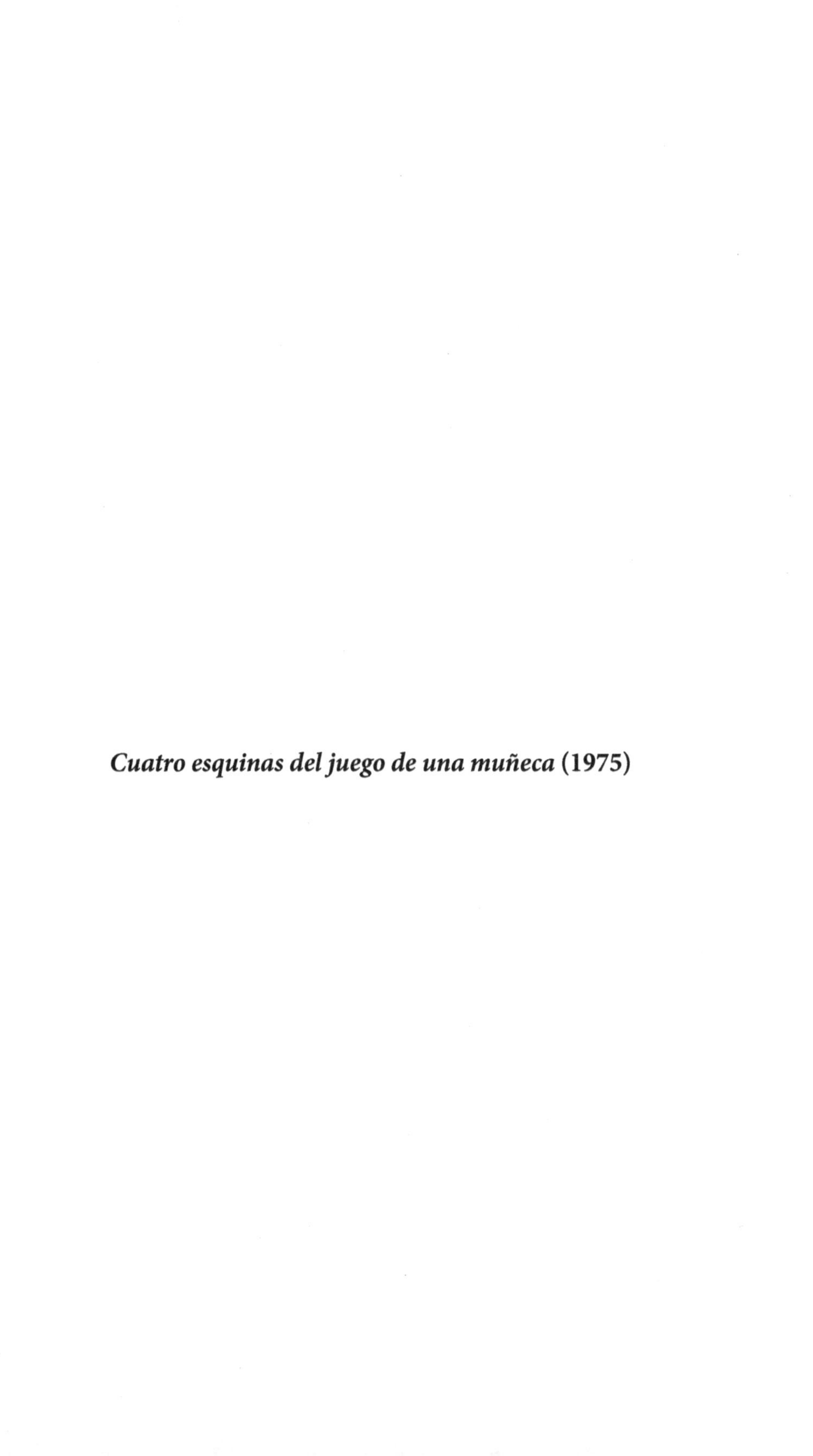

Cuatro esquinas del juego de una muñeca (1975)

La muerte de los padres

Carta a los padres que están muriendo

Papis queridos: a ustedes quiero aclararles qué es todo esto. Las mujeres me entienden. Lo que yo hago no es bueno ni es malo. Es mío.

Los veo revolverse, incómodos, en sus poltronas. Presiento que buscan las palabras para invocar los cánones antiguos y tratar de meterme a su yugo nuevamente. Ya no es posible. No me interesa entrar en la historia ni tener éxito; no quiero sus medallitas ni sus palabras de aprobación porque no las necesito.

Papis viejísimos que utilizan la significación de la cultura para forjar cuchillos y clavárselos unos a otros en esa carrera disimulada por llegar primero a la fama y conquistar la eternidad, siempre dentro del juego que ustedes inventaron. Papis encantadores que amontonan cadáveres para colocar su sillón en lo más alto y mearse y escupir sobre los otros, la antes hija está diciéndoles adiós.

Allí se quedan, sentaditos, con la falsa sonrisa siempre lista porque las cámaras pueden sorprenderlos en cualquier momento. Disimulando tras La Benevolencia, La Sabiduría y El Talento las verdaderas, hambrientas y feroces razones por las que hacen y hacen y hacen y proyectan hacer en el futuro.

Yo no los necesito. Si anduve pegada a los faldones de sus sacos fue porque mi infancia --siendo mujer-- se prolongaba artificialmente a través de todas esas cosas que ustedes inventaron para asegurarse que, cuando menos, la mitad de los seres humanos quedaría fuera de la competencia.

Ese inmenso aparato estuvo a punto de matarme, cierto. Pero yo escribo porque tengo que hacerlo. No voy detrás de ser un nombre repetido en las cuatro esquinas del universo. Yo escribo porque no me queda otro remedio. Y esa necesidad sencilla ha sido mi mejor agarre a la vida.

Papis que disfrazan su antigüedad con cintas y colgajos extraídos de la supertienda más cercana, que masturban sus milenarios sesos en busca de nuevas formas para seguir manoseando el poder, ustedes son impotentes para encasillar mis poemas.

Los admiré e hice mías sus ideas por un tiempo y no sabía por qué se me llagaba el cuerpo y el cerebro. Ahora entiendo lo infantil de esos propósitos y al ver sus rostros con esta vista nueva que me he dado, comprendo que no pertenezco a este cementerio.

Y me largo.

Allí quedan ustedes sobre cadáveres hacinados.
Ustedes mismos cadáveres insulsos
que no acogerá ninguna tierra porque serán
y han sido y siguen siendo su propio monumento.
Y los monumentos no conocen
la dulzura de la podredumbre natural bajo la tierra.
Ni la peste de las llagas del cuerpo
y sus sueños de gloria son los mismos sueños
del subhombre que soñaba a medias cuando aún
desconocía las estrellas
con descargar la piedra, el brutal golpe
para desembarazarse del hermano
y poder gozarse él solo de la carne
la sangrienta presa.

Quédense allí donde están ahora, no pierdan ni un segundo
su postura perfecta.

Padres Creadores de toda ilusión viviente
por agonizar entre los cánones que ustedes inventaron
y lo humano
escogió mi padre, padre de carne y hueso
evadirse de Su Reino alucinante
a través de diez años de angustia y de alcohol.
Y más tarde
la que me parió de madrugada
tragó una capsulita con olor a almendras.
Yo soy lo que queda de ese par de cadáveres reales
de esa pareja
que encontró la puerta falsa
para evadir las dentelladas de los perros
que ustedes amaestran.
Yo ya no muero la muerte decretada por ustedes
a quienes se rebelan
ni viviré el engaño de destrozarme por ser alguien.
Me han mordido tanto sus perros
ya no les temo.

Viviré mi vida sencilla fuera de Su Universo.

El tiempo está en mí aportando
las calidades que busco diariamente:
la riqueza del mar al lado de mi humana
magra vida
el amor que se enrolla en sí mismo
dos o tres amigos persistentes que no cejan
a pesar de mis fallas innumerables.

Está hecho de plantas, de ladrillos absurdos
de bombillas que se encienden
y se apagan
o se queman.
De un mucho dar la espalda a las reglas
de los hombres está hecho mi tiempo.

Un demonio igual al tuyo me recorre en el día
y se enrosca sobre mi lado izquierdo
cuando en cualquier momento mi cuerpo busca
incrustarse en el sueño.
Es un demonio absurdo, cínico, violento
que se tiñe de azul, de verde o de morado
igual al tuyo.
Sólo que tiene pechos.

A veces uno se engaña
porque cree que va a expresar
un amor tan complejo
como antiguo
y se sienta a la máquina
y sólo puede horrorizarse
ante tanto signo de muerte.

Puesta ya a hablar de la muerte
me digo a mí misma que no he de morir
más que en un sólo día.
No podré morir durante treinta o cuarenta años
porque la muerte es apenas
cosa de un instante.
La mueca de dolor se afila
y de golpe se suaviza.

Sin embargo, hablo de ella
y parece que fuéramos íntimas amigas
y que no me doliera su significación anciana
de huesos pelados y putrefacción irremisible.
Mas qué frágilmente se revela mi miedo detrás
de la infantil balandronada.

¿Por qué, entonces, si tanto miedo me produce
me gusta carcomerme las entrañas y el cerebro
creando oscuridades
para que pueda aparecer entre esas sombras
el aterrador ensamblaje que he hecho de ella?

Soy niña de repente
y me doy la mano a mí misma y me consuelo
explicándome
que no es cierto
que uno pueda vivir muriendo
                                        que la muerte
es apenas cosa de un instante.
(Lo terrorífico no es Ella
el horror recomienza cuando hago consciente
mi vida pasada)

No
no será ahora mi mañana.
Mas cuando llegue el tiempo
del cruce de su tiempo con mi tiempo
tal vez se borre el angustioso mito
y la muerte no sea otra cosa
que abandonar con calma
esta
tumultuosa
playa.

Juegos infantiles

Era un estar sentados al borde del infinito
recogiendo, alzando,
buscando piedras, conchas.
El mar, sólido como piernas o nalgas.
Cartagena se acababa.

Por eso, amarga yo, o mejor melancólica
y él irritable.
Pero los aviones se pierden todos los días
y hay miles de aviones tan iguales
                                        uno al otro
como gotas de ese mar ya no recuperable.

Yo, esta de hoy, recuerdo.
El tenía un velo de ira,
                        no se dio cuenta.
Ni él ni yo gotas.

Eso es o era asomarse
y hundir hasta la carne más profunda
en el mundo-mar-Cartagena infinito.

No se dio cuenta.
Yo usaba un vestido café y sombrero
de palma que está perdido ahora.

Sombras de ayer
inagotables piedras de un río lejano
-la conciencia no es más que el recuerdo
de los muertos
que quedaron realizando su trabajo diario-

                        Cosas muertas que matan,
cuerpos largos, delgados
(siempre me gustaron los hombres altos)
duérmanse ahora

callen sus voces
déjenme vivir hoy el muerto recuerdo de mañana.

¿Viviremos realmente alguna vez
o sólo soñaremos
un eterno sueño con leve olor a semen y agua?

Te dije: cuando muera
que mi muerte repita suavemente
estos grises tranquilos
de último sol
desgarrador de nubes
para besar las últimas colinas de la tarde.

Jamás llegó mi voz a los barrancos
su eco frustrado bajó ruta
a la tierra.
Huehuetenango con fríos, altos ojos
fijos en cualquier punto de lo oscuro
sintió nuestro partir en dos su polvoriento vientre.

Era Todos los Santos
y lloraba a tu lado, bajando
de Capellanía
adentro de un escarabajo azul
que nos llevó a tantas partes.

Seis años atrás
–seis años míos, al
universo jamás le explicaron qué es el tiempo–
Sirio reaccionó
expulsando la luz que esta madrugada
vino a lamer tu piel, mi piel,
el lago ése donde se hizo añicos
todo nuestro pasado.
Hace seis años de tu vida
jugaba a La Verdad en casa de Luz Méndez
y no pensaba en Sirio anoche
ni había descubierto
que al universo no le importa

si juego a La Verdad
si me besas el cuello
o especulamos juntos desde la fría hierba
sobre tal o cual región del cielo de noviembre.

¿Qué es lo hermoso?
¿La luz que vivió seis años de mi tiempo
                o tus brazos
que robaron mi cuerpo al frío de la noche?

Atitlán de aquel año
de mil novecientos cincuenta y seis
hay un nombre anotado en el libro
del Hotel Monterrey del día dos de junio
                                        de ese año.
Yo puedo recordar ahora
con tanto amor antiguo, con ternura
y pensar cuántas veces
deshicimos juntos una cama
                        para tener tres hijas.
Después, de algún modo
no hubo más agua ni sonrisas
ni camas compartidas.
Pero hoy Panajachel o el lago
con sus aguas que no paran de rodar
ni siquiera a las seis de la mañana
me devolvió de pronto
todo aquel amor
que nos temblara
hace los años de Sylvia y nueve meses.

Yo lo sigo entendiendo. El no me entiende.

Siempre habrá un marinero en mi vida
voy a estar rehaciendo camas
de las que un cuerpo escapa hacia la sal.
A ratos me pregunto
si no seré un puerto que está siempre escuchando
las sirenas

de los barcos
que atracaron un tiempo.

Esa playa que no significaba nada
acaba de pasar vía vagina
al lugar del cerebro donde archivas
el peculiar olor a semen
                    mezclado con
                    revuelto con
                    diluído con
agua.

Fuerte, mucho más fuerte
para que de tan fuerte
                    yo no distinga
entre el dolor y el placer
ni dónde acabas tú
y yo empiezo.

Catarsis dices tú. Yo
digo deseo.
Ahora espero mañana.
Qué sabía Tchaikowsky
que su Patética sería el lienzo
con que esta noche sin tí
                              ato mi cuerpo.

Desflorador de mi cerebro: tu deseo
me tocaba las puntas de los pechos
y tus ojos
recorrían
esta única piel que tengo.
(Te dejé moretes en el cuello)
Un desayuno de pastel y té nos regresó
                        sin ganas
a una calle cualquiera.
Sueño nuestra cama de anoche
la cera derritiéndose para darle un poco de luz
                    al celo.

Desnuda, totalmente desnuda
ante tus años
de angustia, de silencio.
No alcanza todo mi cuerpo para cubrir
tu dolor.
Permanezco desnuda.
Así me quedo.

Te iba pensando y volviendo
a vivir
(sobre todo a través de lo que nunca dices).
No cabía el asfalto
            ni el
            tráfico
y choqué el carro.

Paramos en el cruce de las calles
Sal Andrews y Alka Seltzer
en Totonicapán.

Tomados de la mano
comimos las manzanas verdes
-cómo hay manzanas verdes en mi vida-

Pasó la estación de las manzanas
          y en la esquina
los rótulos anuncian cosas diferentes.

Ciudades   Todas fueron mías
(algunas siguen siéndolo)
Ciudades que construí en actos de amor
deliberados.
Actos de amor, sí, pero también
de odio.

Busco todavía la que se extienda
y ensanche sus brazos
y no le importe el dolor.
                  Donde yo quepa.

Estoy en la orilla -otra vez-
de aquel mar que no sé a dónde lleva.
Tú y tu tiempo y Debussy me dicen
suavemente
que la playa se termina.

Frente al espejo

Mentira. Ni cambio de forma
al escribir
ni paro de tejer la cadena de erotismo.
Bernarda Alba y Penélope
en
otro
contexto.
La naturaleza acertó en mí.

Pasar viéndolos como si no
pasaran
dieciocho meses
para entender que Bogotá
                y Medellín
-Cartagena también y sobre todo-
son la densa claridad
de los fantasmas.
Y esperar el resto de mi vida
aprendiendo
que aquí están, aquí se quedan.

La gramática miente
(como todo invento masculino).
Femenino no es género, es un adjetivo
que significa inferior, inconsciente, utilizable,
accesible, fácil de manejar,
desechable. Y sobre todo
violable. Eso primero, antes que cualquier
otra significación preconcebida.

Dictador

¿Qué te pide hoy el cuerpo?
¿Una víctima nueva
        o aquel viejo trapo
con que siempre te limpias los pies
después de andar por el fango?

Dictador, buenas noches.
Que sueñes conmigo
y mañana despiertes hallando el lecho vacío
o mejor ocupado
por cualquier hipopótamo de esos
que fornicas con tanto entusiasmo.

Te quedaste
prendido al lienzo viejo
con horrible vejez de mariposa
traspasada de acero
que vibró un largo rato
ganando a aletazos su muerte
pagando como precio el color
que le marcó la luz
hace treinta años.

De todas formas
no has sido más
que un pequeño paréntesis
detrás del cual se esconde
otra
pequeña
muerte.

Yo
que ya grité mis odios
y dije en las cuatro esquinas
cómo amo
no he escrito todavía
el tierno hocico de mi perro
su color de suave miel tostada.

Ni he contado sus ojos
que conmueven
las fibras más internas de mi cuerpo
cuando en la madrugada
levanta desde el suelo
su cabeza perruna
y me acompaña en el destierro.

Cristiana. Por eso ahora pago
en angustia
el mar sobre mi piel
los amantes antiguos, el vino que he tomado
el incesto mental
las ancas de rana que comí
y tal cosa y tal otra y todo aquello.

Sí, atea confesa. Mas cristiana.

Todo no es más que un
agujero negro interminable al final
del cual   sigue otro
negro saco de silencio. Una muerte
pequeña
espera cada día.
El calendario prendido a mis paredes
marca el tiempo
y mi piel y mi pelo, cada vez más ajenos
marcarían -si pudieran-
el suave movimiento del mar donde
yo sería un cadáver perfecto.

Está tan desprestigiado suicidarse
                                        que ni siquiera
mis más íntimos amigos
lo hacen.

Después vamos a gastar
toneladas de papel explicando cómo
a pesar de todo
la vida es una mierda que merece
el trabajo de cerrar los ojos y sumergirse en ella.

En realidad este verano está por terminarse
verano del 73 en Guatemala.
Tantas pieles diversas
grabaron su color
en este espacio que yo llamo cerebro.

Tantas pieles
tantas manos perdidas.

En realidad este verano se termina.
                    Se termina.

Amigos de este año. Tiempo desperdiciado
todo y nada al mismo tiempo.
                              Regreso a mis palabras
siempre palabras, siempre
silencio
siempre esta soledad que es espejo.

Mi vida hoy es una resaca
vieja
fotos de mi hija pintando murales
una autobiografía absurda
porque absurda es mi vida
igual a la de todos.
Y una carta que huele al amor de hace un mes.

Los días son las ciudades de mi cuerpo.

Algunas calles
conservan fielmente tu recuerdo.
Ahora viajo y no sé cuál de todas
mis ciudades
me está echando de menos.
No sé tampoco cuál de aquellas calles
provoca más dolor a mi cerebro.

El más perfecto amor
podría durar quizás tres años.
Te lo aseguro yo
que ya asistí a varios entierros.

                              Pero todo está bien
                              si al menos escribiste algunos poemas.

Debo regresar, siempre, a ese espejo
que tres noches atrás me mostró el ceño
de una mujer determinada
que ha vivido su vida sin que experiencia alguna
haya cambiado el color de su piel, la tristeza
empotrada en sus ojos.
Por encima de todo debo arrancar
ese dolor tan falso que ando mostrando
                    porque no es real
el llanto por un muerto que murió hace tantos años.

En verdad, lo único cierto es esta peste.
Habrá que caminar, no hay provecho en quedarse
al lado de los cadáveres ancianos.

Yo soy cada minuto la habitación distinta
a la que puedes acceder
y sentarte
para leer un libro o tomar una taza de té.

Pero yo, yo, yo,
me, mi, conmigo. Eso primero.
Después podemos fornicar o hablar de poesía.

Cinco años rumiando junto al fuego
son demasiados años
para perderlos.
Siento entre mis piernas
el movimiento del caballo al
que otra vez
                    solté las riendas.

Mi juego[1]

Empezar el deseo a pesar de la ira contenida

Empezar el deseo a pesar de la ira contenida
porque dos conciencias revisaban
sus resacas antiguas
Y pasar mis manos por la piel de tus piernas
y atrapar tu sexo mirándome
muy quedo en tus ojos
-esta mañana había restos de enojo en ellos-
Y aplastarme tu cuerpo y abrirte mi camino
para que recorrieras desde el inicio del ja-
deo hasta el incontrolable gemir de ese
mundo-cerrado-tú Que ahora es mío.

Ir hacia el sur o hacia el oriente

Ir hacia el sur o hacia el oriente donde te
espera o tal vez no
un mar profundo de vivencias como
la luz de un primer día.
Qué bien sabemos tú y yo
la angustia que traerá la apertura de ese
nuevo tiempo-espacio un llanto contenido
y un descansar la vista en el absurdo.
En algunas semanas tú serás sólo el aire que
removió mi pelo y pasarás --como Anne
ahora- al cuarto de los juguetes viejos.

1. En esta breve sección de poemas en formato cuadrado, hemos creado los títulos para preservar el juego gráfico original.

Explícame

Explícame   que el viento
borrará pronto nuestra complicidad
nuestro sueño   cómo llegamos
a este ataque de miradas solitarias
Por qué estamos
                    justamente en noviem-
bre cerrando las ventanas de mañana.

Una mañana abrirá su hielo de repente

Una mañana abrirá su hielo de repente
y nuestra cama
                    cortará sus bostezos
para que cada flor en cada esquina
del universo conocido
sepa después que en aquel punto cero
que llegará en noviembre o en diciembre
comenzó a dolernos
            un último, un marchito   un
casi llanto beso.

Noche

Noche   que significa
los dos à Rond Point
en una media calle solitaria
espacio entre dos instantes
Después   el aire que colaba olores
en mi pelo y un camino ascendente hasta darme en la cara
todo aquel mar de luces que se extiende   abajo
allá donde Rond Point y tú y yo
                        y todo eso.

Casi sin verlos

Casi sin verlos (cómo hundirme
en sus ojos y sentir los días)
Ahora va quedando un magnífico
cuadro
que te lo explica todo de tan
absurdo que es y en la cocina
el olor de queso y berenjenas.
Sí. Pasaron y se quedan sóli-
dos como hielo.
El agua sigue golpeando
la tierra y las estrellas
tienen mucho que contar al oscuro
descenso de la noche.
¡Ah, sí! Kate aprendió a a-
brir la puerta.

El umbral de estos días me atrapa

El umbral de estos días me atrapa
frente al hogar tratando
de acumular cenizas sin recuerdos
de emitir sonidos nuevos.
Imposible
Sólo puedo decir Esquirín.
Así te llamo yo a tí y tú te vas.

Lástima. Ya lo escribió Cardenal.

Es este el tiempo

Es este el tiempo
en que Alfred va a regalarle un delfín
a Ana Sylvia   Irene es una hermosa mujer de pelo negro que habla con
los perros o se angustia si el gato se
solidifica en el tejado

                                        Carmen Lucía
deja que crezca su ajena morenez lunar
sonríe sabiamente murmurando hechizos.
Yo he sacado el tejido   mas no
tejo   quién puede hacerlo
asistiendo tan cerca a estos milagros.

Así era: Irene quería aretes

Así era: Irene quería aretes inmediatamente y Sylvia sonreía su sonrisa de
casi diecisiete años.
Yo sonreía en el suelo, en un cojín
que no tiene que hacer nada adentro de
este poema.
Carmen Lucía untaba el cuerpo con todo
su aire teatral sobre
                                        un enrique noruega.

Y desde mi cuarto alguien que no está
cerca
volvía su rostro en eterna tortícolis
made in USA.

El fin de los mitos y los sueños (1984)

Porque me olvidaré... y en el fondo eso
será lo peor, volver a andar bajo los
árboles como si no hubiera pasado nada...
–Julio Cortázar, *62 Modelo para armar*

El futuro no es lo que solía ser

La frase anterior se la robé olímpicamente a Arthur C. Clarke, autor de la novela *2001*, para explicar cómo *El fin de los mitos y los sueños* ya no me corresponde del todo.

Los poemas contenidos en este libro fueron escritos, en su mayoría, a finales de los años 70. Y el libro, tal cual, finalizado en junio de 1980. Venía, en ese tiempo, saliendo de una relación de pareja que me dejó un poco como era yo hace una década. Aquella Ana María tenía, entre otras cosas, la tendencia de creer que el mundo iba a acabársele en cualquier momento. De dolor, de angustia, de soledad.

Pero no era sólo el fin de una historia de amor lo que hace tres años me daba un aire fantasmal. Muchos se habían ido o estaban a punto de hacerlo. Algunos para siempre; otros dejaron Guatemala y se fueron a ambientes más amables y aptos para la vida.

En fin, 1980 fue un año en que comencé a aprender lo que es la verdadera soledad. Primero, un agujero profundo y doloroso en medio del vientre. Después, desierto. Realmente, había que enterrar los mitos y los sueños.

Poco a poco el espacio del corazón volvió a llenarse. Vinieron Elena Castañeda y Gustavo Berganza como un regalo inesperado. Tras ellos, la Araña, la Mouche, la Hormiga, Miss Piggy y la Coneja. Sobrenombres más bien extraños sobre los que no pienso elaborar, excepto para asentar que fueron testigos de mi súbito enamoramiento de las matemáticas.

Asida ya de un tronco emocional revaloricé lo que jamás he perdido. Y de pronto, a Luz Méndez, a Mario Alberto Carrera, a Tasso, a Hugo Carrillo, a Aline Blanchard, a Ramón Banús, a Julita Vela, comenzaron a salirles brotes verdes de las manos, de la cabeza, de los hombros. Mientras eso sucedía, Quique Noriega, Moisés Barrios, Margarita Carrera, Toni Somoza, Gonzalo Marroquín, Lucrecia Castañeda, Luis Alfredo Arango, Mariflor Sobalvarro, Maritza y Luis Díaz, y muchos otros, florecían con flores de todos colores.

Mi familia experimentó la misma transformación.

Jamás lo han sabido. Pero el proceso continúa y cobra dimensiones descomunales. Así que cuando estoy junto a ellos, el espacio se me llena de bosques, de praderas, de mares suaves, de montañas. Y no sé qué hacer con tantos pájaros y mariposas, con tantos peces, con tanto esplendor viviente.

A veces --porque la magia de la amistad funciona a control remoto-- viene una carta y al abrirla brotan de ella amaneceres, cometas, el universo entero.

Y cada día, amigos nuevos o de antes me estampan en el rostro la otra vertiente de esta Guatemala a la que pertenezco entera, con pasado, con buenos y malos pensamientos, con pesadillas y risas, toda yo, con mis libros y mi carro antiguo.

A este cálido mundo se añade la pasión obscena que ha despertado en mí un computador llamado Wang. Estoy segura que de la unión entre la máquina y mi afiebrado seso podrán surgir esas historias que desde hace años se revuelven sin parar en mi cabeza. Visualizo libros, libros. Libros ya editados. Y me río de los profetas del desastre, que auguran un mundo deshumanizado por la electrónica.

Ciertamente, afuera llueve. Violencia y sangre. Pero hasta eso logro afrontar ya sin desmenuzarme totalmente por dentro.

Ya no soy la misma.

Quería borrar mis rituales y mis sueños y sólo he logrado sacudirme las cenizas.

Pero el libro es un testigo de esos años vacíos y ya no puedo hacer nada por los sucesos que le dieron la forma, excepto publicarlo.

Y poner de manifiesto, mediante este nuevo rito, el inagotable río de cariño que encuentro cada vez que sumerjo mi cansancio o mi dolor entre los brazos de mi gente.

Guatemala de la Asunción, 31 de octubre de 1983

El mito de Ixquic

Lunas que caían a pedazos
descolgadas del cielo
lunas nuevas, no vistas nunca.
Lunas llenas: a ratos
me inundaron la garganta de llanto.

Lunas. Siempre fueron lunas.

A dónde ha ido todo?
Qué viento de cuarenta años borró tu
carne de mi carne?

/Ariosto envió a Orlando
        el Furioso
a buscar su sanidad mental
a ese lugar lechoso donde uno encuentra
todo
lo que se pierde en la tierra/

A dónde iré a buscar yo
el calor de las noches
la lluvia tibia
las cenas de sopa de fideos?
Nos comimos
la luna a pedazos. Casi duró cuatro años.

Suspendida adentro de mí misma
vomito
la leche cuajada
el beso en la mejilla, la guitarra.
A pedazos regresa la luna al cielo
        de agosto.
Sacarlo todo poco a poco.

Oscureció y la luna robada agarrada
bien fuerte de la tierra.
Las mareas. El monte por donde sólo azota el viento
la tierra pelada.
El ras-ras del tiempo que pasa
dejando frías mis manos.
Yo, que montaba en pelo la pasión
que soñaba bajo el sol
          mis sueños!
No queda nada. Nada.

El mito que Didier entiende

In the meantime, es decir, en el tiempo
        malintencionado
        malo
que quiere decir/means/mientras tanto
(cuando tú no estabas)
yo era una rana pequeña
que enroscaba su verde-azul cuerpo
en la roja laguna de la cama.

        Llovía, recuerdo,
y varias notas colgaban de la puerta del clóset.
Una de Juan, otra de Charles
        las últimas recetas de Mariano
la frase del Chilam Balam de Chumayel
que me hizo llorar en México
y la tranquilizadora aserción de Guillermo
        sobre el sonido y la furia
de este cuento que no significa/means/signifies
        nada.

        Entonces
había un grillo que rodeaba tercamente mi cama
hasta hallar el punto exacto
para afinar el sonido/más terco/
con el que construía su día a expensas de mi sueño.

Cantó toda una noche su concepto del mundo
a un revólver 38 especial
mientras Didier hundía su humana condición
        de enamorado
en forma de nihilismo
en el cerebro joven de Bis-Bis
esperando/Didier/los asesinos
que por supuesto, como
a veces sucede en Guatemala, no vinieron.

En ese momento Jesús y Dora eran dos luces
amarillas
persistentes
que nos daban vueltas a nosotros
/Didier y yo/indefensos
ante su tenacidad de grillos.

Didier y yo sabemos demasiado de sus cuerpos.

Hace dos años tú no sabías de una poeta
triste
llamada
Ana María
Ni pensabas en Sybil y su sonrisa
y nos faltaba a ti y a mí recorrer
con dolor y placer este terreno absurdo
que nos
está dejando
O tal vez, le faltábamos a ese par de lógicos ilógicos
para que algún día
cuenten sus amigos
que en sus dorados veintes hicieron crujir hasta
los huesos del cerebro de un francés canche
y de
una
poeta loca.

Homenaje a la madre

Yo, el incesto
la que nunca acaba de
parir
y recibir el semen.
          La más
          amable
          madre.
La más odiada.

          Me conocen mis hijos
les gusto
buscan mis pechos.
Son un montón de hijos
que han deshecho conmigo
          innumerables camas.
A medida que crecen
toman mujer y ponen casa.
Siempre regresan a decir qué tal, buenos días
          Te gusta esta muchacha?
La compré para ti,
para que te gustara y tome tu lugar
en las noches.

(En las noches, cuando los gemidos
          de mis hijos
lamen la puerta de mi cuarto).

Nueva Rea, jamás di a mi marido
más que piedras
envueltas en frazadas.
Me los guardé a todos
y los fui desvirgando uno a uno.
Cada cual maduró a su tiempo
          para entonces
el semental ya no existía. Cumplida su misión
primaria se deshizo tal vez una mañana
dejándome la cama lista.

Cuando
me voy desliendo entre el sueño
ya no distingo
si salió de mi vientre o a él vino
con su preciosa piel oliendo a hijo nuevo.
Y sueño
que fue hace veinte años
mas despierto y la leche no corre de mis pechos
sino de su sexo.

Dulce y suave la lengua se desliza
        sobre la palabra
incesto.
La mente anticipa las estrechas caderas
sobre caderas anchas.
La piel que vino de mi piel
tus ojos que no son más que el reflejo
        de
        mis
        ojos.
Tu rostro que es un poco como el mío, inclinado
        sobre
        este
        espejo.

Qué inocente yo
cuando te daba leche y creía seriamente
que iba a conformarnos eso.
A veces lo recuerdo
cuando en las sombras
subes desde mi vientre
desde la zona abierta que une mis piernas
y te aferras a un pecho
mientras tu mano de hijo ejemplar contiene al otro
y le dice
rozando dulcemente el pezón con los dedos
que disculpe
que espere
que es una lástima
que sólo tengas una boca.

Sobre esa cosa resobada

El más hermoso mito inventado por el hombre
más hermoso que Dios
o el hermoso ideal del socialismo
y el dinero que acumulan los ricos.
Más hermoso que el odio, la invención más hermosa,
        El amor.

Amor es sólo la costumbre
        dijiste
y pasaste la mano por mis ancas, pensando
        en el trabajo.
Me enrollé a tu lado. Tu espalda era apenas
el muro entre el abrazo sudoroso
de minutos atrás y el sueño.
Lamí mis dedos y hallé semen en ellos.

Equis número de lunas y de soles de por medio
estoy acostumbrada a ti.

Llena de miedos, habituada a vivir
eternamente una película de Bergman o Fellini
doblo la esquina de una cualquiera angustia
y te encuentro
sólido, palpable
con el pelo cayéndote a los hombros y los hombros
encorvados/te proteges/levemente.

Cómo no iba a enamorarme de ti.

Con esa regularidad natural
que provoca cada luna
el flujo de mi entraña
abro los ojos
        diariamente
y pienso en ti.

Habría sido sólo una pasión
          si no existiera
ese velo de ternura reprimida que principia
a fluir
de mis ojos a tus ojos a mis ojos
cuando vientres y piernas
comparten con mis labios
el sabor de tu semen, entre amargo y salado.

Cuando se prende a tu boca
cuando te lame el sexo
ella
encuentra
mis besos.

Lástima
tu cuerpo ya no tiene --o no le doy--
el valor que tenía hace tres años.
Sentí el sudor resbalando en mis caderas
y pensé en el cuarto pequeño
          de madera.
Cuando te amaba --o creía que te amaba--
e invertía mi tiempo
mirando las estrellas o soñando
con ellas
desde/en aquel tiempo/tus rudos
          cariñosos
          brazos.

En aquel tiempo la soledad era un cilicio
prendido constantemente a mi cuerpo.
Ahora es la estancia perfecta
          mi refugio
cuando salgo/finalmente/de ti.

Siendo joven y flaco, es decir
          apelando a mi vientre
y a mi sentido maternal eres un peligro
para mi integridad de funcionaria de gobierno
de madre ejemplar
de supermujer que todo lo resuelve.

Semen.
Sobre un kleenex, alrededor de un kleenex
empapando un kleenex.
Semen. Que bien puede querer decir amor
o asco.

Tengo una piel que emite señales de luciérnaga
en tiempos de apareo
un cerebro que imagina abrazos
una cama dispuesta
un automóvil que ronronea de gusto al conducirlo.

En una calle equis de esta ciudad amada
un hombre desconocido podría tranquilizar mis pechos.

Un cuerpo es sólo eso. No tiene memoria de otro cuerpo
ni mala conciencia
ni culpa cristiana.
Un cuerpo es una máquina que necesita ser acelerada
utilizada a menudo
si
no
constantemente
so peligro de que sobrevenga el deterioro.

Dichosa ella a quien no auguraron
pelos en la palma de la mano
ni locura precoz
ni envejecimiento prematuro.
La destinaron/teatralmente como si no fuera eso
algo natural/
a parir hijos
y en ese menester aprendió el placer: su destino.

Arqueas el lomo,
ola que pasas la mañana yendo lentamente desde afuera
hasta caer con ruido interminable sobre la
playa negra.
Hinchas el lomo
y los peces se mueven dentro de ti sintiendo a través

de tu piel
la luz solar.
Toneladas de plancton te invaden.
A partir de allí, la vida.

Eres verde y azul y a ratos blanca
y tu destino es caer violentamente en la playa
que se seca de sed, que bajo el sol se va cuarteando.

La playa solitaria necesita de ti.

La vieja historia de ser madre y mujer y amante
y estar llena de peces y de vida sólo para apagar la
sed
de una playa vacía.

Lee hasta el amanecer
          retoza entre la hierba
edifica tu tiempo y tu historia
          /la historia de los hombres
          es sólo sangre y mierda
          y alcohol y cosas muertas/
y cuando sientas deseos de poseer a un hombre
déjalo que llegue hasta tu puerta.
          Pero nunca la cierras
porque existe el peligro
          pavoroso
          horrendo
de que guste de tu cuerpo y de tu lecho
y quiera quedarse adentro.

Desde afuera

Eran el viento y una mañana fría
que hundía sus pies en los canales de Hamburgo
sacudía su melena soñolienta.
Yo era algo más dentro de esa mañana
su sueño
su estómago hambriento
su sexo comenzando a darse cuenta de la carne.

Hamburgo era una cama
una extendida cama sobre el Elba
un lecho abierto para dormir en él los sueños
o para estar insomne
o despertar, como ese día, con el atenazante frío
con los ojos abiertos
protegida por un viejo impermeable y las leyendas
de los cuarenta años
flotando con el pelo.

Reiniciar un camino sobre el agua
era decirle adiós a viejos dormitorios
a redacciones de periódicos
a los pequeños movimientos diarios
que desembocan
en el tedio.

El Elba abría sus brazos y mi vida era suya.

Un largo aullido de carros que van
de un lado a otro
eso es la noche californiana.
El Camino Real entre Yerbabuena y el Sur
pasando por misiones antiguas
es sólo un extendido charco de asfalto.
Los monstruos van y vienen.
Por debajo
los grillos extranjeros cantan su lenguaje sencillo
y mi corazón

es una sola piedra
y mi rostro es una sola lágrima
y mi amor y mi sangre
          y mi tierra
están tan lejos esta noche californiana.

Bloomington: el río Jordán
          de color siena
bajo la luz honesta del verano
un verano caliente.
Yo era entonces corresponsal de guerra
en la Universidad de Indiana.
Por supuesto, mi guerra.
          (Dios, Guatemala tan lejos!)
Ese fue el año anterior a que en Malta
quemaran los edificios de los diarios.
(Lo supe, por cierto,
por la carta de Floyd de la semana pasada)

No sé cuánto de mí quedó en la escalera
que subía por sobre el río Jordán
          ese verano caliente.

Se va haciendo triste esta tarde
de sábado
en San José
          Quiero mi casa
escuchar las voces de mis hijas
acariciar mis perros
platicar con amigos.

Es triste verdaderamente
estar en San José
esta tarde.

Uno sólo viaja con el dolor
con la úlcera, con la depresión y la angustia.
Hace escalas
y llora algunas veces
y mira hacia la noche y se pregunta
para qué darle un tour a las miserias.

La noche observa con luces que no dicen nada.

Las cartas de Guatemala
mi diario
y un examen
--rubia fría eficaz
cómo muerde el estómago--
sin nada de la magia que Mariano extiende
como suave almohada
como sábana tibia.

Por fuera --mi mundo eternamente dividido
entre
adentro
y afuera--
        soy una periodista extranjera.

Por dentro soy sólo una expatriada.

Sueños de la madre

Soy una madre, soy una inmensa madre
que cubre con sus alas a todos los hijos
    los jóvenes
    los viejos
los que aún no han soltado las amarras
los que no tienen ya valor para abrir las ventanas.
    Soy
una matriz inmensa
que pulsa por las noches al compás del universo entero.

La luna/redonda como yo/madre blancuzca
vuelve hacia nosotros su cara silenciosa
en cada giro de la tierra.
Cuatro veces al día ella agita mi sangre
el perfecto mar del que brotan los sueños.

Los sueños, esas cosas idiotas que nos suceden
cuando estamos totalmente desprevenidos.
Ese afán absurdo de matar a los hijos
de acostarse con el amigo
de vivir en una casa que no existe
de sudar
de llorar
de soltar semen
sin recordar después la causa
de la humedad estéril.

Los sueños, esos pozos chiquitos en que ahogamos
la razón
el buen criterio
la lógica.

Esos irreverentes inconclusos idiotas sueños.

La casa es un sueño un volcán el universo
pasadizo secreto
la balsa en la que di la vuelta a los mares
la torre por encima de los árboles en la que
descubrí
hasta dónde llegaba el horizonte.

Durante el día Mary taló los árboles frutales
por las noches regresan a acunar mis piernas delgaditas
mi sonrisa tan triste
y florece el manzano y retoña en lo oscuro
cuando la casa de mi infancia y de mis sueños
es una isla verde entre campos de grillos y de ranas.

Había una banca antigua inmensa
llena de polvo y de papeles
--era de noche
siempre
de noche en la casa--
y pensé en Julio y limpié todo.

La casa: siempre regresa
a dejar en mi boca el sabor de sopa de fideos
y yerbabuena
el aullar de los perros en la noche
las metálicas horas de la iglesia. El silencio.

Allí uso el vestido de novia que no tuve
y una ráfaga de balas indoloras
allí, con Julio, tuve dos hijos.
Siempre: la casa.

H_2O + NaCl

Están ahí esperando
a que no me fije en ellas
que deje de silbar
o de ir al cine

Que cierre el libro o que abandone
la conversación con amigos
que lleguen las cuatro de la tarde
y se vacíe la oficina.

Que el Valium se me acabe   que no escriba.

Antes podía con ellas   las lamía
a medida que iban resbalando
o me extasiaba
            aprendiendo
cómo algunos tejidos las absorben
y otros las hacen saltar piedras
            en agua.
En todo caso jamás las reprimía.
Venían cayendo de estos mis ojos
atorados ahora
y no sentía vergüenza de ellas
ni de la nariz rojiza ni de los párpados
            hinchados.

Ahora están metidas tras barrotes
que tengo en la garganta
y no sé si yo las he hecho presas o si ellas
            me han vuelto prisionera.

Pesadilla

Los pasos grandes del miedo
recorren mi casa
esta casa, carne y sangre que ha perdido su precaria solidez
Aquí en el cubículo blanco son las cuatro de la mañana
No he producido nada, no he hecho nada
Estoy paralizada por mis propias circunstancias
Paralizada
El frío, la presión baja, lo borroso en los ojos
el miedo que se instala en mi pecho
en mis espaldas
El insomne miedo con sus pasos inmensos

Tan cerca de las lágrimas, dijo Aline
/casi casi sentí el roce de su brazo/
Era una madre
lo que buscaba hoy   No era al padre
Estoy tan ciega como Edipo
Inerme   vulnerable   gusano calvo
así estoy ahora.

Después, un lector desprevenido o La Crítica
divina madre que todo lo diseca
dirán que era fácil, que escribir así no era más
que un
trasladar al papel la serie de locos pensamientos

Pero ni el lector ni La Crítica sabrán qué cantidad
de angustia, de dolor, de desesperanza
qué necesidad de asirme a algo
cuando escribí estas cosas.

Cinco años de castración, treinta y siete de ceguera
y rebeldía alternando
El dentista me hizo daño
pero no grité lo suficiente
Por eso estoy aquí ahora, entre cuatro paredes
amarrada a un monstruo de metal que me alimenta

/quiera o no quiera/
con vitaminas, glucosa y un antidepresivo de esos maravillosos
inventados para mujeres como yo.

Una vez, hace seis años/siempre en el mes de junio/
otra cama de hospital
pero no estaba sola ni escribía poemas
enfundada en un camisón de cuadritos imbéciles
pasaba frío en La Casa de los Locos
Ahora es un hospital privado
y sufro un surmenage
          una descompensación
que pone en peligro mi equilibrio vital

Hace seis años transcurrían mis días
entre estupor y drogas
Hoy mi cuarto es azul claro con cortinas y cubrecama
salpicada de flores blancas y azules

Apenas el delicioso rumor de un antidepresivo
          cosquillea en mis venas.

Un hospital es cúpula de vidrio para guardar bajo ella
la tristeza
el deseo inconsciente de morir
Este hospital de vidrio y sábanas azules es el lugar perfecto
para arropar mis sueños, mi miedo a la vida
todas las cosas que quisiera y no puedo realizar
Dentro de este azul globo mis hijas sonríen al hombre que amo
mi perro rejuvenece, el techo de mi casa es todo nuevo
               y no es cierto que afuera no haya muertos.

La vena de plástico pende del acero y se inserta en mi vena
Brillante
transparente
absolutamente contemporánea
portadora de un líquido vital

Sobre las sábanas y el tosco camisón de hilo blanco

su amarillo tinte es más audaz de lo que fue el rojo de la sangre
que adquiere ahora tonalidades de metal antiguo
en la ropa de cama.

Sonrío y canturreo
        una vez más le estoy ganando
                la batalla
a la guadaña.

In memoriam

In memoriam

Sinequan, Pacitran
Valium / cinco y diez, a veces
        inyectado/
Equipax, Soma,
Ludiomil,
Kalmocaps, Tofranil,
Meprobamato.

La lista interminable
desembocaba
siempre
        al Limbitrol.

Siempre estaba diciéndole adiós.

Niños del insomnio

Hogar

Y uno llega a su casa
y se encierra
entre los cuatro muros
de la soledad
        del silencio.
Y uno está en su casa
y le acompañan
el que no está
lo no vivido
un colchón frío
        y una
        ventana
        abierta

Proyecto de monumento

La Tumba de la Mujer Desconocida
/la mujer cosa, la única pensable/
se remata con una estatua de hombre
apoyando su pie delicadamente
        sobre
        una forma
        femenina
envuelta en un sudario de silencio.

Adentro de la tumba/por supuesto/no hay nada.

Ms. Hulk

Soy una mujer increíble
        cuando me enojo
        crezco
        me pongo verde
        desgarro todo
adentro.
        Bill Bixby
        hace todo eso
pero
él
es
hombre
        lo hace afuera.

Complejo de castración

A Herr Freud no le gusta que llore.
        Expone
que yo soy una niña grande:
puedo subir sola al bus
amarrarme los zapatos
sonarme la nariz.

Cómo sonarme la nariz si no lloro primero?
Qué bus voy a tomar y para ir a dónde?

Poeta

No hay palabras
la prisión es demasiado grande
y estoy sola.
Siempre lo estuve. Nunca
          hubo palabras.

Autorretrato

Mausoleo silencioso
que se para en dos piernas
usa bikini
anteojos oscuros de playa.
          Ataúd inmenso
que a veces detiene su automóvil y llora.

Acuerdo

          Prometo
no pronunciar nunca más su santo
nombre en vano
santificar las fiestas
dar de comer a mi perro
amar al desnudo.

In pace

He domado el lugar que ocupan
mis pies
sobre la tierra.
Sí   lo reconozco   algo he hecho.
He pagado mi cama y mi pan. Sé que merezco
el tranquilo descanso bajo este terreno
que he domado con mis propias entrañas.

The hot line

Despertar
un día cualquiera con el grito del teléfono
que te dice
aquí te habla Dios
escuchar sus palabras soñolienta o durmiendo
recordando
tal vez
el tiempo aquel en que la voz divina no producía
este dolor de estómago que va a desembocar
fatalmente
en diarrea.

Absoluta

Subió a los infiernos y está sentada
a la diestra de sí misma
tiene en la mano empuñada
una pluma
y no sonríe ni espera la resurrección de un muerto.

La insurrección de Mariana (1993)

Prólogo

En 1979 realicé un viaje providencial a Europa. En ese tiempo, para muchos latinoamericanos, un viaje a cualquier lado donde no hubiera muerte, tortura, cementerios clandestinos, pavor y una dictadura militar era algo insólito. Pero además, un respiro necesario para seguir viviendo.

Atlántico de por medio, percibí que en mi país la violencia iba a cebarse en la prensa. Sin la paranoia diaria, y con la información que se obtenía afuera, mucho más completa y articulada que la que podía conseguirse en Guatemala, donde la realidad nos llegaba tamizada, además, por la muerte y el dolor, era fácil ver lo que se venía encima de mi gremio.

No fallaron mis augurios. En los tres años siguientes, cuarenta y un periodistas fueron asesinados o desaparecidos. Decenas más abandonaron apresuradamente el país, como tantos otros guatemaltecos. Yo hube de ganarme la vida trabajando en relaciones públicas y asuntos culturales, amparada por seres a los que jamás podré agradecer lo suficiente. Por entonces, decían mis compatriotas no sin un cierto cinismo, las opciones eran encierro, entierro o destierro.

Ya no es difícil explicarme ahora por qué escogí el enconchamiento. Amo desaforadamente a mi país. Aquí está mi familia. El exilio no era para mí. Quizá es genético, porque durante los años de represión más sangrienta en el altiplano, la familia de mi padre, que vivía y vive aún en un pequeño pueblo de El Quiché, aguantó valerosamente la retopada. La foto de un diario de la época muestra a una de mis tías recogiendo documentos entre los escombros de un edificio incendiado durante uno de los más feroces enfrentamientos entre la guerrilla y el ejército. Era su deber, como miembro de la municipalidad local, y lo cumplió a sabiendas que la locura andaba suelta, con la mano puesta perennemente en el gatillo.

Pero no sólo fueron colegas los que perdí en esos años en que la sangre parecía ahogarnos para siempre. Amigos queridos de toda la vida fueron acribillados, desaparecidos, asesinados. Mi poesía comenzó a externar ese mundo silencioso, solitario y empavorecido que me habitó por tanto tiempo. Y quiso contar el mundo en que vivía, pero mucho de lo que escribí entonces es un lugar común. O así me lo parece tal vez porque la muerte en Guatemala, en décadas pasadas, ha sido un lugar común.

He escrito muy poco entre 1980 y 1990. Lo estrictamente necesario para darme cuenta de que seguía viva, para paliar la culpa de estar viva y porque como ya lo dije una vez hace años, si no escribo, reviento. Viendo este libro raquítico, me doy cuenta de pronto que he vivido casi muerta, que estos años han sido una década perdida. Y si he resurgido de la muerte y de la irracionalidad al amor es porque, en verdad, el amor es más fuerte que la muerte.

Guatemala, 9 de junio de 1990

Elegias

En el espejo, mi pelo rubio
cae sobre una cara estrecha de sonrisa sardónica.
Hermana
no me he ido, vivo dentro de ti
                    aquí me río y me burlo de los filos de cuchillos
del horrible color rojo de mi sangre
de la angustia que perforó mis ojos
en los últimos momentos.

La hermosa mujer estira su sonrisa
transformando el tormento de su muerte secreta
en dulce gesto.
Mi mano choca contra el frío
y otra vez bajo el pelo, mi rostro ancho de ojos tristes
                              Busco a Irma
pero sólo hay espejo.
Y antes de continuar cepillando mi cabello
la siento aquí, encajada suavemente
en un recodo de mi cerebro.

Vivía posada a la orilla del aire
blanca y rubia y delgada
con una lengua filosa que cortaba sin miedo
y con un pecho abierto que no tenía cercas.

El café
el tabaco
y su piyama verde.

Su cama estaba anclada en medio de un río
que acarreaba restos
de diluvios.

El Tarot
el periódico
las ya no contables llamadas de teléfono.

Su cama, su frasco de shampoo
su escorpión y su perro
esperan arrumbados quién sabe dónde
que regrese.

Extraigo vida de la muerte
                                        larva
nacida de la propia podredumbre.
No he ido a entierros
año tras año me he ocultado en casa
pensando en ellos
entretenida en largas orgías con la muerte
llorando lágrimas que sólo yo conozco.

De la oscuridad de todos he sacado
este mi sol diario
este vestido rosa

De sus huesos profundos me salió la sonrisa
de sus despojos, cuerpo
de sus calladas manos, esta maldita soledad

Pero florezco
y es un verano maduro el que me pone cerco.

Crónica social

El periodista se siente muy tranquilo
bebe café
esconde la conciencia
en la segunda gaveta de la izquierda.
Quién firmó un pacto hoy con su antiguo enemigo?
Sobre qué promontorio de equis equis desayunó el candidato?
De qué color la gorra, el escudo, el emblema?

Todos son rojos, del rojo indescriptible de la sangre.

El periodista enciende un cigarrillo
y vuelve a la tarea
de explicarle a la gente
las delicias
de ese juego sutil, apasionante:
El general comió la pasta y rechazó el pescado
en cambio tomó vino.
Su adversario se encerró por tres días
con varios comerciantes que le venden el software
para la imagen nueva.

Invento delicado para borrar del aire
los sofocados llantos de los pasados años.

En este supermercado
hay que buscar despacio
entre líneas
que en vez de entrañas de animal
encontrarás el cerebro de tu amigo
el vientre desflorado de tu hermana
un rostro festoneado a balazos
el destazado pecho de tu amante
que desapareció en el tétrico interior
de aquella panel blanca
que hace unos años hacía su macabro recorrido

Y todo no es más que un mercado
Todo no es más que un vil mercado.

Detesto la política
y los ríos de tinta que se gastan
en contar de qué color es la camisa
que lleva el presidente.
Con quién se acuesta,
qué come,
a qué hora.
Porque mis amigos ni comen ni duermen
y están acostados con la muerte
desde hace años.

La superviviente

Me habita un cementerio
me he ido haciendo vieja
                    aquí
al lado de mis muertos.

No necesito amigos
me da miedo querer porque he querido a muchos
y a todos los perdí en la guerra.

Me basta con mi pena.
Ella me ayuda a vivir estos amaneceres blancos
                                estas noches desiertas
esta cuenta incesante de las pérdidas.

Dónde te has escondido en este tiempo?
Bajo tus mismas faldas.
Enfundada en tu propia fortaleza negaste la evidencia.
                    Qué evidencia
puede haber si no vas a un entierro?

Quién ha muerto en esta eterna primavera?
Quién puede morir en este lugar de cielos y volcanes
que se reflejan siempre en los maizales verdes?
Quién soy yo para sentir, ahora, después de la década perdida
este infame dolor que me destroza el pecho?

Soy la superviviente. La que cerró los ojos
y se llenó las orejas con cera.
La que pasó junto a las rocas sin escuchar las voces.
Ciega por propia voluntad para evitar la visión de los buitres
                limpiándose los picos en los huesos.

Si te emputa saber que tu voz es sólo el eco de otras voces
que esa sangre, esas entrañas
ya fueron evocadas antes,

quién puede usar otra palabra para decir sangre?
quién ha inventado un nuevo término para expresar la muerte?

Los inocentes

Qué palabras dijeron?
Qué rito especial fue el realizado?
En qué mesa se acodó el verdugo?

Y por la noche
pintaron una raya más en la pared
o rezaron piadosos
antes de recuperar fuerzas con el sueño?

Los he visto señalar un avión que vuela bajo
sudar bajo el sol de la mañana
hacer cola en el banco.
Y no me explico
cómo han podido borrar aquella sangre
aquellos últimos ojos asustados
aquel doblarse de los cuerpos.

Qué razones se dieron, si se dieron?
Qué pacto secreto con la Muerte
habían firmado?

Desaparecidos

Qué extraño ser es ese
                                        que no entiende
por qué escribo desapareció cuando alguien muere.
Que me enseñe la lista de sus muertos.
Todos en la cama, por supuesto
y a respetable edad.

Mire esta mía: cortados prematuros
pisoteados, maltrechos.
A mí no me tocó la suerte
de cerrarles los ojos ni rezar nueve días.
Fueron uno tras otro. Y por el miedo
                                        y el dolor
                                        y la angustia
no tuve tiempo de investigar
cómo
quién
ni por qué.
Pero me consta que desaparecieron.

Desacuerdo

No me hablen de nada.
Esta noche no estoy para palabras
ni discursos
sobre los acuerdos de paz en ningún lado.
Qué paz acordaron en mi nombre?
Quién les dio el permiso para hacerlo?
Ninguno de esta lista interminable
que llevo entre las manos
dijo
adelante, firmen ese convenio.

A mí no me pidieron opinión cuando los grandes
decidieron que una guerra
si se enfriaba
podía jugarse mejor en patio ajeno.
Soltaron su veneno,
se sentaron a contar ganancias
y a competir por escupir la Luna.
Mientras tanto
aquí, como si nada, se acumularon muertos
y desaparecidos
y exiliados y odios.
Cuarenta años duró el juego.
A mí no me fue mal, aún estoy viva.
Pero esta lista, esta lista que me hace llorar cuando la leo
es la factura final de aquel convenio.
No me vengan con sellos a estampar un cancelado.
Aquí no se cancelan los afectos
ni los llantos, ni la sangre derramada
ni la memoria de los muertos.

En el bunker

Cuando el profeta mandaba cartas de amor desde México
y en las calles de nuevo
                                        la panel blanca
cumplía su funesta ruta llevando pasajeros
a la fuerza
yo estaba en el bunker, protegida apenas
                                                  por mi miedo
un leve sustrato de mis muertos
y los planes para un viaje fantástico a una tierra increíble
donde no hay desaparecidos
y hay tiempo para detenerse a ver cómo florecen los cerezos.

Este castillo

de aire viejo
de sillas y potros de tortura
de teléfonos y gente de uñas afiladas.
Este reducto al que todos los días
le entrego voluntariamente
                    mi cuerpo
                    mi cerebro.
Aquí, una ventana alta me enseña
/como en toda prisión/
el cielo.

Aquí los carceleros de pelo rojo y amarillo
están atentos
a los torpes movimientos de mis alas
miden la cantidad de té
el largo de mi risa.

Tienen muy bien contados los pasos
entre el cuarto de baño y mi escritorio.

Mi torpeza

Lo siento, mis movimientos son torpes
nadie logró sujetarme a una barra:
Primera posición
Grand Battement!
                        La pierna levantada!
La espalda, un eje con la pierna, que carga!

                        (y el cerebro?)

Son torpes, pesados, mis libres movimientos.

Tuve, ciertamente, amagos de sargentos
primeros.
                Un pariente lejano
un amante despistado.

No me gustó la danza, ese espasmódico
                        renunciar a mí misma
(ni los sonetos,
medidos, rimados, palabras precocidas)

No me veo a mí misma con leotardos negros
                      piernas de color artificial
moviéndome al compás de un piano absurdo.
No soy muñeca de porcelana antigua
con cuerda eterna y eterna sonrisa.

Amo mi carne morena, mi pelo suelto
la pesadez con que derramo amor
y el hielo suave de mi silencio.
No. Afortunadamente no soy una figura frágil
de porcelana.

Sobre la inutilidad de lo más importante

Si el universo responde a esa curva que Einstein predijera
este dolor retornará, en eones, a este mismo punto.
Pero entonces, ni Sol ni Tierra
mucho menos tú o yo, polvo de polvo.

Por qué, entonces, tanta angustia
                    tanto odio
                    tanto amor.

Por qué tanto afán si ni a destello llega toda la pasión
que el ser humano puede acumular a lo largo de un siglo.

Sólo somos gusanos patizambos
enrollándonos en nuestra imbecilidad innata.

Detrás de mí varias noches con los ojos abiertos
esperando por la muerte que no llega.
Sin el ánimo de escribir unas líneas
mucho menos
          responder cartas.
Abro las páginas de un libro de astrofísica
dándome en la cara la noción de que Andrómeda
la única galaxia visible a simple vista
y para eso
en condiciones especiales
está tan lejos que allá arriba, si es que hubiera alguien
nada quieren decir mi insomnio
ni mis largos sudores, ni mi taquicardia idiota
ni el desaliento con que veo frente a mí esa fotografía
donde sonríes con la más hipócrita de tus sonrisas.

Violación

La última vez que creíste hacer el amor
del otro lado de la cama
te esperaba un dragón
de aliento espeso
de garras afiladas.

Te tiró boca abajo
y te arrancó
la dorada piel de la espalda.

No tuvo un orgasmo
sólo se relamió los dientes
regurgitó un líquido verdusco en
cerebro
y alzó el vuelo.

La insurrección de Mariana

Lástima, tu piel no es otra cosa
que una jaula.
Huele tan bien
es fina, suave
cubre tus músculos con el oscuro tono del deseo.

Forrado de tu piel hermosa
permaneces atado
a imágenes antiguas, muertas.

Cuando duermo, una momia de piel sedosa
vela a mi lado.

A la hora justa en que Orfeo descendía nervioso
tú, en tu computadora
perdías otro poco tu condición de ser humano.
Mariana iba saliendo de la gelatinosa consistencia del miedo
sin saber si escoger
entre el mito
la cibernética
o ella
en su simple jean y su suéter viejo
con el rubio pelo oliendo a humo, a perfume francés
a hastío
a deseo.

Orfeo pertenece a un infierno pasado
tú y tu máquina fría son sólo un proyecto.
/A Mariana le gusta jugar con marionetas
y poblar su castillo
con criaturas de cartón y de trapo y de aserrín y goma/

Mariana! Tan fácil que sería todo
si al lado de la imaginación no existiera esa víscera
tumultosa, roja!

Recorrí una vez más con mis manos
la curva dura de sus nalgas
/ era el principio apenas /
dos valvas abiertas, molusco primeval
mares tibios
corales salpicados por el agua
arena blanca lisa, la cama.
(el animal siseaba)
La perdida razón lloraba desde lejos
pero sus lágrimas
se secaron tranquilas
a los pies de mi pasión, mi celo, mi mañana.

Emerjo
de las profundidades. Huelo a sangre y a sal.
Soy el océano
que se mueve crujiendo, arrastrando
deseos
temores
visiones
entre los dedos.

Soy un pantano humeante lleno
de sensuales animales viscosos
soy el calor el agua el trueno
esta jungla prehistórica
este bosque tropical.

Me hundo en lo desconocido. No sé
a
dónde
regreso.
Al resurgir sólo experimento
la certeza triunfal de haber sobrevivido al viaje.

Abro los ojos al sol y en el cerebro me gotea
aún
el grito de animal inmenso.
Las sábanas estiran sus dedos frescos y tropiezo
con tu piel muerta de olvido momentáneo.
Tener que levantarme poco a poco

e ingresar al mundo de este mundo!
Das vueltas en la cama
tu rostro plácido va abandonando el sueño.
Mi animal, mi celo
tiran hacia adentro. Abiertas, las cavernas
exhalan
el olor
de la noche.
Sonríes tú, sonrío yo
y por debajo, tremando, gruñe el animal inmenso.

Vuelta la página de la racionalidad diurna
me contemplo:
recorrida de peces
mordida de culebras.
Enmarañado, el pelo es un paraje en el que viven
los bichos más extraños.
Una luz interior ahogada a ratos por el agua
me ayuda a recorrer el laberinto.
Minotaura!
Sin protuberancias en la frente
con la piel brillante de fiebre, de mareo chiquito.

Llevo tantos años buscando una salida!

Podría ser sirena
pero no es cierto, me hace falta
una cola de pez
un vacío en el cerebro.

Abandono la curva del laberinto y soy otra vez
sin quererlo
medusa maligna que encoge sus agujas.

De qué estoy hecha?
De deseo y de ira
de gritos y desgarraduras, de sudor y de sangre
de odio y carne burbujeante
de lavas contenidas en los pechos, de uñas crecidas rojas

de hogueras muy antiguas
de animales de pelambre azul oscuro
de olores a manada, de aullidos triunfales.
Aullidos
loba
eso eres
Hoy, al menos.

Ahora ya no me pertenezco, soy una línea
que relata las vísceras
los perdidos gritos de un diluvio
tan viejo
que ni yo reconozco
sus bajas
sus algas.

Ya no más animales antiguos gimiendo y arrastrando escamas
en mi vientre
al menos por ahora.

Busco una espina, una trampa, un laberinto.

Ya no más insomnios, ya no más sueños informes.
El bicho queda sepultado bajo el miedo.

Lentamente emerges te estiras los ojos y husmeas el suelo
Siempre un hombre persiguiéndote
y el espejo
humeando palabras / en inglés / de cuatro letras.

Mariana es una luna
inmensa
arrastrando en el vientre las eternas noches
para arropar al padre /hijo /amante
y conducirlo al mar.

El hombre es ahora un niño que ríe
su malsana sonrisa, su sonrisa malvada
de hijo único.

Lilith, la anciana, piensa en silencio que no es bueno
que haya llegado el día.
(desde siempre un sexo vivo corroe mi cerebro)
El que me perseguía está ahora allá
adelante
en
el
camino.

Babilonia!

Por supuesto, no en mi cama, cama respetable
de mujer de burgués de clase media
al que le gusta dormir tarde, evitar los excesos
de ternura
porque eso no se vende en los lugares donde los jeans
y las camisas
a rayas.

Babilonia es mi cerebro, los días pasados
el agua escurrida por mis pies
ahora quietos
en actitud atenta.
Está allí a la vuelta
esperando por mí, entre otros brazos.
Sólo debo cerrar el armario con su esqueleto dentro
sólo tengo que abandonar los rosales perfectos
y la sopa a las doce
y la televisión y la cópula de cuerda.
Olvidar el beso de autoclave, el bisturí
con el que poco a poco disecan mi cuerpo
y abrir los brazos a la ciudad perfecta.

Gansos silvestres batiendo alas inmensas
dejan caer el calor a esta hora de la tarde.
En mi jaula de oro
reviso el escritorio atestado de papeles y te pienso
semidesnudo
casi dormido
en una habitación amurallada por las fotografías.

Mis amigos, los gansos, agachan la cabeza y acarician mis piernas.
Son cálidos y suaves sus plumajes perfectos de animal no domado.
Sus picos / suena el teléfono / rozan mis pechos
sus picos / escribo un reporte / se me incrustan
en el sexo.

Te pienso semivestido
casi despierto
mientras el calor y los gansos y el deseo que revientan
deja su húmeda huella en la red transparente de mis medias.

El futuro

Es tan alta, tan joven
tan dulce es
es tan morena y suave
A su paso amanece el primer amanecer del mundo.

Pero en mí
es un vacío doloroso
es una ausencia
es una voz lejana
un pelo largo que otros vientos peinan.

Sus manos, esta noche, sus manos
doblan ropa o preparan la cena.

Su carta que dice cosas de todos los días
me deja una cuerda en el cuello
un vacío en los ojos
en el cerebro, una piedra.

En una luna, la luna que ahora anuncia
su oblicua forma entre un cielo violeta
hará que baje la marea
y de tu cuerpo brotará el misterio de otro cuerpo.

Esta noche, mientras la luna echa un vistazo sobre el mundo
darás vueltas en el lecho buscando una postura
que acomode
sin lograrlo
tu figura cargada de futuro.

En una luna, en soledad profunda
vas a asomarte al rostro infinito de la vida
perderás los líquidos lunares
rojo arroyo que pasa
y otras fuentes dulces y blancas
hallarán camino entre tus pechos.

Coleccionista de desvelos
contaste duelas de madera en el techo
gotas de suero
las horas de la noche, los llantos de los niños
ajenos.

Especialista en dolores y hemorragias sin fruto
más que museos conoces hospitales.

Descuartizada mía
(reposición de trompas, bebés probeta)
lunas llenas que se vaciaban llorando en tus ojos
para qué todo eso
si a media Calle Ancha
de
los
Herreros
te esperaba Gabriela.

Esta desnuda playa (2015)

He descubierto que resiste el fuego. Mira, y le pasaba una llama por debajo. *Y también se puede tirar desde un tejado. ¿Cómo lo sabes?,* le pregunté. *Muy fácil, lo he probado.* Yo callaba. *Mañana,* me dijo, *voy a probar a sumergirlo en agua, a ver cuánto aguanta.*

–Vicente Luis Mora, "Corazón"

Entra el viento y sacude nuestros amores de papel.

–Juan Gelman, *Bajo la lluvia ajena*

Esta desnuda playa

Amanezco y me pienso
          madura
                    suave
Reposada en el vientre de una noche perfecta
En mis paredes
se leen las señales que los vientos
le pintan a las casas de barro
techos con musgos
          que dejó la lluvia del verano
Por las pestañas
testigos entreabiertos del paso de un chubasco salvaje
entra la luz del sol
al recodo más profundo de este cuerpo
que se despereza en el lecho

El viejo rito me posee

                    Varias noches sin sueño
después baja el río de sangre
me ahogo en ella y renazco
nueva como moneda
redonda como un sueño
perfecta en mi dolor
recordando sólo lo suficiente del pasado
para construir la
                    telaraña
con la que cubro mi cama de soltera

Mujer que duerme

La mujer ve la luna cruzar por el rectángulo
y abraza al viento antes de abrirse al sueño
Luna sobre la piel
piel de sirena
Sueños desportillados
amaneceres blancos
Se estira y lee lo que escriben sus amigos

los ama tanto
los ama a todos
El penacho del volcán le avisa
que hay viento norte
A los cincuenta y tantos
dueña de una ventana
de diez metros
de largo
su vientre está dormido
Las sábanas son frescas
La ciudad gime
La mujer sueña

Morena

Esa piel que me ve desde el espejo
no es la piel
de las mujeres albas
en los cuadros
Tampoco estoy emparentada con los cuerpos
que atraviesan las calles enfundados
en su lasciva perfección
Yo estoy hecha a golpes de agua
a luces de tormenta
a fuerza de calores de veranos
perdidos
Me roza el pelo un murmullo
de domingo
engendrador de sudores y gemidos

No te advierte

El deseo   esa piel que protege la esencia
natural de las mujeres
Reptando ha llegado
como serpiente ajena
y se me ha emplazado entre el pecho
da golpes suaves   latidos dulces
Me anuncia que aún quedan tantas noches
para llenarlas con las batallas que se lidian en el lecho

Hija de pintor

Frente a la clase
esperando al padre
aprendió que el desnudo es natural
        no algo satánico
        perverso
Subida en el manzano
leyó las noches y los días de la contadora de cuentos
entendiendo
que por amor se llora
se mata o
se miente
        y le gustó el amor
y el sentido del cuerpo

Luna llena

No me marcan
la pasión
ni la línea neta de tu barba
No soy aquella
        que peleó sus batallas
contra viejos molinos
        Desde el balcón
veo a mis pies la sombra
de una mujer que siente

Espejo de un verano

                Amante de dos noches
las ojeras inmensas me ven desde el espejo
que me enseña lo moreno de ese cuerpo
y su perdida condición de virgen
Violada la armadura
me pierdo entre tus ojos
caigo en la trampa suave del cariño
Manos que han desollado la piel fría de mi espalda
besos de tabaco
La pantalla idiota se deslíe entre el deseo
que sube por mis muslos listos a separarse
ante la menor provocación

El verano, sus ríos

La sabiduría de tu lengua
pinta líneas de fuego en mi cuello
en mis pechos
y desata
con lascivia
                    los líquidos
que corren por mis piernas

Ventana imaginaria

Te pienso frente a la ventana
blanco   frágil   delgado
cuerpo de dios pequeño
que vigila el valle   los volcanes
y se preocupa de que no falte el sol
ni la niebla
ni Venus por la tarde

Mar en el lecho

Cómo no amar bajo las sábanas tu piel
                              que por la madrugada
me recuerda el mar de los días
en las islas
En tu nuca
olor a algas   conchas
peces abandonados en la orilla del agua
el casi desaparecido aroma de la sal
de una esponja
que se mueve
entre las aguas
como te mueves tú
cuando el cielo va cayendo hacia el poniente
siguiendo al sol
como te sigo yo
el ritmo de caballo desbocado
entre el lecho

POST ACTUM

Cuando pasa la mano por el pelo
y advierte que se la ha tornado en olas
                                        se ve la mano
y sueña que la piel se va volviendo arena
                                                                        Lame la piel
y la ve líquida   calmada   reflejando la luz
que le llega del cielo que tiene entre las piernas

Los nombres de la luna

Este verano
la luna ha rodado
                limpia y gorda
por el cielo
reflejándose a ratos
en mi piel de animalito frágil
Esta tarde
estoy anotando el más reciente nombre de la luna
luna con ele de Luis
luna de locura

La luna, siempre

Redonda   hinchada de frotarse contra el cielo
rasga mi piel con su delgada luz
Cae sobre mi pelo
con la levedad de una sirena
que no se hubiera dado cuenta
que no posee piernas
Solivianta mi sangre
me enciende de locura
me regala una piel fosforescente
y me convierte
                                        aceite hirviendo
en fauna
Cascos y cuernos y cabello desbocado
bajo el lúbrico soplo de lo oscuro

Sueños de la luna

Te soñaba huyendo de mi lado
yo lloraba como tonta sobre los cristales rotos
y encendía las luces para que advirtieran
                                        las vírgenes
los adornos de plata
la curva que la pared dibuja al internarse
en el terreno
                                                    denso
                                                    inexplicable
que es el sueño
Ese de anoche
en el que tú corrías desnudo
mostrando la piel más oscura de tu sexo
y los dientes filudos de animal en celo

Luna llena sin fauno

Anoche cuando en la ventana
hervía el pesado aire del verano
me revolvía inquieta en la cama
bajo el ojo vigilante de la luna
          Nunca hay luna cuando estás conmigo
la vives cubierto con la risa blanca
de la blanca viajera

Vuelo a Houston

Tiene su hablar de cadencia sureña
          leve tinte a deseo
Suspendida entre vino y aguardiente
imagino
cómo se desenrollarían sus piernas en la cama
cómo sus manos
devorarían mi piel
Qué nombre me diría al terminar la playa

Un sueño llamado Iván

Fue rezando a mi oído
cosas que escribieron hace años
Salinas
Vallejo
Hernández
y un tal Neruda
Acumuló así tal cantidad de fuego
en mis entrañas
que no alcanzó la noche entera
para apagarlo

Siesta de la fauna

El hombre hunde ahora su cara entre mis piernas
y me despierta
negros rizos voz oscura
rasposa
obscena
Qué sueño extraño
para soñarlo esta tarde de lluvia
en un vacío salón de conferencias
Alguien se acerca por detrás
y coloca
sus dedos fríos sobre mi frente
¿Tendrá el pelo negro?
Alcanzo a verlo solamente con los ojos del deseo

Sueños mojados

La lluvia tibia sobre el rostro
me devuelve la mañana
Por la espalda resbalan las miradas grises del desconocido
que revolvió mi lecho
Caballo denso de la noche
Jinete que se deslíe al alba
Me estoy desnudando de ginebra
una suave humedad entre las piernas
se mezcla discretamente
con el agua del baño

Lo que sueño en el día

La penetrante lengua
las manos codiciosas
la piel del cuello que tiembla en su blancura
y despide un almizcle peculiar
el quejido apenas solapado
el no me toques que me voy
y el hambre por entrar de alguna forma
            aquí en el destierro de la tarde
al cielo

El golfo dulce del domingo

Alza las sábanas que arrugó la noche
            bebe una taza de café
se pierde por las gradas y encaja suavemente
las canciones antiguas en un tocacassette
Acaricia al perro
                                    ve al día cruzar por la ventana
revuelve los papeles
las memorias
asienta el cuerpo en una esquina del sofá y se hunde
en las letras abiertas de algún libro

Niño criado a la antigua

En ese examen lento de la carne de una mujer que pasa
está la firma de tu niñez
entre imágenes
            espinas
corazones sangrantes
nubes de incienso
Y en el placer con que tu mano va y viene
sobre la piel oculta de tu sexo
                        mientras lees
                        mientras fumas
                        mientras ves por la ventana
mientras duermes
el desafío que sobrevive
al resabio de la prohibición materna

Yocasta

Si de noche
tropieza mi pezón contra tus dedos
y lo ignoras con tanta austeridad
se me acaban las ganas
me da un poco de náusea
por tu madre
y porque te amamantó tan largos años
Además
y no veo razón para negar esa evidencia
en uno solo de ella cabrían cómodamente mis dos pechos

Kid Tamariz

Con la mano puesta sobre el sexo
se protege
de la mirada impúdica
de la mujer
que despierta
El sol lo encuentra

dedos enmarañados en el pubis

con el nocturno pájaro que lo aterró en el sueño
sentado aún sobre sus párpados

Mujeres de museo

Petrificadas ya en tu recuerdo de sus veintitantos años
el olvido lavó sus menstruaciones sus gritos
sus borracheras
los ajustes de cuentas
Aclaradas por el agua del Atlántico
congeladas en el rito
y más de mil y una noches de alejamiento
reviven en tus sueños sus dentaduras perfectas
sus pechos sin naufragio
sus maravillosas maneras de yacer en la cama
Quién podría competir con ellas

Drácula atrapado en un reloj de arena

Con la caída del sol regresa noche a noche
a contarme
sus largos recorridos por las mismas calles
los mismos nombres
las mismas escenas imposibles frente a la joven pueblerina
            la judía completamente exangüe
la mujer brasileña que perforó su oreja
la puta colombiana que lo ve mortecina desde un relato antiguo
Llega siempre envuelto en su capa desvaída
se acerca rodeado de un aura amarillenta
                        con un vaso en la mano
dobla las alas fatigadas
le da vuelta al reloj y ve cómo comienza a caer la misma arena

Peter Pan

Duermes tranquilo y enrollado como sierpe
tus siestas de infante complicado
que juega a vivir sin apoyarse en el suelo
Esperando que los días pasen
y te devuelvan a la orilla de este mito
            más joven
            menos ansioso
acodado con calma a una rama verde
lleno de leche y de miel
reposado entre libros

Niño ciego

Ciego al río tumultuoso de tus días
        se te escurre la vida
        se te está muriendo hasta la muerte
¡Ah Peter Pan!
Verde hueso de niño
corazón asustadizo
no alcanza el pelo que te cortas a la menor provocación
para cubrir la blancura desnuda de tu miedo
ante el paso del tiempo

La línea de la vida

                                        Cierra la mano
pero es tarde   Ella ya vió
en qué momento
va a regresar de un viaje largo
cuántas mujeres lo amarán en vano
                    el número de hijos no tenidos
la angustia de sus noches blancas

Desfloración

A ratos me dan ganas de pasarte el espejo
  y que conozcas
las líneas que comienzan a marcarse
en tu rostro
los ojos oscuros que se hunden
en las madrugadas de tus días
esas sombras que aletean por tu cuerpo
cuando ya nada vale
          ni un cigarrillo
          ni un vaso
ni las viejas películas infames
en el blanco y negro de hace años

Retrato de familia sin niños

Baja del avión
                    cada dos meses
y lo riñe
Que el pelo largo
que la camisa sucia
que la cerveza
               Lo goza
lo ceba, le da algún regalo
(se acordó de él en algún *duty free*)
Le jura que lo ama
antes de irse a otros puertos

Pareja

Desde la tela tres personajes me ven muy serios
Ella   él   la otra
Él se inclina hacia ella
                                tiene miedo
de que lo deje librado a sí mismo
Ella apoya las manos sobre los hombros de él
Lo posee
por eso el brillo en la mirada
                                La otra indecisa
entre llorar o escaparse del cuadro
se da cuenta por primera vez
de lo que es ser y no ser
Fuma incesantemente

Ánima sola

Por un nombre de mujer
                                        pronunciado
este jueves plomizo en Antigua
me quemo en el infierno
Me convierto en ceniza
Ardo entre las lenguas de la ira
entre la sensación de ser idiota
de estar viviendo
                                una vez más
la antigua mierda

Conocimiento

Ahora entiendo por qué ella
se fue una mañana
dejándote
los restos de café con leche
                en una taza absurda

Love Story

El paraíso
era sentarse en la escalera
el domingo
y escuchar cómo las negras verdes
preludiaban esa canción
de la guerra civil española
que no me hablaba de la guerra
sino de amor

A tu pesar y al mío

La razón a contrapelo de este amor
se impone
a tu voceada forma de negar
la importancia de la vida
A mi inimitable manera
de reírme de todo
Dos comediantes
que se encuentran
en el centro del lecho
y se aman desaforadamente
antes de escupir por el colmillo

El amor otra vez

Densa, la mañana me va cayendo encima
Cuidado con los endecasílabos
Cuidado con Luis
Cuidado con lo que escribes
Cuidado con Luis
Cuidado con el amor
La mañana es un vientre del que me expulsó
tu ira
Ah mis noches perfectas de solitaria
perseguidora de estrellas!
Esta mañana sucia   niña triste   no hay estrellas

To love or not to love

Siempre la sensibilidad a flor de piel
siempre hay un precio
Son días de crisis
el amor apenas te dura mes y medio
antes de la primera cuchillada
Y ves hacia adentro y te preguntas
Si al final vale la pena
si no será mejor
          volverse poeta
          contadora de cuentos
o merolico de parque pueblerino
cualquier cosa
          menos esto

Manfred bajo el árbol

                    Aquí
In the middle of the fucking nowhere
pienso en tu cama
y en las innumerables camas
de aquella casa inmensa de madera
que recorrimos a besos y a mordiscos
                                        lugar perfecto para perder
una virginidad de veinte años
Sentada junto a una chimenea
                                                  veo la nieve
y te descubro otra vez
          rubio
          intenso
Sobre el vaso de *gin* cae la sal.
Tú duermes calmado bajo un árbol

La egipcia

Escribió un cuento de horror y de recuerdos
A veces se queja de que el niño
                    patalea
                    en su vientre
o que Enrique se pierde por las calles
y no regresa
                    a contarle las pecas de la espalda
                    a mojar la nariz en su pecera
Casi siempre está inclinada sobre un libro

Vías paralelas

Me levanto y bajo el agua pienso en ti
desperezándote
y volviendo a dormir
          Amante joven
          reflejo
          compañero
Este verano compartimos sueños parecidos
prisas por la maldita revista
Un encuentro fortuito
junto a la cafetera
nos recuerda la complicidad
de las pieles tostadas
de los sueños
de las carreteras devoradas
                                        por un beso

Compañero

Ni por recuerdos ni por soledades
Estamos construidos por fantasmas
que nos sirven
para escribir estas cosas amargas
                              que escribimos

La pulsera

En realidad no la recuerdo
                    pero percibo aún
el olor de la lluvia
el frío de la tarde
el roce de la oscura piel
contra la piel dorada
                    Esta cama
de soltera a la fuerza
de adolorido ángel
de olvidada estatua
esta balsa
se encarga de llevarme a otros puertos
Mientras tanto la tarde
                    va doblando su luz
                    entre el fuego
que despertó esta tarde tu recuerdo
o mejor dicho la memoria de una pulsera
que he olvidado

High Noon

Gary Cooper era un vaquero
que tendría que defenderse a mediodía
          Yo era una chava de quince años
que iba por las calles de La Habana
sin saber que años más tarde
frente a un televisor caliente
como el de Susie Oklahoma
iba a ver por lo que dura un relámpago
la figura alta delgada con traje negro
de un Gary Cooper ya muerto
e iba a echar de menos esos tiempos

Invalidez

La piel va abriéndose y perdiendo el agua
el cerebro va friéndose despacio

toda mi cólera no puede hacerme caminar
Tengo el cuerpo arrumbado en un sillón raído de la sala
mientras mi vientre
hinchado de dos meses de soledad y angustia
pasa un mensaje maligno
Vienes con Malcolm X a que recorte los excesos
los extravíos de la prosa
Y preguntas como siempre
está bien?
Yo ya no puedo seguir diciendo que está bien
que está perfecto
no tengo ganas
no me interesa
Hoy me intereso yo con mis piernas de muñeca rota
con la impotencia mortal que llevo encima

Ah bella araña de vientre protuberante
y vacilantes patas!
Todo está bien
El sol cuarteándome la piel
tú con tus preocupaciones sobre la corrección de estilo
yo con mi vaso de *gatorade*
mis lágrimas
mi colon irritable
el enorme vacío de mis días y mis noches blancas
Afortunadamente, los tranquilizantes van a durarme un poco más

Carretera 66

Allí está para irme por ella con las misteriosas sombras de caballos
entre el pasto
lejos de este tormento
Si la pasión es una debilidad
cuán débil
apoyada en las pasiones
mi vida
Mi vida abierta las veinticuatro horas al público
acentuada por maullidos de gata
entre escenas de apaleados y misteriosas lupas

rozando los periódicos
Mi vida una ruta sobre papeles sobre asfalto
Imágenes viejas desleídas en agua
casa de ladrillo
letreros de neón
viejos carros   guitarras
sonando en vetustos bares de madera
            oscuridades
            sonidos sofocados
hombres de cabellos largos
veinticuatro horas abierta al público esta pesadilla
un *Cadillac* reconstruido
pasa por encima de mis sueños

Animal que despierta

Soy la gata que camina dentro de mí
                         conmigo
las leves zarpas afelpadas
            He bajado por el río
conservando el gusto por la caza
los ambiguos maullidos
Cuando cierro los ojos atravieso los siglos
Las arenas le dieron el color
a esta piel suave que esconde
una flor mojada entre las fauces
el oro egipcio se ve reflejado en las pupilas
de esta gata
que demasiadas veces
recuerda su verdadera condición de fiera
La Reina de Saba daría la mitad de sus tierras
por tener estas garras

Ella llora su telenovela

Observa en la memoria
            sus pechos agostados por el celo nocturno
            sus piernas quietas
los delicados pies

manchados de ceniza
En otra cama duerme el hombre
con grandes letras negras
tatuadas en la mano
un teléfono
un nombre
Ella piensa en el mar
ahora no es más que una sirena sin alas
Por la ventana entra la luz del día
y el cabello se le convierte en sal

De cómo resultó ser cierto que no hay mujeres frígidas sino mal calentadas (versión 2)

Recuerda con melancolía
las noches de total desvelo
cuando él
con la lengua
le tatuaba despacio sobre el cuerpo
una piel de animal fosforescente
y entre ambos se iba preparando
el líquido ritual
los gemidos gozosos
que iban a culminar en las ardientes arenas de una playa
de la que está exiliada

Después de dos semanas de tiroteo Suzy Oklahoma platica con los muertos

Suzy disfrazada de Morticia
escribe en su libreta
se pregunta
si no llegó al momento de silenciar las armas
Suzy querría
abrazar a su amante
revivirlo
decirle que lo ama
Lee la inscripción del cenicero
Helpt Herbowen
no la entiende

pero cree que es un augurio maligno
una señal ennegrecida

Eva a los cincuenta y dos años

I

La estoy viendo aún
dura y fresca como doncella
sus recogidos pechos
la piel blanca
            recorrida por venas azuladas
Desnuda
bajo la luz violácea
su cuerpo emerge de algún mármol sagrado
Es perfecta en la espléndida
tranquilidad del sueño

El rojo chino en las uñas luce
aún más ardiente
en el reposo de las manos quietas

Pero la beso
y no es ella
Es una estatua que huele a formol
Un mechón de su pelo me queda
                                        entre las manos

II

Qué habrá sentido
en el último acto
Su vida, una tragedia que se extendió
                                algún tiempo
comenzó en la escena a los doce años
el pelo a lo garçon sobre los ojos verdes
como suave sombrero de terciopelo
                                        negro
El amor en el parque

frente al jardín de orquídeas
y una estatua adusta cuidando
                                                que los besos
se quedaran en besos
Después casa   hijos   sartenes
aguja
hilo
libros
Se me borra su imagen
                no quiero saber
                no sé cómo
llegó hasta la azul orilla del cianuro

Qué habrá sentido en el último acto

La luna fue mi cómplice siempre

I

Me vio desnuda alunándome en la arena
de Rama Blanca
cuando todos dormían
Los amigos dormían
los vecinos dormían
hasta los perros dormían
los pescadores habían salido al mar a las dos de la mañana
no quedaba nadie en esa playa
solas la luna y yo
El rostro pálido abatiéndose en las aguas
hacia el poniente
y las estrellas
mis antiguas conocidas
aprovechaban el líquido fulgor
para descabezar un sueño en lo profundo
en el azul negro infinito
de aquel cielo intenso
mío y de nadie más
Los jugos de la luna
pegajosos y dulces como leche de madre

caían sobre mi rostro y lo afilaban
Habría podido morir en esa noche
noche de arena y de agua oscura y piel de luna

II

Apoyaba las nalgas en la arena mojada
dura y fría a las tres de la mañana
y observaba cómo el agua encendida en noctilucas
ascendía por los pies por las piernas
se detenía en las ancas las lamía
y se iba dejándome luceros en el pubis
Era esa la luna de mis cuarenta años
luna madura irremediable
que no absolvía cama vacante
ni noche perdida/ según ella/ entre el sueño

III

Y sin embargo
es la misma carapálida en lo oscuro
la que ahora enfurruñada y llena
suelta escarcha coagulada y me escupe
furiosa por verme despoblada

Ah! No sufras mi desapego lúbrico!
        luna
        luna
vete a dormir amiga
sepulta tu rostro en las montañas
sueña conmigo echada entre la hierba
        sobre la arena
        sobre el lecho
No quieras verme maullando desnuda en la azotea

IV

Digo luna y digo celo
digo celo y digo vientre
digo vientre y digo amor
digo amor y digo sueño
digo sueño y digo invento
digo invento y digo llanto
digo llanto y digo luna

V

No sé por qué lloré tanto en ese tiempo
tendría treinta años y nada me alcanzaba
para rondar colgada en la pasión
Me asomaba al infinito por las noches
y la veía
filuda daga
cortándome las sienes con su delgado brillo
Quién iba a creer que la rotunda cara
de semanas atrás
se hubiera convertido
        vivo cuchillo
en clara lámina punzante
que alumbraba mi llanto
Ah, las pasiones de esa década feroz!
Si los ojos se gastaran con el llanto
sería ahora ciega

La luna me la robó Luis Alfredo Arango hace años

Sin embargo aquí en el cielo se cuelga por las noches
casi todas las noches
luna de sangre   luna de hielo
En este tiempo es una luna furiosa
que deja caer agudas lanzas
sobre mi pelo
        corta el filo del viento
        corta más que el desamor
su mirada maligna pretende agujerearme el vientre

y sólo logra perturbar muy mansamente los ondulados vellos
que reposan tranquilos en un pubis mío   mío   mío   mío
Váyase Luna   busque a Dido   incinere hasta los huesos de mi hermana
Si se deja   porque Cartago   Luna   cayó para siempre en los sesenta

Rito de pasaje

Esa transformación que te deja
en otra playa
Arenas a las que ya no acuden puntualmente
los líquidos de siempre
poco a poco recorres el blanco territorio
con dunas abruptas y ásperos calores
Despiertas por la noche en un trópico violento
                    tomas un vaso de agua
                    te salpicas la cara
                    tiras el camisón
y te acuestas desnuda
a sábanas abiertas
La noche está fluyendo
y las estrellas regresan a contarte
las historias antiguas
Recuerdas los momentos tal vez
en que fueron concebidas tus hijas
Sin duda alguna los días en que rompiendo aguas
vinieron a este mundo
Bajas tu mano a ese lugar entre las piernas
donde el triángulo púbico anuncia otro rito entre sus ritos

Los poetas a veces

Los niños de la infelicidad
emborronan páginas
construyen imágenes sombrías
llegan a todas partes y congelan el silencio
Los hijos de la felicidad
se regocijan consigo mismos
engordan a fuerza de cariño
revientan de contento

Los niños de la infelicidad
acumulan silencios
días terrosos
y angustias coaguladas
Los niños todos son niños
algunos llegan a ver sus sueños publicados
en las tersas páginas de un libro

Esas hormigas locas

Desde aquí veo a las hormigas empeñadas
en desnudar mi árbol de cerezas
Han abierto caminos por sobre la hierba
suben con gran denuedo y precisión el tronco
pintándole una línea carmelita que cuando la ves de cerca
asciende y se desliza en procesión callada
Han engordado esas hormigas recogiendo el azúcar
caída del plato de la niña
que absorta las veía desde sus dos años de inocencia
Han cambiado las hormigas desde entonces
ya no quieren azúcar
aspiran a lo alto y verde de las hojas
Ya no quieren azúcar sino ver desde arriba
hasta dónde planea el horizonte
qué cosas hermosas viven entre las nubes
Conservan en sus ojos las imágenes de un mundo azulado
perfecto y leve languidecido por el viento que menea
las ramas del cerezo por donde ellas crecen

Loba en el bosque

Se despliega
        animal obstinado
sacudiendo su cola   adentrada en el bosque
bosque fundado en calores y humedad
bosque de lianas y de tigres
que se agazapan al paso de esta loba
Cómo ha sobrevivido esta loba
en país de coyotes

Su pelambre reluce como luna
sus ojos fosforecen
su lengua suave bebe de la humedad en el ambiente
ella sabe a dónde va
Sus suaves patas no dejan rastro en el suelo

Camelot revisitado

I

Días dorados a contrapelo de la historia
          íbamos
amazonas ardientes a triunfal galope
Las faldas mínimas los cabellos al aire
como lo usan las medusas las sirenas
Herederas de Woodstock
hijas de Simone de Shulamith de Robin
hacíamos muchísimo el amor
          olvidamos la guerra
Amigas de los niños de las flores
                              amamos tanto y todo
Nos sabíamos libélulas flameantes
antes de posarnos sobre el agua
bajo el azul del cielo
bañadas por el oro líquido que caía del sol

II

                    Nuestras hijas
se recortan los huesos de la cara
se mutilan los pechos
se extraen el tejido donde mullidamente
reposa nuestra esencia
Se uniforman
llevan el pelo a rayas y son flacas
sus únicas protuberancias son de silicona
llevan una guadaña acrílica en vez de uñas

Escribe en vez de amar

Lo que procede
Es rasgarse el corazón y que corra la sangre
                    Que se vayan con ella
                    las viejas costumbres
                    los olores a lirios
                    las cándidas pupilas
Hay que olvidar los vientos
que alborotan las melenas
Lo que es preciso agitar son las ideas
Hay que echar los ojos hacia el cielo
y aprender que las estrellas brillan porque
                    dentro de ellas
                    ruge
                    el fuego

En busca de ángeles

He pasado algunos años buscando unos ángeles
no los que   cuando pequeña   invocaba mi madre por las noches
        /cuatro esquinitas tiene mi cama/
ni los que absortos sobre algún Niño Dios veía en las estampas
de los libros de mi padre
He buscado a los ángeles con ganas
levantando las hojas del jardín
dándole vueltas a los árboles
tratando de evitar que se me escurran por entre las gavetas
o que se disimulen detrás de algún espejo
He vaciado armarios y trinchantes
me he ido de viaje
sólo por ver si estaban entre las maletas
                    algunas tardes
cuando el sol doraba el pelaje de mi perro
me pareció escuchar algún batir de alas
sentí un olor a almendras y a vainilla
pero al ir a buscarlos se han ido el sol el sonido el aroma
No sé si será esta alguna actividad ilícita
en realidad jamás he preguntado por miedo a que me digan
que no es válido perder el tiempo en busca de ángeles
cuando hay tantas tareas que sí son serias esperando por mí

Dulce y suave

Suave blanco apacible pacífico
afable amable tierno afectuoso indulgente
manso dócil sumiso dulce
así querría yo que fuera este mi gato
que es sedicioso insurrecto conspirador
amotinado y rebelde
Revoltoso y turbulento sobre todo
cuando va por el jardín tras un insecto

La vida no me lo permite

Yo sé que debería estar escribiendo
sobre temas luctuosos o cuando menos serios
sobre ese invierno que quiere sentárseme en el pecho
Que tendría que contar en vez de historias
terribles amarguras postreras
o aquellas manchas que auguré en su día y que llegaron puntuales
Pero es que la vida es una pulpa jugosa azucarada
que te induce a morderla cada día
La vida es un juego de nubes y de sol
es una estrella que arde violenta y se me ajusta en el vientre
cuando sospecha que se acerca un pensamiento mustio
Con ese fuego instalado en mis entrañas
resulta muy difícil hablar de la partida
no se puede pensar en los sepulcros
ni se presume un viaje al cementerio
La vida es una fruta suntuosa en la que es fácil perderse
cuando hay intención premeditada
de gozar los días los amigos los libros
la familia el chocolate las flores del jardín los perros y los gatos

Siempre han estado ahí

Durante años he guardado silencio
pensando que no sabía o no quería
lidiar con ellas
Pero una simple mirada al diccionario o a algún libro
y las encuentro
Creo que he rehuído su contacto por temor
a que se me pegaran en los huesos
a que me hicieran reconocer cómo es mi vida en este tiempo
Pero ellas son pacientes
Han estado escondidas bajo los anaqueles
se han teñido de gris para que no las viera
sabiendo que el gris no es el color propicio
para incendiar mis ojos
Por las tardes me miraban asombradas
de tenerme tan cerca y que yo disimulara
Lanzaban gritos   Presas entre los libros
y yo me deslizaba a su lado sin verlas o al menos
sin reparar en ellas
Trazaban hechizos para que las leyera
y yo con gran presteza
me iba a un almacén a comprar cualquier
cosa que me hiciera borrarlas

Así coleccioné telas desinfectantes jabones
aretes de marfil perfumes colorantes polveras
y la despensa se hizo gorda con arroz aceite leche
paquetes y conservas
pero el amor es más fuerte que la muerte
dijo el inglés
que en realidad ya salió muerto de la cárcel de Reading
y regresé con ellas
y me hundí entre ellas
y he llorado con ellas y he gozado con ellas
que siempre están ahí
a las que pertenezco entera
Mi amor mi eterno amor mi pasión y mi duelo

Sentada frente a un poeta

para Gregorio Laschen

La mirada atraviesa el gris tablero de la mesa
para encontrarse
con unas manos del más cálido color
acariciando suavemente los versos
Un poco hacia arriba suspendidos
                    polvo del Norte
sobre el sólido cuerpo
los rizos acerados cubren un mundo de lagos extranjeros
de adiamantadas noches invernales
de ajenos bichos de alabastro
de simas infernales a donde eran lanzadas las mujeres infieles
de graves reflexiones sobre el estado del Universo
No encuentro las palabras que describan
su enorme humanidad
el sencillo dolor que agujerea su cuello
la capacidad de sonreír desde esas manos
con las que va hilvanando mis palabras de hace años
pintándolas en un idioma diferente

Lo que no sabe el público

No sé si aún queda algo de vida en esta estepa
planicie bien lograda a fuerza de arrasadas razones
páramo deshabitado por los años de hielo
Esta meseta alcanzada con uñas y con dientes
en los pasados años
se ha resuelto ahora en un desierto
Después de haber poseído las más extrañas plantas
luego de haber estado erizada de animales
hay que admitir que se halla vacía totalmente

La lluvia en casa

Vengo desde un país que ahora
          mientras la lluvia
mancha de negro los muros de la casa
reverdece y exhala una tibieza clara
Vengo de ese país donde he sentido
                    los abrazos las manos
a este recinto donde tu aliento helado
pone azules mis labios
Y condecoras mi cráneo con diez vueltas de alambre
para que yo no olvide que si allá es verano
siempre hay lluvia aquí que apaga cualquier fuego

El año número trece

Como el odioso edificio que levanta sus trece pisos
                                        en el barrio
así se levantan los restos de lo que haya sido
entre nosotros en la cama en la mesa junto a los amigos
pesan estos restos inertes pesan
tratan de sonreír suavemente y sólo
logran muecas
tus gritos y mis sueños torturados
mis llantos y tus miedos
no eran el mejor material para construir un refugio
Poco a poco fui colocando las ramas
unos platos azules
siete vasos de vidrio
y un mantel del diario que hoy luce acartonado a la luz de la lámpara
No sé si alguna vez acarreaste una hoja no recuerdo
pero no es hoy el mejor día de la lluvia
que lleva una semana azotando ventanas
para querer recordar cómo se construyó el sepulcro
          que afortunadamente
empieza a fragmentarse poco a poco

Pero aquello alguna vez fue Babilonia?

Desde hace tiempo esta casa se ha
convertido en una piedra
piedra que suena a hueco cada vez que me acerco
                    a frotarme en sus muros
No me contenta como en años pasados
ver desde la ventana
el paso de los cielos de este invierno
En este día frío la lluvia intermitente apenas deja ver
          los árboles oscuros
          las techumbres oscuras
          las montañas oscuras
          las personas oscuras
que arrastran el cuerpo entre el viento
cubriéndose con muy negros paraguas
A dónde irán?
ya no quedan lugares
ya se extinguió la luz
ya está apagado el fuego

Sólo quedan unas cenizas grises
sólo quedan unas piedras afiladas
mis lágrimas que se convierten en carbón
          en cuanto
          salen
          de mis ojos
y un puñado de arena mojada en la esquina de la cama

Escrito en una lápida

Ah la vida cenicienta y plomiza
de yacer con un muerto
que aún vocifera la tristeza de no saberse inerte

La rebeldía no me deja

La libertad   juraba yo
era no deberle a nadie el agua ni el cántaro
ni el pan sobre la mesa
Y eso es cierto tan ahora como antes
pero aún me esperaba una nueva rebeldía
que ahora ejerzo
Cuando me asomo extasiada a la eternidad de las estrellas
en ardiente soledad
sin mano alguna que interrumpa mi mano
sólo el aire del alba rozándome el cabello
sólo el oscuro azul que se rompe en fucsias solferinos rosas tenues
antes de estallar en el celeste puro

Lujuria

Estiro mi cuerpo en la cama
tibia
dulces las sábanas
A lo mejor nací para dormir tranquila
en esta cama ancha con un gato gris
                        que dormita en la almohada
Qué pasó con los gemidos y las lenguas ardientes
que buscaban la forma de mi cuerpo?
Por qué tan olvidados yacen en sus tumbas perfectas?
La lámpara me muestra el color azafranado de las piernas
que conservan sus formas
que lucen el brillo del aceite a la orilla de la arena
que me impulsan en las aguas fogosas de este fastuoso mar
mar pacífico eterno pletórico cuajado de fosforescencia
            por las noches
cuando la luna sonríe al verme
abrazada a mi gato en la ancha y tibia cama

Epigramas de marzo

Nostálgica a Lesbio

Recuerdas amado aquellos días
en que la dulce llamada del amor nos iba
despertando poco a poco
y las caricias eran la luz por la que entraba el día
Parecía que ese tiempo iba a extenderse
para siempre
No imaginaba Lesbio cuán pronto
llevarías tu lira a otro lecho
para cantarle
a una joven que por cierto al verla
me parece estar frente a un espejo

Finalizada la batalla

Corría sobre mi piel Lesbio querido
el moreno color brillante de la arena
y tus acometidas en la playa
eran duras oleadas de arrebatado fuego
Ay Lesbio Más presto que el invierno
que se desliza recio
apagando el entusiasmo del verano
cayeron
tus corceles tus lanzas tus enlucidas huestes
y roncas como cerdo en el lecho

La inocente Clodia

No te extrañe Clodia que te mencione a Lesbio
lo crees un amigo
pero no le has visto el brillo oscuro de los ojos
                                        cuando corres por agua
y pasas a su lado retemblándote los pechos
Ay Clodia yo también corría por el agua
y Lesbio me veía con lascivia
                          Yo también Clodia
                          yo también
Mírame ahora en el destierro

Lira antigua

El sonido de la lira con la que Lesbio atrae a Clodia
mientras le recita unos versos
ya lo he escuchado antes y también los poemas
Mas se enciende el rostro de Clodia
emocionada al creer que Lesbio ha compuesto las estrofas
                              para ella
Clodia escucha   piensa que Lesbio va a convertirla
                              en soberana de un florido imperio
Ignora que lo que oye en realidad lo ha escrito Ovidio

Yo, Valeria

Casi enterrada en papiros polvorientos
muerdo el cálamo
podría morder algún fruto envenenado con mayor fortuna
No encuentro la salida
de esta historia que vengo contando durante años
Supongo que me encontrarán momificada en medio
de torres de poemas   de historias viejas   de recuerdos

Otros poemas (2019 y 2022)

2019

Estos poemas aparecen en *Memoria del 15 Festival Internacional de Poesía de Quetzaltenango: En homenaje a Ana María Rodas, a las mujeres desaparecidas y a las que buscan*, editado por Marvin García, Quetzaltenango, Guatemala, Metáforas Editores, 2019, pp. 181-186.

Dulce de leche, gata y encino

Dulce de leche
        pegajoso
        tierno
color de piel americana

La gata
        en la ventana
ve caer el agua que
        durará
        todo el día

A través de los vidrios el encino
me echa una mirada agradecida
        por haberle arrancado el matapalo

/me perforó manos y brazos con espinas
y me chupé la sangre
        vampira del jardín/

Pero el encino ha comenzado a echar ramas
                casi a los pies del tronco
las hojas nuevas   verde claro
son lo primero que veo en el día

Se convierten en luceros negros
                    cuando en la noche
el encino me sonríe como lo hacen los árboles
moviendo su ramaje levemente
            al paso de las ráfagas
del aire cálido de abril

Dulce de leche
pegajoso   tierno
color del rubio pelo de la poeta
que aún moja diariamente sus pies
en el oscuro mar de Rama Blanca

Pecado original

I

Debería
disculparme por este cuerpo
        vaso repleto
que ha soltado leche sangre
lágrimas   saliva
a lo largo de los años?

Soy la naturaleza
        montañas
        cráteres
        acantilados

Arena fresca en una playa blanca

II

        Apoyada en la memoria
Puedo medir el largo de mis menstruaciones
La intensidad de un llanto
Los líquidos vulvares
Fielmente emparentados con los frutos de mar

Sentir de nuevo el calor suave de la leche
Que bebieron mis hijas

III

Desde aquí veo el vello de mi pubis
Mullida duna en la que han prosperado incomparables
    plantas

¿Debería disculparme
Por los arroyos irisados que han surgido
De mis entrañas?

Piezas de arqueología

Los recuerdos son
inútiles mariposas sin sentido polvorientos olores a
madera
barco que navegó mares azules bajo una bóveda violeta
lunas inmensas de muy lejanos cielos
torturados jardines de otras épocas

Lo cierto es que el amor no está
que lo perdiste
que sólo permanece un perfume ajado en la mañana

Infelix Dido

Infeliz e incandescente
Sobre el cúmulo de recuerdos
–Virgilio, *Eneida*

Aquí la espada de mi señor
del dueño de mi jardín de mis fuentes
la guardo entre estas sábanas de lino
estos paños con que se secaba su frente
estos vasos de cristal dorado
en los que le daba vino

/Pobre Dido condenada
a quitarse la vida subiendo a una pira y hundiéndose
en el pecho
la espada del traidor/

2022

Los siguientes poemas, bajo el título " 'Memorias de Valeria' (poemas inéditos)", se incluyen en *Poiesis en Helmántica: XXV Encuentro de Poetas Iberoamericanos, XX Aniversario de la Capitalidad Cultural Europea (Antología en homenaje a Ana María Rodas, Rosa Alice Branco y Daisy Zamora)*, editado por Alfredo Pérez Alencart, Salamanca, Ayuntamiento / Edifsa, 2022, pp. 11-37. Descargable en: tiberiades.org//?p=7019.

Esencia natural

El deseo es la cáscara que cubre la esencia
natural de las mujeres

Reptando ha llegado
como serpiente ajena
   Y se ha instalado entre el pecho
da golpes suaves, latidos dulces

Me avisa que aún quedan tantas noches
para llenarlas con este aullido salvaje
que preludia un éxtasis de soledad   de silencio

Piel con retícula de fuego

   Esperando
sintiendo cómo corre su sustancia por los nervios
reposo en la blancura de la cama
veo los libros que acumulan polvo
los lirios albos frente al espejo
cómo agita el aire las cortinas
el vaso de leche despreciada

      Sumergida en el domingo
y su silencio
imagino a mi gato acostado
            en la mesa
disfrutando el calor de la mañana

Azotando levemente la cola sobre el mantel florido

Pegada a las palabras

Nací pegada a las palabras

Cierto que lloro
a veces
cuando
la mi tormenta
amenaza con anegarlo todo
con deshacer los ladrillos de mi cuerpo
con llevarse el alma poco a poco

disuelta

en las cascadas que bajan por mi pecho
Pero nací pegada a las palabras
Y hablo o lloro

Y amanezco

Mi amiga de antiguo

La angustia

El sabor salado en la boca
Cierto dolor del brazo izquierdo

A dónde me está llevando
Mi propia cólera?

/Angustia/

Bruce Roberts derrotó a los ingleses
En una batalla memorable
yo no puedo denotar mis propios
genes
sentada a la mesa de la cena

Mi amiga de antiguo[1]

Apenas bebo agua
y una malla de fuego corre bajo mi piel
el zumbido de oídos me recuerda
años pasados

Era el calor
y una muñeca de quebradas piernas
Era el principio de un bajar
al precipicio
agarrada tan sólo de las hierbas

Ahí está el fuego
amagando
tranquilo
solo lo cubre una delgada cáscara

To Have and Have Not

Serotonina
Quién te inventó ese nombre?
Quién descubrió tu trazo amarillento
cuando ibas
en fuga
hacia dónde? hacia la linfa? hacia la sangre?
hacia cualquiera de los líquidos que
corren a lo largo

de este cuerpo?

Dilema serio

Cuando reposas tranquila en los recodos
de mi cerebro

puedo apreciar el cielo
su transparencia

1. Título repetido de este y del poema anterior en *Poiesis en Helmántica*.

la mano que se posa en mi rodilla
augurar la inminencia del celo

Cuando perdida en los arroyos
                                        de mi día
te escapas a la calle por mis ojos
no cesan sus cataratas

me es fácil entonces

        escribir los versos más tristes esta noche
encontrar las heridas
sacar de ellas
una fila interminable de palabras

Y cuando hasta los huesos
        me piden que termine
que ya duró el vendaval lo suficiente
y las páginas mojadas
                        se acumulan

Cuando las noches se han alargado blancas ingobernables
abro un frasquito añil
que dormita tranquilo
                        en la mesita

                Ay, Alicia!
Se acabó tu país de maravillas
                y entro al reposo azul
        de lo infinito

The Winter of My Discontent

Tengo veinte años de estar llorando
          Hace veinte años
          pasaba el diluvio
refugiada en cierta oficina estatal
Afuera llovía la muerte

Este es el invierno de mi descontento
claro   descontento parece no decir nada

en español
          pero es la palabra
          ustedes entienden

El verano de mi descontento

I
Este es el verano de mi descontento
este es el corazón que duele
estos son los huesos que duelen
estos son los labios que duelen
estos son los días
          los recuerdos
los muertos que duelen

Consciente de mi silencio
he callado

Los nervios   una cuerda
un lazo enrollado al cuello
un largo aullido que va de un lado
                    al otro de mi cuerpo

Qué locura   ella arma una imagen
entre verano y muerte

Siente culpa de estar viva
          sostenida en sus recuerdos

II

Parece que llorar es práctica juiciosa
que no se cura
que no termina en esta cama
ni en ninguna otra cama

Parece que llorar es algo necesario
para dejar atrás dos décadas
para limpiar los ojos
para abrir espacio entre
                        las ruinas

Parece que llorar es necesario
para que el dolor se haga más tolerable
se deshaga entre el agua
            y la sal ilumine los despojos
de esta tierra

III

Hay que llorar a diario
en este invierno de mi descontento
hay que llorar para asustar a un niño
hay que llorar para llorar a un muerto
los ciclos del llanto y del olvido
            del amor   de la risa
de la suave siesta del verano

Y de nuevo el llanto

Sylvia Plath tus palabras
                                    Cebollas

Yo lloro lloro lloro

Cae plomo

Es un mundo de escamas
                    Calcinado
Los bordes del camino
crujen
          Carbones encendidos
          cenizas que se esparcen
          entre
          el fuego

Arde mi piel como una sola ampolla
respiro infierno

No cae luz sobre este cerro color ocre
Cae plomo se derrite
forma riachuelos de candente gris
que bajan lentamente
          por donde corrió agua

Sueño de hace veinte años

El jardín de la casa de mi abuela
un volcán azul cerúleo en el Oriente
y una oleada de flores
color naranja
bajando desde el cono

Toneladas de flores deslizándose despacio
                    por las laderas
de aquel volcán inexistente
          que vivía en mi sueño   por supuesto
cuando amanecía en la ciudad

Oleadas de flores color naranja color fuego
          bajando mansamente
las faldas del volcán

Avanzando

lava delicada
hasta mis pies

Eso mi amiga   era el amor que llamaba a la puerta

/Es increíble cuántas piedras cortantes
        cuántos guijarros
se esconden entre las flores/

Huérfana sombra

Para Luz Méndez

Cómo hizo el tiempo
para pasar sus dedos transparentes por tu cabello
y convertir la
negra seda
en polvillo mineral
                que todas las mañanas
penetra en mis ojos luz dorada
que a veces flota por las nubes pintándolas de polvo
y en ciertos días se convierte en suave mano
que se asienta en mi pecho

        blanda
        tibia

susurrando no me llores
mira cómo me levanto a estas horas
                        y alumbro todo el día
hasta que llega el ciclo de las luces pequeñas

Yo me callo
No le digo que he quedado como huérfana sombra.

No es el de Isadora

Estas lágrimas /¿hay otra manera de llamarlas?/

dolor?
desesperanza?
olvido?
polvo?
muerte?

Los días no son los días
de esas playas desiertas donde el agua
lame mansamente la tierra

Ese sillón que me observa
cubierto de telas, de cobijas, de almohadas
es el fantasma
de lo que no se mueve

Tiene una sólida presencia en mi cuarto
no tengo más remedio que lanzarlo desde el techo
y ver cómo se hace añicos se hace nada

Piedras

Piedra blanca

Piedras terribles piedras
caen no caen las llevo colgadas al cuello

Una es blanca con leves líneas azuladas
es la piel de mi madre tendida sobre la plancha
del anfiteatro
olorosa a formol

Y yo huérfana llorando o no
No sé si lloraba no lo sé

Solo recuerdo el mechón de pelo que se quedó en mi mano
que escondí entre la bolsa
como si estuviera robando algo ajeno

Ajeno a mí el pelo de mi madre?
Ajeno a mí el mechón platinado?
Ajena a mí mi madre?

Piedras de otros colores

I

Qué bien guardadas estaban
cómo se disfrazaban bajo las flores bajo el sol
Bajo el índigo profundo de este cielo
Y ha venido este dolor de dos años apenas
/de negación por supuesto/
A desenterrar ese inmenso mausoleo en el cual me encontraba
la otra noche
rodeada de máquinas y trastos viejos
acompañada de un hombre oscuro y detestable.

II

Verde la otra piedra verde
Ni el de García Lorca ni el de Asturias
Qué saben ellos del verde
que repta por los cerros
que cae bruscamente cuando pican la piedra y abren un camino
Verde la piedra de mi padre el cantor
el que tocaba guitarra
el que me llevaba a pintar los volcanes los lagos
las calles angostas retorcidas
de Chichicastenango

III

Verde la lava dormida del volcán que domina con su pétrea
presencia todo el espacio
iba a decir paisaje
pero qué escuálida la palabra paisaje
qué endeble la palabra paisaje
para contar el peso de un volcán inmenso
Que a su debido tiempo
arrojó lava y cenizas y piedras candentes
y dejó todo yermo al paso de su vómito

IV

Me salvé sobreviví
porque yo estoy hecha de piedra aún más verde.
Piedra y agua de lago y de mar y de cascada
La naturaleza me echó al mundo

V

Surgí de entre las piernas de mi madre
eso es cierto
pero quién sabe qué arcaicos
posos vibraban en su vientre cuando fui concebida
Fui concebida por mi madre y mi padre, sin duda
Pero algo había adentro algo que había penetrado
con las aguas
con el calor de abril
con el sol perforando los poros blancos de la piel de mi madre

VI

Nunca fui blanca, afortunadamente
el sol reverberaba en las aguas del lago   en las espumas de la
    orilla de la playa
y allí estaba yo tendida bajo el sol que blanqueaba hasta el
    negro
de la obsidiana

VII

Yo soy el agua   la piedra   el viento la rama
soy el rayo y la luz de la luna   las estrellas
los lejanos sonidos del big bang   la arena   la hierba
las flores

No sé cómo he podido   /siendo tantas cosas tan diversas/
llorar los dolores que acompañan al pedernal cuando se va agudizando,
de la flor cuando abre el capullo impetuosa,
afanada por encontrar el calor que baja
desde el azul del cielo   o sólo desde el cielo

O cómo aflora, parada en dos piernas
que conservan su fuerza
puedo sentir el dolor en las articulaciones
en las plantas de los pies
en los codos

Ese dolor que de antiguo ya casi no duele

Entreacto

1

Mi gato   oscura criatura que comparte conmigo
cama y quimeras
que despierta a mi lado   abre sus ojos
me ve dormida
y regresa a ese terreno peligroso
de los sueños

Pero ahora
está allí afuera   en la terraza
cuidando
de que no se cuele por entre la ventana
el ave cambiante del olvido

2

Agazapado   espera escuchar el aleteo
para morder el cuello del astuto cuervo
que desea borrar de mi memoria
la memoria dolorosa de las piedras

Brinca mi gato y atrapa bajo el gris sombrío de la tarde
que va camino hacia lo oscuro de la noche

al pajarraco odioso

Me lo trae con las plumas manchadas
de una sangre oscura
y lo deja a mis pies

Me deja este presente   el regalo fortuito
de su amor

VIII

Digo amor ahora y ya no son las piedras
las que me están doliendo contra la piel del alma
son las pérdidas

Las que se quedan cubiertas por la tierra
las que se esconden en los fosos subterráneos
las que cambiaron su dirección postal
compañero nocturno
o compañera / uno jamás sabrá por quién lo habrán dejado/

XIX

Y esta es apenas una piedra chica de color negro
redonda y limpia porque ya son algunas décadas
puliéndola hasta dejarla de una redondez perfecta

Es una lástima que sea apenas una piedra negra
incapaz de apreciar su propia perfección

Es solo una piedra pero sujeta a ella han llegado la piedra
blanca y las piedras verdes

Creo que voy a buscar una cajita de madera de cedro
para cavar un agujero profundo en mi jardín
y enterrarlas para siempre.

Dulce de leche, gata y encino[2]

Eran solo siete años

Tenía siete años la vez primera
En que la angustia se cebó en mi cuerpo

A media cena
de Navidad
corrí al segundo patio
para ver   según yo   por vez postrera
las estrellas

Y allí estaban los astros   tranquilos   titilando
en el fondo negro azul
mientras el corazón corría su carrera loca
y el aire no llegaba a los pulmones

Pensé soy muy pequeña   no he vivido
no merezco morir
abrí la boca como pez revolcado por la arena
pero fue inútil
poco a poco se me fueron durmiendo las piernas
los labios

No merezco morir me dije nuevamente

colérica

y el fantasma voló diluyéndose entre el frío
se alejó el dolor que me partía el pecho
pude respirar
y temblando regresé a la mesa

A dónde fuiste preguntó mi padre
quería pensar mentí y temblaba
y temblaba

2. Igual versión que la publicada en 2019 y reproducido en la sección anterior.

Alguien se volvió hacia mi madre y comentó
qué niña esta más rara

Pero sentí el olor verdadero de la noche
no de cohetes
no de pavo ni tamales
ni de ponche ni de vino

El olor de la noche que no puede explicarse
que no lo entiende nadie
si no lleva a cuestas esta condición ceñida
de sobreviviente

Epitafio gozoso

Aquí yacen Valeria
y sus pensamientos

Sus delicados huesos se van reintegrando
lentamente a la tierra
convertida en dulce humus
aquella que amó tanto

Que parió entre sangre y deleite a sus tres hijas
que vio crecer a los apuestos nietos
y los amó los amó a todos
y continúa amándolos desde estos versos

Semblanza de Ana María Rodas

Cronología biográfica

1937. 12 de septiembre: Nace Ana María Rodas en la Ciudad de Guatemala, Guatemala, hija del matrimonio Ovidio Rodas Corzo (pintor, fotógrafo y periodista) y Ana María Pérez Lagomazzini.

1944. La Revolución de Octubre derrota al dictador Jorge Ubico, presidente desde 1931.

1945. En las primeras elecciones democráticas presidenciales, es elegido Juan José Arévalo y sigue su mandato hasta 1951.

1950-1952. Primer empleo de AMR como periodista en *Diario de Centro América.*

1951. Jacobo Arbenz Guzmán gana las elecciones presidenciales.

1952. AMR trabaja en *Nuestro Diario.* Ocupa varios cargos: página para la mujer, crónica deportiva, reportera en el Palacio Nacional.

1954. Golpe de estado coordinado por la CIA en contra del presidente Jacobo Arbenz Guzmán. Carlos Castillo Armas asume la presidencia hasta 1957.

1955-1956. AMR vuelve a *Diario de Centro América.*

1956-1962. Nacimiento de sus tres hijas. Deja temporalmente la labor periodística.

1963. AMR se hace cargo de la Jefatura de Relaciones Públicas de la Municipalidad de Guatemala.

1966-1971. AMR vuelve a su labor periodística. Escribe para *El Imparcial* hasta 1971.

1971-1973. AMR funge de Encargada de Asuntos de Prensa y de Cultura de la Embajada de Francia.

1973. AMR publica *Poemas de la izquierda erótica.*

1974. AMR es asesora de prensa del alcalde capitalino, Manuel Colom Argueta.

1974. AMR recibe el Premio de Prensa de la Asociación de Periodistas de Guatemala.

1975. AMR publica *Cuatro esquinas del juego de una muñeca.*

1976-78. AMR vuelve al periodismo activo, trabajando en *El Gráfico* y como reportera en el diario *La Tarde*. Son años de violencia y autocensura. Se ve obligada a cambiar de trabajo por límites a informes sobre la realidad nacional.

1977. AMR trabaja en el diario *La Nación*.

1978. AMR trabaja en el diario *El impacto*.

1979-1982. AMR abandona temporalmente el periodismo para trabajar como directora de Relaciones Públicas de la Vicepresidencia de la República.

1982. Golpe de estado por José Efraín Ríos Montt.

1982-[¿1987?]. AMR es Asistente de Prensa y Cultura de la Embajada de los EEUU en Guatemala.

1983. Golpe de estado por Óscar Humberto Mejía Víctores.

1984. AMR publica *El fin de los mitos y los sueños*.

1984-1989. AMR enseña en la Escuela de Ciencias de la Comunicación de la Universidad de San Carlos, Guatemala.

1987-1992. AMR trabaja a tiempo completo en la revista *Crónica*. Es directora de la sección cultural y colabora en la sección nacional.

1988-1989. AMR es presidenta de la Unión de Mujeres Periodistas de Centroamérica.

1990. AMR recibe el Primer Premio de Cuento y el Primer Premio de Poesía en el Certamen los Juegos Florales Hispanoamericanos en Quetzaltenango, Guatemala.

1992. Rigoberta Menchú (Guatemala) recibe el Premio Nobel de la Paz.

1993. AMR publica *La insurrección de Mariana*.

1993-1996. AMR trabaja en *Magazine 21*, la revista dominical del diario *Siglo XXI*, bajo la dirección de Juan Luis Font.

1993 al presente. AMR es catedrática en la Facultad de Humanidades de la Universidad Rafael Landívar. Es la catedrática más antigua de la Escuela de Ciencias de la Comunicación, Facultad de Humanidades.

1995. El Ministerio de Cultura y Deportes de Guatemala produce audiocasetes de su poesía y narrativa.

1996. AMR publica *Mariana en la tigrera* (cuentos).

1996-1997. AMR planifica y dirige la edición dominical del diario *El Periódico*.

1997-presente. AMR es columnista de *El Acordeón,* suplemento cultural de *El Periódico.*

1998. Se publica *Recuento,* reedición en un solo tomo de *Poemas de la izquierda erótica, Cuatro esquinas del juego de una muñeca* y *El fin de los mitos y los sueños.*

1999. La Comisión para el Esclarecimiento Histórico publica su informe, *Guatemala, memoria del silencio.*

2000. AMR recibe el Premio Nacional de Literatura "Miguel Ángel Asturias" del Ministerio de Cultura y Deportes de Guatemala.

2000-2005. AMR imparte clases de literatura en la Universidad Francisco Marroquín.

2002. AMR publica *La monja=Ixöq Rusamajel Ajaw,* edicion bilingüe de cuentos en español y quiché.

2002. AMR funda la empresa Eñe dedicada a la redacción y edición de textos de diversa índole, con especialidad en textos académicos, periodísticos y de difusión general. Ofrece talleres de redacción creativa, tanto en poesía como en narrativa, además del taller de apreciación de cine.

2004. AMR publica una selección de sus poemas, junto con Nela Río y Amanda Castro, en la antología bilingüe *Voces por la paz / Voices for Peace.*

2008. AMR funda la Editorial de la Tipografía Nacional que publica Colección de Literatura (obras de literatura guatemalteca de los siglos XVI a XX), Colección Crónicas (reedición de cronistas indígenas y españoles) y Documentos (textos generales sobre Guatemala y Mesoamérica).

2008-2012. AMR es directora general de la Dirección General del *Diario de Centro América* y de la Editorial de la Tipografía Nacional.

2011. Reedición de *La insurrección de Mariana.*

2012. AMR es directora de la Biblioteca Nacional de Guatemala.

2013. Efraín Ríos Montt es declarado culpable de genocidio y crímenes contra de la humanidad y sentenciado a 80 años de cárcel. Pocos días después, se anula esta condena. Muere en 2018 sin haber cumplido condena alguna.

2015. AMR publica *Esta desnuda playa.*

2015-2016. AMR es ministra de Cultura y Deportes de la República de Guatemala desde el 17 de septiembre hasta el 14 de enero de 2016.

2016. El Ayuntamiento de Salamanca, España, impulsa la edición de la antología *NO RESIGNACIÓN* (*Poetas del mundo por la no violencia contra la mujer*) que suma las voces de 136 poetas de 35 países de 5 continentes contra la violencia hacia la mujer, coordinada por el poeta y profesor de la Universidad de Salamanca, Alfredo Pérez Alencart. Entre los poetas de Guatemala, Ana María Rodas es la única seleccionada y se reproduce "Mujer, ya viene el sueño" de su colección *Poemas de la izquierda erótica.*

2019. La editorial madrileña Papeles mínimos ediciones reedita *Poemas de la izquierda erótica* con un ensayo de Erich Hackl.

2021. AMR publica un libro de cuentos, *Antigua para principiantes.*

2022. AMR es homenajeada junto con las poetas Daisy Zamora (Nicaragua) y Rosa Alice Branco (Portugal) en el XXV Encuentro de Poetas Iberoamericanos en Salamanca.

2023. Parutz' Editorial, Guatemala, publica una edición conmemorativa de *Poemas de la izquierda erótica.*

Premios y reconocimientos

Por su obra literaria

1980. Mención de honor por el libro *El fin de los mitos y los sueños* en el certamen literario de los Juegos Florales Hispanoamericanos de Quetzaltenango, Guatemala.

1990. Primer premio en poesía por su libro *La insurrección de Mariana* y primer premio en cuento por el relato "Mariana en la tigrera" en el certamen literario de los Juegos Florales Hispanoamericanos de Quetzaltenango, Guatemala.

1995. Primer premio en la rama de cuento por el relato "Monja de clausura" en el Certamen Centroamericano 15 de septiembre otorgado por el Ministerio de Cultura y Deportes, Guatemala.

2000. Premio Nacional de Literatura "Miguel Ángel Asturias" otorgado por el Ministerio de Cultura y Deportes, Guatemala, por el conjunto de su obra. Es el máximo galardón literario del país.

2006. Recibe la medalla de la Orden Vicenta Laparra de la Cerda, Guatemala.

2017. Es nombrada Persona Ilustre por la Universidad de San Carlos de Guatemala por su aporte a la literatura universal, Ciudad de Guatemala.

2021. La Feria Internacional del Libro en Guatemala (Filgua) le dedica su edición anual, Ciudad de Guatemala

Por su obra periodística

1974. La Asociación de Periodistas de Guatemala (APG) le otorga el Premio Libertad de Prensa. Este premio no se otorga anualmente sino en determinadas ocasiones a periodistas que se destacan en la defensa de la libertad de expresión. No se ha vuelto a otorgar desde ese año.

1988. Primer premio en el Concurso de Crónica "Bernal Díaz del Castillo", de la APG.

1989. Primer premio en el Concurso de Entrevista "Francisco Méndez", de la APG.

1997. Primer premio en el Concurso de Entrevista "Francisco Méndez", de la APG.

Obras publicadas

Poesía

Los dos primeros poemarios de Ana María Rodas fueron ediciones de autor, aunque varias referencias citan como casa editorial la imprenta u otras entidades que, si existían, publicarían reimpresiones de las ediciones de autor, por ejemplo, Litografías modernas, Tipografía nacional, Ediciones Papiro, El Café literario, Editorial Landívar y Testimonio del absurdo diario ediciones.

Poemas de la izquierda erótica. Guatemala, Edición de autor, 1973.

Poemas de la izquierda erótica. Guatemala, Editorial Gurch, 1998.

Poemas de la izquierda erótica. Madrid, papeles mínimos ediciones, 2019.

Poemas de la izquierda erótica. Edición 50° Aniversario, Guatemala, Parutz' Editorial, 2023.

Cuatro esquinas del juego de una muñeca. Guatemala, Edición de autor, 1975.

El fin de los mitos y los sueños. Guatemala, Editorial RIN-78, 1984.

La insurrección de Mariana. Guatemala, Ediciones del Cadejo, 1993.

Poesía de Ana María Rodas. Libro en audiocasete, Ministerio de Cultura y Deportes, Guatemala, 1995.

Recuento. Guatemala, Editorial Óscar de León Palacios, 1998. (Incluye *Poemas de la izquierda erótica, Cuatro esquinas del juego de una muñeca* y *El fin de los mitos y los sueños*).

Poemas de la izquierda erótica (trilogía). Guatemala, Editorial Piedra Santa, 2004. (Incluye *Poemas de la izquierda erótica, Cuatro esquinas del juego de una muñeca* y *El fin de los mitos y los sueños*).

Esta desnuda playa. Guatemala, Editorial Cultura, 2015.

Narrativa (cuentos)

Narrativa de Ana María Rodas. Libro en audiocasete, Ministerio de Cultura y Deportes, Guatemala, 1995.

Mariana en la tigrera. Guatemala, Editorial Artemis Edinter, 1996.

La monja, Ixöq Rusamajel Ajaw. Guatemala, Colección Intercultural Luis Cardoza y Aragón, 2002. Es una edición bilingüe (español y maya kaqchikel) de 4 cuentos: "Monja de clausura", "Antigua para principiantes", "Esperando a Juan Luis Guerra" y "La Cadenita".

Antigua para principiantes. Guatemala, Ediciones del Pensativo, 2021.

Otros textos

"La vida como es", textos para el Ballet Moderno y Folklórico, del mismo nombre, dirigido por Julia Vela. Guatemala, 1983.

"Efraín Recinos y su obra", ensayo. Guatemala, Fundación Paiz, 1991.

"Ser un hombre chapín", ensayo sobre la obra del fotógrafo Daniel Chauche. Antigua, Guatemala, Libros San Cristóbal, 2004.

"La estética del desenfado", ensayo. En *Literaturas centroamericanas de hoy: Desde la dolorosa cintura de América,* editado por Karl Kohut y Werner Mackenbach. Madrid, Iberoamericana Editorial Vervuert, 2005, pp. 63-67.

Francisco Nájera conversa con Ana María Rodas. Guatemala, Centro Cultural de España, 2006. Ana María Rodas entrevista al escritor y poeta guatemalteco Francisco Nájera.

Entrevistas

" 'Yo estoy, yo soy, y no necesito nada más': Diálogo con Ana María Rodas"

Aida Toledo

La siguiente transcripción es parte de una larga conversación que durante el mes de julio de 2002 la poeta y crítica académica Aida Toledo mantuvo con Ana María Rodas. Lo que comienza como una entrevista sobre la producción literaria de Rodas, poco a poco se convierte en un diálogo en el que la cuestión del feminismo literario en Centroamérica y la aseveración e identidad como mujer guatemalteca palpitan con una arrebatadora profundidad.

AMR: Bueno, el proceso de escritura, como yo lo recuerdo ahora..., y el recuerdo puede traicionar, pero así es como lo recuerdo, no tengo otro remedio.... Yo estaba casada en aquella época con Arnoldo Ramírez Amaya, un hombre sumamente talentoso, y que además estaba muy implicado en el pensamiento revolucionario que corría por la época. Pero este hombre talentoso, joven, revolucionario, tenía exactamente los mismos defectos que tenían el resto de los hombres, que no eran ni talentosos, ni revolucionarios, ni jóvenes. Y entonces, dentro de la relación nuestra empezaron a suceder ciertas cosas que a mí me molestaron profundamente. Y yo no tenía la más mínima intención de escribir poesía, nunca tuve la más mínima intención de escribir poesía. Sin embargo, cuando empecé a quejarme, porque era una queja inicial digamos que esto era, de las cosas que a mí me parecían detestables en aquella relación, empecé a escribir poesía. Yo ya había escrito cuentos muy malos, y ni siquiera pensaba en la posibilidad de escribir poesía, entonces, eso apareció. Me sorprendió mucho.

Por esta época yo tenía amigos que escribían: Quique Noriega, Luis Eduardo Rivera..., todavía no había conocido a Dante Liano, pero faltaba poquísimo para que lo conociera. Conocí a Luis de Lión, a Mario Roberto Morales, al Bolo Flores, Pepe Mejía, Luis Alfredo Arango, y no todos eran poetas, evidentemente. Hablábamos mucho, con las distintas lecturas que teníamos cada uno de literatura. Hablábamos de literatura; cuando nos reuníamos, de eso era de lo que hablábamos.

Hay una gran diferencia entre lo que hacíamos nosotros en aquella época, que era a finales de los años sesenta, y lo que hacen los jóvenes en la actualidad, tengo entendido. A lo mejor me equivoco, pero yo tengo la impresión que los muchachos en la actualidad hablan de su propia obra. Nosotros hablábamos de la obra de los demás. Creo que eso era importante y que eso nos otorgaba una mayor seriedad, porque la relación nuestra con la literatura era muy seria, y sigue siendo seria; pero no estábamos en la literatura para darnos aire el uno al otro, sino que nuestras conversaciones siempre giraban alrededor de movimientos literarios, escritores específicos, que era lo que estaban haciendo los latinoamericanos en ese tiempo, qué habían hecho los norteamericanos, en fin, esas cosas eran las que hablábamos nosotros.

Y por supuesto, yo era amiga de ellos, y tenía toda la intención de escribir narrativa. Entonces en aquel momento yo recuerdo bien que mis primeros cuentos, algunos de los cuales fueron rescatables años más tarde, a quien se los enseñé fue a Pepe Mejía, porque Pepe Mejía y yo teníamos una relación diferente, en el sentido que Pepe leía francés, o yo leía francés, y teníamos algunas lecturas que los otros no tenían todavía. Entonces yo lo veía en aquel momento a él, mucho más serio que al resto, no sé si es más viejo; pero en todo caso, yo lo veía más serio; y le enseñé mis cuentos y me hizo algunas anotaciones y me di cuenta que él tenía toda la razón, ¿verdad?, que estaban muy mal, y había uno que se salvaba y nunca lo he publicado, ni lo voy a publicar, porque se salvaba en aquel momento, pero no se salva ahora.

Entonces justamente la amistad muy estrecha entre Arnoldo y el Bolo Flores llevó a problemas muy serios en el matrimonio con Arnoldo, y con la cólera que tiene una mujer a la que engañan, a la que maltratan, no físicamente, afortunadamente, pero el hecho del engaño es un maltrato y es terrible, entonces así empezaron a surgir los primeros *Poemas de la izquierda erótica*. Yo creo que fue una toma de conciencia, fue una especie de síntesis de lo que había sucedido antes a lo largo de mi vida.

Hasta los cinco años, yo tenía oportunidad de jugar cerca de la casa con niñas y niños, pero cuando nos pasamos a la casa de la 13 calle A, ahí sólo había niños en el callejón, y entonces me tocó salir a jugar con los niños, pegarme con ellos para que me dejaran jugar con ellos, porque era la única forma en que logré unirme al grupo de los patojos. Y entonces me di cuenta que las mujeres y los hombres éramos diferentes, pero no me estaba dando cuenta de las diferencias normales, comunes y diferentes de la naturaleza, sino que estaba dándome cuenta de las diferencias que la cultura se había marcado y que ha marcado.

Después me fui a trabajar a los doce años a un periódico. Como era tan joven y también como los periodistas son bastante más acogedores en un sentido profesional, me acogieron muy rápidamente, y pensaban en mí como una periodista más, entonces tenían toda la libertad para hablar sobre las mujeres enfrente de mí, cuando yo tenía doce años; entonces yo me di cuenta de la diferencia que había entre la madre, la santa madre, la esposa, la novia, y las mujeres que pasaban por la calle. Las mujeres comunes y corrientes eran culitos y no importaban, estaban allí como en un terreno de caza para los hombres, pero cuando tú ya eras la novia de uno de ellos, entonces ya no se podía referir a ella en uno de esos términos, ya era otro estatus; la esposa, no te lo quiero decir, y la madre, santa madre arrugada allí en una campana de cristal.

Entonces, todos esos conocimientos los fui haciendo yo a lo largo de mi vida, pero por ahí, poco antes de los treinta años o algo así, fue cuando me di cuenta que no importaba cuán inteligente, cuán talentoso, cuán revolucionario, etcétera, pudiera ser un hombre, de todas formas, era machista y trataba mal a su mujer y se sentía con el derecho de quemarle el rancho, como decimos nosotros. Mas no, él no me decía a mí lo que tenía que hacer, pero tenía él esa libertad que indudablemente las mujeres no teníamos. Entonces el matrimonio empezó a hacer aguas y surgió *La izquierda erótica.*

AT: Pero también fue como el momentito en que uno toma absoluta conciencia de algo que se ha venido gestando a lo largo de la vida y la observación casi de la conducta también masculina y femenina.

AMR: Con mayor rigurosidad, sí.

Hay una cosa que sí tengo yo que decir, y es que mi amistad con los pintores... Vos sabés que mi papá además de ganarse la vida como periodista, era pintor; entonces yo conocí pintores desde que nací, básicamente. Por ahí por los veinte, veinticinco años, establecí una relación muy hermosa con Efraín Recinos, con Danny Schaffer, con Güicho Díaz, bueno, con una serie de pintores guatemaltecos. Y me di cuenta que cada uno de ellos tenía su propio idioma, su propia forma de expresarse. Vos ves un cuadro de Recinos, y podés decir, este es de Recinos, no te confundís y decís que es de Güicho Díaz. Entonces yo tenía esa certeza, tenía la certeza de que, si uno quería decir algo, tenía que decirlo con su propia voz, eso sí lo tenía yo muy consciente.

Yo diría que fue un proceso como de unos dos o tres años entre escritura y armado del libro [*Poemas de la izquierda erótica*]. Que tengo que reconocer indudablemente que Arnoldo me ayudó cuando ya estábamos separados, y todo, me ayudó con el diseño del libro. Los dibujos son de él, la portada es de él. El libro, él lo diseñó y todo lo demás, y él, recuerdo que diseñó y pintó unos grandes cuadros que estaban en el restaurante de Vitorio cuando se presentó el libro.

Ah, fue divertidísima, porque ese día cayeron unos aguaceros espantosos. Uno de los asistentes, incluso, estaba muy disgustado conmigo porque se le arruinó el carro, se le entró el agua en el motor y todo lo demás. Los manteles del restaurante no alcanzaron para que la gente se secara; los hombres estaban en la calle con los pantalones remangados cargando a las mujeres para entrarlas. Después, yo recuerdo, a las siete en punto entramos mis hijas y yo al restaurante, secas, perfectas, y todo lo demás, acompañadas de unos amigos franceses que estaban viviendo en mi casa en ese tiempo; y a las siete y cinco, empezó a llover, y no sé hasta qué hora llovió. Sin embargo, aquello se llenó. Vendí el libro esa misma noche, incluso a mi familia se lo vendí... Algunos de mis amigos escritores me dijeron que eso era una barbaridad, que estaba cosificando el libro, y yo le contesté que si los pintores no regalaban sus cuadros, yo no veía porque los escritores tenían que regalar sus libros.

AT: ¿Y es razonable eso?

AMR: Yo lo creo.

La presentación la hizo Tasso Hadjidodou. Él fue quien me presentó el libro, y el libro lo comentaron... Realmente, el único que hizo un comentario fue Roberto Paz y Paz, pero los periódicos, sí publicaron el aparecimiento del libro como una noticia. Como te decía, los periodistas suelen ser bastante más generosos con sus colegas mujeres. Al fin y al cabo, tan mal ganamos los periodistas hombres como los periodistas mujeres; en ese sentido estamos muy, muy nivelados. Y son muy cariñosos. Entonces, en *El Imparcial* me dieron primera página, me dieron primera página en todos los periódicos, como si fuera una noticia realmente de orden internacional, que no lo era, no lo era pero...

AT: Ahora digamos en el contexto guatemalteco...

AMR: Eso fue otra cosa. No había ningún libro así. Creo que probablemente ésa fue la razón por la cual causó escándalo, que no era el propósito del libro. Los libros no se publican, a menos que uno sea un autor pura desgracia, no se publican para causar escándalo. Yo lo escribí, y sabía que estaba sacando cosas internas, que me habían quemado y me habían dolido y además estaba diciendo: "Yo estoy aquí, y no vayan a creer que me amedrentan ni que me van a matar ni cosa por el estilo: yo soy yo". Pero ésa era una tarea personal.

Ahora, cuando me decidí a publicar el libro, fue cuando me di cuenta que ese libro era la voz de un montón de mujeres, porque el caso mío no era un caso único, era el caso de una cantidad de mujeres. Y no había libros así. Siempre dicen, "Ana María sigue la línea de la Pepita García Granados", pero Pepita García Granados, hasta donde sé yo, porque la familia debe haber quemado muchas cosas de ella, pero hasta donde sé yo, y en lo que hay publicado, tiene una cosa, que es el sermón. Que no creo ni siquiera que tenga alguna semejanza, porque eso fue hecho con un propósito lúdico. Y eso creo sí que tiene una especie como de función de sopapear al burgués. Y creo que lo debe de haber pensado ella cuando lo hizo con Batres Montúfar.

AT: Pues fíjate que, eso así puede verse ahora.

AMR: Pero el asunto es que yo no creo que tuviera una intención muy satírica, porque cuando uno hace una revisión, a veces pienso y digo, "Virgen Santísima, cómo estaba yo de dolida y cómo necesitaba hacer esta afirmación pública".

Pero yo lo firmé, mientras la Pepita era anónima. . . . Bueno, la historia es ésa. El libro apareció...

Mis propios amigos me decían, antes, "No vayás a publicar eso porque eso no es poesía", pero qué sabían ellos, ellos estaban haciendo otras cosas. A mí lo que más me preocupó en aquel momento, porque cuando se ven las cosas para atrás son completamente diferentes, pero en aquel momento a mí lo que me preocupó, más que todo, eran las monjas de la Asunción. Mis hijas estaban en el colegio la Asunción, y yo dije, "Si yo publico este libro, las monjas van a sacar a mis hijas", pero tenía que publicarlo. Y las monjas no sacaron a mis hijas. Para nada. Me mandó a llamar la superiora, y yo dije, "Bueno, ahora sí", y para mí era terrible que las monjas pudieran sacar a mis hijas. Entonces la superiora me llamó, me habló y me dijo, "Me enteré que usted es escritora. ¿Por qué no viene a darnos unas conferencias de literatura?". Y fue una de las reacciones más hermosas de aquel momento, porque, francamente, no dijeron nada.

Como te digo, lo único que apareció como crítica literaria, aparte de que apareció este libro, y fue en la entrega, fue la de Roberto Paz y Paz, favorable. Pero de ahí en adelante no dijeron nada... Hubo un silencio. Pero el silencio es una característica guatemalteca. En parte porque la gente no sabe hacer crítica, porque no sabe; son muy pocas las personas que pueden hacer crítica. Y en parte porque nadie se atreve a criticar, porque esto es una cosita tan pequeña, que toda la gente tiene gran terror de decir algo, porque, cómo va a criticar a Fulano de Tal si es su amiga, o si es su amigo. Entonces no es un terreno propicio para la crítica.

Si hay tan poca crítica ahora, en el tercer milenio, qué esperabas tú de los años setenta. Especialmente, una época muy difícil porque la gente estaba muy preocupada por otras razones. No era que estuviéramos viviendo una temporada maravillosa. Estábamos empezando la ola de violencia más cruel que ha sufrido Guatemala.

Madga Zavala [de Costa Rica] tiene un trabajo, que por cierto yo no conozco, pero hablando en alguna ocasión con ella, me dijo, "Mirá, hice un ensayo hablando de la poesía feminista en Centroamérica, y te puse a ti en el lugar que merecés: tú fuiste la primera y después vino todo el mundo". Ellas tuvieron una gran suerte. Tuvieron la gran suerte de pertenecer a un país donde hubo una revolución triunfante que se preocupó muchísimo por la cultura y las publicaciones, y las lanzó internacionalmente.

De los libros míos, déjame ver cuáles no son publicación de autora... *El fin de los mitos y los sueños* y una pilita de cuentos. Todos los demás son publicación de autor. *¿Cuatro esquinas?* Pues una cosa muy fácil, no fue una cosa nada nada difícil. De hecho, considero que las *Cuatro esquinas* y *El fin de los mitos* son parte de *La izquierda erótica*. Así los considero. Son un mismo libro, que se escribió..., digamos que *La izquierda erótica* es el tomo uno, las *Cuatro esquinas* es el tomo dos, y *El fin de los mitos y los sueños* es el tomo tres.

Yo no sabía tampoco lo que estaba haciendo. Es que las cosas las hace uno porque las tiene que hacer, ¿verdad?, porque tiene esa necesidad de hacerlas. Yo recibí, y recibí muy mal en mi interioridad, lo que habían dicho mis amigos: "Eso no es poesía", "están cosificando tu libro", y todas esas cosas. Los consejos, que tené cuidado, que mirá que no sé qué, porque creen que uno tiene tres años todavía, ¿verdad? Entonces dije yo: "Bueno, ¿por qué voy a seguir los cánones de ellos?". Si yo soy yo. Y entonces les escribí esa carta que puse en *Cuatro esquinas* ["Carta a los padres que están muriendo"]. Sí, la carta era para mis amigos. Después resulta que cuando la vuelvo a ver digo, "sí, es para mis amigos, pero es también para todos los hombres".

Lo que pasa es que cada cual tiene su forma de escribir, cada cual tiene su forma de estar en el mundo, cada cual tiene su forma de ver las cosas. Entonces, si yo estoy en el mundo de una manera diferente, si veo a las cosas desde un punto de vista diferente, si mi lenguaje es diferente, entonces van a decir no, eso no sirve. . . .

Te voy a poner un ejemplo para que te des cuenta. En Nicaragua, y esto lo escuché yo, hubo un certamen de cuentos, exclusivamente para mujeres, y entonces las escritoras nicaragüenses de ANIDE buscaron un jurado calificador. No sé si habría hombres y mujeres, me imagino que habría hombres y mujeres. Y un hombre les hizo un comentario, les dijo, "No hay nada bueno allí, no encontramos nada bueno entre los cuentos que concursaron, pero como esto es un certamen de mujeres, si quieren, damos los premios". Entonces inmediatamente las mujeres de ANIDE dijeron, "No, pues si no hay, no hay, y se declara desierto", que me parece a mí que es muy honrado, ¿verdad? Pero esa es la actitud.

Con sólo que estén nombrados los jurados que tienen un gusto especial, particular, que se inclinan más por unas cosas que por otras, ya se sabe.

A mí me parece una estupidez inmensa, porque un cuento no tiene que ser necesariamente de determinado tamaño para tener calidad. Además, creo que eso es una cosa bastante anticuada. Yo creo que esa historia de veinticinco cuartillas y eso es un cuento, me parece que eso hace mucho rato que pasó a la historia. Pero si no querés ver el caso de las mujeres, ahí está el de Tito Monterroso. Andá a ver dónde están las veinticinco cuartillas de Tito Monterroso. . . .

Por eso veo con buenos ojos la idea de fundar aquí la asociación de escritoras. Porque eso probablemente nos daría a las mujeres fondos para publicaciones, donde se puede incluir a un montón de mujeres, que no han publicado en ningún lado, y fondos también para talleres de escritura, que son tan importantes, sólo para mujeres. Donde las mujeres tengan su creatividad libre, donde no estén los hombres diciendo: "Mucho cuidado, mire, tenga cuidado que eso no es tal cosa". . . .

El fin de los mitos y los sueños, ese libro me sirvió a mí también como salvavidas. Yo había estado callada bastante tiempo y no había escrito. Y no había escrito, y hasta ahora lo veo, ¿verdad?, no había escrito porque todos en Guatemala estábamos muy deprimidos, sumamente deprimidos, si la violencia era una cosa espantosa. Y ese libro lo terminé yo en el año 80, pero el año 80 para mí fue un año horroroso. Yo recuerdo que fui a buscar a una institución pública, porque no tenía fondos para otra cosa, a una institución púbica fui a buscar a un psiquiatra, porque estaba muy mal, estaba con una depresión profunda, y puse como responsable mía a mi hija Irene. Así es que una de mis hijas, que en aquel momento Irene era una niña de 20 años, o menos de 20 años, era responsable de una mujer de mi edad, fíjate, en qué estado estaría yo.

Y ese libro, la escritura de ese libro, fue una tabla de salvación, y es una necesidad de afirmarme, pero afirmarme vitalmente. Y hay un poema, el poema final de ese libro que se llama "Absoluta", y ése es ya la afirmación total de "yo estoy, yo soy, y no necesito nada más". Creo que es muy importante, creo que es algo muy importante en la vida de una mujer. Todavía escucho, cada cinco minutos si fuera posible, la historia aquella de que Fulana de Tal está muy deprimida. ¿Por qué? ¿Y por qué está deprimida Fulana de Tal? Pues, porque los hombres o vieron mal su trabajo, o porque el novio la dejó, o porque el marido no sé qué. No se puede seguir circunscribiendo y metiendo el bienestar de una mujer a que dependa de lo que hacen los hombres, y sin embargo, sucede, y a unos niveles espantosos. Yo, veo ahora, quiero escribir sobre eso para el periódico, lo que hacen las mujeres con sus cuerpos, esas agresiones constantes.

Bueno, yo encontré que aún en medio de aquel momento tan espantoso, si es que era sangre, era muerte, era abandono, porque la gente se iba de Guatemala, los que estaban vivos, los que todavía estaban vivos, se iban, y se iban no solamente los que estaban ligados a la política, se iba todo el mundo, entonces dije yo, "Bueno, pero el mundo se puede caer, y todo se puede hacer desgracia, pero aquí estoy yo, yo me tengo a mí misma". Ese "Absoluto", del tercer libro, es como "Ahora que te hallé, mujer", el último poema de *La izquierda erótica*; es exactamente lo mismo, es estar, y era muy necesario en esa época, necesario decir.

Me parece que fue un acierto de las lecturas que hice en ese momento, me llevaron a escribir ese libro tan mítico, porque en el fondo al buscarse, al intentar encontrarse, hay que irse bien a fondo.

Como para concluir te podría decir que en los tres primeros libros se resume buena parte de mi vida, durante el período más difícil políticamente hablando, sufrido por Guatemala, y es posible, como ya lo han dicho algunas personas, bucear dentro de estos libros para encontrar las relaciones de los poemas con el contexto político y social.

Guatemala, julio 2002. Entrevista ligeramente editada para este tomo según la versión de 2003 de: www.jehat.com/sp/Poets/Aida%20Toledo/Pages/Aida%20Toledo.html

"Una entrevista truncada"

Frances Jaeger

En 2017, Ana María Rodas y yo comenzamos una correspondencia por correo electrónico. El plan era una entrevista extensa sobre su vida y obra. Lamentablemente, otras obligaciones de la poeta no nos permitieron pasar más allá de las tres preguntas iniciales. En sus respuestas, Rodas incluye amplios detalles sobre su formación como artista y escritora, además de manifestar cómo los escritores y artistas guatemaltecos se relacionaron con la literatura y la cultura latinoamericana, norteamericana y europea. Las extensas explicaciones crean un perfil de Rodas como escritora joven que emprende una carrera literaria, valioso reflejo de sus influencias tempranas. Asimismo, ofrece una visión del panorama cultural en Guatemala en los años sesenta y setenta.

FJ: Aunque hay buenos poetas, Guatemala es en realidad un país de cuentistas (es decir, que no es como Nicaragua donde predomina la poesía). Entonces, ¿cómo comenzaste a escribir poemas?

AMR: Desde muy joven quería escribir narrativa. Probé y no me gustaba nada de lo que escribía. Pero siendo periodista podía publicar lo que hallaba menos malo en la revista de la Asociación de Periodistas de Guatemala, que no tenía mayor circulación. No se puede evaluar -al menos en mi caso- el valor de lo escrito hasta no verlo impreso. Ahora, cuando alguna de esas revistas cae entre mis manos releo el "cuento" y me espanto. Ya les he pedido a mis nietos que, si alguna vez alguien saca a relucir tales cosas, mientan tranquilamente y digan que no son míos.

A Cardoza [Luis Cardoza y Aragón], siendo Cardoza, le han publicado póstumamente algunas frases que, muy joven escribió en abanicos de amigas que se lo pedían. Esa no es literatura. Pero lo han degradado publicando esas dedicatorias. Terrible.

Yo no soy Cardoza, por supuesto. Tengo suficiente reserva como para no comprenderlo. Pero me revolvería en la tumba si alguien se tomara el trabajo de juntar esos "cuentos" y los publicara.

Por ahí por los veintitantos años me asombré al darme verdadera e intensa cuenta de que diversos hechos en el país, y experiencias personales, coincidían en ese terreno abyecto de la desigualdad. El shock fue tan profundo me sorprendí escribiendo poesía. Jamás había tenido la intención de hacerlo. Mucho tiempo más tarde, viendo la cinta Alien comprendí que la poesía es algo insondable que llevo pegado a los huesos, a los músculos, a la piel. Y cuando experimento emociones pujantes, se me parten las entrañas y la mayoría de las veces, sangrante como un Alien, surge el poema. Él solito, sin intervención mía, por cierto. La primera asombrada soy yo. Es un fenómeno ante el cual no puedo resistirme. Difícil de explicar, pero elemental.

Mi primer libro, *Poemas de la izquierda erótica*, surgió en un momento, 1973, en el que el desastre nacional era difícil de ser comentado abiertamente. Resultaba más practicable, incluso para los lectores, si el tema principal fuera la disparidad o enfrentamiento entre personas y no entre los que todo lo tenían -y continúan teniéndolo- y entre aquellos que luchaban por las grandes multitudes desposeídas.

Así fue fácil verme solo como feminista -que lo soy, afortunadamente-- que como una persona con intereses más allá de los que genera la disparidad entre géneros. Y pocos percibieron la intencionalidad del término "izquierda", que forma parte del título. Al menos en Guatemala. Afuera, donde no existía el peligro por el que atravesamos durante décadas en el pasado reciente, fue más fácil entenderlo. Pero ahora ya no importa.

En realidad, soy poeta porque la poesía me posee. Hay que admitirlo. No hay vuelta de hoja.

FJ: De tus entrevistas anteriores, he notado que, lejos de ser una escritora solitaria, estás bien integrada a una amplia comunidad de escritores, pintores y periodistas. ¿Puedes comentar sobre las experiencias personales que te llevaron a relacionarte con tantas personas del ámbito cultural en Guatemala?

AMR: El hermoso desorden del aprendizaje. Mi padre era pintor, fotógrafo y periodista. Desde muy pequeña veía una y otra vez aquellos libros con reproducciones de pinturas, grabados, fotografías, artículos sobre arte (que entonces no podía leer), de todas partes y de todos los tiempos.

A veces, temprano en la tarde —debo haber sido muy pequeña porque aún no iba al colegio, que principié a los seis años— papá me llevaba a *El Imparcial*, donde la rotativa hacía un gran escándalo; me encantaba el olor de la tinta de imprenta. En el segundo piso, los reporteros me cargaban, me sentaban al lado de las máquinas de escribir y fingían entender lo que yo iba escarabajeando en cuartillas de papel periódico y juraba que eran noticias.

Más tarde, siempre en los años 40, papá fue director de lo que entonces se llamaba Escuela de Artes Plásticas y además, daba la clase de dibujo al desnudo. Cuando -esa era otra Guatemala— salía del colegio en camino a casa pasaba por la 8ª avenida de la zona 1, donde quedaba la academia, entraba y le daba vuelta a la sala central, donde un modelo o una modelo estaban siendo reproducidos con diversos resultados por los estudiantes, a carboncillo o sanguina. Me gustaban aquellas manos haciendo trazos rápidos. Creando.

Papá terminaba su lección y algunos estudiantes platicaban conmigo. Dagoberto y Juan Antonio, sobre todo, que habían sido gentiles cuando a los cuatro años enfermé de sarampión, y llegaban a distraerme haciendo dibujitos en aquella habitación forrada de papel celofán rojo.

Supongo que a todos les llamaba la atención que una niña se interesara en las pinturas, los dibujos, los grabados, y me hacían preguntas y ya no recuerdo lo que respondía, pero era un ambiente amable del que salía colgada del brazo de mi padre pensando en un gran vaso con leche y pan con mantequilla que me esperaban a pocas cuadras, en casa.

Dos mundos se entrelazaban al lado de mi padre: el periodismo, el arte.

En casa, mamá se encargó siempre de leernos a mi hermano mayor y a mí, todos los días, el capítulo de un libro normal. Aparte de una colección de cuentos de hadas, libros grandes y bien ilustrados, mamá aseguraba que los libros para niños eran boberías. Conservo con mucho cariño un libro impreso en mil ochocientos algo, las *Cartas* de Hernán Cortés, escritas en el español del siglo XVI. Mamá nos explicaba con paciencia lo que quería decir "vuesa merced" y otras palabras que normalmente no entendíamos.

El libro de la selva, de Kipling es lo más cercano a un libro infantil que nos haya leído. Autores españoles y traducciones de escritores ingleses, italianos, franceses sembraron muchas ideas en nuestra imaginación.

En realidad, mi madre me entregó el don de la palabra y mi padre, el amor por el arte.

Entre periodistas y artistas que me chineaban con cariño fui creciendo. De los pintores aprendí algo muy importante: que cada cual *debe* tener un lenguaje diferente al de todos los demás. Hay que reconocer a un Vásquez de un Franco o de un Ossaye sin ver la firma.

Años más tarde, cuando estaba casada con el fabuloso dibujante Arnoldo Ramírez Amaya comencé, quién iba a decirlo, mis reuniones de un par de noches por semana con escritores. Sólo [Marco Antonio] el Bolo Flores tenía la misma edad que yo. Estábamos cerca de los 30 años y les llevábamos diez al Nenón [Mario Roberto] Morales, a Quique Noriega, a Luis de Lión, a Luis Eduardo Rivera. El Bolo ya había publicado maravillosa poesía. El resto andábamos enredados en nuestra incipiente producción.

Pero en el grupo nunca platicamos sobre lo que andábamos escribiendo. Yo lo hablaba con Quique; Luis de Lión con Mario Roberto, imagino. Indudablemente Luis Eduardo y Quique sí.

Cuando estábamos todos reunidos nos sacábamos hasta los ojos defendiendo a los escritores que eran nuestros favoritos. Yo andaba enamorada en silencio —literariamente hablando— de Cortázar. Y sólo con Pepe Mejía comentábamos a fondo a Beckett, que por entonces no le interesaba a ninguno de los otros.

Teníamos mucho respeto por la literatura y nos entregábamos a lo que ya se había publicado. Lo nuestro era tratado con mucha modestia. No teníamos vocación de alzacolas.

Luego de la publicación de mi primer libro hice amistad con Dante Liano. Llegaba a mi casa en solitario. Raúl de la Horra y Fernando González Davison también llegaban por su cuenta.

Juan Fernando Cifuentes —un militar que luego de sacar una licenciatura en letras se pasó al bando de la escritura— fue electo presidente de RIN-78, aquel cuchubal literario donde hubo escritores de todas las tendencias; entré a RIN y conocí a otros autores aún más jóvenes que "Los irreverentes" como nos llamaron a los del grupo inicial, con gran desprecio, algunos creadores mayores. (Luego se dieron cuenta de que el mote era bueno; creo que hasta se lavaron la boca y se cuidaron de llamarnos así.) Fin del nombre que no me parecía mal. Porque éramos y seguimos siendo irreverentes. Ahí están nuestros libros, que hablan por nosotros.

Entre los nuevos amigos estaban Carmen Matute y el Patojo [Francisco] Solares-Larrave, Max Araujo, Víctor Muñoz. Al Maestro [Francisco] Albizúrez, a Margarita Carrera y a Luz Méndez de la Vega los había conocido en la Facultad de Humanidades en los años 50.

El Patojo era especial, y sigue siéndolo, aunque se encuentre físicamente tan lejos. (Muchos están físicamente lejos: Estados Unidos, Italia, México, Francia.) Lo sentía tan señalado que cuando RIN-78 iba a publicarme un libro, Juan Fernando preguntó en quién creía yo para prologarlo. Sin dudarlo dos veces pronuncié su nombre.

Un poco de tiempo después volví a reunirme con Mario Alberto Carrera, a quien había conocido trabajando en la Municipalidad de Guatemala cuando yo tenía 24 años y él, 16. Un joven rubio y de ojos verdes que escribía poemas y me los mostraba en secreto.

Por ese tiempo había conocido a Julio Fausto Aguilera también.

Continúo considerando como prima a Lucrecia Méndez de Penedo, una de nuestras grandes críticas de literatura. En realidad es prima del padre de mis hijas, y nos cuesta vernos porque siendo Vicerrectora Académica de la Landívar tiene muchísimo trabajo y grandes responsabilidades.

No puedo dejar de mencionar a Aída Toledo, poeta excelente cuyo primer libro tuve el gusto de prologar. Es la esposa de Quique Noriega y ambos procrearon a Aídita, que se ha vuelto Zayda [Noriega] y escribe como los ángeles, manteniendo su escritura inteligentemente alejada de la que producen sus padres. Zayda es mi ahijada y su primer libro debe estar en prensa en estos días. Aída es mi amiga más cercana. Excepto Elena [Castañeda], antropóloga que vive en México, pero que también ha escrito libros en su especialidad.

Digo Aída y Quique y surge, inmediatamente, Francisco Nájera que aparece como cometa durante el verano boreal. Como aparece Arturo Arias, que ha ido de California a Texas y de regreso a California durante el tiempo en que lo he conocido.

Méndez Vides, María Elena Schlesinger, Luis Aceituno. Los tres son Antigua Guatemala en mi cerebro. Indisolublemente unidos en mi mente con Arturo Monterroso, que está ligado a Dante, que quiere decir Luis Eduardo…

Un inmenso vínculo invisible que se mueve y da vueltas y vueltas me mantiene atada a gran número de escritores guatemaltecos. Luis Alfredo Arango, Francisco Morales Santos, Carlos René García Escobar, Delia Quiñónez… ¿Cuántos nombres habré olvidado en esta tarde? No importa. Ellos están, están sus obras.

FJ: Me parece que cada artista es el producto de lo que produce, pero también de lo que recibe. ¿Cuáles eran influencias importantes en tu obra y en cómo veías el mundo, la situación en Guatemala, la situación de la mujer?

***

AMR: Mi querida Frances, no necesito decirte por qué no he continuado respondiendo tus preguntas. De hecho, mientras me siento a responderte la tercera, hay otro motín en un "hogar" para jóvenes.[1] También en San José Pinula. Menos mal, sin muertos, solo heridos y gases lacrimógenos. Pero ese es un enano de otro cuento. A lo que nos une en razón de lo que he escrito:

Cuando era muy niña hasta en casa, para hablar del presidente, que era lo único que se mencionaba en cuestión de política (lo que el dictador dictaba, lo que hacían quienes estaban a su alrededor era secreto) se bajaba la voz. Por aquello de que las paredes tienen orejas como decimos los guatemaltecos. No sé si eso se comenta también en otras partes.

La revista *Life* me hacía llegar cada semana las imágenes dolorosas y los relatos punzantes de la Segunda Guerra Mundial. Mi memoria es visual y ahora mismo cerrando los ojos veo aquellos cadáveres ambulantes que salieron de los campos de concentración, los soldados caídos en los campos de batalla, los aviones, los barcos, los tanques, las ametralladoras. La muerte en imágenes en blanco y negro.

En Guatemala todo cambió a partir de la madrugada del 20 de octubre de 1944. Recuerdo con alegría el ruido de los cañonazos entre el Fuerte de Matamoros y el Fuerte de San José, que pasaban haciendo su peculiar ruido sobre los techos de las casas en nuestro barrio. Y digo alegría porque a partir de ese momento comenzamos a vivir de verdad, a vivir de una manera diferente.

Como resultado del cambio se otorgó el voto a las mujeres, a los analfabetos, que eran la mayoría de la población. Se siguió una política de alfabetización, por supuesto. Hubo autonomía universitaria, reconocimiento de la propiedad privada, se fundó el Instituto Guatemalteco de Seguridad Social; el Código de Trabajo vio la luz primera. Tendría que hacer una lista muy larga de lo obtenido a raíz de la llamada Revolución del 44.

Se imprimieron libros en la recién fundada Editorial 20 de octubre, del Estado. Costaban entre cinco y diez centavos. Aún conservo los ejemplares que fui comprando en aquellos tiempos.

1. Referencia a la tragedia del Hogar Seguro "Virgen de la Asunción", un albergue estatal de menores. El 8 de marzo (Día Internacional de la Mujer) de 2017 se levantó un motín para protestar las condiciones del hogar y los abusos sexuales y físicos de las jóvenes. Lamentablemente, fallecieron decenas de víctimas.

Y de pronto, en 1954 nos cayó, como maldición gitana, la contrarrevolución que acabó con todo lo que pudo. Recuerdo que mi padre me llevó al Parque Central para asistir a la quema de libros "comunistas".

A los quince años había entrado a estudiar periodismo en la Facultad de Humanidades, amparada por un artículo transitorio en el decreto universitario de la creación de la carrera, porque no había estudiado bachillerato pero ya tenía tres años de ganar un salario si no tan alto como el de mis colegas, al menos razonable para una jovencísima periodista.

Luego, en tiempos del régimen liberacionista que se entronizó luego de la caída de Arbenz, me dolía hasta en la médula de los huesos ver en las paredes de las casas unas hojas impresas con los rostros de personas entre los que podía reconocer hasta los de algunos estudiantes de la facultad, y bajo las fotografías, diversas consignas difamatorias y feroces. Recuerdo una: "Guatemalteco, si reconoces a alguno de estos en la calle, mátalo, porque todos son comunistas".

Mi aprendizaje sobre las diferencias que ha vivido la gente de mi país a lo largo de los siglos fue en carne viva.

La Guerra Fría reinaba; algunos de mis amigos que ni siquiera sabían de política abandonaron el país porque no deseaban que sus hijos crecieran en medio de la violencia que nos tocó vivir bajo los gobiernos militares.

Rosa Parks nunca supo el efecto que había tenido su acción en un bus estadounidense sobre una joven guatemalteca que a lo largo de su vida se había dado cuenta de cómo las mujeres éramos lo que dio en llamarse ciudadanas de segunda clase.

En esos años en que los negros estadounidenses iban en pos de las libertades civiles leí a los Beats; llegaron luego los años 60 con la contracultura, el rechazo a Viet Nam, las barricadas en París, el año 68 en México, los Beatles, la minifalda, importante postura para la liberación femenina.

Desde pequeña había escogido una enseña: "Contra viento y marea" y a ella vino a sumarse la consigna de los años 60: "Haz el amor y no la guerra".

Los sucesos mundiales me forjaron y me hicieron rebelde. La realidad en mi país ya había hecho lo suyo en mi conciencia y he sido siempre una mujer que lucha contra las diferencias que llevan a que una inmensa mayoría de habitantes del planeta sufra bajo las presiones —de todas clases— de los poderosos. Hoy por hoy les recalco a mis alumnos que un grupo de individuos que no llega ni al centenar disfruta la riqueza que iguala aquella que poseen (entre todos) 3,500 millones de seres humanos en el mundo.

Pero cuando publiqué mi primer libro, *Poemas de la izquierda erótica*, en mi país apenas se podía esbozar la desigualdad de género. Por lo tanto, se me reconoce únicamente como feminista. Que lo soy. Pero el resto de mis aspiraciones por la emancipación en todos los aspectos quedó hirviendo adentro para más tarde. Y hay un poema que se llama "Desacuerdo", en el libro *La insurrección de Mariana*, que da fe de ello.

Creo que fui mejor comprendida fuera de Guatemala.

Para mi sorpresa, en un libro que produjeron el Instituto Cervantes y el Goethe Institut en 2005 en conmemoración del IV centenario de la aparición de Don Quijote de la Mancha, una antología en la que participamos una docena de poetas de habla hispana y una docena de poetas de habla germánica, llamado *VERSschmuggel/Contrabando de Versos*, me presentaron así:

> Ana María Rodas (n. 1937, Ciudad de Guatemala, Guatemala), poeta, narradora y ensayista, es considerada una de las grandes figuras latinoamericanas de la literatura de mujeres. En su poesía, sensual o acre, pero perdurable, denuncia la hipocresía de la opresión. Con su poemario *Poemas de la izquierda erótica* escandalizó a la sociedad pacata y convencional y llevó al plano humano más íntimo la cuestión de la libertad.

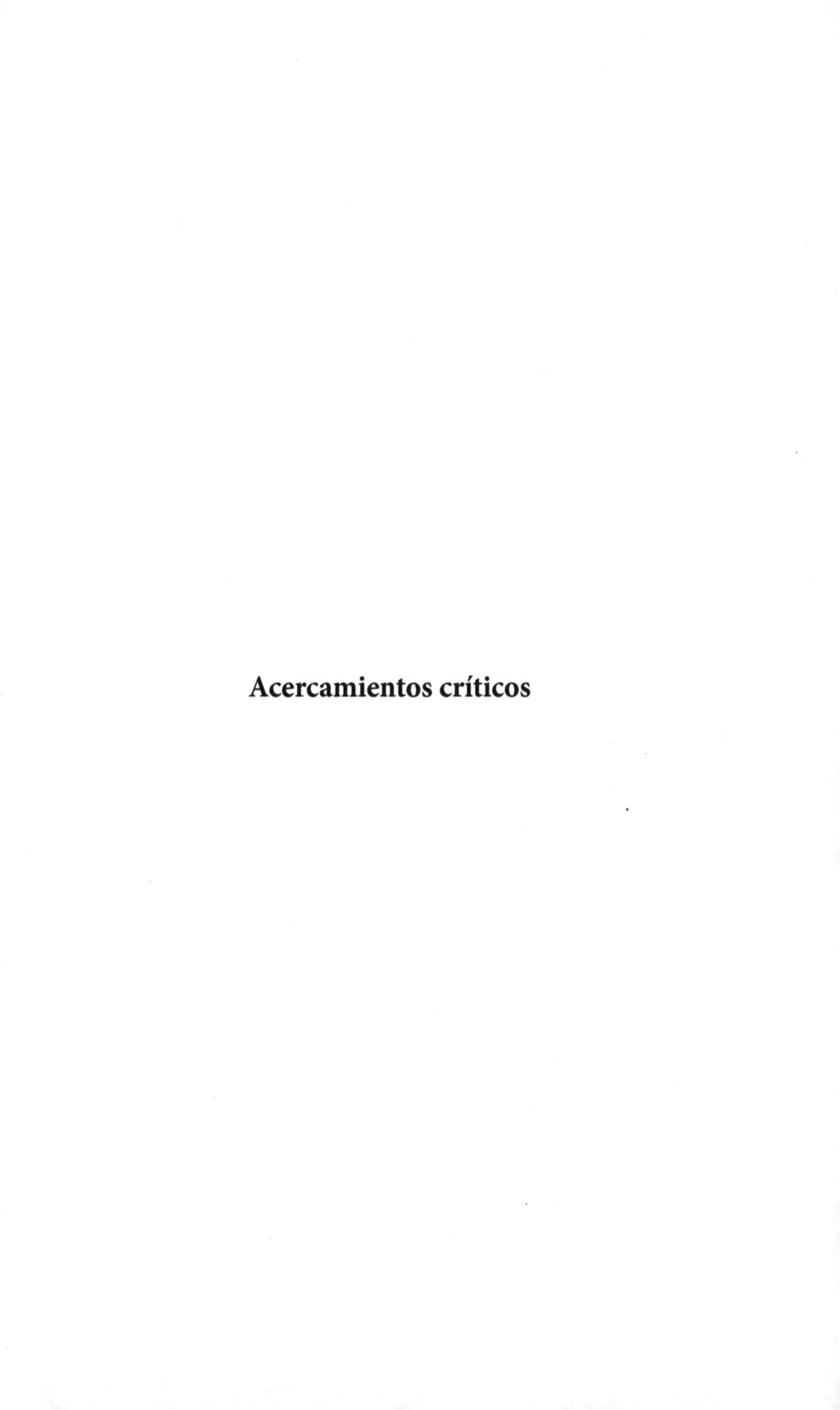

Acercamientos críticos

“ ‘Corazón y cerebro’: De lo erótico a lo intelectual en la poesía de Ana María Rodas”

Frances Jaeger

Las palabras son parte de la poesía, pero no son la poesía. Tomar una frase y frotarla una y otra vez hasta que brilla, buscar las metáforas más rutilantes, abrir la preceptiva literaria, el diccionario de sinónimos y aplicar sus fórmulas, puede llegar a ser un ejercicio académico precioso, pero jamás poesía. La poesía es, esencialmente, extraer de uno mismo algo que le es común a los seres humanos, y decirlo.

Decirlo con un lenguaje propio, por supuesto.

La conjunción de ese algo importante, que atañe a mucha gente, y esa voz que no puede confundirse con la de nadie más, va a darnos la poesía

–Ana María Rodas[1]

Poemas de la izquierda erótica: parteaguas en la literatura centroamericana

En 1973, un poemario irrumpe en el ámbito cultural centroamericano: Ana María Rodas publica *Poemas de la izquierda erótica* en Guatemala, lo que constituye un parteaguas en la poesía escrita por mujeres en Centroamérica. Magda Zavala denomina a Rodas la figura inaugural de la rebelión erótica en Centroamérica (247) y Barbara Dröscher afirma que “en los años setenta, Ana María Rodas, con sus poemas, cambió el mundo literario centroamericano de modo duradero” (1). Tratando la sexualidad y corporalidad explícita y abiertamente, Rodas rechaza los modelos de la poesía establecida femenina y escribe contra el lenguaje florido y preciosista, nombra las partes del cuerpo en vez de recurrir a eufemismos y símbolos y explora el deseo de la mujer. Chiara Bollentini aclara que “la revolución sexual y social representada en los versos de Ana María Rodas marca el paso definitivo de una poesía femenina a una poesía feminista, es decir, una poesía muy crítica ante los valores machistas y que se sirve

1. Con esta definición personal de la poesía, comienza Ana María Rodas su introducción al poemario *Brutal batalla de silencios* de Aida Toledo (5).

de unas temáticas y un lenguaje que hasta ese momento se consideraban masculinos" (93).[2]

Como Dante Liano observara, el uso particular del lenguaje chocó al público lector:

> El acierto de Rodas está en que su concepción del léxico erótico consiste en apoderarse de la expresión considerada vulgar y en darle a esta expresión una óptica que supera a la de los hombres, que los deja atónitos ante la osadía de una mujer y algo desarmados cuando se ven con ojos que nunca estaban acostumbrados a usar. La fuerza epigramática de Rodas está en la sencillez de su lenguaje preciso y directo, en un topos, como el erótico, en donde el eufemismo ha reinado desde siempre. (56)

No obstante estas polémicas sobre el lenguaje utilizado por Rodas, lo que tal vez no se apreció en 1973 era cómo Rodas estaba estableciendo su relación con las palabras y la expresión poética. Se puede ver en el epígrafe al principio de esta introducción que es más tarde, en 1990, cuando Rodas logra articular su relación personal con la poesía. Fiel a sus actitudes antiacadémicas y no conformistas, Rodas define el acto de escribir como un ejercicio personal que le obliga a entregarse por completo al proceso. Al repasar su producción poética en este estudio, será evidente que las observaciones en este epígrafe representan una constante en su obra.

La poesía de Rodas, pese a su clasificación de erótica, está lejos de limitarse a ese apelativo, como explica Bollentini: "Los textos de Ana María Rodas no expresan primariamente sensualidad o voluptuosidad, sino el sufrimiento profundo y la humillación de una mujer reducida a objeto por ese 'tirano' que actúa de forma egoísta, sin amor, sin ternura y sin cariño" (96). En el año de su publicación, *Poemas de la izquierda erótica* provocó discusión, crítica y polémica porque era imposible ignorarlo. Estableció a Rodas como una figura cultural de mérito e importancia que creó un nuevo espacio para futuras generaciones de poetas mujeres.[3]

---

2. Coincide con esta interpretación Teresa San Pedro, quien califica a Rodas "la primera poeta feminista en Centroamérica merecedora de tal calificativo" ("Ana María Rodas" 161).

3. Como declara San Pedro, *Poemas de la izquierda erótica* abrió "las puertas de la expresión poética a las nicaragüenses Christian Santos, Michèle Najlis, Gioconda Belli y Daisy Zamora, a la hondureña Amanda Castro y a la panameña Consuelo Tomás. Este poemario, puede decirse, es pionero en establecer la autoría femenina" ("La palabra directa" 69).

El poemario estalló como una bomba en la escena cultural centroamericana y representa una ruptura con las tradiciones y el comienzo de una nueva tendencia literaria. Si *Poemas de la izquierda erótica* surge inesperado en el contexto guatemalteco, y *Cuatro esquinas del juego de una muñeca*, publicado dos años más tarde en 1975, abre con un manifiesto que marca la distancia de sus antecedentes literarios, es fácil asumir que tantas referencias a rupturas con un pasado individual y colectivo significan que la poesía de Rodas se aparta conscientemente de la tradición cultural precedente. Como precisa San Pedro: "Esta poeta . . . quiere romper con el canon, quiere desacralizar el lenguaje poético, quiere poetizar el sexo, quiere hacer historia en el mundo literario. . . . Ella es muy consciente de que el escándalo es lo único que le permitirá alcanzar su meta" ("Ana María Rodas" 162). El escándalo y la insistencia en rupturas se convierten en armas poéticas.

Tanta insistencia en la negación de antecedentes literarios puede interpretarse como el reconocimiento indirecto de su poder en la obra poética de Rodas. Doris Sommer observó que los novelistas del boom latinoamericano, al rechazar marcadamente la tradición literaria latinoamericana, señalaron una paradoja particularmente americana: "The paradox borders on a typical irony of writing [in] America, where successive generations may deny literary resemblances to the point that denial itself constitutes a resemblance" (4). Las primeras impresiones de ruptura sugieren una paradoja fundamental en la obra poética de Rodas: la existencia de un rico acervo de tradiciones poéticas anteriores que la autora incorpora o rechaza según sus propios criterios.

Los ejemplos de ruptura que vamos a examinar en la obra temprana de Rodas son manifestaciones de complejas redes de intertextualidad mencionadas frecuentemente en la crítica, pero pocas veces estudiadas con profundidad. Lejos de rechazar enfáticamente los antecedentes literarios, Rodas demuestra pleno conocimiento de ellos al transformarlos para batir en duelo contra la tradición patriarcal.[4] No evita las influencias, sino que las cuestiona para desafiarlas, reescribirlas, reformularlas y forjar propuestas nuevas. Proponemos analizar en su poesía la perspectiva de la voz poética femenina que busca independizarse y crear algo propio, diferente y transformador, pese a los obstáculos que encuentre por el camino.

4. Dante Liano destaca este aspecto de la poesía de Rodas al afirmar: "En el caso de Ana María Rodas, el escándalo y la acusación se referían más bien a la ruptura evidente y demostrativa de los cánones de la poesía tradicional. Sus críticos no podían o no querían ver el substrato filosófico y literario de las desnudas expresiones de la joven poeta" (59).

Para explorar a fondo estos diálogos artísticos que Rodas persigue a lo largo de su producción poética, este estudio examina diferentes perspectivas sobre la intertextualidad presente en su obra. Comenzando con una discusión sobre un aspecto que parece marcar su inicio en el mundo literario, la primera parte explora las rupturas en su poesía. Sobre todo en sus primeras obras, Rodas toma la iniciativa de romper con su pasado, su contexto cultural y las expectativas sociales. Sin embargo, estas rupturas aparentes son más complejas porque ninguna ruptura es definitiva o completa. De hecho, algunas parecen apoyar el poder hegemónico, ya que forjar una voz independiente es difícil, si no imposible. Entonces, es importante indagar más allá de las declaraciones de ruptura y rebeldía porque Rodas como poeta es plenamente consciente en las dificultades de trazar un camino nuevo. De hecho, parte de su conflicto en sus primeros poemarios se arraiga en los obstáculos inherentes en este deseo de separarse y encontrar un camino creativo propio.

Una vez establecida la relación compleja entre Rodas y su pasado personal y literario, es más fácil ocuparnos de su obra más reciente para ver cómo interactúa con las tradiciones literarias que la anteceden. Al analizar detalladamente "Epigramas de marzo" de *Esta desnuda playa* (2015), por ejemplo, resalta el diálogo literario que Rodas establece con el poeta clásico romano Catulo y el poeta contemporáneo nicaragüense Ernesto Cardenal. Lo que queda claro es que, en contraste con las afirmaciones en su segundo libro, aquí Rodas no necesita declarar su independencia, ya que es capaz de dialogar con los maestros igual a igual. De nuevo, fiel a su convicción de que la poesía la obliga a "extraer de uno mismo algo que le es común a los seres humanos, y decirlo", Rodas explora el amor y el desamor desde la perspectiva de la mujer abandonada. En vez de recorrer el camino ya trazado por Catulo y Cardenal, Rodas pone todo su empeño en forjar un camino nuevo que la lleva a verdades universales distintas: eterno no es el amor, ni la literatura, sino el acto de escribir y toda la conciencia que aporta la labor creativa. Esta importante conclusión sobre el acto de escribir, expresada al final de *Esta desnuda playa*, es otro tema consistente en su obra. En la visión retrospectiva a la poesía de Rodas, se hacen más evidentes sus constantes vueltas a temas recurrentes que cobran diferentes facetas a lo largo de su producción.

Cuando se reconoce la influencia clave del mundo clásico en "Epigramas de marzo" de Rodas, las referencias a la mitología griega cobran más importancia y las analizamos en la tercera parte de este ensayo. Vemos que Rodas se examina a sí misma y a su mundo a la vez que incorpora figuras como la Medusa y el Minotauro en sus experiencias cotidianas. Lejos de ser simplemente referencias azarosas, estos ejemplos de intertextualidad son otra constante en su obra que le permiten comprenderse y comprender mejor su entorno. Proponemos también intertextualidad con textos del poeta chileno Nicanor Parra sobre la antipoesía. La incorporación de sus ideas no constituye una copia ni una imitación, sino una nueva manifestación del pensamiento de Parra donde Rodas ubica a la mujer en el centro del discurso. Además, es posible analizar con atención cómo Rodas deconstruye el lenguaje revolucionario para exponer que los movimientos de liberación vuelven a replicar las estructuras machistas de la cultura tradicional.

Finalmente, después de sus vivencias durante la Guerra Sucia en Guatemala y sus luchas personales contra la depresión, Rodas asume una voz poética dolorida, pero con mayor experiencia y perspicacia para reconsiderar cuestiones de la escritura y la creatividad femeninas. Rodas representa una voz distinta cuando retoma situaciones y experiencias en los años noventa y el siglo XXI, en contraste con su modo de explorarlas en los años setenta y ochenta. Su preocupación sigue siendo cómo ser mujer independiente, pero ya tiene mayor comprensión de los obstáculos construidos por el entorno, no tan cambiado como se suponía, que sigue intentando callarla y apartarla de la expresión franca y sincera de su propio ser.

Este estudio, entonces, igual que la obra de Ana María Rodas, propone volver a examinar toda su poesía con ojos nuevos para ver todo lo que siempre estaba allí pero que no siempre vimos con la claridad necesaria.

I. El poder ilusorio de las rupturas

Muchos críticos han notado que el poema autobiográfico que abre *Poemas de la izquierda erótica* (PIE) crea la fuerte impresión de ruptura con todo antecedente.[5] La voz poética parece surgir de la nada, completamente formada y decidida, cual si fuera la diosa Atenea: "Domingo 12 de septiembre, 1937 / a las dos de la mañana: nací" (*Poemas* 9).

Entramos en la obra de Rodas con estos versos que hacen hincapié en la agencia de la voz poética. Dröscher señala que "el proceso de nacer es un

5. El poema que abre *Poemas de la izquierda erótica* se cuenta entre los más estudiados de Rodas. Para otros análisis, ver Francisco Nájera, Juan Carlos Galeano, Chiara Bollentini, Miriam Rivera-Hokanson y Anabella Acevedo en *Desde la zona abierta*, editado por Aida Toledo, y Barbara Dröscher y Teresa San Pedro en la sección de artículos críticos de este tomo.

acto activo que confiere poderes al yo. Con esta aparición del yo se borran los recuerdos de la matriz, un cambio resaltado por la forma verbal utilizado, lo cual se enfatiza aún más con la marcada posición del verbo al final del verso" (6).[6] Los verbos posteriores en primera persona singular —"boté", "escogí", "estudié"— subrayan la independencia del yo poético que no consulta con nadie, simplemente actúa.[7] El yo controla su destino y el tiempo comienza a la hora de su nacimiento. Es un sujeto que nace sin historia previa y sin antepasados. Como el caminante de Antonio Machado, abre su propio camino, y como Atenea, entra en el mundo completamente formada.

La intervención de otros es mínima y a veces queda rechazada: "Me clasificaron: ¿nena? rosadito. / Boté el rosa hace mucho tiempo". Ante el intento de imponerle una identidad femenina, expresando así las expectativas limitantes de la sociedad tradicional sobre el comportamiento apropiado de niñas y mujeres, la voz poética se deshace del color para escoger todos los colores y la imposición dura poco.

Este primer poema también hace referencias al cuerpo femenino:

> Tengo hígado, estómago, dos ovarios,
> una matriz, corazón y cerebro, más accesorios.
> Todo funciona en orden, por lo tanto,
> río, grito, insulto, lloro y hago el amor. (*Poemas* 9)

Mencionar las partes del cuerpo en lenguaje directo, sin recurrir a eufemismos, alusiones veladas u ofuscaciones románticas, marca la producción poética de Rodas: la colocación en primer plano de la existencia física del cuerpo femenino adulto, completamente formado, como si no hubiera tenido pasado. Y el cambio en los verbos del pretérito al presente refuerza el énfasis: el pasado no importa, la niñez apenas es un recuerdo y lo que de veras cuenta es la condición actual.

En medio de estos versos hay una referencia que, en mi opinión, define la poesía de Rodas: "corazón y cerebro". En el afán crítico de clasificar su obra como erótica, no se ha apreciado plenamente que su erotismo existe gracias a los pensamientos tras la voz poética. El cerebro, más que el cuerpo,

6. Traducción mía del excelente ensayo de Dröscher que se publica en español por primera vez en este tomo.

7. Rodas expresa una idea semejante al hablar con Aida Toledo del último poema de *El fin de los mitos y los sueños*, "Absoluta": "ése es ya la afirmación total de 'yo estoy, yo soy, y no necesito nada más'. Creo que es muy importante, creo que es algo muy importante en la vida de una mujer" ("Yo estoy").

experimenta el deseo femenino, lo percibe, lo disfruta y lo transforma de mil maneras. Pese al uso de expresiones "vulgares" y términos biológicos para referirse a partes del cuerpo, el erotismo expresado en los poemas de Rodas existe en el plano síquico, en el cerebro, no sólo en el cuerpo. De ahí que planteemos su obra como un erotismo intelectual que necesita cerebro y corazón para funcionar. Ignorar el cerebro para privilegiar el cuerpo sería acercarse blindado a la obra de Rodas.

Poemas de la izquierda erótica explora el papel del cerebro en la imaginación erótica como precursor a cualquier acto físico. En "Esta tarde observando tus manos" el deseo se expresa únicamente como un pensamiento del sujeto femenino.

> Esta tarde observaba tus manos
> perfectas.
>
> ——¡Cómo ardía mi piel para que la tocaras!——
>
> Tus manos, que sólo me han dicho buenos días
> que dibujan amenazas eróticas
> irrealizables. (*Poemas* 22)

La atracción al objeto de deseo masculino y las fantasías eróticas que provocan las manos existen exclusivamente en la mente de la voz poética femenina. La interacción se ha limitado a actos de cortesía en un ámbito profesional. Sin embargo, en la imaginación del yo femenino ya existen acciones "eróticas" aunque "irrealizables".

La voz poética no actúa sobre sus fantasías, sin embargo. En vez de empujarla hacia una acción física, las manos masculinas que inicialmente provocaron el deseo la llevan a contemplar otros aspectos de su vida. Como nota Dröscher, pronto "el objeto de deseo se esfuma" porque su papel es "ayuda[r] al yo lírico para alcanzar una nueva autoconciencia" (6). La fantasía erótica la lleva a examinar las actitudes culturales complejas y enmarañadas que influyen y hasta rigen las acciones de una mujer:

> Porque cómo va a ser
> que tú y yo, personajes tan rectos
> y qué dirían después
> y todo eso.

Además, una aventura no conduce a nada
sino a amargura
a veneno.
Y hay que pensar en los hijos
y en los diez mandamientos.
Y en la buena mujer que espera en casa. (*Poemas* 22)

El primer pensamiento se dirige a cuestiones de moral, reputación y chisme, que en una sociedad tan limitada como la burguesía guatemalteca gozan de gran importancia. El uso del adjetivo "rectos" señala que se trata de personas decentes que, según las expectativas sociales, no van a volcarse a una relación pasajera en el lugar de trabajo. Inmediatamente después de señalar lo moral, el poema da un giro a lo social. Tal vez el impedimento mayor aquí no sean las expectativas morales sino las consecuencias sociales. Dado que viven en una agrupación social donde todos se conocen y todos están entrelazados de algún modo (lazos de familia, clase, profesiones), el "qué dirán" rige el comportamiento. Entonces, hay que sopesar las opciones para decidir si el impulso del deseo merece la pérdida de la reputación. Evidentemente, la carga social es grande, ya que es el primer gran obstáculo a actos provocados por el deseo al tocarse las manos en un simple saludo. Además, la voz poética no necesita aclarar el impedimento social ni explicar su importancia. El verso "y todo eso" ya comunica claramente que el lector forma parte de este mundo social y entiende. También señala que vive en una sociedad que no aprueba el deseo femenino.

El resto del poema toma la forma de los pensamientos de la voz poética, pensamientos que no se articulan en voz alta, como tampoco se concretiza el deseo sentido. El sujeto controla sus acciones, pero el poema se dedica a las diferentes razones por las que se practica la autocensura. La fantasía erótica no lleva a un acto físico, sino a una reflexión intelectual sobre el yo poético femenino y el espacio que ocupa dentro de una sociedad que no tolera y hasta condena las expresiones eróticas públicas en las mujeres.

El orden de la segunda estrofa es significativo. La primera consideración es un análisis lógico de lo que un amorío en la oficina puede dar (o quitar). En vez de entregarse a un impulso impetuoso que la sociedad patriarcal considera típico de toda mujer (porque las mujeres son emocionales y se dejan llevar por sus sentimientos), la voz poética evalúa los puntos a favor y en contra: "Además, una aventura no conduce a nada / sino a amargura

/ a veneno". Aquí la primera consideración es lo que esta posibilidad puede dar. Es cierto que puede tener una aventura sexual, pero ¿cuál es el objetivo? ¿Es lo que verdaderamente quiere? Aquí tenemos la voz pensante de la experiencia que considera ventajas y desventajas. Sabe que entregarse al deseo del momento no le va a dar lo que quiere a largo plazo. Sabe muy bien cuál será el final de esta historia sobre un impulso pasajero. Lo que importa notar es que la voz poética contempla lo que esta posibilidad erótica puede brindarle, o no. Aquí el yo femenino ocupa el primer plano: es lo que yo quiero, lo que yo veo, lo que yo decido.

La estrofa se aleja progresivamente de este yo femenino que ocupa el centro del poema. Después de considerar las consecuencias emocionales y personales, la segunda consideración es el impacto en los hijos, es decir, en los que le exigen responsabilidad a la vez que son los seres más cercanos a ella. ¿Vale la pena arriesgar las relaciones con los hijos para actuar sobre un impulso erótico que puede (o no) darle satisfacción sexual? Luego, lo que sigue es el peso de la moral católica, los diez mandamientos, que forman una parte inescapable de la educación moral. Aún si uno no practica esa religión, las enseñanzas básicas todavía anidan en el cerebro. La última consideración, y la que está más distante de la voz poética, es la esposa del amante potencial. Este problema de la mujer inocente que espera paciente a su marido en casa también forma parte del ambiente social. Aunque el daño no equivale al impacto en los hijos, todavía el hablante poético está consciente del resultado de sus acciones en una mujer que ni siquiera conoce. Menos explícito en este poema es que la voz poética también corre el riesgo de convertirse en la mujer que espera en casa la llegada del esposo, como si Rodas decidiera incluir la mención de la esposa sufrida en el poema para añadir que, en otras circunstancias, ella podría ocupar ese papel.

El poema concluye con una rebelión contra la manera de evaluar el deseo, no en un acto sexual físico:

> Pero yo,
> esta tarde y ahora, mucho más tarde,
> me rebelo;
> no por nacer rebelde
> sino porque aprendí a serlo.
>
> Porque mi piel me dice que es bueno
>   que se siente tan suave

el despertar del deseo
que no comprendo
cómo se mata el hambre comiendo, y el sueño
en la cama
y la sed con el agua.

Y el deseo
——este que me acapara cuando veo tus manos——
debe ser archivado como algo malo
en el cajón
más sucio del cerebro. (*Poemas* 22-23)

El deseo erótico al tocar las manos de un hombre que ni siquiera se ha dado cuenta de la reacción que ha creado es significativo, no porque la voz poética actúe para trasgredir los límites sociales, morales, culturales y religiosos, sino porque la articulación de sus deseos cristaliza la rebeldía en su manera de pensar. Aquí, acostarse con un colega del trabajo no es el acto de rebeldía, pero sí lo es aceptar libremente lo que siente y experimenta. El rechazo de todo, el peso de la reputación, los chismes, las responsabilidades con la familia, las expectativas de comportamiento, es su acto de rebeldía. Es un cambio de actitud hacia los pensamientos eróticos que toman forma en su cerebro. La transformación de la mujer es interior y cerebral, aunque las consecuencias pueden cambiar su comportamiento y sus acciones. Como la voz poética aclara en el poema, su naturaleza no es ser rebelde, sino que ella misma ha aprendido a ser diferente. Tocar las manos y desear al hombre ha sido meramente el punto de partida para estimularla a emprender este camino de aprendizaje que aparentemente toma tiempo ("esta tarde y ahora, mucho más tarde").

Las dos últimas estrofas manifiestan la epifanía del momento pasajero: le ha hecho reexaminar lo que piensa sobre el deseo. En vez de aceptar lo que la sociedad le ha dicho, escondiendo su fantasía erótica como inmoralidad que debe negar, ella confía en sus propias emociones y sensaciones. Su perspectiva depende de ella, y si la piel dice que algo es bueno, ella aceptará ese juicio. Esta es la gran transformación que expresa el poema: la voz poética cambia su perspectiva sobre lo que siente y experimenta. El acto erótico queda en plano secundario porque el cambio ocurre en su psique. El erotismo es el medio que facilita una transformación personal, interior. Es síntoma de un cambio, no el destino final de las experiencias vividas. O, como lo explica sucintamente Dröscher: "El resultado de los poemas eróticos no es una pareja romántica, sino que surge una mujer autónoma y consciente de su posición, pese a haber sido herida múltiples veces" (6).

Otra consecuencia de la crítica enfocada en el cuerpo y que ignora el papel del cerebro en la poesía de Rodas es la reducción a plano secundario de la intertextualidad siempre presente en su obra. Así se perpetúa el estereotipo de que los artistas centroamericanos, a diferencia que sus colegas en otros países latinoamericanos y europeos, no plantean posiciones intelectuales ni manejan teorías complejas. Como resultado, se ha ignorado mayormente las variadas investigaciones consumadas por Rodas que han ejercido una influencia significativa en su obra.[8] Ella ha enumerado sus lecturas y Dante Liano también señala la gran variedad de sus conocimientos de la literatura francesa, norteamericana y latinoamericana (60). Respecto a la poesía, Liano afirma: "Se notan, aquí, los influjos del fisiologismo acendrado de Vallejo, de la antipoesía de Parra y del exteriorismo de Cardenal. *Los poemas de Rodas están en relación de continuidad con tal tradición poética*" (60, énfasis mío). Parece que la obsesión crítica por la fisicalidad en Rodas refleja una visión parcial de una poesía compleja, contestataria e intelectual que continúa diversas tradiciones poéticas y las transforma.

El erotismo forma parte de una transformación más amplia que involucra diferentes aspectos del ser, como insiste Rodas al afirmar el poder del acto creativo. El poema que abre *Poemas de la izquierda erótica* termina con un sólo verso que se separa gráficamente del resto: "Y después lo cuento". Aunque es un verso de apariencia simple, como toda la poesía de Rodas, la sencillez engaña porque encierra una complejidad inherente. El uso de la conjunción "y" establece un vínculo con el resto del poema, y de este modo relaciona lo vivido con lo escrito. Además, como en la estrofa anterior,

8. Rodas marca un contraste entre su generación y los escritores más jóvenes. Ella y sus contemporáneos leyeron una gran diversidad de autores latinoamericanos, europeos y norteamericanos. En cambio, los autores de ahora se limitan a leerse a sí mismos: "Hay una gran diferencia entre lo que hacíamos nosotros en aquella época, que era a finales de los años sesenta, y lo que hacen los jóvenes en la actualidad, tengo entendido. A lo mejor me equivoco, pero yo tengo la impresión que los muchachos en la actualidad hablan de su propia obra. Nosotros hablábamos de la obra de los demás. Creo que eso era importante y que eso nos otorgaba una mayor seriedad, porque la relación nuestra con la literatura era muy seria, y sigue siendo seria; pero no estábamos en la literatura para darnos aire el uno al otro, sino que nuestras conversaciones siempre giraban alrededor de movimientos literarios, escritores específicos, que era lo que estaban haciendo los latinoamericanos en ese tiempo, qué habían hecho los norteamericanos, en fin, esas cosas eran las que hablábamos nosotros" ("Yo estoy").

se ha abandonado el tiempo verbal pretérito para mantener el presente, enfatizando que el acto de contar es continuo. Los estudios, la niñez y los vestidos rosados se han abandonado mucho antes, pero la necesidad primordial de contar es la constante que ha sobrevivido. El último verso también intensifica la impresión de que la poesía depende exclusivamente de la experiencia personal vivida. Como afirma San Pedro: "lo que sí valora es su decisión de contar esa vida, su determinación en crear una literatura que sea fiel a sí misma, una literatura exclusivamente suya, una literatura que le pertenezca" ("Ana María Rodas" 164).

El deseo de cortar lazos con tendencias previas y viejas tradiciones, consistente con la observación de Doris Sommer de que tal voluntad ya constituye una tradición en la literatura latinoamericana, es aún más explícito en el texto que abre *Cuatro esquinas del juego de una muñeca*. Como *Poemas de la izquierda erótica*, este segundo poemario se inicia con una explícita declaración de que la voz poética no requiere antecedentes. En "Carta a los padres que están muriendo" se asume un tono de manifiesto que rechaza claramente todo lo que representa la sociedad tradicional.[9] En contraste con "Domingo 12 de septiembre, 1937", se alude a los padres, pero sólo están presentes en su función simbólica representativa.

Pese a las primeras palabras, "Papis queridos", lo que verdaderamente se reta es el patriarcado y las huellas que ha dejado en la literatura. De este modo, los padres representan la tradición cultural que la voz poética conscientemente se niega a seguir como modelo. Ya no es la Atenea que nace completamente formada de "Domingo 12 de septiembre, 1937", sino la hija rebelde que se separa de sus progenitores culturales. El segundo párrafo de la carta articula claramente que se trata de tradiciones literarias y no de una dinámica familiar:

> Presiento que buscan las palabras para invocar los cánones antiguos y tratar de meterme a su yugo nuevamente. Ya no es posible. No me interesa entrar en la historia ni tener éxito; no quiero sus medallitas ni sus palabras de aprobación porque no las necesito. (*Cuatro esquinas* 9)

9. Este texto también ha recibido mucha atención crítica. Analizan este poema en prosa Dante Liano, Teresa San Pedro y Chiara Bollentini en Toledo, *Desde la zona abierta*, además de Barbara Dröscher y Jorge Chen Sham en ensayos incluidos en este tomo.

La mención de los cánones antiguos es una referencia a la cultura oficial, reconocida y respetada. Rodas es plenamente consciente de que su poesía no cabe dentro de los confines tradicionales que considera un yugo que no soportará. Si alguna vez aspirara a seguir las pautas del canon, ya no. Junto con este rechazo, la voz poética también aclara que está dispuesta a rechazar todos los beneficios que la cultura oficial puede brindarle: sabe que no será reconocida en la historia, no recibirá los premios que indican que su obra ha sido aprobada, y hasta está dispuesta a aceptar la falta de éxito, que su obra no será leída por muchas personas ni devendrá un bestseller comercial. El segundo párrafo cierra con la declaración desafiante de su independencia del canon y de la cultura oficial, de sus instrumentos de aprobación y control.

La referencia a los cánones antiguos lleva inexorablemente hacia cuestiones de influencia. Aunque se establece el deseo de cortar lazos con textos anteriores, es evidente que no niega cierta influencia inescapable estando "pegada a sus faldones". El conflicto entre independizarse y a la vez reconocer (aunque sea a regañadientes) el poder de los cánones antiguos constituye el giro que Teresa San Pedro da al término de Harold Bloom: "La ansiedad de la influencia es una fricción que se establece entre el discípulo y su maestro, dando lugar al revisionismo" ("Ana María Rodas" 166). En "Carta a los padres" se manifiesta varias veces esta fricción en el sentido de que Rodas reconoce que, aún en el acto de declararse libre de los padres, su mera presencia no deja de ejercer cierto poder. Ella admite que le corresponde a ella irse a otra parte porque los "padres" ocupan el lugar céntrico.

En el tercer párrafo, la voz poética caracteriza la cultura oficial como el "juego que ustedes inventaron" para "llegar primero a la fama y conquistar la eternidad". Pese a la sencillez de las palabras, esta representación invita diversas maneras de abordarse. El juego en este caso es un círculo cerrado ya que son los mismos practicantes que Rodas denuncia los que tienen el poder de admitir a otros aprobándolos. Otra vez, las palabras de la carta aclaran que Rodas sigue plenamente consciente de que no la van a admitir nunca porque no acepta las reglas del juego. Al darle la espalda a la fama y la eternidad, ella no tiene otro remedio que irse y forjar su propio camino. De allí su insistencia a lo largo de la carta de que "la antes hija está diciéndoles adiós" y "no las necesito": "Defender su propia causa también significa romper la reducción de su propia persona como mujer definida por un centro (masculino) y por ciertos 'otros' y así ocupar este centro ella misma" (Dröscher 12).

Pese a su insistencia en la ruptura, "Carta a los padres" indica que la conciencia de tener que separarse fue una decisión reciente. Muy reveladora es una oración del quinto párrafo: "Si anduve pegada a los faldones de sus sacos fue porque mi infancia --siendo mujer-- se prolongaba artificialmente a través de todas esas cosas que ustedes inventaron para asegurarse que, cuando menos, la mitad de los seres humanos quedaría fuera de la competencia" (*Cuatro esquinas* 10).

Esta oración contiene distintos niveles de significado. Primero, la admisión de haber respetado el canon que ahora rechaza: "Ese inmenso aparato . . . a punto de matarme" (10). El proceso de aprendizaje, de depender de sus padres culturales, ha sido más largo de lo necesario por su condición de mujer. Otros discípulos han logrado la transformación en maestros mientras que a ella, solo por ser mujer, no le han otorgado este privilegio. El canon, entonces, es otra manifestación del patriarcado que ignora a las mujeres por temor a su posible superioridad.

Predominan las referencias a ruptura, separación y quiebra de viejos sistemas, pero las protestas por parte de la voz poética también expresan el poder de las instituciones y tradiciones culturales, ya que el patriarcado le impone una relación simbiótica que no le brinda otra opción a una mujer como Rodas que el abandono total del campo. El yo poético confiesa que antes formaba parte de la esfera cultural que ahora rechaza:

> Los admiré e hice mías sus ideas por un tiempo y no sabía por qué se me llagaba el cuerpo y el cerebro. Ahora entiendo lo infantil de esos propósitos y al ver sus rostros con esta vista nueva que me he dado, comprendo que no pertenezco a este cementerio. (*Cuatro esquinas* 11)

La admisión de que hizo suyas las ideas heredadas expresa que ha procesado las tradiciones y que cualquier ruptura o separación siempre quedará en su conciencia, por más que quisiera eliminarla. De nuevo, Rodas hace referencia a cuerpo y cerebro, entrelazándolos como en el primer poema de *Poemas de la izquierda erótica.*

Las numerosas protestas en la carta, las constantes referencias a rupturas y rechazo de lo que la antecede, hacen hincapié en la dificultad de independizarse del todo, de crear una tradición nueva, de separarse de lo que ha aprendido, aunque ahora reconoce que las lecciones han sido equivocadas. Volviendo a Sommer, las constantes negaciones de la importancia de la tradición tienen el efecto contrario: las acciones dedicadas a eliminarla afirman que sigue siendo importante e impactante, aun cuando la criatura ha superado a los padres. Ahora, Rodas rechaza la tradición patriarcal que la lastimaba como mujer, pero quedan restos de su influencia. El escape total no es posible, pero otro acercamiento hacia la tradición que afirma el poder de su propia creatividad brinda una salida al dilema. Hasta cierto punto, la resolución para Rodas es continuar escribiendo: "Yo escribo porque no me queda otro remedio" (*Cuatro esquinas 10*).

II. Visión retrospectiva: echar la vista atrás desde *Esta desnuda playa*

La hipótesis de que la obra lírica de Ana María Rodas continuamente dialoga con el canon literario, pese a la bombástica ruptura que significó su primer poemario, cobra mayor validez si se examina con atención su colección más reciente, *Esta desnuda playa* (2015). En esta obra aparecen referencias culturales que reconfiguran ciertas tradiciones literarias, sobre todo la poesía amorosa escrita por hombres.

Rodas logra más que una mera recreación de la tradición clásica dentro de un contexto contemporáneo. En "Epigramas de marzo", la última sección del tomo, Rodas adopta "recursos considerados hasta entonces como exclusivos del discurso masculino, entre ellos el sarcasmo, la utilización directa, sin eufemismos, de referentes sexuales y la violencia del lenguaje" (Bollentini 97-98). Transforma los discursos amorosos predominantes utilizando los mismos recursos, pero las implicaciones son distintas y profundas. Mediante los discursos y el lenguaje, Rodas asalta con lo inesperado, se burla de sus antepasados poéticos y expone su voz sin amilanarse. "Epigramas de marzo" representa a la poeta en su madurez: ha leído, ha reflexionado y ahora expresa nuevas percepciones. Conoce la tradición, pero a la vez ve claramente su distancia de ella.

Con el uso de personajes como Lesbio y Clodia en *Esta desnuda playa*, Rodas alude explícitamente a la obra del poeta romano Catulo. Además, introduce un cambio fundamental en la poesía amorosa: convierte a la mujer infiel de Lesbia en un hombre infiel llamado Lesbio. Catulo influyó en otros poetas romanos y medievales, teniendo gran impacto en la poesía y es significativa la selección de sus obras para crear una parodia contemporánea porque señala que Rodas se basa en los modelos que la anteceden que favorecían la voz masculina sobre el sujeto femenino. No obstante, este cambio de géneros y papeles tiene como resultado algo más que una simple inversiones de roles. Rodas establece un diálogo creativo con los modelos que pide una revaloración de ellos. De hecho, al cambiar los géneros, los ejes poéticos se centran sobre la voz poética femenina, Valeria, lo cual es un acto contestatario hacia una tradición poética en que ha dominado la voz poética masculina.

En "Epigramas de marzo" Rodas alude no sólo a la tradición clásica sino también a la obra de Ernesto Cardenal, cuyo volumen *Epigramas* (1961) forma parte del canon literario latinoamericano, ese canon dominado por voces masculinas que Rodas rechaza abiertamente en "Carta a los padres que están muriendo".[10] La vinculación entre los poemas a Lesbia de Catulo, los *Epigramas* de Cardenal y "*Epigramas* de marzo" de Rodas es innegable y muestra las transformaciones de la tradición heredada logradas por Rodas.[11]

Catulo escribió varios poemas sobre su amada, Lesbia. Según las fuentes, la figura de Lesbia está basada en una mujer histórica de familia aristocrática romana, Clodia Metelli. En sus epigramas, la voz poética lamenta la infidelidad de Lesbia, que lo ha traicionado con otros amantes. A pesar de haber sido abandonado, el hablante poético sigue enamorado, lamentando su suerte y a veces expresando su dolor de modo vengativo. Es particularmente revelador el poema 87 de Catulo:

> Ninguna mujer puede decir que ha sido amada
> de verdad, tanto como mi Lesbia ha sido amada por mí.
> Ninguna fe ha sido tan grande en esta vida
> como el amor que por mi parte yo te di.[12]

---

10. La afinidad entre los poemas de Rodas y Cardenal quedó señalada por Teresa San Pedro: "Para Rodas, la palabra cotidiana, desnuda y directa —aunque tal vez cruda—, es la única honesta, fiel a esta realidad. Ella pertenecería, por su manejo del habla popular, a la onda 'sincerista', como la denominaba Ángel Rama, en la cual coloca a poetas como Ernesto Cardenal, Idea Vilariño y Nicanor Parra" ("La palabra directa" 68). Más adelante, se examinarán sus coincidencias con la antipoesía de Nicanor Parra.

11. Jorge Eduardo Arellano afirma que los epigramas de Cardenal se inspiraron en Catulo y en Marcial y Propercio (9). Los dos poetas centroamericanos comparten esta conexión con el poeta romano.

12. El original en latín: "Nulla potest mulier tantum se dicere amatam / vere, quantum a me Lesbia amata mea es / nulla fides ullo fuit unquam in foedere tanta / quanta in amore tuo exparte reperta mea est".

La voz poética masculina ocupa el lugar central de este poema de amor / desamor. El enfoque recae sobre sus sensaciones de abandono y pérdida, su dolor al haber sido rechazado por Lesbia, partidaria de la no exclusividad amorosa. Implícito en el poema es el sentimiento de que la amada no ha sido capaz de apreciar el amor que le brindaba el poeta, de ahí el deseo de herirla. Se nota el ligero tono vengativo cuando asegura que ninguno de sus nuevos amantes podrá amarla con igual intensidad. Aquí lo que domina es la queja del "macho herido": en el fondo, lo peor es que él, con su amor único y excepcional, haya sido rechazado y reemplazado por otro amante más atractivo. Siente la necesidad de condenar a la amada a un futuro arrepentimiento.

En uno de los epigramas a Claudia de Ernesto Cardenal saltan a la vista los sentimientos parecidos de amor / venganza. La voz poética en Catulo y en Cardenal lamenta la pérdida de la amada y la acusa de abandono indebido, ya que la mujer ha rechazado el amor más grande de su vida. Sea la mujer Lesbia o Claudia, experimentará una pérdida mayor que la del amante abandonado. Cardenal:

> Al perderte yo a ti, tú y yo hemos perdido:
> Yo, porque tú eras lo que yo más amaba
> Y tú porque yo era el que te amaba más.
> Pero de nosotros dos tú pierdes más que yo:
> Porque yo podré amar a otras como te amaba a ti,
> Pero a ti no te amarán como te amaba yo. (Cardenal 19)

Las semejanzas entre el epigrama de Catulo y el de Cardenal son evidentes. La voz poética es idéntica —el hombre abandonado por la mujer que ha amado— y el modo de enfrentar este dolor es igual también. Ambas voces poéticas reorientan su dolor para echarle la culpa a la mujer. De esta manera, evitan toda autorreflexión que pueda revelar que su comportamiento haya sido la causa del rechazo y abandono por parte de la amada. La amada que lo ha traicionado carga con toda la responsabilidad de la ruptura amorosa. El mayor fallo de la mujer antes amada es su falta de aprecio, que deviene la justificación del abandono. El porvenir que le espera no es la satisfacción que otra relación pueda darle, sino que, tarde o temprano, va a reconocer que perdió un amor extraordinario. La voz poética sabe que es capaz de amar así otra vez, pero la amada jamás será el objeto de un amor tan monumental. Vieja historia: el amante (hombre) es único, como su amor, pero ella (mujer) es reemplazable. La despedida final cobra matices de castigo y venganza: la voz poética sufre ahora por el abandono, pero ella sufrirá y se arrepentirá durante el resto de su vida.

Rodas parece inspirarse en esta tradición poética y la transforma. En los cinco poemas de "Epigramas de marzo", Valeria lamenta el amor perdido. Además de cambiar el sujeto amado de Lesbia a Lesbio, la voz poética es de Valeria, la mujer que Lesbio abandonó para perseguir a otra mujer, Clodia. Denominar a su amante infiel Lesbio es una inversión de género de Lesbia en los poemas de Catulo y de Claudia en los de Cardenal. Además, esta inversión de género en la voz poética también altera la dinámica del triángulo amoroso. El yo poético de Catulo se enfrenta con la realidad de que Lesbia le es infiel con varios hombres, estableciendo el triángulo amoroso entre él, la amada y los amantes de ella. De modo similar, los epigramas de Cardenal aluden a rivales masculinos favorecidos por Claudia. En la versión de Rodas, hay dos mujeres y un hombre.

En contraste con la poesía amorosa que se concentra en el proceso de enamoramiento, "Epigramas de marzo" abre con una clara referencia a la relación terminada y el título "Nostálgica a Lesbio" reitera la sensación de un amor ya concluido:

> Recuerdas   amado   aquellos días
> en que la dulce llamada del amor nos iba
> despertando poco a poco
> y las caricias eran la luz por la que entraba el día
> Parecía que ese tiempo iba a extenderse
> para siempre
> No imaginaba   Lesbio   cuán pronto
> llevarías tu lira a otro lecho
> para cantarle
> a una joven que por cierto al verla
> me parece estar frente a un espejo   (*Esta desnuda playa* 99)

Valeria se dirige a un amado ausente, efectivamente dialogando con el recuerdo del ser amado. Evocando los días placenteros de amor, la voz poética introduce la noción de un tiempo fluido y flexible que da la impresión de poder durar eternamente, pero que se quiebra con las acciones de Lesbio. Entonces, la voz poética se ve obligada a reconocer que su percepción de tiempo ha sido equivocada: nada, inclusive el amor, dura para siempre. Los versos "Parecía que ese tiempo iba a extenderse /

para siempre" encapsulan sus impresiones del momento. No es hasta verse reemplazada por otra que se da cuenta de que ese tiempo duraba poco ("No imaginaba . . . cuán pronto / llevarías tu lira a otro lecho"). Es un aspecto que Valeria ve con claridad ahora que ha terminado su relación con Lesbio.

Este reconocimiento de la naturaleza del tiempo es un tema clásico que se reitera en los *Epigramas* de Cardenal. Sin embargo, los aspectos que explora este poeta son distintos de los que enfatiza Rodas:

> De estos cines, Claudia, de estas fiestas,
> de estas carreras de caballos,
> no quedará nada para la posteridad
> sino los versos de Ernesto Cardenal para Claudia
> (si acaso)
> y el nombre de Claudia que yo puse en esos versos
> y los de mis rivales, si es que yo decido rescatarlos
> del olvido, y los incluyo también en mis versos
> para ridiculizarlos. (Cardenal 17)

Aquí también se cuestiona la permanencia y la fugacidad del tiempo, pero el acercamiento de Cardenal difiere notablemente del trato que le da Rodas. Este epigrama abre con la falta de permanencia de lo mundano: los placeres modernos, el cine, las fiestas, las carreras de caballos. El paso del tiempo garantiza que se esfumarán. Sin embargo, lo que tiene la posibilidad de perdurar son los versos de Cardenal sobre estos momentos con Claudia. Es decir, la escritura crea la posibilidad de que los actos efímeros logren sobrevivir al olvido. Esta idea reitera el tema de que la escritura, específicamente la poesía, permite que los actos humanos logren superar el paso del tiempo, concepto que Cardenal también incluye en un epigrama previo:

> Cuídate, Claudia, cuando estés conmigo,
> porque el gesto más leve, cualquier palabra, un suspiro
> de Claudia, el menor descuido,
> tal vez un día lo examinen eruditos,
> y este baile de Claudia se recuerde por siglos.
>
> Claudia, ya te lo aviso. (Cardenal 16)

El hablante poético está seguro de la permanencia de sus versos, en contraste con la introducción de cierta duda con el verso "(si acaso)" del epigrama anterior. Además, se establece un vínculo directo entre gestos, palabras, suspiros —todos actos que se desvanecen— con su supervivencia en versos que quedarán para la posteridad. Cardenal anticipa ser leído por generaciones futuras, igual que sus antecedentes griegos y romanos.

Es fácil ver que Rodas parte de una conceptualización distinta de tiempo. Mientras Cardenal se aferra a la idea de que existe una permanencia a través de la literatura, la voz poética de Valeria no guarda esa misma ilusión. Abandonada, ella entiende que el amor "eterno" no era más que una atracción pasajera. Además, Valeria se preocupa por las acciones, no la escritura. Mientras Cardenal expresa rencor hacia sus rivales y la esperanza de ejercer poder sobre ellos y vengarse (ridiculizarlos o condenarlos al olvido), el epigrama de Rodas no expresa odio hacia la joven que la ha reemplazado. Sólo observa su común desindividualización: la nueva amante es físicamente idéntica a ella; bajo la vista superficial masculina son iguales, constituyen un tipo con determinada función en la vida del amante.

Esta toma de conciencia de su reemplazabilidad, que encierra toda una filosofía del ser mujer, refleja una autocomprensión que la voz poética de Cardenal, como hombre, nunca tiene que asumir. Es poca la autorreflexión en los poemas del nicaragüense. La voz poética masculina echa la culpa a otros: a Claudia, a los rivales, a la superficialidad de su sociedad, pero nunca llega a un proceso de introspección y reflexión. En cambio, el acto de verse en el espejo, imagen final del epigrama de Rodas, enlaza lo exterior con lo interior. La voz poética femenina tiene que confrontar su falta de individualidad, y pese a sus conceptos previos del amor, sus experiencias son iguales a las de otras; es una entre muchas mujeres semejantes. Como consecuencia, no aspira a la posteridad porque su experiencia no es única.

Este primer poema de "Epigramas de marzo" cierra con la infidelidad de Lesbio, ya que ha encontrado a otra amada, dejando abandonada a Valeria, quien aprende que puede ser sustituida en cualquier momento. El sujeto poético reconoce su marginación en este triángulo amoroso donde ella, que antaño ocupaba un lugar central en la relación, ha sido reducida al papel de mera observadora de Lesbio y Clodia. En vez de ser la actriz principal en su propia historia de amor, es el testigo marginado que observa el enamoramiento de otros. Cambiar el género de los amantes transforma radicalmente la dinámica del triángulo. En "La inocente Clodia", la voz poética articula un aviso a la mujer que toma su lugar en las atenciones de Lesbio:

> No te extrañe Clodia que te mencione a Lesbio
> lo crees un amigo
> pero no le has visto el brillo oscuro de los ojos
>   cuando corres por agua
> y pasas a su lado retemblándote los pechos
> Ay Clodia yo también corría por el agua
> y Lesbio me veía con lascivia
>   Yo también Clodia
>   yo también
> Mírame ahora en el destierro   (*Esta desnuda playa* 101)

Este poema, a primera vista simple, en realidad establece lazos complejos entre Lesbio, Valeria y Clodia. El tono amargo en la segunda mitad del poema es inescapable y presenta la idea de que las dos mujeres no son más que un eslabón de la cadena de hembras replicadas hasta el infinito en los deseos inagotables de Lesbio.

El tono de amargura, nostalgia y pérdida contrasta de manera marcada con las voces masculinas en Catulo y Cardenal que reaccionan de manera agresiva y vengativa ante el rechazo amoroso, reiterando que Lesbia y Claudia van a arrepentirse de su abandono. "Epigramas de marzo" de Rodas no propone una simple inversión de géneros, porque el cambio de género implica la transformación sustancial de la comprensión de la relación. Valeria no reacciona como la voz poética de Catulo, ni observa las mismas cosas, ni percibe la realidad desde la misma perspectiva. La ausencia del tono vengativo y del deseo de herir al ser antes amado es una prueba clara de que los cambios que Rodas introduce no quedan en la superficie ni tampoco se limitan al cuerpo femenino. La poesía de Rodas reescribe la tradición occidental, y al hacerlo la transforma, porque el cambio de género conlleva diferencias fundamentales en la visión del mundo y la percepción del tiempo. Volviendo al epígrafe al comienzo de este estudio, el proceso poético de ver el mundo, en este caso toda una tradición poética, con otros ojos, es algo que Rodas valora mucho porque le permite llegar a "esa voz que no puede confundirse con la de nadie más".

Los dos últimos poemas de "Epigramas de marzo" aluden a la tarea de la transformación de la tradición literaria y la dificultad de lograr cambios.

En "Lira antigua" la voz poética otra vez asume el papel de observadora, viendo cómo Lesbio enamora a Clodia mediante unos versos. Clodia es receptiva —". . . se enciende el rostro de Clodia / emocionada al creer que Lesbio ha compuesto las estrofas / para ella"— pero Valeria revela sus conocimientos superiores: Lesbio usó los mismos versos para enamorarla a ella —"ya lo he escuchado antes y también los poemas". El idéntico método de enamoramiento subraya la falta de originalidad de Lesbio que recicla la misma poesía. Sin embargo, Valeria tiene las ventajas del tiempo y la experiencia. Lo que ella observa no es sólo una escena tierna que ella misma ha experimentado, consciente de que Clodia correrá la misma suerte que ella, sino que sabe que Lesbio ha plagiado los versos:

> Clodia escucha   piensa que Lesbio va a convertirla
> en soberana de un florido imperio
> Ignora que lo que oye en realidad lo ha escrito Ovidio
> (*Esta desnuda playa* 102)

El final del poema revela un doble engaño porque los versos no son de quien los canta y su promesa de transformar a la amada en reina es espejismo y mentira. Esta referencia de la falta de originalidad no es casual, ya que el último poema, "Yo, Valeria", tiene como centro la idea de la originalidad, cuya falta es dual: los versos son una réplica, como la relación entre Lesbio y Clodia. Aquí, la experiencia y la literatura se convierten en largas hileras de versos y acciones idénticas que se repiten constantemente. En este poema se comunica más explícitamente su crítica de la poesía amorosa y de todas estas voces poéticas masculinas. Esencialmente, no reinventaron o buscaron mayores niveles de conciencia porque no tenían que hacerlo. Como notamos al comparar a Catulo con Cardenal, se puede reciclar lo mismo durante siglos y todavía surte efecto, sea en el enamoramiento o en la poesía. Rodas se da cuenta de que esta mímica constante y su peso la empuja hacia la originalidad.

La referencia a Ovidio es otro reconocimiento del peso de la tradición literaria. Como Catulo, Ovidio escribió poemas de amor que establecieron modelos seguidos por otros. En el poema de Rodas, Lesbio comete un engaño al crear la impresión de que los versos de Ovidio son suyos.[13] Sin embargo, la tradición de la poesía amorosa ha gozado de una larga

13. Una práctica que parece ser frecuente entre los novios latinoamericanos más recientes que citan versos de Pablo Neruda como si fueran de creación propia.

trayectoria de préstamos y reescrituras de metáforas, imágenes y versos y todos han tomado algo de los poetas que los preceden. Desde la perspectiva de la mujer abandonada, Valeria puede percibir esta falta de originalidad: en la poesía amorosa, todo es una copia de lo que otros escribieron, nada es nuevo, nada es original. Sólo la falta de experiencia y la ignorancia de la juventud puede hacer creer que un poema es único. Aquí, no solo la relación sino la literatura amorosa es un eterno retorno. Desde su posición de exclusión y abandono, Valeria logra percibir estos ciclos cerrados en la poesía. Como resultado, tiene la posibilidad de obrar de otra forma para resistir y rebelarse. Cuesta alejarse, pero ya ha hecho el primer paso hacia una originalidad que se distingue de esta larga tradición. La falta de originalidad en la relación amorosa resta valor a la visión de un amor superior, eterno y exclusivo en que se basan los poemas de Cardenal y Catulo, en los que el hablante poético no duda de lo excepcional de su amor. Rodas expresa en "Epigramas de marzo" que ningún enamoramiento masculino es excepcional o exclusivo.

El poema "Yo, Valeria" que cierra "Epigramas de marzo" se aparta de la historia de Lesbio y Clodia para enfocarse en Valeria. En vez de retratarla como amante abandonada y decepcionada desde un punto de vista externo, su imagen final es interna, la de una escritora acompañada de viejos manuscritos. Algo le quedó de la relación, porque ha aprendido, a pesar de los dictados sociales para las mujeres, que el amor no lo es todo:

> Casi enterrada en papiros polvorientos
> muerdo el cálamo
> podría morder algún fruto envenenado con mayor fortuna
> No encuentro la salida
> de esta historia que vengo contando durante años
> Supongo que me encontrarán momificada en medio
> de torres de poemas   de historias viejas   de recuerdos
> (*Esta desnuda playa* 103)

La voz poética está casi enterrada por estos papiros viejos, una metáfora del peso de la tradición en el ser que busca la originalidad a pesar de todos los antecedentes. El cuarto verso evoca su frustración, "No encuentro la salida", pero pese a estos obstáculos la voz poética se empeña en continuar escribiendo. La solución es escribir, porque la muerte vendrá, pero será una muerte natural que la encontrará escribiendo.

Es significante este cierre de "Epigramas de marzo" y del libro *Esta desnuda playa* con la imagen de una mujer que escribe, a pesar del abandono y el olvido. Ante el peso de las tradiciones literarias anticuadas y de su propia historia, el yo poético rechaza las visiones de la poesía amorosa masculina que la devolverían a un callejón sin salida. No logra resolver las múltiples desigualdades entre los géneros, pero el acto de escribir le permite enfrentar las injusticias experimentadas. Reconoce que sus escritos tal vez no vean la luz del día, pero la escritura le ofrece algo que el amor y el tiempo le han negado: es el acto creativo que triunfa en la poesía, no el amor.

Al afirmar esta postura, Rodas encuentra la salida que les eludió a Catulo y Cardenal, cuya solución era buscar a otra amada y otra musa. Valeria no tenía esta opción, porque la mujer no busca, sino que es buscada. La agencia para actuar la encontrará en ella misma. La imagen de la mujer rodeada de manuscritos, empeñada en seguir escribiendo aún si los otros la ignoran, es una salida viable al dilema que Rodas ha estado explorando en sus poemarios anteriores. Aunque ha rebelado abiertamente en contra de los sistemas en su poesía anterior, no ha encontrado la salida que buscaba. Luchar, como veremos en el análisis de los poemas de la "guerrillera del amor", tiende a llevarla a más luchas (que a la larga se vuelven autodestructivas). La constante que la salva siempre es escribir, verter su energía y su creatividad en las palabras.

Curiosamente, la imagen de la mujer escritora también representa una constante en la poesía de Rodas porque este poema final de *Esta desnuda playa* se conecta de manera explícita con el poema que abre *Poemas de la izquierda erótica*. El último verso se aparta de los versos autobiográficos anteriores aclarando que una vez que ha vivido las experiencias, llega el momento de transformarlas en poemas. "Y después lo cuento" es la puerta que nos lleva al mundo de Rodas, pero también es la afirmación de que, al fin y al cabo, el acto de contar, de escribir, es lo más válido e importante.

III. El diálogo intertextual de Rodas

El complejo entretejido de textos clásicos y del canon latinoamericano aparece en varias obras de Rodas, pero no ha recibido suficiente atención crítica. Dos poemas del poemario de 1993, *La insurrección de Mariana,* ilustran bien la superposición de referencias a discursos de diversas fuentes.

"Dónde te has escondido en este tiempo?" expresa sentimientos de culpabilidad por no haber encarado la realidad del genocidio que ocurría a su alrededor[14] y ejemplifica la sobreposición de varios discursos a la vez que mantiene cierta sencillez mediante el léxico directo y coloquial.[15] En la segunda estrofa del poema, la voz poética incorpora el lenguaje de la promoción turística en su lamento por los muertos y desaparecidos durante los años de guerra civil en Guatemala:

> Quién ha muerto en esta eterna primavera?
> Quién puede morir en este lugar de cielos y volcanes
> que se reflejan siempre en los maizales verdes?
> Quién soy yo para sentir, ahora, después de la década perdida
> este infame dolor que me destroza el pecho? (*La insurrección* 26)

El verso inicial de la estrofa hace una clara referencia al conocido lema de promoción turística, "Guatemala, país de la eterna primavera", omnipresente en carteles y folletos publicitarios. Los otros dos versos apoyan la imagen idealizada presentando las facetas más atractivas del país: los cielos, los volcanes, el clima y la belleza del paisaje natural aumentada por los maizales verdes, indicadores de la fertilidad de la tierra, y del pasado indígena basado en el cultivo del maíz. La visión del país se halla exenta de toda mención de pobreza, guerra, tortura, muertes.

Frente a este idilio de intachable belleza y bienestar, la voz poética se desespera porque su dolor y angustia contrastan con el espejismo de la imagen falsificada. Aunque tardíamente, reconoce que la realidad choca con la ficción artificialmente construida y mantenida, de ahí sus sentimientos de culpabilidad:

> Soy la superviviente. La que cerró los ojos
> y se llenó las orejas con cera.
> La que pasó junto a las rocas sin escuchar las voces.
> Ciega por propia voluntad para evitar la visión de los buitres
> limpiándose los picos en los huesos. (*La insurrección* 26)

---

14. Como periodista además de poeta, Rodas experimentaba la violencia de aquellos años de una manera cercana. Cuarenta y un colegas de la prensa fueron asesinados o desaparecidos (San Pedro, "Ana María Rodas" 165).

15. Oralia Preble-Niemi halla que la poesía de este libro "es impresionante por sus imágenes innovadoras y cargadas de significación" (181).

Esta tercera estrofa lleva al problema central de la voz poética: ella ha sobrevivido cuando otros han padecido y han muerto. Se protegió del reconocimiento de la tortura física, las violaciones y la muerte negando la realidad circundante mediante la activa ignorancia autoimpuesta y expresada en imágenes de la *Odisea* de Homero de ojos blindados y oídos tapados para ni ver ni oír.[16] En la mitología griega, Ulises es el único hombre que logra escuchar el canto de las sirenas sin perder la vida, gracias a sus precauciones. Metafóricamente, la voz poética le imitó para sobrevivir.

Sin embargo, Rodas ha dado un giro al mito de Odiseo. En vez de resistir tentaciones y así superar un reto, la voz poética resiste la realidad para así asegurar su propia comodidad. Las voces silenciadas son los gritos de sus conciudadanos torturados y muertos. Para mayor ignominia, en un momento que pedía heroísmo, optó por la cobardía: no una proeza valiente sino un acto que ahora juzga vergonzoso.

Los últimos versos del poema representan otro discurso poético al presentar la imagen de los buitres limpiándose los picos en los huesos de los muertos. Las rocas en este caso protegen no a sirenas voluptuosas, sino a aves de carroña que viven, literalmente, del sufrimiento y la muerte. Aunque la asociación de los buitres con la muerte y la explotación es ya una imagen común, estos versos encierran la posibilidad de otro ejemplo de intertextualidad con *El zopilote biónico* de Lus Alfredo Arango. Publicado en 1979, el poemario asocia la explotación por los militares y el sector conservador que los apoya con la naturaleza de los zopilotes. En breves viñetas, Arango representa con palabras y dibujos cómo estos sectores sociales se alimentan de los muertos de esta época:

> Zopilotes que se alejan
> poniendo en el cielo puntos....
> ¡Cuántos rastros de difuntos,
> cuántas calaveras dejan!......(Arango 29)

---

16. Erich Hackl alude a los mecanismos psicológicos para poder seguir viviendo en una realidad de masacres al hablar de los poetas que forman con Rodas el grupo de sobrevivientes: Enrique Noriega, Aida Toledo, Adolfo Méndez Vides, Carlos Paniagua y Arturo Monterroso. Una cita de Monterroso aclara que la violencia era parte de su cotidianidad: "Abrimos el periódico por la mañana. Leemos de cuarenta personas desaparecidas. Ni siquiera estamos horrorizados, sólo hojeamos la lista de nombres para ver si encontramos entre ellos algún conocido. Acabamos de desayunar. Pasamos al orden del día. Acostumbrarnos a la violencia, eso es la experiencia que compartimos" (citado en Hackl 101).

Qué película tan mala:
muertos, muertos y más muertos
y la gente bala y bala... (Arango 35)

Junto con los dibujos de zopilotes vestidos como dictadores militares o espías en el aeropuerto, quedan claras las referencias a la situación en Guatemala en 1979. La imagen de Rodas de los buitres limpiándose los picos en los huesos, tan evocativo de los versos y los dibujos de Arango, reemplaza la visión del país de la eterna primavera con un paisaje de destrucción y carroña. Ya no quedan volcanes y maizales sino muertos y desparecidos. El poemario de Arango no reconoce la cara idealizada del país sino la muerte, la explotación y la sumisión a intereses económicos extranjeros, pero el poema de Rodas demuestra la atracción de la visión para rechazarla como falsa. La imagen propagandística es el canto de las sirenas: tentadora fachada construida para ocultar las realidades de la destrucción y la muerte.

Rodas entreteje otras referencias intertextuales en "Vuelta la página de la racionalidad diurna", donde vuelve a la mitología clásica en una reflexión:

Vuelta la página de la racionalidad diurna
me contemplo:
recorrida de peces
mordida de culebras.
Enmarañado, el pelo es un paraje en el que viven
los bichos más extraños.
Una luz interior ahogada a ratos por el agua
me ayuda a recorrer el laberinto.
Minotaura!
Sin protuberancias en la frente
con la piel brillante de fiebre, de mareo chiquito.

Llevo tantos años buscando una salida!

Podría ser sirena
pero no es cierto, me hace falta
una cola de pez
un vacío en el cerebro.

Abandono la curva del laberinto y soy otra vez
sin quererlo
medusa maligna que encoge sus agujas. (*La insurrección* 67)

En un momento de autoevaluación, se plantea la dualidad mar / tierra mantenida a lo largo del poema. La voz poética evoca imágenes marítimas, pero pronto introduce un elemento terrestre de connotaciones negativas, las culebras. Se va intensificando la transformación en monstruo ya que las imágenes siguientes retratan una especie de Medusa que tiene aspecto de bruja maligna. Con el pelo revuelto, lleno de bichos, su apariencia es espantosa. A la vez, comunica la idea de peligro, ya que implica que contacto o cercanía puede dañarla como lo haría una medusa en el mar. La voz poética avanza en el agua, pero dentro de un laberinto. La mención de "Minotaura" es una clara referencia al mito griego, siguiendo los leitmotivs de Medusa y Poseidón. El Minotauro, monstruo masculino, mitad hombre / mitad toro, quedó encerrado en un laberinto para contener el peligro que representaba. Pero la Minotaura de Rodas representa el poder creativo de la voz femenina que tiene que ser controlado, encerrado en otro tipo de laberinto para no volcar toda su energía en el mundo, porque la ferocidad de su poder, igual que el Minotauro, lo destruiría todo.

Otra faceta del Minotauro es su papel como símbolo del poder masculino en las culturas mediterráneas. Como su contraparte masculina, la Minotaura está condenada a deambular por los pasillos del laberinto sin encontrar salida. Aún con la apropiación del poder masculino, la Minotaura no puede transformar la supuesta fuerza extraordinaria adquirida en poder para liberarse. Es Minotaura, pero sigue igualmente aislada, incomunicada y condenada a la incomprensión. Está doblemente desvinculada: de la realidad cotidiana y del mundo de los seres humanos fuera del laberinto.

Esta metáfora de la Minotaura comunica la condena dual de ser poeta y mujer. Puede apropiarse de toda la tradición poética, de la poesía escrita por los hombres y transformarse en la equivalencia femenina de ellos, pero ni así se amainan su monstruosidad y su aislamiento. Sigue siendo una rara avis, una mujer que, como Medusa o como Minotaura, no conforma con las expectativas, ni encuentra lugar en ninguna parte. Ser Minotaura o Medusa significa una existencia constantemente fuera, constantemente lejos de los demás. La brecha es infranqueable y la voz poética está consciente de que esta separación es permanente.

El final del poema apunta hacia una salida del dilema de ser mujer y artista. Una posibilidad es asumir una apariencia más amena, ser sirena. En contraste con la Medusa, las sirenas no sólo son bellas, sino que también cantan maravillosamente. La tentación de asumir esta identidad más aceptable es grande, pero la misma voz poética reconoce que no tiene los atributos para transformarse y no desea renunciar a su intelecto para integrarse.

La última estrofa señala una vuelta a la normalidad, a lo cotidiano. La voz poética abandona el laberinto, regresa a la superficie, vuelve a ser la que era antes del comienzo del poema. Después de haber pasado por una serie de transformaciones (Medusa / medusa y Minotaura) y de haber transitado el mar y el laberinto, la voz poética abandona este espacio creativo. Aunque otros pueden percibirla como monstruosa, ella misma no considera esta transformación como un problema. Más bien es una manera de manejar las expectativas de los demás que quieren verla como no es, que la prefieren como sirena. Sin embargo, aunque hay una vuelta, un regreso a la página anterior (¿o tal vez a la siguiente?), el conflicto de ser Medusa y Minotaura ha dejado sus huellas. Ya no es la que era. Sigue siendo Medusa / medusa, pero una Medusa / medusa que sabe cómo esconder sus agujas para reintegrarse en el mundo. En el fondo, la voz poética sigue siendo esta Medusa / medusa, no pierde su monstruosidad creadora, pero sabe disfrazarse para convivir en un mundo que no la comprende. El laberinto ha quedado atrás, en el espacio subterráneo y marino de los demonios interiores, pero no se puede negar el autoconocimiento de que en el fondo es Minotaura y Medusa / medusa. Ha aprendido a funcionar en el mundo de los seres humanos y el monstruo queda encerrado en ella.

El contexto patriarcal de este proceso de autoconocimiento es clave, y no sólo se limita a las referencias a la mitología griega. Rodas considera que los movimientos revolucionarios latinoamericanos son una variante del mundo patriarcal ya conocido y, en contraste con las poetas nicaragüenses como Gioconda Belli, Daisy Zamora, Michèle Najlis y Vidaluz Meneses, no percibe una salida posible para las mujeres en ellos. Rodas explica así la contradicción vivida:

> Yo estaba casada en aquella época con Arnoldo Ramírez Amaya, un hombre sumamente talentoso, y que además estaba muy implicado en el pensamiento revolucionario que corría por la época. Pero este hombre talentoso, joven, revolucionario, tenía exactamente los mismos

defectos que tenían el resto de los hombres, que no eran ni talentosos, ni revolucionarios, ni jóvenes.

("Yo estoy")

Si los movimientos revolucionarios en las Américas de los años setenta no ofrecían una apertura hacia cambios positivos para las mujeres, Rodas sigue el camino de la antipoesía de Nicanor Parra: considera a los revolucionarios tan sospechosos como los dictadores. De esta manera, provoca un colapso de la oposición binaria izquierda-derecha, que ha sido una constante en la historia de los países latinoamericanos desde las guerras de independencia, para posicionarse más allá de estas posturas políticas.

La serie de poemas que incorpora los discursos de la revolución y la dictadura se incluye en su primer libro, *Poemas de la izquierda erótica.*[17] Muestran la manipulación sutil del lenguaje predominante en América Latina en los años setenta, época en que se libraban guerras sucias. Guatemala figura entre los países con un alto índice de muertos y desaparecidos, la gran mayoría producto de la represión militar, sobre todo en las áreas rurales habitadas por miembros de las etnias mayas. El poema que abre esta serie del poemario equipara a las mujeres con las víctimas de las dictaduras militares:

Mírame:
yo soy esos torturados que describes;
esos pies,
esas manos mutiladas.
Soy el símbolo
de todo lo que habrás de aniquilar
para dejar de ser humano
y adquirir el perfil de Ubico
de Somoza
de cualquier tirano de esos
con los que juegas
y que te sirven, como yo, para armarte
un escenario inmenso. (*Poemas* 71)

17. Aunque este poemario no está dividido en secciones como los poemarios posteriores, notamos cierto orden: los poemas de las páginas 71-76 de P*oemas de la izquierda erótica* comparten el discurso revolucionario popular en los sesenta y setenta en América Latina.

El receptor de las palabras de la voz poética, por muy consciente que esté en el ámbito político latinoamericano, es incapaz de reconocer que sus propias acciones le asemejan a los dictadores que denuncia.[18] La opresión que siente la voz poética dentro de la relación personal equivale a su destrucción como persona. El amante tan docto en la revolución se convierte en tirano en casa. Las figuras de Ubico y Somoza plantean la tortura política que ocurre en el espacio público como parte integral de la relación "amorosa". El feminismo de los sesenta declaraba que lo personal era político, y en este poema, la violencia política se traslada al espacio privado personal. La diferencia es que la destrucción de la mujer se ha normalizado en las relaciones. En contraste, las violencias cometidas por los dictadores, justificadas como medio para contener la ola comunista en Centroamérica, son denunciadas públicamente.

En los siguientes poemas de esta serie, la voz poética se define como una "guerrillera del amor", pero pronto comprende la inutilidad de la lucha. La subversión erótica sólo lleva a más violencia: "la estrategia del amor frente a una tiranía protegida por las ametralladoras y la policía, donde la opresión de la dictadura y la posición del macho se entrecruzan simbólicamente, no parece tener la posibilidad de triunfar. La violencia de las armas bloquea la comunicación entre el yo lírico que ama y su amante, su pueblo anhelado" (Dröscher 10). La oposición amorosa que arma el yo poético, la "subversiva ternura", no lleva a la igualdad, la comunicación o un cambio de conciencia en el amante-dictador. En vez de una tregua, solo siguen actos violentos:

> Haces bien, gran maestro.
> Yo soy la guerrillera en tu régimen
>   el ob-je-to
> que se alza con armas de amor
> entre tu ejército de gorila egoísmo
>   y el poder que imaginas
> al fin de tu jornada.

---

18. Dröscher también observa que Rodas enfrenta estas oposiciones binarias: "Mientras que se borran las diferencias entre la izquierda y los dictadores al considerar sus relaciones de poder, se expresa, mediante un paralelismo entre los conflictos 'masculino-femenino' y 'líder-masas', otra constelación bipolar. De esta manera abre el discurso que critica las relaciones de poder donde las cuestiones de género juegan un papel central. Implícito en el texto, el yo lírico femenino se dirige a un destinatario masculino al hacerle acusaciones a su contraparte masculina y apelar a una visión mejor" (10).

Rastrea bien mis pasos
.........en tu alma
y aplasta sin escrúpulos
cualquier brote de ternura subversiva
no sea que prenda el amor
y tu ordenada dictadura
se vaya a la mierda. (*Poemas* 72)

Quizás deje la lucha
ser guerrillera no conduce a nada
más que a esas cosas
que tú trazas con línea tan sutil.

No voy a esperar tu próxima tortura
ni el día que me eches
escaleras abajo
para que los perros muerdan mi calavera. (*Poemas* 73)

Te amo
tú eres
mi pueblo.

Pero en tus manos hay metralla
y en tus ojos, oscuros policías
No hay
comunicación entre mi amor
y tu violencia (*Poemas* 74)

Un aspecto notable en estos poemas es la frecuencia con que mencionan actos de violencia asociados con las guerras sucias. Se rastrea a la voz poética con perros, como en busca de guerrilleros en las montañas, la echan escaleras abajo para que su tortura parezca un accidente y el otro está armado con ametralladoras, apuntándola. Estas imágenes de guerra sirven para definir la experiencia femenina en el mundo machista. Aunque busca transformar la sociedad mediante actos guerrilleros de amor, sus acciones subversivas no surten efecto. Adquiere la conciencia de que la tratan como objeto, y su reacción es tomar armas contra su opresor, de la misma manera que la guerrilla busca luchar contra los dictadores. Sin embargo, el peso de la represión es demasiado arrollador y la guerrillera queda aplastada, derrotada y eliminada. No puede negociar una tregua.

Una solución sería dejar de luchar y simplemente abandonar el campo de batalla. De hecho, un poema de la serie plantea esta salida:

> Tú, país alienado,
> no mereces la pena
> de desperdiciar mis balas, ni mi sueño
> se hará realidad alguna vez tras tus fronteras.
>
> Marcho al exilio, dictador,
> antes de terminar como charco de sangre
> en cualquier camino tuyo de papel. (*Poemas* 75)

El yo poético acepta la inutilidad de la lucha y de la inversión de sus esfuerzos y creatividad en la pelea infructuosa. Decide irse, ya que quedarse significaría su propia destrucción porque el amante es un dictador que impide la realización de sus sueños.

Otra opción abierta a la voz poética aparece en el último poema de esta serie: seguir luchando, aunque no conduzca a victorias ni reconocimientos del valor de sus acciones:

> Ya sé
> Nunca voy a ser más que una
> guerrillera del amor.
> Estoy situada algo así
> como a la izquierda erótica.
> Soltando bala tras bala
> contra el sistema.
> Perdiendo fuerza y tiempo
> en predicar un evangelio trasnochado.
>
> Voy a terminar como aquel otro loco
> que se quedó
> tirado en la sierra.
>
> Pero como mi lucha
> no es política que sirva a los hombres
> jamás publicarán mi diario
> ni construirán industrias de consumo popular
> de carteles
> y colgajos con mis fotografías. (*Poemas* 76)

Este poema es llamativo por su manejo de tropos revolucionarios. La voz poética es guerrillera, pero su lucha no es la de la izquierda política. Se posiciona en un lugar aún más radical que las revoluciones latinoamericanas que siguen un molde patriarcal. En este sentido, mis observaciones coinciden con las de Dante Liano: "En realidad, los poemas de Ana María Rodas están encaminados, en primer lugar, a situarse a la izquierda de la izquierda, desde una perspectiva inesperada para los héroes de una revolución marcada por el signo de la masculinidad. Hay, primero, una toma de conciencia de la propia funcionalidad dentro de una sociedad machista" (57). No obstante, su muerte, a diferencia de la de Che Guevara, el "otro loco / que se quedó / tirado en la sierra", nunca cobrará valor simbólico.[19] Como se aclara en la última estrofa, la revolución que encabezó Guevara sólo sirvió a los hombres. Ella no merecerá la explotación de su imagen en fotos y carteles y la publicación de su diario y otros escritos, sino que quedará entre los muertos olvidados. Estos poemas de Rodas, entonces, revelan que los movimientos de izquierda en América Latina también excluyen y acallan a los grupos que pretenden representar. Al colapsar la oposición binaria derecha-izquierda bajo la misma etiqueta del machismo, Rodas pone en evidencia la exclusión de las mujeres de la oportunidad de verdaderamente cambiar el *statu quo*.

Este posicionamiento fuera de la oposición binaria izquierda-derecha de Rodas hace eco de la antipoesía de Parra. Rodas comparte con Parra la posición de que todo está permitido en la poesía. Es decir, pensamos que lo que el poeta Niall Binns atribuye a Parra es igualmente válido para Rodas: "todos los temas, todas las palabras, todos los registros y todos los ritmos tienen pleno derecho a entrar en el poema. A partir de ahora, lo que importará es el cómo, no el qué. Todo vale en la poesía cuando vale" (Binns xxx). Esta actitud ya se presenta en *Poemas de la izquierda erótica* también:

> Esto no sirve, dicen.
> No es poesía porque hablo de máquinas.
>   De cocina.

---

19. En este sentido, el poema anticipa "Carta a los padres que están muriendo" de su siguiente poemario, *Cuatro esquinas del juego de una muñeca*. De la misma manera, la poeta, como individuo, enfrenta aspectos del "sistema" vigente —el movimiento revolucionario en América Latina y el canon literario— y reconoce la futilidad de su resistencia. En ambos casos, irse es la única opción viable si quiere seguir viviendo y creando.

De lo que cuesta,
cuando no hay deseos,
trabajar.

Yo escribo simplemente lo que siento.
Y todo es poesía, porque para mí lo mismo
vale una gota de lluvia
que el humo negro.

¡Ahora sí! me atajan.
La lluvia, es objeto poético,
el diesel, problema municipal. (*Poemas* 51)

La voz poética está plenamente consciente de la subestimación de su labor poética. Sin embargo, lo que escribe es su manera, como la de Parra, de "comprender la realidad y comunicarla" (Binns xxx). Igual que Parra en "Advertencia al lector" de sus *Poemas y antipoemas*, Rodas busca un nuevo lenguaje y una nueva manera de relacionarse con el mundo. Sigue el ejemplo de Parra, quien "anuncia la creación de un nuevo alfabeto que hablará de 'sillas', 'mesas', 'ataúdes' y 'útiles de escritorio'" (Binns xxx).

Además de acercarse a las cosas de otra manera para comprender el mundo mejor, Rodas, como Parra, busca desmitificar y desenmascarar las instituciones, el status quo, y todas las mentiras que se presentan como verdades aceptadas y aceptables. Donde Rodas se distancia de Parra es en su enfoque en los asuntos de mujeres. El eje de la obra de Rodas gira en torno a la mujer y cómo experimenta la vida. El espíritu renovador y revolucionario de la antipoesía de Parra es otra herramienta que echa en su mochila para continuar su viaje por la vida. Y resulta ser un arma eficaz para explorar las relaciones amorosas y la poesía de amor y de desamor.

IV. Poemas de desamor desacralizan el amor

Existen muchos análisis de la poesía erótica de Ana María Rodas, pero los críticos han prestado menos atención a otra tendencia suya: la desacralización del amor. Rodas abarca el desamor con mayor frecuencia que el enamoramiento. Los procesos de desacralización son otro aspecto que Rodas comparte con la antipoesía de Nicanor Parra. Las observaciones de Federico Schopf sobre *Poemas y antipoemas* de Parra son igualmente aplicables a los poemas de desamor que examinamos en esta sección: "Ya los poemas . . . comienzan la tarea de desmitologización. La divinidad, o las versiones difusas de ella, . . . es desacralizada. . . . Los símbolos de lo sublime son degradados y denunciados" (24). Efectivamente, los poemas de desamor de Rodas emprenden un largo proceso de desmitificación y desacralización, creando otra manera de enfrentarse con una tradición existente, responder a ella y buscar salidas para algo nuevo y distinto que abra espacio a la voz femenina.

Abundan los poemas de Rodas donde el enfoque de la voz poética recae sobre el proceso de deshacerse de una relación amorosa, lo cual crea un fuerte contraste con la poesía tradicional en la que predomina el discurso del "macho herido" (ya revisado en contraste con los "Epigramas de marzo" de Rodas). Como observa Teresa San Pedro al analizar el primer poema de *Poemas de la izquierda erótica*: "No hay grandes tragedias, ni grandes hazañas que realizar. Todo en nuestras vidas parece finalizar sin pena ni gloria. Por ejemplo, el tradicionalmente 'sagrado' tema del amor queda convertido en una verdadera farsa. . . . Lo único que le queda a la poeta de su 'divino sentimiento' son 'tres hijas y dos 'perros'" ("Ana María Rodas" 164). Lejos de entregarse a una visión nostálgica de antiguos amores, la voz poética enfrenta su pasado romántico con la misma franqueza que en los poemas eróticos. En este sentido, Rodas actúa como antipoeta:

> ¿Quién es el antipoeta? . . . alguien que se ha autodesacralizado, ha bajado a tierra y, destruyendo su supuesto carácter privilegiado, su dudoso contacto exclusivo con las fuerzas creadoras, se ha puesto al mismo nivel de sus conciudadanos. El ha dejado de ser el poeta hipersensible, poseedor de sentimientos únicos, o especialmente intensos, frente a los de sus congéneres. (Schopf 42-43)

Los poemas de desamor de Rodas son como actos contestatarios a la poesía romántica tradicional cuyo discurso hegemónico en la poesía latinoamericana refleja la visión casi exclusiva del hombre heterosexual. En Rodas, la experiencia de amar y de ser amado no se considera una experiencia única ni excepcional, pero, en contraste con los antipoetas masculinos, ella transforma sus poemas en antipoesía feminista que ubica a la mujer en el centro del poema. De modo innovador, Rodas absorbe tendencias literarias, pero las transforma.

Una faceta chocante de los procesos de desacralizar y desmitificar el amor aparece en *Poemas de la izquierda erótica*: el afán de comentar sus aspectos menos románticos. Rodas describe las sensaciones de la mujer después del hacer el amor:

> Limpiaste el esperma
> y te metiste a la ducha
>
> Diste el manotazo al testimonio
> pero no al recuerdo.
>
> Ahora,
> yo aquí, frustrada,
> sin permiso para estarlo
> debo esperar
> y encender el fuego
> y limpiar los muebles
> y llenar de mantequilla el pan
>
> Tú comprarás con sucios billetes
> tu capricho
> pa-sa-je-ro
>
> A mí me harta un poco todo esto
> en que dejo de ser humana
> y me transformo en trasto viejo. (*Poemas* 17)

Aquí, el acto sexual que puede constituir una expresión de amor relega a la mujer al espacio doméstico deshumanizante. La posibilidad de buscar satisfacción sexual en otra parte existe solo para él, no para ella. Tampoco puede ella articular sus frustraciones porque se asume que no las tiene. Ha de esperar, convirtiéndose en autómata que cumple su función en casa y cama. Lejos de realizarse en el amor, queda reducida al silencio y a la marginalización.

El poema no propone un cambio o una solución, aunque se reconoce la clara inequidad en el amor y en la vida. Y como ella, otras. En este aspecto, el poema coincide con la antipoesía practicada por Parra:

> Esta poesía no ofrece respuestas, sino hechos. No se trata de una declaración previa de irresponsabilidad: el antipoeta no se lava las manos, pero él no es culpable de que no haya un fundamento, una coherencia que unifique las cosas y los actos. Su pretensión se reduce (nada menos) que a crear un nuevo alfabeto, es decir, repitamos, a pronunciar su situación personal, que es la de un tipo cualquiera en la sociedad. (Schopf 28)

Evidentemente, el poema presenta la destilación del cuadro femenino de la relación heterosexual: insatisfacción sexual y frustración perpetua, silencio y marginación, falta de control de sus circunstancias. El poema logra concretizar esta experiencia, creando un "nuevo alfabeto" poético, una nueva representación del amor que difiere notablemente de los poemas escritos por los hombres.

Los poemas de desamor desacralizan el amor y, en contraste con la tradición de poesía amorosa desde los griegos y romanos hasta Neruda y Cardenal, ponen más en evidencia que Rodas distingue entre la expresión literaria, por un lado, y sus complicados sentimientos, por otro. Escribir le permite explorar los desajustes entre su vida y sus experiencias como lectora y escritora. Un poema de *El fin de los mitos y los sueños* señala la distinción en el acercamiento de Rodas a su vida y a su trabajo creativo:

> El más hermoso mito inventado por el hombre
> más hermoso que Dios
> o el hermoso ideal del socialismo
> y el dinero que acumulan los ricos.
> Más hermoso que el odio, la invención más hermosa,
> El amor. (*El fin* 33)

El primer verso es revelador en su aclaración de que el amor no es más que una construcción artificial, un "mito inventado", sin desarrollo orgánico. Al asociar al hombre con la creación del mito, se reitera que la expresión poética del amor ha estado mayormente en manos de los hombres. El dominio de la literatura es un espacio masculino y Rodas, siendo mujer pionera que se embarca en este mundo, constantemente enfrenta percepciones masculinas ajenas a sus experiencias y sentimientos. Su tarea, entonces, no es crear con toda libertad, sino bregar constantemente contra una tradición que, si no la calla abiertamente, le impone obstáculos y siembra dudas sobre sus perspectivas. Rodas emprende el proyecto fundamental de la antipoesía de comenzar "una nueva lectura de la condición humana" (Schopf 25), pero vista desde perspectivas femeninas.

Los poemas de desamor cuestionan las narrativas que forman parte de la vida íntima entre hombres y mujeres. En *Poemas de la izquierda erótica*, la voz poética anticipa la falsedad acostumbrada, pero inventada, que formará parte de la relación / realidad que se establece al terminar la etapa amorosa de dicha relación:

> Ahora
> tú y yo tenemos que empezar
> a ver hacia el pasado
> y revestirlo de cosas espantosas
>   que jamás existieron
> inventar que fuimos infelices
>   cada día
> que siempre nos mentimos.   (*Poemas* 59)

Lejos de lamentar el fin del amor, los examantes falsifican la historia para justificar la ruptura, con el tácito acuerdo de que, en esta etapa posromántica de la relación, cuando ya no hay ni deseo, atracción ni ganas de estar juntos, el próximo paso es reconceptualizar toda la relación en una narrativa que no tiene nada que ver con lo que verdaderamente pasó —"revestir" el pasado para fingir que la relación estaba destinada a fracasar. Mientras la primera estrofa sugiere cierta intimidad porque la voz poética parecía dirigirse únicamente al sujeto que antes amaba, ahora llega todo un elenco de personajes secundarios para crear la nueva narrativa retrospectiva:

> Los amigos, piadosos,
> nos seguirán el juego
> y se preguntarán con aire de inocencia
> cómo era posible
> aquella unión a todas luces despareja.   (*Poemas* 59)

Como aclara la voz poética, todo es parte de un juego ficticio, un acto de teatro.

La poesía de Rodas marca un cambio sustancial en la representación del deseo, el erotismo y las emociones relacionadas con el amor y el desamor. En contraste con los epigramas analizados de Cardenal, la ausencia de un tono vengativo es notable. La voz femenina no busca hacerle daño al antiguo amante, ni siquiera sugerir la idea de un amor único perdido. En vez de la polarización de "tú vs. yo" y dirigirse sólo al amado, Rodas usa "nosotros" en este poema porque la relación continúa, pero a otro nivel. La meta final de tanta narrativa falsa y del simulacro es la conversión en odio de lo que se percibía antes como amor. Como resultado, los dos pueden seguir con sus vidas, probablemente con otros amantes:

> Ahora tenemos que matar
>   todo este fuego
> o convertirlo poco a poco en odio horrendo. (*Poemas* 59)

La transformación de la ruptura de la relación amorosa en algo manejable difiere de los paradigmas de la poesía tradicional. Lejos de quedar desolada por el abandono o la traición, el yo poético femenino adopta otros modos de pasar por estas etapas de desamor. Una manera de combatir el peso de la tradición literaria es adoptar un desdoblamiento que permite a la voz poética observar la situación desde afuera con tono analítico y visión panorámica para no quedar atrapada o ahogada. No está en medio de una relación, ni habla de sus emociones, sino que observa con ojos clínicos la experiencia humana. La religión, la política y la economía son estructuras para interpretar la vida desde una perspectiva que permite crear algún sentido coherente de experiencias desconectadas y caóticas, pero son construcciones sobrepuestas. El amor y el odio terminan siendo invenciones y sistemas igualmente artificiales. Son intentos de justificar atracciones e impulsos de otro modo inexplicables. Denominarlos amor y odio otorga cierto orden a nuestras emociones, pero, al mismo tiempo, son imposiciones a la realidad que, como cualquier sistema que inventamos, sólo toma en cuenta una parte de la experiencia.

Relacionado con este desafío que enfrenta Rodas al expresar las experiencias femeninas en una relación heterosexual, existe el peso de los grandes poemas de amor, como los de Pablo Neruda. Ya en *Poemas de la izquierda erótica*, Rodas emprende por primera vez la exploración de la dinámica amorosa entre hombres y mujeres, un tema al que volverá varias veces a lo largo de su producción poética (la vuelta más reciente es "Epigramas de marzo" que analizamos en la segunda sección de este estudio). En los dos poemas más conocidos de *Veinte poemas de amor y una canción desesperada*, "Me gusta cuando callas" y "Puedo escribir los versos más tristes esta noche" de Neruda, la mujer amada está ausente.[20] Como resultado, no tiene ni voz ni presencia y la voz poética masculina ocupa todo el espacio. Estos poemas tienen cierta afinidad con el análisis anterior de los epigramas de Cardenal en el sentido de que la mujer, el objeto amado, ocupa un lugar secundario en la relación porque simplemente no está presente en la evocación poética; el hablante poético está solo, contemplando la noche. Aunque estos poemas pretenden ser poemas de amor, el enfoque en *Epigramas* de Cardenal y en los dos poemas de Neruda se centran en los sentimientos de pérdida del yo poético masculino, controlando la narrativa romántica para mostrar su dolor.

En Neruda, se propone una finalidad vengativa, como vimos en *Epigramas*: "Aunque éste sea el último dolor que ella me causa, / y estos sean los últimos versos que yo le escribo" (48). La voz poética reitera que ya no la quiere, pero, aun así, se lee entre líneas que no ha perdonado a la amada por el dolor que ha causado y su venganza es silenciarla y echarla al olvido. El narcisismo inherente en los poemas de "macho herido" emerge también en el otro poema de Neruda. Aunque la amada no está ausente, tampoco tiene voz y su silencio funciona como una ausencia: "Me gusta cuando callas porque estás como ausente" (37). Es la voz poética masculina que llena este silencio con sus observaciones, emociones y palabras. Se aprovecha del silencio de la mujer para hablar aún más: "Déjame que te hable también con tu silencio" (37). Este verso encapsula dos desafíos que tiene que enfrentar Rodas en sus poemas de desamor: primero, fabricar una presencia femenina definida como ausencia por la voz poética masculina que proyecta sobre ella todos sus deseos y fantasías; segundo, articular esa voz femenina, expresando sus perspectivas, experiencias y deseos.

Rodas da presencia a la ausencia. Sus poemas de desamor constituyen un intento de llenar los espacios que los poemas de amor tradicionales no han podido conceptualizar sino como vacíos. Poetiza las paradojas y los desafíos de este proceso en muchos poemas, sobre todo en una serie de *La insurrección de Mariana*, que ancla el discurso poético en referencias a mitos antiguos y bíblicos, esos inventos de que los seres humanos hemos dependido para dar sentido a la vida humana. Con su alter ego Mariana, que es un anagrama de Ana María, Rodas construye una figura contestataria

20. Aunque Neruda escribió muchos poemas de amor, he escogido estos dos por ser unos de los más conocidos. Su popularidad añade el peso cultural de su impacto en las relaciones amorosas.

que es una presencia que desafía y desborda el espacio de la amante ausente. Lejos de quedar definida por el discurso hegemónico masculino, Mariana sale de los bordes y rehace su lugar según sus necesidades:

Emerjo
de las profundidades. Huelo a sangre y a sal.
Soy el océano
que se mueve crujiendo, arrastrando
deseos
temores
visiones
entre los dedos.

Soy un pantano humeante lleno
de sensuales animales viscosos
soy el calor el agua el trueno
esta jungla prehistórica
este bosque tropical.

Me hundo en lo desconocido. No sé
a
dónde
regreso.
Al resurgir sólo experimento
la certeza triunfal de haber sobrevivido al viaje. (*La insurrección* 65)

Este poema abre con la imagen de la voz poética emergiendo del mar, como la Venus de Botticelli. Todo indica un nacimiento, una llegada al mundo, pero desde las profundidades de un mar que por ende ha dejado sus huellas. Su olor de sangre y sal indica la dificultad del viaje y los restos del mar que se han impregnado en ella. El proceso, entonces, ha sido doloroso y no ha podido librarse de las marcas de su lugar de origen.

A partir de este momento de nacimiento, similar a su aparición desde la nada en "Domingo 12 de septiembre, 1937", el poema se orienta hacia imágenes de una naturaleza salvaje, desordenada y resistente a la civilización: el mar, el pantano, la jungla, el bosque tropical, el trueno. Al asociarse con estos elementos naturales que difícilmente se dejan cultivar, la voz poética afirma su libertad y marca su resistencia a ser encasillada. La voz poética, que en *El fin de los mitos y los sueños* ha llegado a la conclusión de que el amor es sólo un "hermoso mito inventado por el hombre" (33), se niega a someterse a las condiciones del mito. Su ser no es hermoso; ella es caótica, propensa a salirse de los bordes y hasta repugnante con su viscosidad. No es hermética, ni ordenada, ni dispuesta a cooperar con nadie. Aquí la voz poética es un hervidero de emociones, imaginación y deseos, y no piensa darle sentido u orden. La voz poética se abre a todas las experiencias y aventuras, sin saber a dónde le conduce el camino. La única certeza (que no es del todo cierta) es que tarde o temprano reaparecerá de su aventura. El punto es sobrevivir, no crear otro mito de la humanidad.

La idea de hundirse en lo desconocido está expresada en *La insurrección de Mariana* en dos poemas con referencias al mito de Orfeo. Ambos yuxtaponen la proeza de Orfeo con los esfuerzos actuales de la voz poética por escribir. Efectivamente, descender a Hades es semejante al acto de sumergirse en el proceso creativo:

> A la hora justa en que Orfeo descendía nervioso
> tú, en tu computadora
> perdías otro poco tu condición de ser humano.
> Mariana iba saliendo de la gelatinosa consistencia del miedo
> sin saber si escoger
>   entre el mito
>   la cibernética
>   o ella
> en su simple jean y su suéter viejo
> con el rubio pelo oliendo a humo, a perfume francés
>   a hastío
>   a deseo.   (*La insurrección* 62)

El contraste entre las "armas" del amor es significante. Orfeo baja a Hades para negociar la libertad de su esposa, con su lira y el poder de la música. La voz poética utiliza una herramienta moderna, un artefacto poco romántico, para crear su poesía. Está consciente de su desventaja frente a Orfeo, porque la computadora, en contraste con la lira, la distancia y la hace perder "otro poco tu condición de ser humano". En comparación con la voz poética, su *alter ego* otra vez emerge, esta vez de una sustancia gelatinosa. Aquí, los orígenes parecen menos claros, lo cual le permite a Mariana escoger el camino a seguir. Puede ser un mito nuevo, la tecnología o esta mujer común y corriente que está sentada frente a la pantalla en blanco, esforzándose a expresar lo que piensa y lo que siente.

En el segundo poema con mención de Orfeo, la voz poética reitera la libertad de Mariana frente a las limitaciones que experimenta el yo poético. Desde el comienzo, se comunican claramente las desventajas del pasado y del futuro:

> Orfeo pertenece a un infierno pasado
> tú y tu máquina fría son sólo un proyecto.
> /A Mariana le gusta jugar con marionetas
> y poblar su castillo
> con criaturas de cartón y de trapo y de aserrín y goma/
>
> Mariana! Tan fácil que sería todo
> si al lado de la imaginación no existiera esa víscera
> tumultuosa, roja! (*La insurrección* 63)

Al caracterizar a Orfeo como parte de un infierno pasado, se rechaza ese camino de la tradición literaria y sus esfuerzos por recobrar un amor pasado como inútiles para ella. Podría seguir este camino, pero sabe que no llevará a nada. Para ella, descender a Hades significa volver con las manos vacías, como Orfeo. Pese a ser el mejor músico, su arte no sirvió para recobrar lo que más apreciaba. De un modo semejante, la promesa del futuro, que la nueva tecnología de algún modo va a liberar a la mujer, no se ha realizado todavía. Es un proyecto del futuro, que tal vez brinde resultados o no. La máquina es fría, entonces, la voz poética ya duda de su capacidad de servirle para lo que propone. Como resultado, el proyecto ocupa un lugar en el futuro: es una idea que puede cumplirse o no. Parece que la voz poética tiene sus dudas.

Mariana, en cambio, está libre de todo este peso del pasado y del presente. No le importan los mitos de Orfeo, ni se preocupa por las maravillas cibernéticas. Goza de una imaginación inagotable al que da rienda suelta. Mariana no se queda encasillada, no reconoce limitaciones, ni se preocupa por lo que produce. Mariana juega libremente. Usa lo que tiene a mano (cartón, trapo, aserrín, goma) y crea mundos imaginarios para sí misma. Inventa personas y escenarios a su gusto. La voz poética le envidia la libertad y la capacidad creativa. Quiere seguir el modelo que le plantea Mariana, pero la voz poética tiene algo que Mariana no tiene: cuerpo. Aquí, el cuerpo es el obstáculo para la plena realización de la imaginación y la creatividad.

Estrechamente vinculado con los poemas de desamor está el planteamiento del hombre desde la perspectiva de una mujer liberada: tiende a convertirse en obstáculo; aunque la mujer haya cambiado, el hombre sigue siendo el mismo. Entonces, ella continúa en su empeño por realizarse en un mundo dominado por el patriarcado. En los poemarios de Rodas, la voz poética no sólo brega contra la inmutable dicotomía masculina, sino que tiene que forjar nuevas maneras de expresar el amor y la atracción que todavía siente hacia él.

La voz poética se ve obligada a luchar como "guerrillera del amor" en ciertos poemas en *Poemas de la izquierda erótica*, pero como ya hemos visto, unirse a los movimientos de izquierda tampoco llevan a la transformación social necesaria para que las mujeres lleguen a liberarse. Rodas tiene que marcar otro camino que le permita salir de este pantano.

Una salida posible para Rodas es explorar su situación de mujer liberada que todavía necesita existir dentro de un mundo que sigue las pautas del patriarcado. Su conciencia feminista la pone en conflicto directo con su entorno, lo cual la obliga a seguir explorando posibles senderos para poder ser ella misma en un mundo empeñado en negarla y negar su conciencia nueva de ser una mujer liberada. Hasta cierto punto, en sus dos últimas colecciones vuelve a tocar problemas que examinó en *Poemas de la izquierda erótica*, pero la voz poética ha recogido otras experiencias, ha vivido una de las guerras sucias más sangrientas de América Latina y ha sido testigo de supuestas liberaciones de mujeres que, hasta cierto punto, han encasillado aún más a la mujer. De ahí que la búsqueda de otras formas de ser mujer siga presente en la poesía más reciente de Rodas, pero desde la perspectiva de otras experiencias vitales que afectan su acercamiento a temas de ser una mujer libre.

V. Otra forma de ser: ser mujer en un mundo que ha cambiado, pero no ha cambiado lo suficiente

Los poemas de *Esta desnuda playa* exploran el desafío básico de ser una mujer fiel a sí misma en un mundo y contexto literario que busca borrarla y callarla. Muestran la conciencia de que el paso de los años ha cambiado a ella y al mundo que la rodea, pero lo que pareció ser un avance feminista resulta ser un cambio efímero y engañoso. Pese a ciertas indicaciones de que la mujer es más libre que en décadas pasadas, Rodas sigue consciente de que nada ha cambiado de manera sustancial. De hecho, en "Camelot revisitado", Rodas señala hasta qué punto los ideales de la liberación del cuerpo de la mujer han terminado en algo atroz: en vez de la aceptación del cuerpo, las mujeres jóvenes ahora se dejan torturar con cirugía plástica para alcanzar ideales de belleza que se les imponen desde afuera.

I

Días dorados a contrapelo de la historia
        íbamos
amazonas ardientes a triunfal galope
Las faldas mínimas los cabellos al aire
como lo usan las medusas las sirenas
Herederas de Woodstock
hijas de Simone de Shulamith de Robin
hacíamos muchísimo el amor
        olvidamos la guerra
Amigas de los niños de las flores
                        amamos tanto y todo
Nos sabíamos libélulas flameantes
antes de posarnos sobre el agua
bajo el azul del cielo
bañadas por el oro líquido que caía del sol

II

            Nuestras hijas
se recortan los huesos de la cara
se mutilan los pechos
se extraen el tejido donde mullidamente
reposa nuestra esencia
Se uniforman
llevan el pelo a rayas y son flacas
sus únicas protuberancias son de silicona
llevan una guadaña acrílica en vez de uñas   (*Esta desnuda playa* 80)

El contraste entre las dos partes del poema es chocante. Las mujeres de la época de la liberación feminista de los años sesenta y setenta caminan hacia una liberación sexual y corporal. Llevan minifaldas, exponiendo partes del cuerpo que antes se mantenían cubiertas. Llevan el cabello suelto y liberado de peinados de antaño sujetados por cantidades enormes de laca que convirtieron el cabello en un casco artificial donde cada hebra quedaba petrificada. Como las amazonas, eran bellas y terribles, sirenas y medusas, y caminaban hacia un futuro mejor donde pudieran amar libremente a quienes quisieran. El futuro lucía positivo: el amor iba a reemplazar a la guerra. De su triunfo no dudaban ellas.

No obstante, en la generación siguiente, entre las hijas de esas mujeres amazonas, no se percibe ni sombra de la marcha triunfal hacia una liberación definitiva que permita a las mujeres amar y expresarse libremente. En vez de flores, música y luz, hay mutilación. Es llamativo que la generación que ha recibido el fruto de la liberación radical de la generación anterior ahora corte su carne y huesos. Las dos partes del poema marcan un contraste claro entre lo expansivo de la primera parte, la imagen de mujeres con el cabello suelto que buscan ocupar más espacio, y el encogimiento de la segunda parte, donde las mujeres literalmente eliminan partes del cuerpo para ocupar menos espacio. Esta segunda parte del poema cobra cierto tono de incredulidad de que los resultados de la rebelión hayan terminado de esta manera. Aunque estas mujeres jóvenes no han regresado a ser como la generación anterior, tampoco encarnan un avance hace una liberación total. Es decir, las garras de uñas acrílicas no evocan la imagen de una mujer sumisa, pero este tipo de monstruo nuevo tampoco es como la medusa de los poemas de Rodas. Es un monstruo sintético, producto de los valores de una sociedad supuestamente moderna, más liberada, pero que a la vez ha encontrado otras formas de oprimir a la mujer sujetándola al consumismo. Rodas vuelve a enfrentar una sociedad que ha cambiado, pero que no se ha transformado.

En "Camelot revisitado", Rodas reconoce que, a pesar de sus esfuerzos, rigen nuevas fuerzas para reducir a la mujer. En este sentido, *Esta desnuda playa* articula un retroceso porque la imposición ha llegado al extremo de alterar permanentemente el cuerpo femenino según las expectativas de una sociedad capitalista, consumista y uniformada.

Los poemas de Rodas retoman la búsqueda inherente en la situación femenina en el mundo industrial que Rosario Castellanos ya consideró en "Meditación en el umbral" (de 1972):

> No, no es la solución
> tirarse bajo un tren como la Ana de Tolstoi
> ni apurar el arsénico de Madame Bovary...
>
> Debe haber otro modo que no se llame Safo
> ni Mesalina ni María Egipciaca
> ni Magdalena ni Clemencia Isaura.

Otro modo de ser humano y libre.

Otro modo de ser. (Castellanos 316)

Igual que Castellanos, Rodas se plantea el problema de ser una mujer libre en una sociedad y en una tradición literaria que constantemente buscan callarla y oprimirla. Ambas prefieren optar por la vida y no la destrucción de la mujer pensante. Ambas trazan el alto precio exigido a las mujeres que buscan seguir pasiones fuera de los límites estrechos impuestos en ellas. Al explorar este tema en su poesía, las dos escriben sobre la depresión y el suicidio, un aspecto de la poesía que no forma parte del canon.[21] Rodas y Castellanos exploran el mismo sendero con respecto a las dificultades de las mujeres que salen de sus roles tradicionales y optan por ser escritoras. La gran diferencia es que Rodas intenta ir más allá que simplemente observar y lamentarse de las circunstancias. Verdaderamente busca una salida concreta al dilema que plantea Castellanos: Rodas intenta encontrar y convertir en palabras esta otra forma de ser.

Los poemas sobre la depresión y el suicidio forman una contraparte al discurso triunfalista del feminismo confiado en que la autotransformación de la mujer llevara inexorablemente al triunfo y bienestar individuales. Lograr la independencia económica, una preparación académica, control sobre su propio cuerpo y la liberación de circunscripciones sociales deben crear mayor felicidad. Sin embargo, los cambios personales frecuentemente terminan en la transformación individual, sin un cambio social más profundo. A la mujer liberada todavía se le supone responsable por la mayoría de los quehaceres domésticos y la crianza de los hijos, y ella sufre discriminación sexista en sus esferas personales y profesionales. Rodas expone el impacto a largo plazo de esta desconexión entre las libertades individuales logradas y la falta de la transformación social requerida para la eliminación del patriarcado.

En *El fin de los mitos y los sueños*, los textos de las secciones "H20 + NaCl" y "Pesadilla" poetizan la experiencia de una mujer que ha luchado por su liberación pero que, por combatir tanto contra el mundo, ha quedado sin fuerzas para seguir. Como nota Dante Liano, en este libro se ve "el precio pagado por llegar a la constatación de la definitiva soledad. La búsqueda no ha sido fácil, las elecciones de vida han ido en contra de las convenciones

21. Es un tema que Sylvia Plath explora y se sabe que Rodas leyó a Plath. Cf. el artículo de Jean Franco, "Self-Destructing Heroines".

sociales, y en fin, el conocimiento ha sido adquirido con dolor" (63). En *El fin de los mitos y los sueños* predomina el cansancio sentido en la voz poética: "la autora ha batallado a lo largo de su vida y lo único que ha hallado es una profunda soledad, la angustiosa constatación de que el hombre y la mujer están solos, separados por muros infranqueables, e incomunicados, por hablar idiomas diferentes" (Bollentini 101-102).

"H2O + NaCl", fórmula química que sugiere lágrimas, contiene tres poemas que no mencionan la palabra "lágrima", aunque cada uno de ellos la evoca. Como en una adivinanza, la palabra más importante se ha convertido en ausencia. Rosario Castellanos poetizó la sensación de distancia de las actividades normales en el poema "Valium 10": "El día se convierte en una sucesión / de hechos incoherentes, de funciones / que vas desempeñando por inercia y por hábito" (296). Rodas también presenta la experiencia de una depresión en la cual las actividades antes tan inconsecuentes parecen lejanas y carentes de sentido:

> Están ahí esperando
> a que no me fije en ellas
> que deje de silbar
> o de ir al cine
>
> Que cierre el libro o que abandone
> la conversación con amigos
> que lleguen las cuatro de la tarde
> y se vacíe la oficina.
>
> Que el Valium se me acabe que no escriba (*El fin* 71)

El sujeto del verbo "están" es lágrimas, que amenazan surgir durante las actividades cotidianas. Además de la tristeza siempre presente, está el abandono de actividades que la sacan de la depresión. El proceso progresivo del sacrificio de los pasatiempos placenteros desemboca en la pérdida de lo que más valora, la escritura. Como toda su producción literaria se dirige a la necesidad y al derecho de expresar lo que vive y lo que siente, la amenaza de perder la capacidad de escribir equivale a morirse como persona y como artista.

La imagen de encarcelamiento con que cierra esta sección del poemario es particularmente relevante en el contexto de su poesía:

Ahora están metidas tras barrotes
que tengo en la garganta
y no sé si yo las he hecho presas o si ellas
    me han vuelto prisionera. (*El fin* 73)

Como la libertad y la independencia figuran de modo tan prominente en la poesía, esta imagen de estar encarcelada por sus propias lágrimas es poderosa. El sujeto del primer verbo es "lágrimas". En contraste con otros poemas donde la voz poética expresa su vida emocional, aquí hay un esfuerzo por contener la tristeza y reprimir la depresión y las lágrimas, pero en vez de dominar las emociones, aparece la duda de si la voz poética misma queda encarcelada por las lágrimas reprimidas. En contraste con la exuberancia de *Poemas de la izquierda erótica*, aquí es notable la contracción de las emociones, el intento de controlar y contenerlas, pero el resultado no mejora su estado anímico.

Los poemas de la sección "Pesadilla" marcan un descenso al pozo de la depresión en el contexto de un hospital psiquiátrico. Es necesaria la infusión de drogas para volver a la vida y al mundo:

Por eso estoy aquí ahora, entre cuatro paredes
amarrada a un monstruo de metal que me alimenta
/quiera o no quiera/
con vitaminas, glucosa y un antidepresivo de esos maravillosos
inventados para mujeres como yo. (*El fin* 80)

Apenas el delicioso rumor de un antidepresivo
    cosquillea en mis venas. (*El fin* 81)

La vena de plástico pende del acero y se inserta en mi vena
Brillante
transparente
absolutamente contemporánea
portadora de un líquido vital (*El fin* 83)

La reiteración de su dependencia de los antidepresivos forma un contraste radical con poemas como "Domingo 12 de septiembre, 1937" donde la voz poética no necesitaba a nadie ni nada. Aquí, el cuerpo no puede funcionar sin las drogas. Los poemas de esta sección marcan el fondo al que desciende la voz poética, ya que si no sale de la depresión, sólo le queda la nada:

perder su capacidad para escribir y expresarse significa la muerte creativa, intelectual (aunque siga físicamente viva). Sin embargo, esta vez la voz poética expresa ciertas actitudes sociales hacia la depresión, enfermedad asociada con las mujeres de cierta clase.

Se puede vislumbrar el alto costo de ser mujer y poeta, ya que apunta el desprecio masculino hacia ella y su labor:

> Después, un lector desprevenido o La Crítica
> divina madre que todo lo diseca
> dirán que era fácil, que escribir así no era más
> que un
> trasladar al papel la serie de locos pensamientos
>
> Pero ni el lector ni La Crítica sabrán qué cantidad
> de angustia, de dolor, de desesperanza
> qué necesidad de asirme a algo
> cuando escribí estas cosas. (*El fin* 79)

Este poema expresa el monumental esfuerzo requerido para escribir poesía en esas condiciones. El mérito queda inalcanzable e ignorado por los que están fuera del proceso creativo —aquellos incapaces de apreciar el sacrificio personal que es revelarse con intimidad y realismo—. Rodas se expone en sus textos, y este hecho le ha costado. Aunque no es un punto que figure en otros poemas, el contraste aquí establecido entre "Domingo 12 de septiembre, 1937" y este poema confirma que el proceso de abrirse la ha condenado a sufrir de depresión. La misma sensibilidad que le permite apreciar su lugar en el mundo también la lleva a considerar las amenazas y el peligro que este mundo encarna para ella.

En la última sección de *El fin de los mitos y los sueños* titulada "Niños de insomnio", Rodas vuelve a considerar la posición de la mujer en la sociedad patriarcal que sigue oprimiéndola. "Proyecto de monumento", "Ms. Hulk" y "Complejo de castración" llevan discursos y referencias para explorar cómo el mundo basado en el patriarcado obra para reducir a ciertas mujeres, hasta el punto de destruirlas. Estos poemas aparecen en el libro después de "H20 + NaCl" y "Pesadilla", entonces, el regreso a este tema con una amargura renovada no parece arbitrario. La voz poética ha pasado por el valle de las pesadillas para ver sus circunstancias con ojos nuevos. El resultado es la renovada visión de las maneras sistemáticas en que las sociedades patriarcales restan importancia a la experiencia y las observaciones femeninas.

"Ms. Hulk" y "Complejo de castración" se dirigen directamente al tema de la supresión por parte de las mujeres de sus emociones de ira. Aunque el maniqueísta patriarcado considera a la mujer pura emoción, algunas le quedan vedadas. "Ms. Hulk" revela el doble estándar, ya que el personaje masculino puede exhibir su rabia y enojo, mientras que la mujer ha de contener su enfado:

Soy una mujer increíble
    cuando me enojo
    crezco
    me pongo verde
    desgarro todo
adentro.
    Bill Bixby
    hace todo eso
pero
él
es
hombre
    lo hace afuera.   (*El fin* 93)

La intertextualidad en Rodas abarca la cultura popular, cual si proveyera un acervo de mitos modernos. Como "Camelot revisitado", "Ms. Hulk" se basa en los referentes en boga. *El Increíble Hulk* (en España y Argentina; *El Hombre Increíble* en México y el resto de Hispanoamérica) fue una serie televisiva estadounidense de finales de los años setenta y principios de los ochenta derivada de un personaje de las tiras cómicas. De nuevo, Rodas toma una figura masculina y la convierte en femenina, sin embargo, el cambio de género conlleva otras implicaciones. Cuando el doctor Brenner, representado por el actor Bill Bixby, enfrenta situaciones sumamente estresantes, se transforma en un monstruo verde con fuerza física descomunal. El yo poético femenino de "Ms. Hulk" experimenta una transformación parecida: crece, se pone verde y destruye lo que tiene a su alcance, como el Hulk, aunque con esta diferencia fundamental: siendo mujer, no debe expresar ese tipo de emoción y ha de mantener todas estas emociones en secreto. Su transformación en Ms. Hulk no debe hacerse visible, por lo cual ella se destroza por dentro.

De manera similar, el poema "Complejo de castración" se dirige a la represión de las emociones en las mujeres. Esta vez, las referencias no son de la cultura popular sino del psicoanálisis, específicamente las teorías de Sigmund Freud, actualmente criticadas por descartar las experiencias femeninas.

> A Herr Freud no le gusta que llore.
>   Expone
> que yo soy una niña grande:
> puedo subir sola al bus
> amarrarme los zapatos
> sonarme la nariz.
>
> Cómo sonarme la nariz si no lloro primero?
> Qué bus voy a tomar y para ir a dónde?   (*El fin* 94)

Las acciones del poema parecen dirigirse a los consejos que se dan a la mujer para liberarse: tiene que hacer todo por su cuenta. Entonces, debe asumir todas las responsabilidades: efectivamente, subir al bus sola, amarrarse los zapatos y ser una niña grande. Al hacer esto, va a llegar a donde necesita ir. De un modo similar, se alienta a las mujeres a ir a la escuela para conseguir títulos, ser profesionales y mantenerse económicamente, es decir, ser mujeres adultas que pueden existir solas en el mundo. Sin embargo, al hacer estas actividades de niña grande, no debe llorar, es decir, expresar lo que le cuesta hacer estas cosas sin el apoyo de nadie. La castración del título se refiere a esta opresión de expresarse: debe librarse sin mostrar todo lo que le cuesta la liberación.

El final del poema señala otro defecto en las ideas de Freud: además de su intolerancia de las lágrimas, lo cual expresa implícitamente que una vez "liberada", en el bus, ya no tiene motivos para quejarse, el trayecto del bus no queda claro. ¿A dónde debe ir una vez que haya logrado subir y amarrarse los zapatos? Para colmo, ¿cómo puede cumplir con mandatos si no se expresa? ¿Cómo sonar la nariz sin no ha llorado antes? Freud no ve estos obstáculos porque según él, subirse al bus ya le da todo lo que ha pedido. Rodas, en cambio, ve todo de otra manera: aunque se ha avanzado hasta cierto punto (i.e., en lo laboral y la educación), otros aspectos no han cambiado en absoluto. Al fin y al cabo, todavía un hombre, Freud, le exige subir al bus y le indica cómo hacerlo. En este poema la mujer sigue reducida o "castrada".

"Complejo de castración" no es el único poema que explora esta reducción y opresión de la mujer en nombre de los avances positivos. En

“Proyecto de monumento” de nuevo Rodas incorpora discursos sobre los monumentos en honor a figuras históricas o seres simbólicos, haciendo eco de los monumentos al soldado desconocido en “La Tumba de la Mujer Desconocida”. Como es típico en la poesía de Rodas, el lenguaje sencillo construye imágenes y conceptos complejos.

La Tumba de la Mujer Desconocida
/la mujer cosa, la única pensable/
se remata con una estatua de hombre
apoyando su pie delicadamente
        sobre
        una forma
        femenina
envuelta en un sudario de silencio.

Adentro de la tumba/por supuesto/no hay nada. (*El fin* 92)

Lejos de ser un monumento a la mujer, la estatua es la representación del poder patriarcal. El pie del hombre se coloca sobre el cuerpo femenino, simbolizando su dominio sobre la mujer callada y sumisa.[22]

El último verso está gráficamente separado del resto del poema y resalta la idea de que esta tumba no contiene un cadáver, como se supone presente en una tumba normal (aun en las tumbas de los soldados desconocidos). Hasta en la muerte la mujer sufre de ausencia, reducida al vacío de la tumba, la etapa final del exitoso proceso de restringir, limitar y con el tiempo eliminarla por completo. El poema termina con la amarga realidad de que, bajo el patriarcado, la mujer progresivamente desvanece hasta el punto de desaparecer por completo.

Estos tres poemas marcan un retorno después de las pesadillas de la depresión para reemprender la batalla, esta vez con la nueva conciencia del alto costo de la lucha. No se niega la furia, como vimos en “Ms. Hulk”, pero tampoco se acepta la simplista autoridad de Freud. En “Proyecto de monumento”, se comienza a representar las construcciones y símbolos del patriarcado como signos vacíos de contenido y relevancia. En sus exploraciones hacia otras formas de ser, Rodas reconoce que en estos caminos hay muchos obstáculos vigentes. Los años radicales de los sesenta

22. Recordemos el silencio al que está sometida la amada en los poemas de Neruda analizados anteriormente.

y los setenta no han allanado el sendero tanto como se pensaba.

Aunque *El fin de los mitos y los sueños* traza el progreso desde la depresión hasta lograr nuevas perspectivas y cierto equilibrio, el enfoque recae sobre la experiencia personal e individual. En *La insurrección de Mariana* se explora el dilema de ser mujer en una sociedad hostil a las mujeres, especialmente a las testigos de las peores guerras sucias que se dieron en América Latina. *El fin de los mitos y los sueños* termina con una especie de tregua en la cual la voz poética sale de su depresión y se reincorpora a la vida, pero *La insurrección de Mariana* no logra sanar las heridas de la misma manera. En este poemario, se combina la experiencia individual y la colectiva, entretejiendo la depresión individual con el trauma nacional. En el prólogo del libro, Rodas explica el impacto de los años más duros del genocidio en ella y en su capacidad de escribir:

> En los tres años siguientes, cuarenta y un periodistas fueron asesinados o desaparecidos. Decenas más abandonaron apresuradamente el país, como tantos otros guatemaltecos. Yo hube de ganarme la vida trabajando en relaciones públicas y asuntos culturales, amparada por seres a los que jamás podré agradecer lo suficiente. Por entonces, decían mis compatriotas no sin un cierto cinismo, las opciones eran encierro, entierro o destierro. . . .
>
> Pero no sólo fueron colegas los que perdí en esos años en que la sangre parecía ahogarnos para siempre. Amigos queridos de toda la vida fueron acribillados, desaparecidos, asesinados. . . .
>
> He escrito muy poco entre 1980 y 1990. Lo estrictamente necesario para darme cuenta de que seguía viva, para paliar la culpa de estar viva y porque como ya lo dije una vez hace años, si no escribo, reviento. Viendo este libro raquítico, me doy cuenta de pronto que he vivido casi muerta, que estos años han sido una década perdida. (*La insurrección* 9-10)

El régimen acosaba a los practicantes de ciertas profesiones y, como periodista, Rodas reconocía a muchos colegas entre los desaparecidos. Sus poemas expresan su sensación de culpabilidad por haber sobrevivido, Rodas también escribe para resaltar la brutal violencia de los años de la dictadura. El poema "En este supermercado" une la imagen cotidiana de un mercado con los cuerpos de los desaparecidos:

> En este supermercado
> hay que buscar despacio

entre líneas
que en vez de entrañas de animal
encontrarás el cerebro de tu amigo
el vientre desflorado de tu hermana
un rostro festoneado a balazos
el destazado pecho de tu amante
que desapareció en el tétrico interior
de aquella panel blanca
que hace unos años hacía su macabro recorrido

Y todo no es más que un mercado
Todo no es más que un vil mercado. (*La insurrección* 20)

Las imágenes del poema son atroces, presentando los cadáveres como muestras en una carnicería. Esta transposición que combina un lugar cotidiano con un recorrido visual de cuerpos muertos evoca el surrealismo, pero aquí provoca reacciones de pavor y espanto. Con el paso del tiempo hemos medido estos años según las cifras de muertos, heridos y desaparecidos, pero este modo de verificar los hechos nos aleja del impacto de la violencia. Rodas visibiliza lo que durante los hechos se escondía y nos obliga a ver las partes mutiladas del cuerpo que representan a los seres que conocemos.

Los versos "hay que buscar despacio / entre líneas" son particularmente llamativos por su doble sentido. Por un lado, en el supermercado, caminamos por los pasillos buscando mercancía para llevar a casa. A primera vista, parece que el poema refuerza esta idea de caminar para ver. Por otro lado, el uso de la palabra "líneas" parece referirse a la necesidad de descifrar cierto tipo de lenguaje para llegar a una verdad. Entonces, todo lo que se escribe sobre estos años de genocidio es un lenguaje cifrado para recordar que las víctimas eran personas reales: hermanas, amigos, amantes.

La mención del mercado en los dos últimos versos también contiene un doble sentido. Los años de guerra civil y genocidio enriquecieron a ciertos sectores de Guatemala para quienes creaban una gran oportunidad rentable. Igual que los buitres en los poemas de Luis Alfredo Arango, los militares y la oligarquía sacaron provecho de la muerte. El sufrimiento ajeno constituía una parte necesaria de la participación en el mercado, en la bolsa: el costo de hacer negocios.

Además de enfrentar la brutal realidad de estos años, Rodas muestra su inconformidad con el proceso de paz. Los poemas tienen cierto parecido con el rechazo de la división binaria entre izquierda y derecha en *Poemas de la izquierda erótica* y con el espíritu de la antipoesía de Parra. Solo que esta vez Rodas hace una severa crítica de la idea de que con la paz se puede hacer borrón y cuenta nueva para seguir adelante sin el peso de tanto pasado violento y tantos muertos. En numerosos poemas, se niega a apartar la vista de la realidad sangrienta. En otros, critica a los privilegiados gozando del lujo de encarar la actualidad sin considerar las masacres.

Como vimos en los poemas que incorporaron el discurso de la dictadura y la revolución latinoamericana en *Poemas de la izquierda erótica*, Rodas nos obliga a enfrentar verdades chocantes e incómodas. Lejos de favorecer un lado ideológico, su mirada implacable los condena a todos. Aquí los malvados no sólo son los que cometieron actos de violencia: los que vieron lo que sucedía y optaron por salvarse y los que negociaron con los responsables de la Guerra Sucia reciben igual condena. Esta vez, el discurso proviene del periodismo y de la publicidad, ya que los lemas de la dictadura y la guerrilla se han transformado en otro discurso:

El periodista se siente muy tranquilo
bebe café
esconde la conciencia
en la segunda gaveta de la izquierda
Quién firmó un pacto hoy con su antiguo enemigo?
Sobre qué promontorio de equis equis desayunó el candidato?
De qué color la gorra, el escudo, el emblema?

Todos son rojos, del rojo indescriptible de la sangre.

El periodista enciende un cigarrillo
y vuelve a la tarea
de explicarle a la gente
las delicias
de ese juego sutil, apasionante:
El general comió la pasta y rechazó el pescado
en cambio tomó vino.
Su adversario se encerró por tres días
con varios comerciantes que le venden el software
para la imagen nueva.

Invento delicado para borrar del aire
los sofocados llantos de los pasados años. (*La insurrección* 19)

El periodista no participa en los tratados de paz, pero su representación es negativa. De cierta manera queda alejado de la situación, lo cual le permite observar los hechos desde cierta distancia emocional y sentirse tranquilo, ya que no tiene que asumir responsabilidad por los torturados, desaparecidos y muertos. Para mantener su posición de neutralidad objetiva es necesario guardar, es decir, reprimir, su conciencia y su moralidad. No parece casual la referencia de que la conciencia se deposita en la segunda gaveta a la izquierda, siendo la ideología política como una bufanda que se guarda cuando deja de ser útil.

En un poema de *Poemas de la izquierda erótica*, Rodas ofrece la representación del latinoamericano burgués de izquierda que lamenta los sufrimientos del pueblo a la vez que protege sus propios intereses. Parece que hay cierta afinidad entre el periodista del poema de *La insurrección de Mariana* y el revolucionario no comprometido en el poema de *Poemas de la izquierda erótica*:

Tu subversión me conmueve, compañero.
Te reúnes a menudo con amigos
para decir que América Latina
--Iberoamérica, perdón--
está hecha mierda.
Que es necesaria la revolución.

Eres un buen patriota, compañero
Tus amigos también
Y como hablar da hambre
ordenan a la carta el bistec y el vino
que algún día
cuando les quede tiempo
después de hacer casa y comprar auto nuevo
y viajar por Europa y el Japón
harán llegar al pueblo. (*Poemas* 83)

En ambos poemas se destaca la superficialidad de los personajes para resaltar nimiedades, como el término correcto para referirse a América Latina o el menú que consumen los negociadores de los tratados. Los poemas destacan los intereses y agendas personales por encima de las necesidades colectivas y comunitarias. El revolucionario burgués piensa en sus comodidades personales, en sus posesiones y en oportunidades que pocos tienen de viajar al extranjero. De un modo parecido, el adversario del general, que se supone es un exguerrillero, está más interesado en adquirir una tecnología nueva que le permite cambiar de imagen y así prosperar del panorama nuevo que presenta la paz negociada. Al enfocarse tanto en ganancias personales, los asuntos más importantes quedan al margen. El pueblo tiene que esperarse otro día hasta que los revolucionarios burgueses se hayan saciado para poder acercarse a la mesa del banquete. En el poema sobre el periodista, las maquinaciones solo logran ofuscar la realidad de los muertos y el sufrimiento de los años de la Guerra Sucia. El periodista, igual que el general y el exguerrillero, tiene que posicionarse en un ámbito social y político nuevo. Lejos de comprometerse con la verdad y la justicia, es otro títere que baila al compás del momento.

Ciertos poemas de *La insurrección de Mariana* encierran un rechazo más explícito de los acuerdos de paz. "No me hablen de nada" expone la negación del lenguaje, ya que todo discurso relacionado con los acuerdos carece de sentido:

> No me hablen de nada.
> Esta noche no estoy para palabras
>   ni discursos
> sobre los acuerdos de paz en ningún lado.
> Qué paz acordaron en mi nombre?
> Quién les dio el permiso para hacerlo?
> Ninguno de esta lista interminable
> que llevo entre las manos
>   dijo
> adelante, firmen ese convenio.   (*La insurrección* 39)

Los convenios y tratados son artefactos creados por los actores en el asunto que negocian entre sí para luego imponer los resultados. Pero ni el pueblo vivo, ni los desaparecidos, ni los muertos han tenido voz y voto en las negociaciones.

El poema siguiente expresa con mayor candidez los efectos de la larga guerra y los factores que impiden la acogida de los acuerdos:

> A mí no me pidieron opinión cuando los grandes
> decidieron que una guerra
>   si se enfriaba
> podía jugarse mejor en patio ajeno.
> Soltaron su veneno,
> se sentaron a contar ganancias
> y a competir por escupir la Luna.
>   Mientras tanto
> aquí, como si nada, se acumularon muertos
> y desaparecidos
> y exiliados y odios.
> Cuarenta años duró el juego.
> A mí no me fue mal, aún estoy viva.
> Pero esta lista, esta lista que me hace llorar cuando la leo
> es la factura final de aquel convenio.
> No me vengan con sellos a estampar un cancelado.
> Aquí no se cancelan los afectos
> ni los llantos, ni la sangre derramada
> ni la memoria de los muertos.   (*La insurrección* 40)

De nuevo se menciona la falta de agencia, ya que la voz poética señala que nadie la consultó ni sobre el comienzo del conflicto ni sobre el fin. Como aclaran los versos que siguen, esta Guerra Sucia resultó en el enriquecimiento de una minoría que ahora tiene la oportunidad de medir sus ganancias. El resto de la población ha experimentado una especie de zombificación en el sentido de que está consciente del número de muertos, desparecidos y exiliados, pero no percibe la magnitud de los hechos.

Para aguantar el nivel de violencia durante los cuarenta años de guerra, los sobrevivientes han tenido que endurecerse para poder existir. Los últimos versos incorporan términos de contabilidad porque la guerra implicaba para algunos mayormente cuestiones comerciales de oferta y demanda, pérdidas y ganancias, muertos a cambio de los convenios de paz. Efectivamente, los muertos han pagado con sus vidas estas posibilidades de paz, pero el yo poético rechaza el intercambio si la lista de muertos es un vale para negociar una paz abstracta. Reconocer a los muertos con una lista de nombres no logra cancelar los efectos acumulados de décadas de violencia.

Después de estas experiencias de sufrimiento personal y colectivo, Rodas reitera la importancia de los actos creativos para renacer y volver a la vida. En su primer poema de *Poemas de la izquierda erótica* y en el último de *Esta desnuda playa*, escribir y expresarse es la vía de escape de resultados destructivos. Aunque inicialmente el erotismo parece ofrecer una salida, es decir, otra forma de ser, en los poemas de Rodas, el erotismo es una vía para llegar a un mayor nivel de conciencia sobre sí misma pero no es una solución definitiva porque "el contacto erótico sólo puede romper este aislamiento de modo parcial" (Dröscher 12). En los poemas de Rodas, la lucha en contra de todo es incesante. Su concientización ha sido una "contraépica poética" donde "la mujer . . . realizará las hazañas prodigiosas . . . de contraponerse a los valores establecidos para crear nuevos modelos y valores —un feminismo osado" (Méndez de Penedo 109).

No obstante, luchar tanto y por tanto tiempo exige un precio alto que Rodas reconoce en su poesía publicada después de *Poemas de la izquierda erótica*. Tiene que haber otra salida y Rodas la encuentra en la poesía, en la creatividad y en el lenguaje. La constante en su proceso es la escritura y el lenguaje que la sostiene a lo largo de sus décadas de producción. Al fin y al cabo, para Rodas, son las palabras que "Siempre han estado ahí", en *Esta desnuda playa*:

> Durante años he guardado silencio
> pensando que no sabía o no quería
> lidiar con ellas
> Pero una simple mirada al diccionario o a algún libro
> y las encuentro
> Creo que he rehuido su contacto por temor
> a que se me pegaran en los huesos
> a que me hicieran reconocer cómo es mi vida en este tiempo
> . . . .
> Así coleccioné telas desinfectantes jabones
> aretes de marfil perfumes colorantes polveras
> y la despensa se hizo gorda con arroz aceite leche
> paquetes y conservas
> pero el amor es más fuerte que la muerte
> dijo el inglés
> que en realidad ya salió muerto de la cárcel de Reading
> y regresé con ellas

y me hundí entre ellas
y he llorado con ellas y he gozado con ellas
que siempre están ahí
a las que pertenezco entera
Mi amor mi eterno amor mi pasión y mi duelo
(*Esta desnuda playa* 86-87)

Las palabras en este poema acechan a la voz poética, acompañándola a todas partes sin tregua, sin embargo, no aparece el sustantivo "palabras". De nuevo, Rodas convierte la ausencia en presencia, el silencio en voz. La relación con las palabras es la gran pasión de su vida. Lo que la poesía de amor ha volcado sobre el ser amado, Rodas ha encontrado en el lenguaje y la escritura. Es aquí donde ella descubre algo eterno que la hace sentirse completa.

De modo semejante, Rodas siempre vuelve a la creatividad, la escritura y la poesía para unir corazón y cerebro. En *Cuatro esquinas del juego de una muñeca*, Rodas articula el conocimiento de que "la gramática miente" y el logos margina a la mujer:

La gramática miente
(como todo invento masculino)
Femenino no es género, es un adjetivo
que significa inferior, inconsciente, utilizable,
accesible, fácil de manejar,
desechable. Y sobre todo
violable. Eso primero, antes que cualquier
otra significación preconcebida. (*Cuatro esquinas* 45)

Una vez que Rodas percibe claramente que los sistemas creados por los hombres —el patriarcado, el lenguaje, el amor, la política— la han reducido a un adjetivo, en vez de un sujeto, emprende la labor de provocar reformas, como resume Teresa San Pedro:

La escritora tiene que usar el lenguaje heredado de los hombres, con un discurso pre-establecido, para expresar su realidad, la realidad personal y la realidad de las otras mujeres, la realidad femenina. Ana María Rodas nos ha mostrado cómo se puede usar ese lenguaje, creación del hombre, para su uso exclusivo, como un vehículo efectivo para expresar las experiencias de la mujer. La poeta, mediante el uso de ese lenguaje en contra de sí mismo, como ya hemos visto, la creación de imágenes impactantes, la sugerencia y la ironía, ha conseguido una eficaz y rica expresión lírica. Por esta razón no se detiene, ignora las leyes masculinas y se atreve a escribir, a pronunciarse, mediante el uso de las palabras prohibidas. ("La palabra directa" 73)

El afán de asir el lenguaje y hacerlo propio, tomar posesión de las palabras, prohibidas o no, hacerlas suyas y finalmente reconocer que ella pertenece enteramente a sus palabras poéticas... A esto dedica Ana María Rodas su corazón y su cerebro.

Obras citadas

Acevedo, Anabella. "Las posibilidades narrativas de la poesía en la obra de Ana María Rodas". En Toledo, pp. 201-207.

Arango, Luis Alfredo. *El zopilote biónico*. Guatemala, Impresos Girblan, 1979.

Arellano, Jorge Eduardo. Prólogo. Cardenal, pp. 7-11.

Binns, Niall. Introducción. *En Obras completas y algo + (1935-1972)*. Vol. 1 de *Obras completas* de Nicanor Parra. Barcelona, Círculo de lectores y Galaxia Gutenberg, 2006, pp. xxx-lxxvi.

Bollentini, Chiara. "La poesía de Ana María Rodas: la revolución socio-sexual en la Guatemala del patriarcado". En Toledo, pp. 93-107.

Cardenal, Ernesto. *Epigramas*. Buenos Aires, Ediciones Carlos Lohle, 1972.

Castellanos, Rosario. *Poesía no eres tú*. 1972. México, DF, Fondo de Cultura Económica, 1992.

Catulo. "Círculo de poesía", circulodepoesia.com/2012/07/safo-y-catulo-poesia-amorosa-de-la-antiguedad/.

Dröscher, Barbara. "Ana María Rodas". En *Mujeres letradas. Fünf zentralamerikanische Autorinnen und ihr Beitrag zur modernen Literatur: Carmen Naranjo, Ana María Rodas, Gioconda Belli, Rosario Aguilar und Gloria Guardia*, de Dröscher, Berlín, Edition tranvía-Verlag Walter Frey, 2004, pp. 85-120.

Franco, Jean. "Self-Destructing Heroines." *Minnesota Review*, núm. 22, 1984, pp. 105-115. Project MUSE, muse.jhu.edu/article/446423.

Galeano, Juan Carlos. "Ana María Rodas: poesía erótica y la izquierda de los patriarcas". En Toledo, pp. 81-92.

Hackl, Erich. "Ana María Rodas y su poesía". En *Poemas de la izquierda erótica*, de Rodas, Madrid, papeles mínimos ediciones, 2019, pp. 95-103.

Liano, Dante. "La poesía de Ana María Rodas". En Toledo, pp. 53-66.

Méndez de Penedo, Lucrecia. "Contraépica feminista inaugural: *Poemas de la izquierda erótica*". En Toledo, pp. 109-115.

Nájera, Francisco. "Ana María Rodas o la escritura del matriarcado". En Toledo, pp. 13-23.

Neruda, Pablo. *Veinte poemas de amor y una canción desesperada.* 1924. Barcelona, Seix Barral, 1985.

Parra, Nicanor. "Advertencia al lector". En *Obras completas & algo + (1935-1972).* Vol. 1 de *Obras completas.* Barcelona, Círculo de lectores y Galaxia Gutenberg, 2006, pp. 33-34.

Preble-Niemi, Oralia. "La poesía de Ana María Rodas: Logos y *poiema*". En Toledo, pp. 173-185.

Rivera-Hokanson, Miriam. "El lenguaje subversivo: una alternativa estética de la expresión poética en *Poemas de la izquierda erótica* de Ana María Rodas". En Toledo, pp. 163-172.

Rodas, Ana María. *Cuatro esquinas del juego de una muñeca.* Guatemala, Edición de autor, 1975.

———. *Esta desnuda playa.* Guatemala, Editorial Cultura, 2015.

———. *El fin de los mitos y los sueños.* Guatemala, Editorial RIN-78, 1984.

———. *La insurrección de Mariana.* Guatemala, Ediciones del Cadejo, 1993.

———. Introducción. *Brutal batalla de silencios,* de Aida Toledo. Guatemala, Ministerio de Cultura y Deportes, 1990, pp. 5-6.

———. *Poemas de la izquierda erótica.* Guatemala, Edición de autor, 1973.

———. "Yo estoy, yo soy, y no necesito nada más: Diálogo con Ana María Rodas". Entrevista por Aida Toledo, Guatemala, julio 2002, www.jehat.com, 2003.

San Pedro, Teresa Anta. "Ana María Rodas y la ansiedad de la influencia". *Antípodas: Journal of Hispanic Studies of the University of Auckland*, vol. 21, núm. 1, 2010, pp. 161-182.

———. "La palabra directa de Ana María Rodas o la negación de la estética poética tradicional". En Toledo, pp. 67-79.

Schopf, Federico. "Introducción a la antipoesía". *Poemas y antipoemas,* de Nicanor Parra. Santiago, Nascimento, 1972, pp. 7-50.

Sommer, Doris. *Foundational Fictions.* Berkeley, University of California Press, 1991.

Toledo, Aida, editora. *Desde la zona abierta: artículos críticos sobre la obra de Ana María Rodas.* Guatemala, Palo de Hormigo, 2004.

Zavala, Magda. "Poetas centroamericanas de la rebelión erótica". *Afrodita en el trópico: Erotismo y construcción del sujeto femenino en obras de autoras centroamericanas,* editado por Oralia Preble-Niemi, Potomac, Maryland, Scripta Humanistica, 1999, pp. 245-259.

Ensayo escrito expresamente para esta antología.

"Ana María Rodas: contribuciones a la literatura contemporánea"

Barbara Dröscher

Provocando alboroto

En los años setenta, Ana María Rodas cambió el mundo literario centroamericano de modo duradero con sus poesías. En aquella época, pocas autoras habían roto con la imagen tradicional de mujeres de Centroamérica para buscar nuevas formas líricas de expresión.[1] La poeta guatemalteca adquiere una posición especial entre ellas debido a su radicalismo y el poder de expresión de su poesía.[2] Su obra impresiona por su libertad de forma y presencia estética.[3] Mantiene la libertad formal del verso mediante una fuerte autorreferencialidad a un "yo" lírico que resulta rebelde e insumiso, irónico y a veces melancólico, y que contradice las normas reinantes. Mucho antes de que emerja un "nuevo" movimiento feminista, la poeta se opone al establecimiento de una imagen normativa de la mujer, a quien define como sujeto del erotismo, de la poesía y de la crítica. Aunque cuestiona las relaciones tradicionales entre los sexos, simultáneamente se dirige a una contraparte y así abre un espacio discursivo donde el otro / la otra pueden involucrarse dialógicamente.

---

1. El autor y crítico Dante Liano hizo esta apreciación: "Hay que esperar a los años sesenta, fecha en que una nueva generación de mujeres rompe con esa tradición. Nombres como el de Luz Méndez de la Vega, Margarita Carrera e Isabel de los Ángeles Ruano son fundamentales para comprender la ruptura feminista con relación a las generaciones anteriores. Ruptura que se conjuga con elecciones de vida pagadas duramente en el campo social. La nueva generación feminista reta al estigma social que pendía sobre sus cabezas y, lo que es más importante, logra plasmar en forma poética las ideas que las llevan a sus posiciones de avanzada y de novedad" (275). [En español en el original de Dröscher. Nota de editor.]
2. En el campo de los estudios literarios, llama la atención el significado especial de Ana María Rodas. En su *Visión crítica de la literatura guatemalteca,* Dante Liano le dedica un capítulo entero.
3. Asimismo, la integración de las tradiciones de la avant-garde juega un papel: "Se notan, aquí, los influjos del fisiologismo acendrado de Vallejo, de la antipoesía de Parra y del exteriorismo de Cardenal. Los poemas de Rodas están en relación de continuidad con tal tradición poética. El prosaísmo y el exabrupto, el uso de la palabra considerada como 'vulgar' funcionan como mecanismos de 'actualización' (para usar un término estructuralista) de la lengua poética. El rompimiento a nivel léxico se refleja también en la forma versual. La disposición de los textos indica una voluntad de ritmo que tiende a la ruptura dentro de una discursividad cercana a lo coloquial" (Liano 282).

Los poemas de Ana María Rodas presentan un escándalo en dos sentidos: primero, porque su poemario inaugural, *Poemas de la izquierda erótica* (1973) provoca alboroto en el público guatemalteco, y sobre todo en el campo literario, porque expresa el deseo femenino de maneras que rompen los límites de las normas tradicionales prescritas para la mujer; y segundo, porque la poeta trasgrede las normas de lenguaje poético asignadas a las mujeres. Como describe Dante Liano la situación de aquel entonces: "Las acusaciones de obscenidad y pornografía abundaron, pero sobre todo, el ataque central estaba enderezado a la especificidad misma del libro: su carácter poético. La condena fue unánime: 'esa no es poesía'" (280).

Dos años más tarde, en su segundo poemario, *Cuatro esquinas del juego de una muñeca* (1975), Rodas reacciona ante los ataques con un ajuste de cuentas devastador hacia el mundo literario guatemalteco y se afirma como poeta contra el poder de la tradición patriarcal. En este sentido los dos primeros poemarios se pueden considerar escándalos que impulsaron nuevas discusiones sobre las formas modernas de la poesía lírica y debates feministas en la región. De esta manera, la metáfora de la "izquierda erótica" fue asumida por el movimiento de mujeres en Nicaragua durante los años ochenta y elevada como consigna de una posición feminista dentro del Frente Sandinista. Rodas misma continúa en el tercer poemario, *El fin de los mitos y los sueños* (1984), con la poética de la izquierda erótica de su primer volumen, pero esta vez implacablemente y con una agudeza cortante. El agravamiento de los conflictos en los poemas, que tratan las relaciones entre hombres y mujeres, corresponde a la polarización entre los frentes sociales en la sangriente guerra civil en Guatemala durante estos años.

Después de un silencio de casi una década en el campo de la poesía lírica, la autora publica *La insurrección de Mariana* en 1993, libro de poesía convertida en una conmovedora canción de luto. Rodas se opone a la armonía hipócrita de la reconciliación, cuando la experiencia traumática se debe reprimir durante la transición de la guerra a la supuesta normalidad. Bajo el título *Mariana en la tigrera* (1996), Rodas finalmente publica un tomo de cuentos, en el cual demuestra su capacidad literaria en este género también. En 2000, se le premió a la poeta por su obra con el significativo Premio Nacional de Literatura "Miguel Ángel Asturias", que focalizaba su primer poemario, *Poemas de la izquierda erótica.*[4]

---

4. Más reconocimientos para su obra lírica: *El fin de los mitos y los sueños* ganó Mención de honor en los Juegos Florales Hispanoamericanos de Quetzaltenango (Guatemala) en 1980; en 1990, se le otorgó el Primer Premio Poesía en el mismo certamen a *La insurrección de Mariana*; también en 1990, se le concedió el Primer Premio Cuento al relato "Mariana en la tigrera"; en 1995, Rodas recibió el premio Quince de Septiembre (Guatemala) por el cuento "Monja de clausura".

Patinar en el parque y otros movimientos dinámicos

El trasfondo contextual personal de la poeta sugiere razones por el radicalismo que lleva a Ana María Rodas a romper vínculos con las normas tradicionales de la poesía y del género durante los setenta en un país que se califica como altamente conservador en cuanto a la cultura y temas de género. Dante Liano, quien no sólo está entre sus críticos lectores mejor informados sino que también es un amigo personal, da crédito al ambiente familiar poco convencional en el que Rodas nació el 12 de septiembre de 1937 en la ciudad de Guatemala: "El ambiente familiar de Rodas era un ambiente de cultura y de arte, como suele ocurrir en algunas familias ladinas guatemaltecas. Familias de disimulado abolengo criollo, conscientes y orgullosas de la patria, libertarias, curiosas, raras, que saben idiomas europeos pero que no ignoran las culturas quiché o cakchiquel" (Liano 274). Económicamente la familia no estaba en una buena situación, así que Ana María comenzó ya a los doce años a escribir para los periódicos y ganar algo para contribuir. Desde entonces, ha ganado su sustento principalmente como periodista, profesión en la que ha recibido reconocimiento[5] y sobre la cual impartió clases en la Universidad Rafael Landívar en los años noventa.

Cuando se le pregunta sobre las razones por su inusitado y fuerte autoconciencia como mujer que escribe, la autora se refiere, igual que Gloria Guardia y Rosario Aguilar, a las influencias de su abuela y de su madre (Rodas, Entrevista). Una de estas abuelas voluntariosas ya la apoyó en su posición como niña, al insistir en que su hermano también cumpliera con los quehaceres domésticos, algo que era extremadamente poco común, y que la niña llevara pantalones. Y hasta su madre preparó a la hija para que tomara conciencia de que podía tener una vida distinta de la tradicional ama de casa (Entrevista).

Junto con este clima culturalmente amplio en el seno familiar, la situación política en la que creció Rodas le brindó experiencias en un ambiente que podrían afinar su sentido de autodeterminación. Al principio de los años cuarenta se puso en marcha un proceso dinámico que abrió el ámbito cultural y social. En el contexto de una familia liberal, los movimientos sociales desencadenados después de la caída del dictador Ubico debían haber impresionado a la futura poeta de siete años como un acto de

5. En 1974, recibió el premio Libertad de Prensa de la Asociación de Periodistas de Guatemala.

liberación.[6] La elección de Juan José Arévalo con más del ochenta por ciento de los votos comenzó la época de reformas (1944-1954), que la historiadora Elizabeth Fonseca caracteriza como "los diez años de efervescencia social y de esperanzas reformistas" (246)[7] y que se ha denominado la "Revolución de 1944" (Rojas Bolaños 94). Durante este periodo se dio una mobilización popular sustancial.

El movimiento, el espíritu abierto y la apertura al conflicto definen el clima social. La política del régimen tenía que apoyarse en los movimientos sociales y quería protegerse de los constantes ataques de los que veían sus intereses propios amenazados por las reformas. Se experimentaban las ideas y los modelos de comportamiento democráticos hasta en la rutina cotidiana de los niños. Rodas describe el episodio siguiente como ejemplo de la relación entre el pueblo y el nuevo régimen, además de la percepción de sus intereses: una vez, como niña de siete años, cuando andaba en patines en un parque con otros niños, unos policías querían prohibírselo. Entonces, los niños fueron al Palacio Nacional y protestaron frente a la ventana del presidente. El presidente preguntó sobre las razones por la protesta y luego les permitió andar en patines en el parque (Entrevista).

Durante los años de "revolución" no sólo había un alto nivel de mobilización política, sino que también, como anota la misma Rodas en su

6. Los movimientos de octubre de 1944 marcaron notablemente a la clase media; trataban de romper el control de la oligarquía terrateniente y reestructurar las relaciones de poder. Se componían de estudiantes, intelectuales, comerciantes y propietarios de pequeños negocios, funcionarios públicos y oficiales jóvenes que venían de la clase media. A éstos se unieron los trabajadores de las fincas bananeras y una minoría de agricultores, artesanos empobrecidos y obreros de las escasas fábricas en existencia. Además, participaron unos pocos terratenientes que se oponían a Ubico (Rojas Bolaños 96ss).

7. Bajo las presidencias de Juan José Arévalo (1945-1951) y Jacobo Arbenz (1951-1954) se lograron considerables condiciones legales e institucionales para llegar a una sociedad democrática y, además, se realizaron programas sociales drásticos, como la reforma agraria. Se volvió a introducir la libertad de prensa, se extendió el derecho al voto (las mujeres analfabetas no estaban excluidas) y se reconoció la autonomía de las universidades. Una ley laboral protegía los intereses sociales de los empleados, los sindicatos podían desarrollarse libremente y había derecho a la huelga. Se planteaba la base para un sistema de seguridad social, se implementaba la separación entre el ámbito político y el militar y se creaba la obligación social del patrimonio (ver Fonseca 246 y Rojas Bolaños 95-102). Dominaban los conceptos democráticos modernos que garantizaban los mismos derechos a todos y no se ignoraba el problema de la represión étnica, ya que se practicaba una política de igualdad al ampliar los derechos generales de los mayas (Fonseca 237).

cuento autobiográfico "Como si fuera chino",[8] se dio un inmenso salto a la modernización en términos culturales.[9] No obstante, la élite conservadora veía sus privilegios cortados y se unió en tropel con la Iglesia Católica y diversas empresas norteamericanas para oponerse a las reformas. Los militares de derecha, guiados por la CIA, derrocaron al régimen reformista en 1954 (Fonseca 246ss; Schlesinger y Kinzer). Este acontecimiento significó la entrada de la Guerra Fría en Centroamérica. Desde este momento en adelante, toda contradicción social se interpretaba desde la perspectiva de la confrontación entre dos bloques, la polarización entre los Estados Unidos y sus opositores, a quienes se les imponía la etiqueta de "comunistas". Miguel Ángel Asturias en *Weekend en Guatemala* (1956) describía el golpe de Estado como un asalto asesino desde el exterior, y muchos, sobre todo los intelectuales de crítica social, percibían el derrocamiento de igual manera. El golpe puso en el poder a los militares más cercanamente vinculados con la oligarquía terrateniente. Se derogaron las leyes de reforma, se rescindió la reforma agraria y se reprimieron las organizaciones de movimiento social. Para recibir el apoyo de la CIA y así aumentar la fuerza militar, el nuevo régimen civil, apoyado por los castrenses, se puso a disposición de la política exterior de los EEUU. Este final brutal de la época de reformas también significó una ruptura dramática para Ana María Rodas, puesto que ella se había criado e involucrado en los nuevos cambios sociales. Ella recuerda la quema de libros, medida de represión contra el ámbito intelectual (Entrevista).

Dado que los sectores progresistas de las asociaciones establecidas durante la época de reformas se habían fortalecido, no era tan fácil reconstruir el orden antiguo. La victoria de la Revolución cubana en 1959 reforzó a los que se consideraban las fuerzas oposicionales, progresistas y anti-imperialistas de toda América Latina, incluso en Guatemala, en las esperanzas de un futuro autodeterminado, aún mediante el camino de una revolución armada. En la primavera de 1962 se creó de nuevo en Guatemala un movimiento de estudiantes y obreros que en numerosas manifestaciones expresaron su oposición a las condiciones de vida. El régimen militar respondió con represión brutal. En el mismo año se formaron los tres primeros grupos guerrilleros de importancia. Se ve la

8. Publicado en el volumen *Mariana en la tigrera* (1996); a continuación, se denominará *Tigrera*.

9. Rodas: "en los años cuarenta y tantos, cuando la revolución es tan mentada, se sacó a relucir en pleno siglo veinte la inmensa veta de romanticismo trasnochado que corría bajo la dictadura ubiquista durante la cual nací" (*Tigrera* 89).

fuerza que todavía tenía la base reformista guatemalteca en 1963 en el miedo de los militares ante la posibilidad de la reelección de Arévalo. Se anticiparon con un nuevo golpe militar para extender su dominio sobre el sector administrativo. Desde este momento tenían mano libre para cimentar su poder comercial e institucional, como también seguir con su guerra contra la oposición (Fonseca 257).

Impacto de los cambios culturales de los años 60

Al comienzo de la época de reformas, Ana María Rodas tenía siete años. Cuando se dio el final violento a este período, ya tenía diecisiete, edad en que típicamente en Centroamérica uno es considerado adulto. Aunque no pocos de su generación se unieron a la guerrilla, Rodas se retiró a su espacio personal. Ella dice que el matrimonio y la maternidad la habían aislado de los acontecimientos políticos (Entrevista). No obstante, el terror en Guatemala y la dictadura militar no lograban parar la modernización en ciertas áreas, como por ejemplo en la radio y la televisión, que jugaban un papel clave al conectarse con los procesos culturales globales. A pesar de la fuerte opresión de los años sesenta, en el ambiente alrededor de Rodas se perfilaba un círculo en el que la ola de la cultura *beatnik* y los impulsos de agitación política encontraron maneras de expresarse, aún en Guatemala.

Como en México, numerosos intelectuales y artistas de Centroamérica, sobre todo los que provenían de la creciente clase media urbana, se contagiaron de los movimientos sociales, especialmente la huelga estudiantil de mayo 1968 en París. Estos hechos influían igualmente en los movimientos regionales (Fonseca 231). La fuerza de atracción de los movimientos de 1968, y sobre todo de la cultura rockera y beatnik, se puede verificar en el material autobiográfico de las novelas de autores coetáneos como los guatemaltecos Franz Galich y Mario Roberto Morales (ver Dröscher). Muchos de esta "generación irreverente" ocuparon la escena cultural "Off" de los finales de los sesenta y la primera mitad de los setenta y Rodas también se sentía más marcada por la música de Elvis Presley y los Beatles que por las tradiciones literarias centroamericanas. Ella pertenecía al círculo que, a partir del año 1970, producía la revista *Alero* en la Universidad de San Carlos (Guatemala), y como compañera del pintor Arnoldo Ramírez Amaya estuvo en el centro de esta escena cultural. Leía la literatura moderna norteamericana: John Steinbeck, William Faulkner, Henry Miller y hasta Sylvia Plath (Liano 281). Siguiéndolos a ellos, igual que a los existencialistas franceses, sobre todo Simone de Beauvoir, Rodas formulaba sus ideas sobre la literatura y las relaciones de género. Gracias a las novelas y los cuentos de Julio Cortázar surgía la posibilidad de incorporar los logros de la avant-garde europea en su propia obra (Hackl 101). En retrospectiva, la autora considera la lectura de *Cambio de piel* (1966) de Carlos Fuentes como un momento de liberación porque en esta novela se traspasó un umbral en el trato de la sexualidad y el erotismo en América Latina (Entrevista).

Poemas de la izquierda erótica

No fue hasta 1973, a la edad de 36 años y ya madre de tres hijas (Carmen Lucía, Irene Rosario y Ana Sylvia), que Ana María Rodas publica su primer volumen de poesía, *Poemas de la izquierda erótica.* Los poemas tratan amor y separación, pasión y pena, deseo sexual y frustración, el comportamiento de hombres y guerrilleros, su autoconciencia como poeta y la creación artística en tiempos de violencia sangrienta. Al declarar su posición en el título del poemario como de "la izquierda erótica", la autora utiliza una fórmula de las "izquierdas revolucionarias" y, como resultado, se sitúa dentro del contexto de los movimientos de liberación nacional centroamericanos de los años setenta. No obstante, con el reemplazo programático de la palabra "revolucionaria" por "erótica", simultáneamente señala una diferencia fundamental y estratégica. De esta manera, en su poesía conjuga la conceptualización de la liberación para referirse a la atribución de los papeles de género y las relaciones de poder en las relaciones heterosexuales. Entonces, la liberación se lee como una emancipación en el sentido más amplio.

En *Poemas de la izquierda erótica,*[10] se da forma a un yo lírico fuertemente femenino que se considera como esencial, como sujeto del deseo y de la acción, pero también como el objeto de cambios por medio de la experiencia. El resultado de los poemas eróticos no es una pareja romántica, sino una mujer autónoma y consciente de su posición, pese a haber sido herida múltiples veces. Desde el principio de la colección, Rodas establece un retrato de esta mujer que permite identificarla con la autora, dados ciertos datos biográficos paralelos. De esta manera, define la posición del yo lírico que se presentará en los poemas siguientes.

---

10. De aquí en adelante denominado *Poemas.*

Domingo 12 de septiembre, 1937
a las dos de la mañana: nací.
De ahí mis hábitos nocturnos
y el amor a los fines de semana.
Me clasificaron: ¿nena? rosadito.
Boté el rosa hace mucho tiempo
y escogí el color que más me gusta,
que son todos.
Me acompañan tres hijas y dos perros:
lo que me queda de dos matrimonios.
Estudié porque no había remedio;
afortunadamente lo he olvidado casi todo.

Tengo hígado, estómago, dos ovarios,
una matriz, corazón y cerebro, más accesorios.
Todo funciona en orden, por lo tanto,
río, grito, insulto, lloro y hago el amor.

Y después lo cuento. (*Poemas* 7)

La lengua española le da a Rodas la posibilidad de transformar, con la palabra "nací", que Hackl en la versión alemana tradujo como "bin ich geboren" [he nacido], el proceso de nacer en un acto activo que confiere poderes al yo. Con esta aparición del yo se borran los recuerdos de la matriz, un cambio resaltado por la forma verbal utilizado, lo cual se enfatiza aún más con la marcada posición del verbo al fin del verso. Se rechaza como clasificación la asignación de género, y ésta se reemplaza por decisión propia: en vez de aceptar la definición unidimensional del rol de la feminidad que da el color rosado, el yo lírico toma la libertad de escoger todos los colores y así asumir múltiples papeles. La maternidad no es un estado posesorio sino una forma de convivencia, ya que sus hijas la acompañan, y el matrimonio tradicional ha perdido su función. Es forzoso apoyarse en el conocimiento dominante; sin embargo, reprobarlo es la condición imprescindible para llegar a realizarse. Se logra una base de autoconocimiento con la disposición del propio cuerpo, ya que es la única posibilidad de dar rienda suelta a todas las emociones. No obstante, el propio yo solo emerge en el proceso de contar.

También el segundo poema tiene rasgos de prólogo. Como si los poemas hablaran por sí mismos, dice el primer verso: "Estamos hechos de recuerdos", pero estos recuerdos no logran callar los deseos, sino todo lo contrario porque el poema termina con: "y el deseo / ametralla / en los dedos" (9). Asimismo, el tercer poema y el cuarto llevan un carácter programático. Al elegir la forma de la primera persona plural del imperativo, la voz poética se inserta a sí misma en la llamada a las mujeres a despojarse del papel de la pasividad sexual y de la ignorancia virginal: "abandonemos / esto que apesta a muerte" (10) y:

> Lavémonos el pelo
> y desnudemos el cuerpo.
>
> Yo tengo y tú también
> hermana,
> dos pechos
> y dos piernas y una vulva. (11)

Con la reclamación del propio cuerpo y la formación del autoconocimiento corporal abre la posibilidad de superar las expectativas tradicionales y el autosacrificio: "Ya no más falsas vírgenes / Ni mártires que esperan en la cama / el salivazo ocasional del macho" (11). En la metáfora, "el salivazo ocasional del macho" se establece un vínculo intertextual con el *Popol Vuh*, el libro de mitos, tradiciones y leyendas mayas, y de esta manera también rehúsa prolongar la narración sobre las constelaciones de género según los mitos fundacionales guatemaltecos (Liano 279).

Esta "estética conversacional" (Zavala 247),[11] que mediante la expresión informal y la situación en la que se expresa logra abrir un espacio discursivo, continúa en los siguientes poemas, aun cuando se cambia el destinatario del poema. Ahora ya no habla a las mujeres, sino que este "tú" singular está dirigido a un ser masculino en frente de la voz poética. Al seguir el orden establecido en el poemario, surge un ciclo de separaciones, nuevas pasiones y desilusión. El ciclo comienza con quejas del yo lírico sobre su compañero, pero muy pronto se vuelve a sí misma, específicamente a la experiencia de la frustración: "yo aquí, frustrada / . . . / A mí me harta un poco todo esto / en que dejo de ser humana / y me transformo en trasto viejo" (13) En los siguientes poemas se mantiene el enfoque atento en el

11. Magda Zavala ve en ello el precursor de una tendencia general en la poesía centroamericana: "La poesía de Rodas opta tempranamente por la estética conversacional que va a distinguir a la poesía centroamericana del presente, según lo señala Claire Pailler, entre otros" (247).

yo. El yo se observa en la crisis y así logra cierta distancia, con la cual es posible articular el dolor. El yo lírico describe cómo sabe esconder su dolor mientras vive lo cotidiano, y así expresa su condición de daño extremo. No obstante, en vez de permanecer en el papel de víctima, inmediatamente se establece un nuevo deseo propio.

El poema se convierte en el medio donde se expresa el deseo, sin compartirlo verdaderamente con el destinatario concreto de los poemas. Hay espacio para las fantasías sexuales y con ellas la producción de deseos. El cuerpo de los otros se erotiza. Las manos del hombre deseado se convierten en ensueños eróticos y disputas internas. El yo lírico abandona la zona de la erótica femenina tradicional al imaginarse como mujer adúltera, como rebelde, y reconoce su deseo dentro de la conciencia de una mujer expulsada de la moral hegemónica.

> Y el deseo
> --este que me acapara cuando veo tus manos--
> debe ser archivado como algo malo
> en el cajón
> más sucio del cerebro. (*Poemas* 19)

Aunque el deseo no es correspondido y parece que el objeto del deseo se esfuma, sirve al yo lírico para alcanzar una nueva autoconciencia y convertirse en el sujeto del deseo. Además, ahora el "tú" al que se dirige es un destinatario femenino y con quien entabla conversación (que igualmente puede considerarse una autoconversación), en la cual trata la prohibición de las voces de mujeres en el ámbito de la sexualidad y la interdicción de que la mujer se ocupe de su satisfacción sexual:

> A tí te aterra
> hablar de estas cosas.
>
> Las sientes, claro, pero sólo te carcomen por dentro.
>
> Porque ¿cómo decir "yo deseo"?
> --las mujeres no deseamos
> sólo tenemos hijos--
>
> Cómo puedes pedir a tu marido
> que te lama y te monte
> --eso no lo aprendiste en el colegio--

Y cuando él alcanza su orgasmo egoísta
no puedes gritarle
yo no termino.

Ni puedes masturbarte
ni buscarte un amante.

Para una mujer eso no es bueno. (*Poemas* 24)

Cuando en el poema siguiente se representa el deseo masculino como un anhelo edípico hacia la madre que surge una y otra vez, hace falta reconocer, a primera vista, lo inesperado y lo exabrupto de esta conexión. No obstante, la combinación de castidad y maternidad se refiere a un paradigma notable en la represión sexual de la mujer en la sociedad latinoamericana dominada por la Iglesia Católica —ser madre o virgen—, al que el yo lírico ya no se somete voluntariamente. Sobre esta base de conciencia y estos vínculos, es posible invertir las posiciones dentro de las relaciones entre géneros. Ahora es el yo lírico el que otorga un espacio al nuevo ser amado. La agresión sobre el cuerpo del otro se simboliza mediante las acciones de las manos: "Para estrechar / con pasión y ternura / tus testículos / --dos mundos de misterio-- / tu pelo y tu silencio" (27). La realización del deseo en las relaciones heterosexuales se convierte para la mujer, al llevarlo a un exceso romántico, en una experiencia existencial sobre sí misma: "y tu amor que destruye y que aniquila / me has hecho / --entre moretes y quejidos-- / ser" (28).

Ya que denomina las cosas por sus nombres: el cuerpo, el género y el placer, Rodas abre paso en las zonas eróticas que hasta entonces pertenecían al territorio de los hombres. De este modo no sólo se apodera de la sexualidad sino también del discurso sobre el sexo que hasta ahora estaba reservado para los hombres. No obstante, ni el deseo enfadado, rebelde y radical sin reservas, ni el erotismo que rompe con los tabúes de una moral tradicional y patriarcal, logra realizarse en la relación concreta entre hombre y mujer. El deseo de la mujer más allá de los límites tradicionales de un comportamiento virginal o maternal se bloquea debido al comportamiento de los hombres y sus relaciones tradicionales hacia el "otro género", aún entre los de la izquierda política. La relación apasionada se muestra como jerárquica y venenosa. En el forcejeo que ahora sale a relucir, se reproducen los roles tradicionales de género al asignar la culpa. El yo lírico muestra al amante como un "hombre de cuerpo entero" (36), y así presenta la imagen masculina como fija. El ciclo se cierra y otro nuevo empieza.

De nuevo reacciona el yo lírico con la reconstrucción de su capacidad para actuar. Busca a otros hombres y hace hincapié en su importancia como persona: "Yo soy el tiempo / y la vida / y todo el universo. / . . . / Cuando muera, si es que muero, / sepultaré conmigo / la historia, el arte y todas esas mierdas / . . . / Seguiré siendo el tiempo / y la vida / y el universo entero" (40)

En el proceso de adquirir la seguridad en sí misma y la autodeterminación, la poesía adquiere nueva importancia y se convierte en el tema de la agrupación siguiente de poemas. La autora deja la constelación anterior discursiva para elaborar su posición como poeta. Como consecuencia, en el primer paso parodia la imagen del poeta apartado del mundo, separado de lo material, sobreponiendo su lista de compras a las ambiciones poéticas (hasta las suyas propias) en "Los poetas" (44). Rodas sitúa su poesía muy cerca de la vida y los sentimientos reales. Con ironía y un alto nivel de autoconciencia, enfrenta el reproche de que su escritura, orientada hacia la esfera de sus emociones y experiencias personales, no sea poesía sino una cosa de mujeres:

> Dijeron que un poema
> debería ser menos personal;
> que eso de hablar de tú o de yo
> es cosa de mujeres.
> Que no es serio.
>
> Por suerte o por desgracia
> todavía hago lo que quiero. (*Poemas* 47)

Paralelo a su defensa de una poesía "diferente" —"femenina"— se nota una polarización más pronunciada en la elaboración de temas eróticos, lo cual se refiere al vínculo entre la sexualidad y el dominio mediante el enlazamiento metonímico de la experiencia personal de la liberación femenina por un lado con los esfuerzos de un pueblo para liberarse por el otro lado: "Cómo me gusta / esta piel . . . / . . . / Movediza y libre, / bandera de este pueblo autónomo / que me funciona adentro" (41) En estos poemas, desde la perspectiva de la mujer se convierte el discurso político de la liberación en una escenificación del reclamo de poder hacia un receptor masculino:

Mírame:
yo soy esos torturados que describes;
        esos pies,
esas manos mutiladas.
Soy el símbolo
de todo lo que habrás de aniquilar
    para dejar de ser humano
y adquirir el perfil de Ubico
    de Somoza
de cualquier tirano de esos
con lo que juegas
y que te sirven, como yo, para armarte
un escenario inmenso. (*Poemas* 66)

La resistencia ante la opresión de la autonomía femenina y la crítica a la estructura de dominio en las relaciones entre mujer y hombre se convierten en el punto de partida para una crítica al discurso tradicional de la izquierda. Mientras que se borran las diferencias entre la izquierda y los dictadores al considerar sus relaciones de poder, se expresa, mediante un paralelismo entre los conflictos "masculino-femenino" y "líder-masas", otra constelación bipolar. De esta manera abre el discurso que critica las relaciones de poder donde las cuestiones de género juegan un papel central. Implícito en el texto, el yo lírico femenino se dirige a un destinatario masculino al hacerle acusaciones a su contraparte masculina y apelar a una visión mejor. Debido al carácter performativo se mantiene la oferta de comunicación sobre las fronteras entre los géneros. A pesar de la extrema polarización, ambos lados quedan dependientes del otro. Como antes, se trata de un proyecto en común.

Así, en el programa de la izquierda erótica, la aspiración hacia la emancipación social no se reduce a la sexualidad, sino que se reemplaza la violencia por el erotismo. "Ya sé. / Nunca voy a ser más que una / guerrillera del amor. / Estoy situada algo así / como a la izquierda erótica" (*Poemas* 71). La analogía entre guerrillero y mujer oprimida señala el momento estratégico en el concepto de la izquierda erótica. Es la ternura subversiva que debe amenazar el sistema político vigente: "cualquier brote de ternura subversiva / no sea que prenda el amor / y tu ordenada dictadura / se vaya a la mierda" (*Poemas*, 67). Sin embargo, parece que la estrategia del amor frente a una tiranía protegida por las ametralladoras y la policía, donde la opresión de la dictadura y la posición del macho se entrecruzan simbólicamente, no parece tener la posibilidad de triunfar. La violencia de las armas bloquea la comunicación entre el yo lírico que ama y su amante, su pueblo anhelado:

> Te amo
> tú eres
> mi pueblo.
>
> Pero en tus manos hay metralla
> y en tus ojos, oscuros policías
> No hay
> comunicación entre mi amor
> y tu   violencia.   (*Poemas* 69)

En los poemas siguientes, el yo lírico se despega de su fijación en su contraparte masculina para orientarse de nuevo hacia el tema de la violencia armada para trabajarlo de manera más general y en la misma línea crítica. La poeta se posiciona como agente en el campo social y en la época actual de la situación en Guatemala. Ella cuestiona el papel de la poesía en un sector cultural que continúa sin conciencia, donde la actitud reprime el contexto social de terror, sangre, y violencia. Con ironía amarga señala que el sector cultural se empeña en olvidar, distraer y callarse sobre las víctimas: "Olvidemos, cantando / a esos absurdos torturados / que se obstinan en arruinar nuestra alegría / apareciendo diariamente en los periódicos. / . . . / Hagamos un festival de la cultura / y levantamos tal cantidad de monumentos / . . . / que tapemos, en poco tiempo / esta espantosa cantidad de muertos" (*Poemas* 77).

Al final del poemario el yo lírico emerge como una mujer que, después de la experimentación de la estrategia de la izquierda erótica, emprende renovada un camino, ya que en su aislamiento y silencio ha adquirido una autoconciencia:

> Ahora que te hallé, mujer
> te buscaré todos los días
> para alejar las serpientes
> los árboles del bien y del mal
>   y los ángeles de espadas de fuego.

Sin el Dios que a ratos fue Demonio.

Creación, hallazgo, plenitud
    Silencio.

Pero qué silencio. (*Poemas* 87)

Desde la perspectiva de la actualidad, es llamativo que el escándalo sobre *Poemas de la izquierda erótica* se centrara en la poesía erótica, y que la posición crítica hacia el conflicto armado haya recibido escasa atención hasta en nuestros días. Así es que la recepción positiva del volumen a finales de los años ochenta se concentra en el hecho de que para su época presentaba una postura feminista y de vanguardia con respecto al erotismo y la sexualidad.[12]

Un espacio para hacer poesía: las fronteras y la autoafirmación de una poeta

El segundo poemario, *Cuatro esquinas del juego de una muñeca*[13] aparece en 1975. El texto de la portada se refiere al escándalo desencadenado por el primer volumen, y en las acusaciones lanzadas en contra de Ana María Rodas durante este tiempo: "Se la acusó de pornografía, de desvergonzada, de sensacionalista". Como la nota paratextual sugiere, esta experiencia juega un papel definitivo en la conceptualización de este volumen. En el primer poemario, el ensayo de la estrategia de la izquierda erótica ocupaba el eje central, pero en el segundo, se trata sobre todo de una posición como mujer dentro de la literatura guatemalteca. Las reflexiones comenzadas en *Poemas de la izquierda erótica* sobre su autoentendimiento como poeta se convierten en el punto de arranque de la polémica con su ambiente. Ya las cuatro esquinas del título definen una topografía diferente: las líneas de conflicto en la esfera de la literatura se cruzan con las de las relaciones personales y constituyen un espacio donde el yo lírico tiene que afirmarse o ser condenado a desparecer. De nuevo se opone a la dominación masculina en lo erótico, pero esta vez sobre todo ya no se habla de la rebelión jubilosa y apasionada, sino de la experiencia dolorosa de las heridas y la soledad. Aún el contacto erótico sólo puede romper este aislamiento de modo parcial.

12. "Lo que diferencia la poesía de Rodas de la de otras poetas guatemaltecas que se definen como feministas, es su tipo de lenguaje, con su tendencia a lo prosaico y a lo narrativo, puesto al servicio de una confrontación sexual no disimulada" (Nájera 1992).

13. A continuación, se citará como *Cuatro esquinas.*

El yo lírico se rebela contra el poder de los "padres" en el ámbito cultural, con quienes ajusta cuentas implacablemente en el primer ciclo de *Cuatro esquinas del juego de una muñeca* bajo el título "La muerte de los padres". En esta sección se lee el primer poema, "Carta a los padres que están muriendo", donde la poeta da una rigorosa negativa al sector literario tradicional de estructuras patriarcales. El tono irónico establecido al dirigirse a los receptores como "Papis queridos" domina toda la carta. Sin respeto, ella continúa: "quiero aclararles" (*Cuatro esquinas* 9). Ella, una hija, se libera de todas las reglas de la estructura familiar patriarcal y de las jerarquías tradicionales del sector cultural, y se arroga el derecho de aclarar algo a sus padres. La autoridad para poder hacerlo viene de la conciencia de la comunidad de las mujeres, del hecho de que otras mujeres la comprenden: "las mujeres me entienden" (9). Con este apoyo es suficientemente fuerte para no hacerles caso a otros y afirmar su autoconciencia en la siguiente oración donde confronta los reproches y acusaciones morales: "Lo que yo hago no es bueno ni malo. Es mío" (9). Defender su propia causa también significa romper la reducción de su persona como mujer definida por un centro (masculino) y por ciertos "otros" y así ocupar este centro ella misma.

En el segundo paso, desde esta posición ella puede fijar su atención en los destinarios de sus palabras y así transformarlos en el objeto de sus observaciones. Con la identificación de su perspectiva mediante un "los veo", se establece el punto de vista propio como el del sujeto del acontecimiento, además de la distancia hacia los "padres", marcando la frontera entre ella y ellos. Esta mirada despectiva señala el poder de su propia evaluación. Los "padres" se manifiestan como fósiles petrificados y sus medios de poder, "yugo" y "aprobación", son anticuados. También aquí la hija mantiene la iniciativa. Con un "ya" gestualmente fuerte se detiene el poder paternal: "Ya no es posible" (9). Al proscribir este poder, se hace posible identificar la naturaleza interesada de la actividad cultural de estos padres, que acumulan más y más cadáveres para poder aumentar su estatus y hacerse eternos. La hija ha podido identificar y denunciar el juego y se despide: "la antes hija está diciéndoles adiós" (9).

El rechazo orgulloso "No me interesa entrar en la historia ni tener éxito; no quiero sus medallitas . . . no las necesito" (9) muestra no sólo independencia sino también una extraterritorialidad referente a la cultura dominante en Guatemala. La estética masculina se experimenta como homicida: "Ese inmenso aparato estuvo a punto de matarme, cierto" (10). La hija tiene que resistir este aparato asesino e insistir en la necesidad de escribir: "Pero yo escribo porque tengo que hacerlo" (10). Al fin y al cabo, el acto de escribir es la única posibilidad de sobrevivir los ataques: "Yo escribo porque no me queda otro remedio" (10). Cuando la poeta enfrenta a los representantes del sector literario para insistir en la escritura, la necesidad subjetiva se convierte en un gesto abierto que anuncia el derecho a ocupar espacio para su propia posición en el campo de la literatura, y de este modo, su autoafirmación más allá del canon dominante. Sin embargo, en el momento de tomar un lugar en el sector literario, se alteran las relaciones de poder. Al enfrentarse con esta nueva versión de la escritura, el arte tradicional y canonizado cae en una postura risible, se descubre como títere y se identifica como cultura comprada, como masturbación, como dependiente en las estructuras del poder y la expresión de una verdadera impotencia.

En la última sección la poeta vuelve a su posición como hija y de esta manera es posible reconstruir su propia historia. La experiencia de haber sido rechazada por los padres se convierte en el momento desencadenante de la liberación. Como hija, había admirado a los padres, pero para poder hacerlo ha tenido que sacrificar cuerpo y cerebro. Desde su nueva autoconsciencia puede vislumbrar —"ahora entiendo" (11)— cómo la mantuvieron en un estado infantil. Se les ve a los padres de modo diferente y ellos pierden su poder: "al ver sus rostros con esta vista nueva que me he dado" (11) Ahora, la hija sabe que ella no es la que debe estar en el cementerio y se aleja.

En este primer ciclo programático del poemario se entrecruzan expectativas relacionadas con la autonomía que de ninguna manera eran automáticas al principio de los setenta: la de la mujer y la de la autora. Sólo al enlazar las dos es posible alcanzar el reconocimiento de su importancia. La literatura era el medio para llegar al lenguaje, para defender lo suyo como mujer y ocupar una posición propia en el discurso sobre la construcción de la identidad femenina. La afirmación como escritora exige el trazo enérgico de fronteras al inverso para separarse del discurso patriarcal y la crítica del proceso de canonización del sector cultural en términos de las diferencias de género. "Un demonio igual al tuyo me recorre en el día / . . . / Sólo que tiene pechos" (16). Solo a partir de la conciencia de esta diferencia en un campo compartido puede Rodas, como mujer, dar validez a sus expectativas sobre su propio lugar en la institución de la literatura.

La negativa dedicada a los padres sigue por necesidad a la cuestión del propio origen y tradición a la que el yo lírico pueda recurrir para definir su espacio. Se reconoce como huérfana: el padre, con quien el yo puede relacionarse, es el "padre, padre de carne y hueso" (*Cuatro esquinas* 14), pero éste se ha retirado del mundo con la ayuda del alcohol. La hija queda huérfana porque su madre se suicidó: "la que me parió de madrugada / tragó una capsulita con olor a almendras" (14). Este yo se queda abandonado sin padres: "Yo soy lo que queda de ese par de cadáveres reales de esa pareja" (14). Pero se defiende y resiste el veredicto de la desaparición: "Yo ya no muero la muerte decretada por ustedes" (14). Para protegerse de los ataques, tiene que separarse de los padres tradicionales que dominan el mundo con su terror. Ella busca su espacio en una situación fuera de estos márgenes —"Viviré mi vida sencilla fuera de Su Universo" (14)— y da la espalda a aquel mundo, que alguna vez se acercaba con deseos eróticos, para retirarse a un lugar propio y externo. Sin embargo, el esfuerzo que esto le exige es agotador: "De un mucho dar la espalda a las reglas / de los hombres está hecho mi tiempo" (15).

El siguiente ciclo lleva el título "Juegos infantiles". Lejos de una esperada ligereza basada en los juegos infantiles, estos poemas hablan del peso de un tiempo petrificado. Lo tocante al amor apasionado muere y esta muerte también sustrae del lenguaje su carácter apasionado. El tema de la muerte atraviesa los poemas. Los signos de la muerte, que no solo se refieren a la muerte de los padres, sino que también amenazan a la poeta misma, son indicios de que la fuerza de la resistencia se desvanece, de que hay agotamiento en la lucha por la autonomía. La rebelión en contra del poder patriarcal ha desatado una crisis interior que se traduce en melancolía. Ahora se plantean cuestiones existenciales: ¿Es la vida solamente una muerte continua, o es posible aplazar la muerte, es posible alcanzar una vida propia antes de morir? Al final la poeta resiste la desaparición. En los últimos ciclos poéticos "Frente al espejo" y "Mi juego" se formula un nuevo yo lírico. Otra vez, ella ha logrado llegar a una autoconciencia como mujer, a su propio lugar, a su deseo y a un papel cambiado como madre, pero al mismo tiempo es consciente de las fronteras de la realización de sus deseos. Queda fuera de su alcance esta unión con el otro a la vez que se mantiene como sujeto.

Desde la llegada al poder del general Lucas García en 1978 subieron al extremo la opresión política y la violencia armada en Guatemala.[14] Los

14. En 1981, Amnesty International informa públicamente al mundo: "Casi 5000 guatemaltecos fueron tomados presos sin orden de arresto y matados desde 1978 cuando el general Lucas García asumió la presidencia de Guatemala. Se encontraron los cadáveres de las víctimas apilados en barrancos, abandonados a las orillas de carreteras o enterrados en fosas comunes. Miles de ellos llevaban evidencia de tortura, y en la mayoría de los casos fueron estrangulados con una garrota,

asesinatos de representantes de la oposición y movimientos sociales, o sea, sus "desapariciones", se vuelven cotidianos (Fonseca 256). La represión en todo el país aumenta aún más bajo la presidencia de Efraín Ríos Montt a comienzos de los ochenta.[15] En Guatemala reina un nivel de miedo tal que es difícil enfocarse en la lírica.[16] Durante este tiempo, Rodas se concentra en su trabajo periodístico. Escribe pocos poemas y se retira en una especie de exilio interior.

En el delgado poemario que aparece en 1984 bajo el título *El fin de los mitos y los sueños*, de nuevo los temas del terreno íntimo de los deseos eróticos ocupan el lugar central. Es como si la poeta —en contraste con la periodista Ana María Rodas— se hubiera sellado herméticamente contra los acontecimientos políticos a su alrededor. No obstante, los poemas se desprenden aún más fuertemente de la experiencia concreta, en comparación con los de *Poemas de la izquierda erótica*. Mediante el uso aumentado de formas expresivas simbólicas, los elementos narrativos pierden su inmediatez. Las constelaciones eróticas sirven sobre todo en la expresión de la propia subjetividad y el sentimiento, donde las transgresiones de tabúes, como la atracción de las palabras incesto o sexo oral (en la imagen del sabor del semen), más bien reflejan la fuerza de una mujer madura en vez de avanzar el desafío en el sentido de la estrategia de la izquierda erótica. A la vez se demuestra con imágenes de lágrimas

---

asfixiados con gorras de caucho o matados por disparos a la cabeza" (Amnesty International 6). Basado en el reporte de la Comisión para el Esclarecimiento Histórico se calcula que más de 200.000 muertos y "desaparecidos" han sido víctimas del terror estatal y la guerra civil en Guatemala hasta 1990 (Schlesinger y Kinzer 264ss).

15. "The Rios Montt era lasted a little over 16 months, until he, too, fell in a military coup on August 8, 1983. Between early 1982 and the end of 1983, the Guatemalan army destroyed some 400 towns and villages, drove 20,000 rural people out of their homes and into camps, killed between 50,000 and 75,000 mostly unarmed indigenous farmers and their families, and violently displaced over a million people from their homes (of whom 150,000 fled into neighboring Mexico)" (John H. Coatsworth en Schlesinger y Kinzer x).

16. La Comisión para el Esclarecimiento Histórico también señala un aspecto que no recibió tanta atención en los previos reportes sobre derechos humanos: la violencia contra la mujer. "It is with profound sadness that the commission learned of extreme cruelty with which many of the violations were committed, of the large number of girls and boys who were victims of violent cruelty and murder, and of the special brutality directed against women, especially against Mayan women, who were tortured, raped and murdered" (Christian Tomuschat, presidente de la Comisión, citado en Schlesinger y Kinzer 265).

sofocantes, drogas y tumbas que tal posición bajo las actuales circunstancias políticas y culturales se vinculan con el dolor y la pena. El precio de ello es la soledad y el aislamiento. El poemario se cierra con una imagen paródica sarcástica, basada en el cristianismo, que se maneja simultáneamente como expresión de poder y de desesperación.

> Absoluta
> Subió a los infiernos y está sentada
> a la diestra de sí misma
> tiene en la mano empuñada
> una pluma
> y no sonríe ni espera la resurrección de un muerto. (*El fin* 100)

Lamento y protesta en contra de la opresión

En el prólogo de su cuarto volumen de poesía, *La insurrección de Mariana* (1993),[17] Rodas echa una mirada retrospectiva sobre el terror. Declara que al final de los años setenta se le aclaró el impacto que la violencia extrema tendría en la prensa y en su situación como periodista.

> En 1979 realicé un viaje providencial a Europa. En ese tiempo, para muchos latinoamericanos, un viaje a cualquier lado donde no hubiera muerte, tortura, cementerios clandestinos, pavor y una dictadura militar era algo insólito. Pero además, un respiro necesario para seguir viviendo.
>
> Atlántico de por medio, percibí que en mi país la violencia iba a cebarse en la prensa. Sin la paranoia diaria, y con la información que se obtenía afuera, mucho más completa y articulada que la que podía conseguirse en Guatemala, donde la realidad nos llegaba tamizada, además, por la muerte y el dolor, era fácil ver lo que se venía encima de mi gremio.
>
> No fallaron mis augurios. En los tres años siguientes, cuarenta y un periodistas fueron asesinados o desaparecidos. Decenas más abandonaron apresuradamente el país, como tantos otros guatemaltecos. . . .
>
> Ya no es difícil explicarme ahora por qué escogí el enconchamiento. Amo desaforadamente a mi país. . . .
>
> Pero no sólo fueron colegas los que perdí en esos años en que la sangre parecía ahogarnos para siempre. Amigos queridos de toda la vida fueron acribillados, desaparecidos, asesinados. (*La insurrección* 9)

---

17. De aquí en adelante referido como *La insurrección*.

Solo cuando se logró cierto progreso en el proceso de "reconciliación nacional" iniciado en 1986[18] y se vislumbraba la posibilidad de una solución negociada entre los anteriores enemigos, vuelve Rodas a la palabra escrita. En *La insurrección de Mariana* lamenta a los muertos y exige el duelo.

Los poemas se organizan bajo doce titulares: "Elegías", "Crónica social", "La superviviente", "Los inocentes", "Desaparecidos", "Desacuerdo", "En el bunker", "Mi torpeza", "Sobre la inutilidad de lo más importante", "Violación", "La insurrección de Mariana" y "El futuro". Las secciones caracterizan el curso de un proceso de luto que comienza con un lamento sobre la pérdida personal, luego continúa con el registro de las reacciones de los sobrevivientes en un esfuerzo por expresar los horrores, y finalmente llegan a la oposición al acuerdo de paz supuestamente tranquilizante que se le ha impuesto. Al final, a través de la atención al maltrato de su propio ser, logra reconstruir una posición que integra el luto con los deseos de vivir. Una primera edición del volumen apareció en 1990 con el título de *La resurrección de Mariana.*[19] Este cambio de prefijo, de resurrección a insurrección, señala el cambio de sentido entre resucitarse y rebelarse, un proceso que se manifiesta en el poemario.

Dos de los tres lamentos ("Elegías") están dedicados a Irma Flaquer, íntima amiga de la autora y periodista "desaparecida" en 1980.[20] La amiga fallecida, con su sonrisa sardónica, aparece en la imagen del espejo del yo lírico y habla: "no me he ido, vivo dentro de ti" (*Insurrección* 13). Desde el yo lírico interior la muerta desafía con sarcasmo el asesinato y mediante la risa transforma el

---

18. "En marzo 1990 se reunieron los miembros de la Comisión de reconciliación y el líder de la guerrilla en Oslo para preparar las conversaciones directas entre la guerrilla y el régimen que mantenían la separación armada. Paso por paso discutían sobre el respeto a los derechos humanos, el regreso de los refugiados, los conceptos fiscales, el fortalecimiento del sector civil y el desmantelamiento de las fuerzas armadas, los derechos culturales y políticos de los pueblos indígenas y finalmente la desmovilización e integración de la guerrilla. El 29 de diciembre de 1996 se firmaron oficialmente los acuerdos de paz" (Schlesinger y Kinzer 262).

19. Nota de editor: No hemos podido hallar confirmación de estos datos sobre una primera versión del libro, ni la incluye Rodas en su *curriculum vitae.*

20. Irma Flaqueur "desapareció" el 16 de octubre de 1980 en la Ciudad de Guatemala. Sobre el tema explica Amnesty International: "Los nombres de los 'desaparecidos', referidos en la presentación del caso, vienen de una lista compilada por Amnesty International de 615 personas que desde mediados de 1978 han 'desaparecido'. . . . El gobierno guatemalteco no ha dado información sobre ninguna de estas personas, y Amnesty International considera este régimen responsable por el destino de estas personas" (Amnesty International 38)

terror de su muerte, mantenida en secreto, en un gesto dulce. No obstante, cuando el yo lírico le extiende la mano, se topa con el frío. La búsqueda de la amiga desaparecida comienza de nuevo. Entonces la que lamenta siente que la que busca está dentro de ella misma, encapsulada en su propio cerebro. El encuentro con la amiga perdida en la propia imagen en el espejo permite un espacio para la incertidumbre, a la vez que lo indecible se articula realmente en la narración adscrita como discurso de la victimizada. Esto proporciona consuelo y una sensación de protección. Al mismo tiempo este encuentro muestra también el nivel de irritación que el yo lírico ha registrado. La muerta aparece dentro de su propia persona y de esta manera la aparición ha debilitado la base sólida de la identidad. Queda ambivalente la conciencia sobre la conservación por la memoria, ya que la muerta está (todavía) presente y al mismo tiempo encerrada como una cápsula en los pensamientos. Mediante la reconstrucción del retrato de su amiga, la voz que lamenta labora en contra del olvido. Ya que esto queda escrito en el pasado, señala que constituye un paso en el proceso de darse cuenta de la muerte. En el verso final, sin embargo, vuelve a la vacilación por la esperanza de un reencuentro.

La condición inconcebible de estar "desaparecido" exige, igual que las pérdidas por asesinatos masivos —atrocidades que han marcado la población entera de Guatemala, sea el que sea su lado político/ideológico—, trabajo para superar el duelo que va mucho más allá que el golpe de destino individual. Dentro de los ritos "normales" de luto, el yo lírico no puede realizar su duelo: "No he ido a entierros / año tras año me he ocultado en casa / . . . / entretenida en largas orgías con la muerte" (15). En esta situación percibe toda su existencia vinculada a los innumerables muertos que la rodean: "De sus huesos profundos me salió la sonrisa / de sus despojos, cuerpo / de sus calladas manos, esta maldita soledad / Pero florezco / y es un verano maduro el que pone cerco" (15). La metáfora referente a las estaciones del año señala con el verano el comienzo de una nueva época, el periodo de una paz negociada a partir de 1990. Sin embargo, en vez de entregarse a la represión del luto, queda para el yo lírico todavía un largo proceso de duelo. Rodas no está de acuerdo con las transiciones sin rupturas hacia la paz negociada entre hombres militares de ambos lados. En el camino quedan, como dice ella, todos los muertos y los desaparecidos.

La crítica de Rodas de la opresión social en la transición de la época de las masacres al periodo de paz recuerda a *Die Unfähigkeit zu trauern* [*La incapacidad de afligirse*] de Alexander y Margarete Mitscherlich en Alemania, donde se reclama igualmente sobre la necesidad de procesar la transición como una parte del proceso para superar el luto. La autora guatemalteca mira con ojos críticos hacia su propia cofradía y parodia el proceso industrioso y aparentemente aproblemático de un periodista que participa en la represión del dolor:

> El periodista se siente muy tranquilo
> bebe café
> esconde la conciencia
> en la segunda gaveta de la izquierda.
> Quién firmó un pacto hoy con su antiguo enemigo?
> ....
> Invento delicado para borrar del aire
> los sofocados llantos de los pasados años. (*La insurrección* 19)

Lo que ha pasado no se deja suprimir por completo, ya que los muertos vuelven a aparecerse en el bullicio de lo cotidiano y entre líneas:

> En este supermercado
> hay que buscar despacio
> entre líneas
> que en vez de entrañas de animal
> encontrarás el cerebro de tu amigo
> el vientre desflorado de tu hermana
> un rostro festoneado a balazos
> el destazado pecho de tu amante
> que desapareció en el tétrico interior
> de aquella panel blanca
> que hace unos años hacía su macabro recorrido
>
> Y todo no es más que un mercado
> Todo no es más que un vil mercado. (20)

La mirada crítica no se dirige solamente hacia afuera, sino que se vuelve a su propia persona en "La superviviente". Robada de sus amigos y de la confianza, puede reconocer su propio dolor y permitirse la autocomiseración necesaria para su proceso de luto. No obstante, al mismo tiempo se juzga a sí misma con dureza. La pena de la superviviente se vincula estrechamente con sentimientos de culpabilidad por haber sobrevivido.

Donde te has escondido en este tiempo?
Bajo tus mismas faldas.
Enfundada en tu propia fortaleza negaste la evidencia.
Qué evidencia
Puede haber si no vas a un entierro?

Quién ha muerto en esta eterna primavera?
Quién puede morir en este lugar de cielos y volcanes
que se reflejan siempre en los maizales verdes?
Quién soy yo para sentir, ahora, después de la década perdida
este infame dolor que me destroza el pecho?

Soy la superviviente. La que cerró los ojos
y se llenó las orejas con cera.
La que pasó junto a las rocas sin escuchar las voces.
Ciega por propia voluntad para evitar la visión de los buitres
    limpiándose los picos en los huesos. (26)

Se ha llegado al límite de lo decible, y (todavía) no es posible escribir el horror. En "Los inocentes", el yo lírico emprende un autoexperimento: trata la reconstrucción del pavor y termina con la cuestión de la opresión. En "Desaparecidos", la desaparición de aquellos de quienes escribe —"por qué escribo desapareció cuando alguien muere" (35)— se refiere a la imposibilidad de un proceso de duelo "normal", ya que las experiencias traumáticas de las pérdidas por asesinatos y desapariciones lo bloquean. La lista de los desaparecidos se transforma en la expresión de todo lo inconcebible y en el símbolo de la pérdida que no admite ninguna despedida. También en los poemas de "Desacuerdo", se mencionan las listas de los desaparecidos y de los muertos como señales de un trauma imposible de superar. De nuevo, el yo lírico se opone a una reconciliación sin una superación de los acontecimientos. Para ella no existe la paz, porque se ha excluido de esta paz al número de muertos que se extiende al infinito:

No me hablen de nada.
Esta noche no estoy para palabras
    ni discursos
sobre los acuerdos de paz en ningún lado.
Qué paz acordaron en mi nombre?
Quién les dio el permiso para hacerlo?

Ninguno de esta lista interminable
que llevo entre las manos
dijo
adelante, firmen ese convenio. (39)

Esta oposición se dirige en contra del olvido, en contra del tratado de paz que sella la sangre derramada y niega el recuerdo de los muertos: "Aquí no se cancelan los afectos / ni los llantos, ni la sangre derramada / ni la memoria de los muertos" (40) Ahora, se puede verbalizar el propio sufrimiento, la experiencia del aislamiento ("En el bunker"), que queda atrapado en los sentimientos de un mundo falso (el cotidiano). El luto se arraiga en el cuerpo, se expresa en los movimientos torpes ("Mi torpeza"). Sin embargo, el yo lírico comienza a trazar fronteras. En las experiencias del cuerpo se reconstruye como una persona viviente y comienza a aceptarse dentro del dolor: "Amo mi carne morena, mi pelo suelto / la pesadez con que derramo amor / y el hielo suave de mi silencio. / No. Afortunadamente no soy una figura frágil / de porcelana" (49). En las reflexiones filosóficas "Sobre la inutilidad de lo más importante", se vincula el duelo con los pensamientos sobre la relatividad de la existencia humana para terminar en una fantasía erótica violenta ("Violación").

La penúltima sección bajo el titular del poemario entero, "La insurrección de Mariana", abre un nuevo espacio discursivo. Como una tercera posición entre el yo lírico y el "tú" al que se dirige aparece Mariana. Se puede leer a Mariana, dado que es un anagrama de su propio nombre, como un autorretrato de la escritora, que entonces camina como un doble al lado del yo lírico que habla por la autora. Este doble yo fuera del yo abre el espacio para el experimento de sus nuevas emociones sobre la vida y una mirada sobre una fuerte ambivalencia entre el hastío y el deseo ("a hastío / a deseo") (62). La referencia explícitamente intertextual al mito de Orfeo describe la zona fronteriza dentro del cual se mueve el yo lírico: entre la vida y el reino de los muertos. Y de nuevo es la experiencia erótica la que, mediante una dimensión corporal, da un sentido directo a la caricia de las manos —"Recorrí una vez más con mis manos / la curva dura de sus nalgas" (64)— y presenta un puente de vuelta hacia el yo.

En los poemas siguientes, fuertemente metafóricos, el yo lírico busca un equilibrio entre el dolor y el deseo. Gana sus experiencias en los extremos: el enredo en mundos primitivos y el triunfo de la supervivencia. "Al resurgir sólo experimento / la certeza triunfal de haber sobrevivido al viaje" (65). Al final está "El futuro".

Obras citadas

Amnesty International. *Guatemala. Politischer Mord als Regierungsprogramm,* 1981.

Asturias, Miguel Ángel. *Weekend en Guatemala.* Guatemala, Piedra Santa, 1991.

Dröscher, Barbara. "Modernidad y autenticidad en la novela centroamericana contemporánea". *Centroamericana,* núm. 9, 2001, pp. 7-22.

Fonseca, Elisabeth. *Centroamérica: su historia.* San José, FLASCO / EDUCA, 1996.

Hackl, Erich. Nachwort. *Gedichte der erotischen Linken de Ana María Rodas.* Traducido por Hackl y Peter Schultze-Kraft, Salzburg, Otto Müller, 1995, pp. 99-105.

Liano, Dante. *Visión crítica de la literatura guatemalteca.* Guatemala, Editorial Universitaria de la Universidad de San Carlos de Guatemala, 1997.

Nájera, Francisco. "Ana María Rodas, o la escritura del matriarcado". *Revista Centroamericana,* núm. 3, 1992, pp. 42-53.

Rodas, Ana María. *Cuatro esquinas del juego de una muñeca.* Guatemala, Edición de autor, 1975.

———. Entrevista con Barbara Dröscher, Panamá, 19 marzo 1998.

———. *El fin de los mitos y los sueños.* Guatemala, Editorial RIN-78, 1984.

———. *La insurrección de Mariana.* Guatemala, Ediciones del Cadejo, 1993.

———. *Mariana en la tigrera.* Guatemala, Artemis Edinter, 1996.

———. *Poemas de la izquierda erótica.* Guatemala, Edición de autor, 1973.

Rojas Bolaños, Manuel. "La política". En *De la posguerra a la crisis (1945-1979),* editado por Héctor Pérez Brignoli, vol. 5 de *Historia general de Centroamérica,* Madrid, Ediciones del Quinto Centenario / FLASCO, 1993.

Schlesinger, Stephen y Stephen Kinzer. *Bitter Fruit. The Story of the American Coup in Guatemala.* Cambridge, Massachusetts, Harvard University, David Rockefeller Center for Latin American Studies, 1999.

Zavala, Magda. "Poetas centroamericanas de la rebelión erótica". *Afrodita en el trópico: Erotismo y construcción del sujeto femenino en obras de autoras centroamericanas*, editado por Oralia Preble-Niemi, Potomac, Maryland, Scripta Humanistica, 1999, pp. 245-249.

Versión traducida de: Dröscher, Barbara. *Mujeres letradas. Fünf zentralamerikanische Autorinnen und ihr Beitrag zur modernen Literatur: Carmen Naranjo, Ana María Rodas, Gioconda Belli, Rosario Aguilar und Gloria Guardia.* Berlín, Edition tranvía-Verlag Walter Frey, 2004, pp. 85-120. Traducido y actualizado por Frances Jaeger.

"Ana María Rodas y la negociación con la tradición patriarcal"[1]

Sofia Kearns

El concepto "Mujer", escrito con mayúscula y en singular, es definido por Sally Robinson como aquella "figura discursiva construida y movilizada de acuerdo con el deseo masculino, . . . esa noción metafísica y esencialista [de lo femenino] que ha sido continuamente producida por discursos y prácticas sociales hegemónicas" (Robinson 11). En el contexto latinoamericano es el "eterno femenino" del que escribiera Rosario Castellanos, ese ideal imposible proveniente de la tradición judeo-cristiana impuesto a las mujeres. Esa imagen monolítica "Mujer" se ha reproducido muchas veces en la literatura mundial y latinoamericana tanto masculina como femenina. Dentro de la literatura masculina, en particular, ha aparecido, desde la misma poesía amorosa de Petrarca, como instrumento para la autodefinición del yo masculino.[2] Desde la patrística teológica hasta autores clásicos como Henry James, Robert Musil y Marcel Proust, se ha representado lo femenino asociado al inconsciente, a la sexualidad, lo pasivo, lo irracional y "lo otro" (Appignanesi 6-13). En el contexto latinoamericano, no tenemos que rebuscar más allá de tres de los grandes poetas, José Asunción Silva, Pablo Neruda y Octavio Paz, para encontrar esta misma característica. En su producción poética, la mujer es el objeto del deseo y carece de una voz propia. [3]

---

1. Este ensayo es una adaptación de varias secciones de mi tesis doctoral, *Hacia una poética feminista latinoamericana: Ana María Rodas, María Mercedes Carranza y Gioconda Belli,* Universidad de Illinois, Champaign-Urbana, 1995.

2. Jan Montefiore encuentra que dentro de la poesía amorosa de Petrarca lo apremiante no era la conquista amorosa, sino el establecimiento de la identidad masculina.

3. Refiriéndose en particular a *Veinte poemas de amor y una canción desesperada*, Mike González y David Treece observan que en Neruda, "la mujer . . . era . . . materia inerte a quien la llegada del amante le iba a dar vida. Naturaleza y mujer son indistinguibles en estos poemas iniciales; ambos son paisajes para ser recorridos en una jornada épica por una persona que constantemente se ve a sí misma como cazador, como explorador primitivo armado solamente con el arco y la flecha. Lo que es notable de este paisaje es que es vacío, sin otra vida creativa excepto la del hablante. El erotismo, en este sentido se convierte en un tipo de autoerotismo" (57, traducción mía).

Ante tan fuerte tradición, las mujeres han tenido pocos modelos positivos para autorrepresentarse en la literatura. Tradicionalmente, han emulado la identidad femenina literaria heredada del modelo Mujer. En la literatura del siglo XX, por otro lado, diversas escritoras comenzaron a cambiar esa pauta tradicional, negociando con la tradición. Sin embargo, dicha negociación con frecuencia culminó en autorrepresentaciones que, aunque por un lado desafiaban el modelo Mujer, por otro se amoldaban a él. Así por ejemplo es el caso de Delmira Agustini, quien se inscribió como sujeto del deseo erótico en muchos de sus poemas, aunque en muchos otros se puso al nivel de objeto del deseo masculino, brindando su cuerpo como fetiche para la inmolación. Alfonsina Storni, por otra parte, mostró la rebeldía feminista más abiertamente, dirigiéndose directamente al sujeto masculino y cuestionando sus tácticas. Sus logros fueron muchos, pero no encontró ella puertas de salida a la encrucijada femenina. Su respuesta fue la autoenajenación. Aun poetas más contemporáneas, como la colombiana María Mercedes Carranza, por ejemplo, escribían en los 1970s y 1980s del conflicto al confrontar las expectativas sociales de la sonrisa y la dulzura femeninas con su ira interior. Su yo lírico representaba en ese entonces a una mujer que rechazaba modelos femeninos tradicionales pero todavía no había encontrado otros nuevos. Quizás por eso una de sus estrategias poéticas principales fuera la autoironía.

Es decir, que la negociación que las escritoras contemporáneas se ven obligadas a hacer con el modelo tradicional Mujer produce en muchos casos aparentes contradicciones en sus autorrepresentaciones literarias. Pero según Robinson, esas contradicciones o deslices de Sujeto a Objeto y viceversa son precisamente los elementos que describen mejor la posición de las mujeres en relación con la historia del pensamiento occidental. La estrategia del lector de literatura femenina debe ser que "en lugar de tratar de resolver dichas contradicciones, es necesario mantenerlas en suspenso, . . . para poder teorizar cómo es que las mujeres llegan a ser Sujeto" (9).

Al igual que muchas de sus predecesoras y contemporáneas, la guatemalteca Ana María Rodas ha escrito poesía que deja ver contradicciones en la representación del yo femenino que indican un diálogo abierto y en proceso con la tradición cultural y literaria. La actitud primordial de su poesía es la rebeldía contra imposiciones patriarcales de carácter ideológico, literario y político que restringen las capacidades femeninas. Un recorrido por los tres temas centrales de su producción poética, —la sexualidad relacionada con la identidad femenina, el amor y la política nacional—, permiten ver su negociación con el modelo Mujer y también su búsqueda de nuevas formas de autorrepresentación.

1. La sexualidad y la identidad femenina

Según Marta Lamas, para las mujeres latinoamericanas [a partir de los 1960s], el feminismo representó "un instrumento de análisis para el . . . descubrimiento de sí mismas como mujeres, especialmente en lo concerniente a la sexualidad" (133). Es decir que para ellas, explorar su sexualidad fue el punto central de su liberación, a diferencia de las norteamericanas, para quienes la liberación, aunque importante en el ámbito sexual, se centró más en el campo laboral y como parte de la lucha de clases sociales. Esta diferencia tiene mucho sentido si tenemos en cuenta que la sexualidad femenina fue el elemento más controlado por el patriarcado hispano en todos los tiempos. Con la introducción de ideas feministas a mayor escala en Latinoamérica desde los 1960s, el tema de la sexualidad adquirió preponderancia en la escritura de muchas autoras.

La poética de rebeldía feminista de Rodas sigue esta tendencia. *Poemas de la izquierda erótica* (1973) se dirigen con sorna al hombre-amante, en forma de queja, insulto, acusación o repudio, en una rebelión que se enfoca en criticar y destruir el modelo Mujer y en crear una representación nueva de la sexualidad femenina. Su ataque más prominente se dirige contra la actitud pasiva y el silencio respecto a la sexualidad que el patriarcado exige tradicionalmente a la mujer. Para contravenir estos dictados, la voz poética nombra abiertamente la biología de la mujer:

Yo tengo y tú también,
    hermana,
    dos pechos
y dos piernas y una vulva.   (*Poemas* 15)[4]

El discurso tradicional femenino que impone "sumisión, silencio e inocencia sexual" y que se traduce en textos "marcados por el pudor y la auto-censura . . . que corroboran el control masculino de la textualidad" (Guerra Cunningham 145),[5] se subvierte aquí al nombrar "lo innombrable",

4. Rodas no suele titular sus poemas. Usaré las siguientes abreviaturas para referirme a los poemarios discutidos aquí: *Poemas de la izquierda erótica: Poemas; Cuatro esquinas del juego de una muñeca: Cuatro esquinas; El fin de los mitos y los sueños: El fin.* Vale aclarar que este estudio no incluye los dos últimos poemarios de la autora, *La insurrección de Mariana* (1993) y *Recuento* (1998).

5. Así, por ejemplo, la uruguaya Delmira Agustini, famosa por la intensidad pasional de su poesía, se refiere a la biología de la mujer en "Día nuestro": ". . . es la gruta / Afelpada de musgo, el arroyo, la fruta, / la deleitosa fruta madura a toda

y así se opone al tradicional de eufemización e idealización. Para este nuevo sujeto femenino el uso de la palabra en sí cobra suma importancia: nombrar es una toma de posesión ("escritura") del mismo cuerpo de la hablante con una perspectiva propia.

Paralela al pudor y silencio, la inocencia en cuestiones sexuales es una actitud que tradicionalmente se espera de la mujer hispana. Pero la voz poética también la desenmascara:

No somos criaturas
que subsisten con suspiros

  Ya no sonriamos
  ya no más falsas vírgenes

Ni mártires que esperan en la cama
  el salivazo ocasional del macho. (*Poemas* 15)

Este poema no solamente deconstruye la inocencia sexual femenina, sino que presenta un intento de desestabilización del falocentrismo, si se tiene en cuenta el tono despectivo del verso "el salivazo ocasional del macho". El falocentrismo determina que el pene —representado por el semen, en el poema— es símbolo de poder y fuente de significación.[6] Pero aquí los elementos de la sexualidad masculina, pene y semen, son rebajados mediante el desplazamiento de semen en saliva y del clímax masculino en despectiva "escupida". La saliva, contrapuesta al semen, es un elemento sin "poder", ya que es estéril (y no cuenta con un receptáculo "propio", la vagina). La voz de Rodas así margina al falocentrismo con el propósito de autodefinir su identidad de mujer.

---

miel" (47). Las metáforas de la gruta y la fruta son referencias eufemísticas a la vagina, a las que la poeta apela para respetar el código del pudor impuesto a las mujeres. A la misma imagen han recurrido otras poetas como es el caso de la colombiana Orieta Lozano, quien se refiere así al cuerpo femenino y al deseo en "Eros": "Cien caballos galopando permanecen en mi gruta, / cien caballos desbocándose en mi abismo, / . . . tiembla tu luz ya desbocada en mi grieta oscura y húmeda" (Lagos 75).

6. Según Lacan, por ejemplo, la presencia o ausencia del falo es el punto de referencia para la adquisición del lenguaje y de la identidad. La mujer, dentro de su teoría, como en la de Freud, es castrada.

Otros poemas rechazan el doble estándar social por el cual las mujeres deben esconder su energía erótica. La disociación entre Mujer y deseo es una de las ideas patriarcales más represivas, ya que se basa en un concepto prejuicioso de la sensualidad femenina como una energía descontrolada que debe contenerse.[7] A nivel literario, esta disociación se tradujo históricamente en textos donde "el deseo es una maldición contra la cual [las mujeres] deben luchar, . . . un enemigo de su auto-posesión y su entereza . . . y en diversas obras lo que se ve es una lucha interior de la mujer contra los asolamientos del deseo" (Kirkpatrick 290).[8] La disociación cultural se observa claramente en los silencios sobre el deseo en textos literarios femeninos. La mujer poética de Rodas se niega a silenciarse. En el siguiente poema hace una reexaminación del tabú silenciador mediante una conversación en la que el yo dialoga consigo misma tuteándose:

A tí te aterra
hablar de estas cosas.

Las sientes, claro, pero sólo te carcomen por dentro.

Porque ¿cómo decir "yo deseo"?
--las mujeres no deseamos
sólo tenemos hijos--

Cómo puedes pedir a tu marido
que te lama y te monte
--eso no lo aprendiste en el colegio--

Y cuando él alcanza su orgasmo egoísta
no puedes gritarle
yo no termino.

Ni puedes masturbarte
ni buscarte un amante.

Para una mujer eso no es bueno. (*Poemas* 28)

---

7. Según el patriarcado, "la mujer es débil pero mala [por su sexualidad descontrolada] y [por lo tanto] el hombre debe protegerla y al mismo tiempo tenerle miedo" (Kramarae y Treichler 289).
8. Kirkpatrick se refiere particularmente a las escritoras españolas del siglo XIX.

El poema en sí, con su presencia lingüística y textual, subvierte decididamente la prohibición silenciadora. Pero también hace una referencia al mito de "la madre asexuada", máximo símbolo de la disociación entre Mujer y deseo erótico en la tradición hispana desde el siglo XIX, por el cual se hizo énfasis la idea de "la falta de deseo en la mujer . . . como un atributo" (Kirkpatrick 289).[9] Pero por el mecanismo de la ironía, la voz poética expone la falacia.

Para Rodas es imperativo representar el deseo sexual femenino en términos diferentes a los de la tradición cultural y literaria. Su poesía se rebela ante esta tradición y representa el deseo como parte esencial de ser mujer. Pero describir el deseo femenino en términos diferentes a los adjudicados por el patriarcado conlleva un gran esfuerzo autorreflexivo y creativo. El poema a continuación puede leerse como un intento de reconceptualización del deseo desde la perspectiva femenina:

> Empezar el deseo a pesar de la ira contenida
> porque dos conciencias revisaban
> sus resacas antiguas
> Y pasar mis manos por la piel de tus piernas
> y atrapar tu sexo mirándome
> muy quedo en tus ojos
> -esta mañana había restos de enojo en ellos-
> Y aplastarme tu cuerpo y abrirte mi camino
> para que recorrieras desde el inicio del jadeo
> hasta el incontrolable gemir de ese
> mundo-cerrado-tú Que ahora es mío.
>
> (*Cuatro esquinas* 65)

Primero, la voz se aleja de todo idealismo al introducir la ira contenida, un sentimiento que honestamente representa una falta de armonía en esta pareja. Enseguida, los verbos "empezar", "pasar" y "atrapar" demuestran una participación femenina activa en el acto sexual. Además, hay un control o dominio que ejerce el yo, aún más destacado al final del poema cuando declara la posesión del amado. Finalmente, la expresión del deseo se inicia por la sensación táctil. La mujer usa las manos para empezar el juego erótico. Este aspecto se ajusta a términos psicoanalíticos, según los cuales "la

9. El símbolo de la madre asexuada se encarna en la virgen María, figura tan importante dentro del catolicismo español y latinoamericano.

primacía de la mirada, la discriminación de la forma . . . es particularmente foránea para el erotismo femenino. La mujer encuentra placer más en el tacto que en la vista" (Irigaray 101). Así, el poema presenta un yo en control de la situación, un sujeto discursivo que da prioridad a la actividad y al tacto, como manifestaciones del deseo sexual femenino, en lugar de la tradicional pasividad y objetivación por la mirada masculina. Esta escena lírica, pues, incorpora una sexualidad fundamentalmente reconcebida.

Hasta aquí hemos visto que Rodas hace una crítica concienzuda de restricciones patriarcales de la sexualidad femenina y presenta una visión propia de la misma. Pero su auscultación del tema de la sexualidad hace parte de otro más amplio: el de la identidad femenina en el ámbito psicológico y social. Diversos poemas desenmascaran elementos culturales que restringen la identidad femenina, en particular, ciertos mitos,[10] el sexismo del lenguaje y el papel materno.

Con respecto a la crítica de ciertos mitos, el siguiente poema se refiere al cristiano de la creación, que tanta luz negativa echa sobre la identidad femenina:

Ahora que te hallé, mujer,
te buscaré todos los días
    para alejar las serpientes
los árboles del bien y del mal
    y los ángeles de espadas de fuego.

Sin el Dios que a ratos fue Demonio.

Creación, hallazgo, plenitud.
        Silencio.

Pero qué silencio. (*Poemas* 91)

El ideal femenino tradicional Mujer se relaciona estrechamente con las enseñanzas bíblicas. Según la poeta y ensayista mexicana Rosario Castellanos, dicho ideal proviene de "una imagen de mujer fuerte de la Sagrada Escritura, cuya fortaleza es definida en términos de su pureza prenupcial, la fidelidad marital, la devoción a los hijos, la dedicación a las

10. Uso el término "mitos" según el concepto de Liz Yorke: "son los mensajes emitidos desde fuentes patriarcales, ya sean religiosas, históricas, clásicas o culturales que funcionan para organizar nuestras percepciones de la realidad" (13).

obligaciones domésticas y la administración prudente de un patrimonio que no le pertenece ni que heredará" (en Anderson 22).[11] La voz poética de Rodas, en el poema de arriba, se propone separar ("alejar") varios mitos bíblicos de su identidad de mujer, especialmente el de la serpiente y el del árbol del bien y del mal que asocian a las mujeres con la culpa. Para que la mujer encuentre su "Creación, hallazgo, plenitud" —enfatizados en verso aparte— la voz poética deja claro que un nuevo concepto de la identidad femenina, diferente del de Mujer, tiene que darse en un contexto totalmente aparte de la tradición religiosa misógina.

El lenguaje prejuicioso contra las mujeres es otro blanco de la crítica cultural de Rodas. El siguiente poema analiza el significado de "femenino":

> La gramática miente
> (como todo invento masculino)
> Femenino no es género, es un adjetivo
> que significa inferior, inconsciente, utilizable,
> accesible, fácil de manejar,
> desechable. Y sobre todo
> violable. Eso primero, antes que cualquier
> otra significación preconcebida. (*Cuatro esquinas* 45)

Lo provocador de este poema es nombrar el sexismo prevalente en el lenguaje. Si "la gramática" (el lenguaje) es masculina y mentirosa, la voz desenmascara la mentira. Aquí revela lo que tradicionalmente el adjetivo "femenino" realmente significa, que es la posición de objeto de la mujer por su falta de poder y por su victimización.

La maternidad ha sido vista, en la mayoría de las épocas históricas, como la razón de ser de las mujeres. El feminismo ha problematizado la maternidad hasta el punto de que algunas feministas ven dicha función como la base de la opresión social femenina.[12] Rodas también la problematiza asociándola

11. El cristianismo no solamente creó un ideal de mujer, sino que basó algunos de sus conceptos en ideas misóginas que llegaron a conformar el canon cultural de España y Latinoamérica. Evelyn Picon Garfield demuestra cómo la misoginia de los padres de la Iglesia católica del siglo XVI, como Luis Vives y Fray Luis de León, transpira en los escritos de autores del siglo XIX de España y Cuba tales como Severo Catalina, Francisco Alonso y Rubio, Ubaldo Quiñónez y Manuel Costales, quienes escribieron específicamente sobre la educación femenina (23-24). En dichos escritos, "la mujer es cieno y tan envilecida que aún carece de peso y se vuelve nula" (23).

12. Como es el caso de Dorothy Dinnerstein. Ver sus teorías en *The Mermaid and the Minotaur* o Nancy Chodorow en *The Reproduction of Mothering*.

con el tabú por excelencia del incesto. Hay en *El fin de los mitos y los sueños* dos secciones cuyos títulos se plantean irónicos —"Homenaje a la madre" y "Sueños de la madre"— porque tratan de dicha asociación y no de homenaje en el sentido tradicional.

Yo, el incesto
la que nunca acaba de
parir
y recibir el semen.
    La más
    amable
    madre.
La más odiada.   (*El fin* 25)

Hay una tensión evidente en el poema entre la madre amada y la madre odiada. La poeta maneja la percepción social que se tiene de la figura materna bajo dos ángulos opuestos: el tradicional de la buena madre —el de "la madre asexuada"— y el del tabú —la madre incestuosa—. En otro poema agrega:

Cuando
me voy desliendo entre el sueño
ya no distingo
si salió de mi vientre o a él vino
con su preciosa piel oliendo a hijo nuevo.
Y sueño
que fue hace veinte años
mas despierto y la leche no corre de mis pechos
sino de su sexo.   (*El fin* 28)

Según Luz Méndez de la Vega, Rodas expresa "una peculiar concepción suya, muy personal de la mujer madura y del amante infantilizado" (83). Si este es el caso, la expresión del incesto es vengativa ya que ataca al patriarcado con la antítesis de la figura que éste ha creado. La poeta responde a una falacia con otra: a la de la madre asexuada y sacralizada con la de la madre mala. Méndez de la Vega considera el tema del incesto como parte del "desenfado agresivo sexual" de toda la poesía de Rodas, la cual muestra "una mujer crucificada entre su biología, su psicología y un mundo que ha creado a la mujer a la imagen y semejanza de mitos que convienen a la supremacía masculina" (82-83). Con un tono de rabia contenida, Rodas desacraliza la figura materna que el patriarcado ha deformado, por ser muy limitada y utilitaria.

2. El amor o "esa cosa resobada"

La cuarta sección de *El fin de los mitos y los sueños* se titula "Sobre esa cosa resobada", refiriéndose al amor. Por las connotaciones humorísticas del coloquialismo "resobada", que significa "gastada", "trillada" o "agotada", dicho título refleja ciertas actitudes poéticas generales de Rodas hacia el sentimiento amoroso: desencanto, falta de fe, apatía y también burla. Todas estas actitudes crean un tono de desidealización respecto al amor, creado especialmente a través de la ironía:

> El más perfecto amor
> podría durar quizás tres años.
> Te lo aseguro yo
> que ya asistí a varios entierros. (*Cuatro esquinas* 58)

En otros casos, se desidealiza también al amante y a la relación en sí:

> Amor es sólo la costumbre
>   dijiste
> y pasaste la mano por mis ancas, pensando
>   en el trabajo.
> Me enrollé a tu lado. Tu espalda era apenas
> el muro entre el abrazo sudoroso
> de minutos atrás y el sueño.
> Lamí mis dedos y hallé semen en ellos.
>
> Equis número de lunas y de soles de por medio
> estoy acostumbrada a ti. (*El fin* 34)

En este poema, el amante se caracteriza por su desinterés en el sentimiento amoroso. La relación exhibe la falta de comunicación representada por el muro de la espalda, la barrera lingüística y emocional impuesta por él. La falta de verdadera pasión se corrobora en el último verso, "estoy acostumbrada a ti", y por la supresión de la emoción en general en todo el poema.

Otro aspecto interesante es la preferencia por representar el amor cuando ya se ha acabado, a través del recuerdo y de la nostalgia:

> Los teléfonos debieran ser parte
> de la poesía
> --la poesía está llena de recuerdos--
> Hoy, una llamada solitaria
> hizo rodar de nuevo el pasado a mi falda.
>
> Se murieron tres años
> casi cuatro.
>
> Un bigote se movió sobre unos labios
> murmurando
> cosas triviales, de todos los días
> que cómo están los niños,
> si al fin me voy a Francia
> que la perra tiene
> tres cachorros
> que cómo creció Carlos.
>
> Y el teléfono de ayer me dijo
> Cuánto te quiero
> Cuánto te extraño. (*Poemas* 50)

Rodas trata una y otra vez en sus poemas los conflictos de la pareja heterosexual, contribuyendo así a una visión tal vez más honesta del amor, aunque también desidealizante y negativa. En el siguiente poema, por ejemplo, su voz establece que la relación amorosa es inestable y trae infelicidad:

> En estos meses
> me he convertido en niebla
> No sé a dónde voy
> tú me diriges.
> Unos días me besas, me sonríes.
> Otros, mezclas tu dolor, tu indiferencia
> tu crueldad
> tu mejor puñalada

y me lo estrellas
todo junto
a la cara. (*Poemas* 63)

El yo femenino se representa aquí pasivo, como niebla, mientras que el masculino aparece como la entidad activa. El yo se representa en una situación donde no tiene control y expresa un sentimiento de impotencia para cambiarla. En otros poemas, además de mostrar pasividad, impotencia y descontrol dentro del contexto amoroso, Rodas se refiere a la dificultad de establecer límites entre el Yo y el Tú de la relación:

Y me dejo influir
No tengo más remedio
Yo a fuerza de quererte no era yo
sino tu sombra.

Qué puedo ser ahora
cuando tú mismo
por hallarte perdido
sólo eres la sombra de una sombra. (*Poemas* 64)

Este poema se refiere a un aspecto importante en la identidad de la mujer, según el psicoanálisis feminista, el establecimiento de límites propios. Nancy Chodorow explica cómo los varones se entrenan desde niños para establecer los límites de su yo y cómo las niñas, por su parte, establecen límites más bien fluidos ("The Bonds of Love").[13] También explica que dicha dinámica infantil tiende a repetirse en las relaciones amorosas de los adultos.[14] En el poema,

---

13. Ver también Luce Irigaray, "This Sex Which Is Not One" y Temma F. Berg, "Suppressing the Language of Wo(Man): The Dream as a Common Language" en *Engendering the Word. Feminist Essays in Psychosexual Poetics,* editado por Berg, libro que trata el tema de la identidad y la fase del espejo. Jan Montefiore en *Feminism and Poetry* en el capítulo cuatro también trata el tema.

14. Elaine Hoffman Baruch se refiere a la fluidez de los límites femeninos a través del mito de Salmacis o Hermafrodita: así como el mito de Narciso es más adecuado para el hombre dentro del contexto amoroso, para la mujer, quien con frecuencia busca la fusión, es el mito de Salmacis. Esta era una ninfa del agua enamorada de Hermafrodita. Cuando éste la rechaza, ella se le enrosca alrededor de su cuerpo y le ruega a los dioses que los convierta en uno solo. Así sucede y ella es feliz, pero él no, ya que lo hace sentirse como medio hombre (19-20).

la voz asegura que irónicamente por "amor" ella se ha convertido sólo en sombra de él, con lo cual indica su falta de autonomía dentro de la relación. Su dependencia de la identidad masculina la coloca en la posición marginal de objeto, por la posibilidad de quedar convertida en solamente una sombra de él, con lo cual implica la posible disolución de su propia identidad. Así, la voz poética advierte de un peligro que el amor implica para la mujer.

El amor también aparece en varios poemas como sólo un "mito" y ficción masculina:

> El más hermoso mito inventado por el hombre
> más hermoso que Dios
> o el hermoso ideal del socialismo
> y el dinero que acumulan los ricos.
> Más hermoso que el odio, la invención más hermosa,
>   El amor. (*El fin* 33)

A pesar del hiperbolismo, la idealización del amor es sólo aparente, ya que la hablante muestra incredulidad hacia el mismo. Así, el poema se plantea como una mordaz ironía.

La representación negativa del amor puede verse como parte de la revisión que Rodas hace del patrón Mujer. Su yo poético se distancia de la idea tradicional del amor como sentimiento inherente a las mujeres a través de la ironía, la burla y la crítica. Bajo esta nueva representación, el amor es peligroso porque puede contribuir potencialmente a la subordinación social de la mujer.

Sin embargo, ciertos poemas se diferencian de los anteriores en el tono y aproximación al amor vistos hasta aquí. Estos contrarrestan la visión negativa del amor con una sorpresiva actitud de confianza absoluta en el sentimiento y relación de pareja:

> Hoy he descubierto la belleza
>   de ser yo misma.
> --No,
> no fue así;
> me lo enseñaste--
>
> Pero al hacerme mujer
> al mostrarme que los seres

son tan libres
....
con tu semen y tus besos me has vuelto
un organismo vivo
un ser perfecto. (*Poemas* 27)

La dependencia obvia de la entidad masculina implícitamente describe un desbalance de poder entre los sexos. Lo sorprendente es que ni este desbalance ni su posición subordinada son blanco de la crítica de la voz femenina. En otro ejemplo similar el yo se subordina a un sujeto-amante violento:

Y tú con tus ojos
y tu ira
y tu amor que destruye y que aniquila
me has hecho
--entre moretes y quejidos--
ser. (*Poemas* 32)

Los dos últimos poemas se diferencian de los anteriores por su tono serio y convencido y por la ausencia de quejas contra el amor o el amante. Al tono pesimista o burlón y a la visión del amor problemática de poemas anteriores se contrapone en éstos una actitud de resignación casi masoquista, especialmente en el último poema citado, donde ella parece colaborar en su misma victimización.

La discrepancia entre las dos aproximaciones poéticas hacia el amor nos hace pensar en dos voces distintas de mujer que "hablan" a través de los poemas de Rodas para presentar dos enfoques diferentes del problema. Una voz niega la existencia del amor como sentimiento genuino y posible de la pareja y enfoca en los peligros que el amor le ofrece a ella; esta voz se reconoce vulnerable y, para protegerse rechaza y aliena el sentimiento amoroso, reprimiendo casi por completo la expresión sentimental. Otra voz, por lo contrario, alaba ingenuamente a una relación desigual y a un amante violento a través de una expresión de la sentimentalidad mucho más abierta. Esta segunda voz denota una aceptación plena del amor, pero ocupando la mujer una posición de inferioridad, denotada por su victimización respecto a la entidad masculina. La discrepancia entre los dos enfoques puede explicarse como uno de los deslices entre Sujeto y

Objeto, o entre la representación antigua y monolítica Mujer y otra más moderna de los que habla Sally Robinson. La tensión que resulta entre las dos conceptualizaciones demuestra la negociación de Rodas con la tradición cultural y literaria, la cual todavía impone pesadas barreras a la libertad femenina.

3. Rodas y la "guerrilla del amor"

La voz poética de Rodas deja claro, desde su primer poemario, que no quiere pertenecer a ninguna de las formas de lo "oficial" o del "statu quo": "No me interesa entrar en la historia ni tener éxito. . . . No pertenezco a este cementerio" asegura en "Carta a los padres que están muriendo", en la introducción a *Cuatro esquinas del juego de una muñeca.* Su abdicación tiene que ver con el canon literario de Guatemala y también con la historia violenta del país, que ella ve como netamente masculina: "la historia de los hombres / es sólo sangre y mierda / y alcohol y cosas muertas..." (*El fin* 48). Esta postura recuerda lo dicho por Julia Kristeva sobre la escritura femenina: "Nosotras nos alejamos de todo lo considerado 'fálico' para encontrar refugio en la valoración de un cuerpo silencioso y sumergido, abdicando así, la participación en la historia" (166, traducción mía). En su crítica al patriarcado, Rodas rechaza especialmente la violencia que ha caracterizado la historia de su país; algunos de sus poemas se refieren específicamente a algunas prácticas por las cuales el gobierno guatemalteco se ha hecho tristemente famoso:

> Olvidemos, cantando,
> a esos absurdos torturados
> que se obstinan en arruinar nuestra alegría
> apareciendo diariamente en los periódicos. (*Poemas* 81)

> Cualquiera tiene derecho
> a decir lo que piensa.
> Cualquiera tiene derecho
> siempre que estén de acuerdo
> las leyes, las costumbres,
> los colegas,
> el que te paga el sueldo
> el vecino de enfrente y el gobierno. (*Poemas* 79)

La tortura[15] y la falta de libertad de opinión son los aspectos que la voz de Rodas critica y que la llevan a alienarse de la "crisis nacional"[16] y a no identificarse con ningún grupo, ni siquiera con el "pueblo":

Te amo
tú eres
mi pueblo.

Pero en tus manos hay metralla
y en tus ojos, oscuros policías

15. La documentación sobre las violaciones de los derechos humanos en Guatemala es extensa. Organizaciones como The Guatemala Human Rights Commission, Amnesty International, Human Rights Watch, The Central America Working Group y EPICA (The Ecumenical Program on Central America and the Caribbean) publican libros, panfletos e informes sobre la situación. Un aspecto ampliamente documentado es la práctica metódica de la tortura y las "desapariciones": "En Guatemala, la desaparición y asesinato de oponentes al gobierno, sospechados o reales, hechos por las fuerzas de seguridad del gobierno es un procedimiento operativo normativo. Más de 38.000 personas han sido 'desaparecidas' y otras 100.000 asesinadas en Guatemala desde la mitad de los 1960s" (Herndon y Malone 1). Ver también el testimonio de Rigoberta Menchú sobre las violaciones de los derechos humanos contra la etnia Quiché (en Burgos).

16. Podría decirse que Guatemala entró en crisis a partir de 1954. Cabe aquí un breve marco histórico: La década entre 1944 y 1954, o "los 10 años de primavera", el periodo democrático después de la dictadura de Jorge Ubico, trajo reformas sociales que intentaban la modernización del país. El gobierno de Arévalo se destacó por sus campañas de alfabetización y por la implantación de un sistema de seguridad social. El gobierno de Arbenz diseñó la reforma agraria más ambiciosa de Centroamérica que incluía la nacionalización de tierras baldías pertenecientes a la United Fruit Co. Pero estos cambios fueron vistos como amenazas contra los intereses económicos estadounidenses y fueron tachados como parte del "complot comunista". La CIA derrocó a Arbenz en 1954 y respaldó el poder militar totalitario por el cual se echó reversa a la reforma agraria, se reprimieron las organizaciones de trabajadores y de campesinos y se desató una ola de represión y violencia contra todos aquellos asociados con Arbenz. Prosiguieron tres décadas de terror y muerte institucionalizados y de abusos grotescos a los derechos humanos, uno de los peores casos en Latinoamérica, hasta 1986, cuando se firmaron los tratados de paz. Desde entonces se ha elegido presidente democráticamente. Sin embargo, de conocimiento público es el hecho de que algunos militares continúan demostrando actitudes desafiantes al poder civil que amenazan la frágil democracia. Ver por ejemplo el caso de la participación del general Efraín Ríos Montt en las elecciones de noviembre del 2003.

No hay
comunicación entre mi amor
y tu violencia (*Poemas* 74)

El pueblo, o los compatriotas guatemaltecos, llevan adentro la semilla de la violencia, según esta imagen, y por lo tanto le son peligrosos a la persona poética. Otro poema los representa como "ovejas" que se dejan manipular por los partidos políticos. El mismo poema incluye un insulto tanto a los partidos políticos de derecha como a los de izquierda:

Que callen ya los gritos
de estas dos ancianas putas
caducas, mañosas, vergonzantes,
que han olvidado todo menos el engaño.
. . . .
Nada más que dos putas viejas
situadas a la derecha y a la izquierda
haciendo acumular el número de muertos.

Este país está poblado por ovejas.
Las ovejas no piensan, por lo tanto
se contentan con estar
en cualquier rebaño.
Animales blanduchos que ni siquiera balan
cuando van camino al sacrificio. (*Poemas* 80)

La degradación del proceso político es el blanco de su crítica. Los partidos políticos de izquierda y derecha se representan en la imagen de las "putas viejas",[17] y no hay entre ellos diferencia alguna, sólo la semejanza de una común promoción de violencia.

Ni siquiera los revolucionarios de su país le inspiran respeto, como se ve aquí:

17. Con este apelativo, desafortunadamente, la poeta usa un lenguaje masculino prejuicioso, tal vez sin advertirlo. En muchos idiomas, la mayoría de insultos y, de hecho, los peores, usan imágenes femeninas, y una de las más usadas es la de la prostituta. Ver estudio de Álvaro García Meseguer para el caso de la lengua española y para la inglesa el de Muriel R. Schulz.

Tu subversión me conmueve, compañero.
Te reúnes a menudo con amigos
para decir que América Latina
--Iberoamérica, perdón--
está hecha mierda.
Que es necesaria la revolución.

Eres un buen patriota, compañero
Tus amigos también
Y como hablar da hambre
ordenan a la carta el bistec y el vino
                                        que algún día
cuando les quede tiempo
después de hacer casa y comprar auto nuevo
y viajar por Europa y el Japón
harán llegar al pueblo.   (*Poemas* 83)

El revolucionario "en teoría" es una figura en la cual la hablante no cree. Por el poema anterior, se deduce que es un tipo de político más, cuyas palabras sobre la revolución que traerá justicia económica y social no cuadran con sus acciones. En el siguiente poema, la hablante se refiere al revolucionario desde otro ángulo más personal:

Revolucionario: esta noche
no estaré en tu cama.
Que no te extrañe la subversión del amor
                                        antiguo dueño.

Tú hinchas el cuero
y te preocupas tanto de problemas sociales.
No te fijas farsante,
que en tu casa
calcas tan justamente
los modales del mejor tirano.   (*Poemas* 86)

La hablante expresa disgusto por un revolucionario al que no le preocupa la opresión de la mujer, y que, de hecho, participa en ella. Para esta hablante, "lo personal es político",[18] es decir, que toda revolución debe

18. Es una de las bases de la teoría feminista según la cual la experiencia personal de la mujer no es aislada sino, como cualquier otra, social y política.

comenzar desde el mismo ámbito de las relaciones personales y privadas y con la aceptación plena de la igualdad de la mujer. De otro modo no es una verdadera revolución sino otra forma más de tiranía.

El tirano / dictador es una imagen múltiple que se configura en la obra de Rodas a nivel político y personal.

Dictador
¿Qué te pide hoy el cuerpo?
¿Una víctima nueva
o aquel viejo trapo
con que siempre te limpias los pies
después de andar por el fango?

Dictador, buenas noches.
Que sueñes conmigo
y mañana despiertes hallando el lecho vacío
o mejor ocupado
por cualquier hipopótamo de esos
que fornicas con tanto entusiasmo. (*Cuatro esquinas* 46)

La emancipación en el ámbito sexual de la mujer poética se transfiere aquí al plano político, y es patente por ciertos aspectos estilísticos y temáticos que son similares en los dos poemas anteriores. En ambos, al usar el familiar "tú", se inserta un lenguaje íntimo en el contexto "público". Pero la supuesta intimidad gramatical expresada por el tú no es tal, sino un desafío al poder abusivo. La disolución de la intimidad sexual hecha por esta mujer simboliza su ruptura con el patriarcado. La conjunción de la figura del amante y del tirano no es casual, sino parte del proyecto lírico de deconstrucción del poder patriarcal.

La propuesta revolucionaria política de la izquierda tampoco funciona para esta hablante. Por eso crea su propio tipo de subversión:

Haces bien, gran maestro.
Yo soy la guerrillera en tu régimen
el ob-je-to
que se alza con armas de amor
entre tu ejército de gorila egoísmo
y el poder que imaginas
al fin de tu jornada.

Rastrea bien mis pasos
en tu alma
y aplasta sin escrúpulos
cualquier brote de ternura subversiva
no sea que prenda el amor
y tu ordenada dictadura
se vaya a la mierda. (*Poemas* 72)

El rechazo a la política patriarcal encuentra su expresión máxima en la "guerrilla del amor", que puede leerse como una plena toma de posición de sujeto del yo, que nombra los elementos con los cuales el patriarcado tradicionalmente la ha representado: el amor, la ternura, la posición femenina de objeto social y discursivo. La subversión guerrillera es a nivel discursivo ya que la hablante entiende bien su opresión y usa sus elementos para enunciar su propio poder, que según el poema es real, a diferencia del masculino, que es imaginario. Sin embargo, esta subversión se plantea de manera problemática por el énfasis en la dicotomía Mujer / Hombre, que se patentiza en otras implícitas: ternura / violencia, amor / odio, generosidad / egoísmo, emotividad / su falta. Rodas misma reconoce en otro poema los peligros de su subversión de "amor" por significar una alienación total del sistema falocéntrico de su país:

Ya sé
Nunca voy a ser más que una
guerrillera del amor.
Estoy situada algo así
como a la izquierda erótica.
Soltando bala tras bala
contra el sistema.
Perdiendo fuerza y tiempo
en predicar un evangelio trasnochado.

Voy a terminar como aquel otro loco
que se quedó
tirado en la sierra.

Pero como mi lucha
no es política que sirva a los hombres
jamás publicarán mi diario

ni construirán industrias de consumo popular
de carteles
y colgajos con mis fotografías. (*Poemas* 76)

Este poema, uno de cuyos versos da el título a su primer poemario, es de franca resistencia a muchos frentes: a ideologías políticas, al sistema histórico-cultural, a dogmatismos, al discurso político masculino. Hay una clara alusión al Che Guevara al final, con cuya figura Rodas no se quiere identificar ya que para ella ser "guerrillera del amor" implica luchar en otro nivel, con un lenguaje que no entrará dentro del contexto de la retórica política masculina. Así, la implicación es que su lenguaje no será coartado, como lo ha sido la imagen de Guevara.

Desde un punto de vista feminista, "la guerrilla del amor" es problemática: si por un lado opone resistencia al falocentrismo, por otro no busca los medios para cambiarlo. La rebeldía de Rodas tiene ecos en el feminismo esencialista francés de los 1970s, que promulgaba la liberación sexual, la búsqueda de un lenguaje puramente femenino y la no participación en la historia. En dicha búsqueda, tanto el intento francés como el de Rodas, repiten el esencialismo patriarcal que critican, porque la resistencia al mismo no da otras posibilidades a la mujer sino quedarse en el sitio que el patriarcado le asignara tradicionalmente, el de la marginalidad en la arena pública de la política nacional y de la historia. Sin embargo, hay aspectos respetables de esta postura: por la pérdida de toda fe en el sistema patriarcal de su país, la voz femenina opta por la alienación en el erotismo, la única salida rebelde que encuentra para crear una política propia "que no sirva [sólo] a los hombres". Con una actitud que bordea entre lo cómico y lo serio, —su parodia de la izquierda con su "izquierda erótica"—, la voz de mujer se establece como sujeto discursivo que lanza sus críticas o "bala tras bala" y que se ríe de la realidad política de su país y de la impotencia del poder masculino que la ha creado para cambiarla. Como la medusa de Hélène Cixous, la mujer aquí desafía el poder patriarcal con la risa, aunque a veces sea una risa triste.

Como asegurara Mary Louise Pratt respecto a las poetas del siglo XIX, ellas trataban el tema de la política nacional "con un pie adentro y uno afuera". Rodas hace su acercamiento al tema prominentemente a través de una automarginalización y de un discurso iconoclasta del político-nacional masculino del heroísmo. Para Rodas, éste no existe, ni en los revolucionarios, ni en el pueblo sufriente, ni mucho menos en el dictador. Su rechazo abierto de lo nacional deriva de su rechazo directo del patriarcado.

Conclusión

Ana María Rodas nos presenta una identidad femenina que se define básicamente por su rechazo del legado patriarcal Mujer, expresado a través de una poética que podríamos llamar "de la ira", que se concentra particularmente en los temas de la sexualidad y la identidad femenina, el amor y la identidad nacional. La imagen que resulta de su poesía es la de un sujeto que valora la exploración y expresión libre de la sexualidad femenina y que es conocedor de los mecanismos patriarcales para la dominación femenina, entre ellos el amor y el discurso nacional-político.

Esta nueva imagen femenina no es monolítica, sino que está llena de fisuras y contradicciones. Por ser una poesía de evaluación de los roles tradicionales femeninos (e indirectamente masculinos), y una que corresponde históricamente con la segunda ola del feminismo en Latinoamérica (de los setenta), no puede apartarse de la división genérica extrema, coincidiendo en ciertos puntos, irónicamente, con la división tradicional "Mujer" y "Hombre". Pero debe entenderse que es sólo dentro de este contexto, desde el cual la voz puede empezar a destruir el orden existente para iniciar la construcción de uno nuevo. Las contradicciones más notorias de su nueva imagen femenina se verifican a través de las representaciones del amor y de lo nacional.

Respecto a la expresión amorosa, puede decirse que aparece bastante reprimida, especialmente si se la compara con la explicitud del discurso erótico. El amor se representa desidealizado y problematizado. Es una fuerza desestabilizadora del yo que produce una oscilación discursiva de sujeto a objeto que no se resuelve. La actitud poética de Rodas respecto al tema amoroso se relaciona estrechamente con una actitud feminista propia de los años setenta (en los sesenta en Norteamérica) que Elaine Hoffman Baruch explica así:

> Lo más fascinante es que el amor y el sexo fueron separados una vez más [el amor romántico del XIX lo había hecho antes] en los 1960s y 1970s, en parte por las feministas, esta vez con la prohibición del amor, en lugar de la del sexo. Tal vez por primera vez en la historia, las mujeres vieron la trampa emocional como un peligro mayor que la indulgencia física. (2, traducción mía)

La otra contradicción de esta nueva identidad de mujer se halla en su identidad político-nacional. Su opción es la marginalidad del proceso político guatemalteco, con lo cual se inscribe dentro del consabido modelo Mujer por el que no se considera la participación de la mujer en el ámbito público. Su "poética de la ira", a pesar de sus muchos logros, no logra escapar de las múltiples trampas que el modelo Mujer conlleva.

La imagen femenina reconceptualizada dentro de la poesía de Ana María Rodas es quizás una representación fiel y justa de los sujetos sociales femeninos, es decir, las latinoamericanas contemporáneas de carne y hueso, porque hace un registro de los dilemas asociados con el choque entre las tradiciones patriarcales que todavía controlan el espacio femenino y las ideas contemporáneas provenientes del feminismo y de la apertura social que presionan los límites tradicionales y promueven cambios como nunca antes en la historia.

Obras citadas

Agustini, Delmira. *Antología.* 2ª ed., Imprenta Nacional, 1986.

Anderson, Helene M. "Rosario Castellanos and the Structure of Power". En *Contemporary Women Authors of Latin America: Introductory Essays,* editado por Doris Meyer y Margarite Fernández Olmos, Brooklyn College Press, 1983, pp. 22-32.

Appignanesi, Lisa. *Femininity and the Creative Imagination. A Study of Henry James, Robert Musil and Marcel Proust.* Barnes and Noble, 1973.

Baruch, Elaine Hoffman. *Women, Love, and Power. Literary and Psychoanalytic Perspectives.* New York University Press, 1991.

Berg, Temma F. "Suppressing the Language of Wo(Man): The Dream as a Common Language". En *Engendering the Word. Feminist Essays in Psychosexual Poetics,* editado por Berg, University of Illinois Press, 1989, pp. 3-28

Burgos, Elizabeth. *Me llamo Rigoberta Menchú y así me nació la conciencia.* 3ª ed., Seix Barral, 1993.

Chodorow, Nancy. "The Bonds of Love: Rational Violence and Erotic Domination". *Feminist Studies,* vol. 6, no. 1, 1980, pp. 144-174.

———. *The Reproduction of Mothering: Psychoanalysis and the Sociology of Gender.* University of California Press, 1978.

Cixous, Hélène. "The Laugh of the Medusa". En Marks y de Courtivron, pp. 245-267.

Dinnerstein, Dorothy. *The Mermaid and the Minotaur.* Harper Colophon, 1976.

García Meseguer, Álvaro. *Lenguaje y discriminación sexual.* Edicusa, 1977.

Garfield, Evelyn Picon. *Poder y sexualidad: El discurso de Gertrudis Gómez de Avellaneda.* Rodopi, 1993.

González, Mike y David Treece. *The Gathering of Voices. The Twentieth-Century Poetry of Latin America.* Verso, 1992.

Guerra-Cunningham, Lucía. "Las sombras de la escritura: Hacia una teoría de la producción literaria de la mujer latinoamericana". En *Cultural and Historical Grounding for Hispanic and Luso-Brazilian Feminist Literary Criticism*, editado por Hernán Vidal, Institute for the Study of Ideologies and Literature, 1989, pp. 129-164.

Herndon, Diana y Bob Malone. "A Focus on Disappearances". NISGUA, Network in Solidarity with the People of Guatemala, 1986, p. 1.

Irigaray, Luce. "This Sex Which Is Not One". En Marks y de Courtivron, pp. 99-106.

Kirkpatrick, Susan. *Las Románticas. Women Writers and Subjectivity in Spain*, 1835-1850. University of California Press 1989.

Kramarae, Cheris y Paula A Treichler. *A Feminist Dictionary.* Pandora, 1989.

Kristeva, Julia. "Creations". En Marks y de Courtivron, pp. 165-167.

Lagos, Ramiro. *Voces femeninas del mundo hispánico. Antología de poesía.* Tercer Mundo Editores, 1991.

Lamas, Marta. "Latin American Feminism". En *Being América. Essays on Art, Literature and Identity from Latin America*, editado por Rachel Weiss y Alan West, White Pine Press, 1991, pp. 129-141.

Marks, Elaine e Isabelle de Courtivron, editoras. *New French Feminisms. An Anthology.* Schocken Books, 1981.

Méndez de la Vega, Luz. *La poesía del grupo* RIN-78. Editorial RIN-78, 1986.

Montefiore, Jan. *Feminism and Poetry. Language, Experience, Identity in Women's Writing.* Pandora, 1987.

Neruda, Pablo. *Veinte poemas de amor y una canción desesperada.* 13ª ed., Losada, 1969.

Pratt, Mary Louise. "Criticism in the Contact Zone: Decentering Community and Nation". En *Critical Theory, Cultural Politics, and Latin American Narrative*, editado por Steven M. Bell, Albert H. LeMay y Leonard Orr, University of Notre Dame, 1993, pp. 83-102.

Robinson, Sally. *Engendering the Subject. Gender and Self-Representation in Contemporary Women's Fiction.* SUNY Press, 1991.

Rodas, Ana María. *Cuatro esquinas del juego de una muñeca.* Edición de autor, 1975.

———. *El fin de los mitos y los sueños.* Editorial RIN-78, 1984.

———. *Poemas de la izquierda erótica.* Edición de autor, 1973.

Schulz, Muriel R. "The Semantic Derogation of Woman". En *The Feminist Critique of Language. A Reader,* editado por Deborah Cameron, Routledge, 1990, pp. 134-147.

Silva, José Asunción. *Poesía y prosa.* Editado por Eduardo Camacho Guizado, El Ancora, 1986.

Yorke, Liz. *Impertinent Voices. Subversive Strategies in Contemporary Women's Poetry.* Routledge, 1991.

Fuente: Kearns, Sofía. "Ana María Rodas y la negociación con la tradición patriarcal". En *Desde la zona abierta. Artículos críticos sobre la obra de Ana María Rodas*, editado por Aida Toledo, Guatemala, Palo de Hormigo, 2004, pp. 25-51.

"Ana María Rodas y la ansiedad de la influencia"

Teresa Anta San Pedro

He who is willing to work
gives birth to his own father.
-Kierkegaard

The mighty dead return, but they return in our colors, and speaking in our voices, at least in part, at least in moments, moments that testify to our persistence, and not to their own.
-Harold Bloom

La obra de la guatemalteca Ana María Rodas (1937), autora de cuatro poemarios: *Poemas de la izquierda erótica* (1973), *Cuatro esquinas del juego de una muñeca* (1975), *El fin de los mitos y los sueños* (1984), *La insurrección de Mariana* (1993) y la colección de cuentos *Mariana en la tigrera* (1996), rompe con todos los esquemas establecidos por la literatura del "buen gusto", masculina y femenina. Desde su primera obra, la autora se ha dedicado a cantarle a lo prohibido, desde una perspectiva ortodoxamente inmoral y mediante el uso de un lenguaje escandalosamente explosivo, según los cánones literarios, rayando en lo "pornográfico" en vez de lo poético. Rodas es, sin lugar a dudas, la primera poeta feminista en Centroamérica merecedora de tal calificativo. Su obra no tiene nada en común con la de otras mujeres pertenecientes a la clase burguesa del Istmo, quienes en la segunda mitad del Siglo XX se autodenominaban feministas, pero, como nos asegura Luz Méndez de la Vega, escribían en una manera "recatada, tradicional y llena de dulzuras" (7).

No puede separarse a Ana María Rodas de su poesía. Como afirma Francisco José Solares-Larrave:

> no escribe con el fin de escandalizar (aunque, de hecho, lo haga), sino para expresarse; esta necesidad urgente provoca una emergencia con estallidos quemantes que no puede ser más sincera que ella misma. Rodas se identifica plenamente con su poesía porque es parte constitutiva de su vida y es un reflejo literaturizado de sus experiencias como mujer. . . . (*El fin* xxxii)[1]

1. Solares-Larrave, en su introducción a la *El fin de los mitos y los sueños*, hace un extenso y profundo análisis de la poética de Rodas y su aporte innovador a

Consecuentemente, la voz poética que se manifiesta en sus versos no es un mero recurso literario, una "persona" creada por la autora como es el caso de otros escritores (Chatman 158). Su voz es autobiográfica, portadora de su punto de vista y su ideología. También, en desacuerdo con la afirmación de Solares-Larrave, es una voz escandalosa. Esta poeta, como veremos en este estudio, quiere romper con el canon, quiere desacralizar el lenguaje poético, quiere poetizar el sexo, quiere hacer historia en el mundo literario; y para ello, sabe muy bien que tiene que escandalizar. Ella es muy consciente de que el escándalo es lo único que le permitirá alcanzar su meta. Además admite en muchísmos de sus poemas que no le importa lo que piensen los demás, ni le avergüenza lo que hace.

> Los poetas tienen fama
> de utilizar palabras suaves.
> De hablar del amor, de la melancolía,
> de los cielos azules, del horizonte vago.
> O yo no soy poeta
> o pongo en entredicho a mis colegas.
> ¡Qué vergüenza que no me dé vergüenza lo que digo! (*Poemas* 73)[2]

Al escoger su vida y sus experiencias como única fuente de inspiración, Rodas se sincera con el lector sin adornos y sin rebuscados recursos literarios. Como dice el editor de *Cuatro esquinas del juego de una muñeca*, "Ana María Rodas no es un amable artificio. No escribe 'cosas bonitas' ni juega hasta el infinito, la náusea, con metáforas. Vive. Y para ella vivir significa también escribir."[3] Su voz no es la de la mujer consumida por el dolor y asqueada por el mundo cruel e hipócrita en el que le ha tocado vivir. Ella se confiesa con la página, y el lector es confidente y testigo de los momentos más dolorosos y apasionados de su existencia.

En *Poemas de la izquierda erótica*, Rodas, en un tono desenfadado, se presenta ante el lector y le informa sobre la fecha de su nacimiento, sus

---

este género literario, enfocándose mayormente en la relación tan íntima que existe entre la poeta y su creación. Todas las citas a este texto aparecerán bajo esta abreviatura: *El fin*, seguidas del número de la página.

2. Rodas, *Poemas de la izquierda erótica*. Todas las citas de este poemario aparecerán bajo esta abreviatura: *Poemas*.

3. Rodas, *Cuatro esquinas del juego de una muñeca*. Este comentario aparece en la solapa de la portada del poemario. Todas estas citas a este poemario aparecerán bajo esta abreviatura: *Cuatro esquinas*.

gustos, sus hábitos, su salud, su familia, su estado civil y las fuentes de su inspiración creativa:

> Domingo 12 de septiembre, 1937
> a las dos de la mañana: nací.
> De ahí mis hábitos nocturnos
> y el amor a los fines de semana.
> Me clasificaron: ¿nena? rosadito.
> Boté el rosa hace mucho tiempo
> y escogí el color que más me gusta,
> que son todos.
> Me acompañan tres hijas y dos perros:
> lo que me queda de dos matrimonios.
> Estudié porque no había remedio;
> afortunadamente lo he olvidado casi todo.
>
> Tengo hígado, estómago, dos ovarios,
> una matriz, corazón y cerebro, más accesorios.
> Todo funciona en orden, por lo tanto,
> río, grito, insulto, lloro y hago el amor.
>
> Y después lo cuento. (*Poemas* 7)

Como puede observarse, la ruptura con la poética tradicional es abismal. La poeta desmorona los pilares con los que se suele asociar el verso de los grandes maestros. Empieza por desmitificar a la poeta, y a la persona creada, que en su poesía es la misma. A su "yo poético" le falta la grandiosidad, importancia y singularidad que suelen atribuirse los orfeos del pasado. Ella no es talentosa, especial o única. La característica que la separa del mundo en el que ha visto la luz y habita es su inconformismo, su enfrentamiento con lo establecido. La poeta es uno de tantos seres hechos en serie, con las mismas partes corporales que los demás, y consecuentemente éstas desempeñan su función de una manera mecánica, al igual que la desempeñan las de otros seres humanos. No hay, pues, nada extraordinario de su persona.

Igualmente, trivializa los temas presentes en el drama humano y se niega a seguir recreando la gloriosa épica de los grandes héroes del pasado. No solamente el sujeto lírico es insignificante, pero también lo es su existencia. Las aventuras de nuestra corta odisea, vistas de cerca, son para ella de lo más vulgar. No hay grandes tragedias, ni grandes hazañas que realizar. Todo en nuestras vidas parece finalizar sin pena ni gloria. Por ejemplo, el tradicionalmente "sagrado" tema del amor queda convertido en una verdadera farsa en el primer poema citado, consiguiendo crear una escena totalmente esperpéntica, una realidad totalmente vallinclanesca. Lo único que le queda a la poeta de su "divino sentimiento" son "tres hijas y dos perros". El tono de burla, con el que aborda Rodas este tema, crea una imagen chocante y absurda, al compartir sus hijas, fruto de su "gran amor", el espacio poético con los perros.

Asimismo, Rodas también rechaza el uso de un lenguaje poético tradicional. Desde el primer poema, decide cantar a su manera, eliminando los linderos estéticos entre la expresión oral de todos los días y la lengua culta o lírica. La caprichosa jerarquía lingüística, establecida por los dueños de la palabra, cede el paso a términos como "hígado, estómago, ovarios, matriz...".

Es evidente que lo primordial para la escritora, en este poema, no es la información presentada. La fecha de su nacimiento, el haber nacido "nena", el fracaso de sus dos matrimonios, su físico y hasta su preparación académica, han sido algo casual para ella. Por no considerar trascendental su papel en el desarrollo de estos acontecimientos, llega incluso a burlarse de la importancia que éstos han tenido en su vida, como se puede ver en su desdén hacia la instrucción académica recibida, cuando afirma: "afortunadamente lo he olvidado casi todo". Sin embargo, lo que sí valora es su decisión de contar esa vida, su determinación en crear una literatura que sea fiel a ella misma, una literatura exclusivamente suya, una literatura que le pertenezca.

La poeta inconformista, rebelde y desafiante que se dirige al lector, es la misma mujer que no ha dudado en dedicarse al periodismo profesional en Guatemala en una época extremadamente peligrosa. Rodas fue la primera mujer periodista en ese país en los años setenta, cuando Guatemala estaba pasando por el período más represivo de su historia. Cuarenta y uno de sus colegas fueron asesinados o desaparecidos. Ella pudo salvarse mediante el exilio interno, el aislamiento, como afirma en uno de sus escalofriantes poemas:

> Donde te has escondido en este tiempo?
> Bajo tus mismas faldas.
> Enfundada en tu propia fortaleza negaste la evidencia

Qué evidencia
puede haber si no vas a un entierro?

Quién ha muerto en esta eterna primavera?
Quién puede haber muerto en este lugar de cielos y volcanes
que se reflejan siempre en los maizales verdes?
Quién soy yo para sentir, ahora, después de la década perdida
este infame dolor que me destroza el pecho?

Soy la superviviente. La que cerró los ojos
y se llenó las orejas con cera.
La que pasó junto a las rocas sin escuchar las voces.
Ciega por propia voluntad para evitar la visión de los buitres
limpiándose los picos en los huesos.

(*La insurrección* 26)[4]

Sin embargo, no puede limitarse la poética de Rodas a su dimensión en los diferentes niveles que hemos señalado. También hay que estudiar su obra como una creación artística. Oralia Preble-Niemi, en un artículo titulado "La poesía de Ana María Rodas: Logos y *poiema*", hace un breve pero profundo estudio sobre el lenguaje figurado en la poética de Rodas, basándose en los análisis de Carlos Bousoño presentados en *Teoría de la expresión poética*. Preble-Niemi manifiesta muy claramente que no puede limitarse el *poiema* de Rodas a "una expresión airada contra el machismo" o al "uso del habla popular o dialectal" (184).

Por otra parte, la postura de Rodas ante la vida y ante la creación poética puede comprenderse muy bien a través de lo que Harold Bloom denomina "The Anxiety of Influence" o "la ansiedad de la influencia". Para Bloom, la ansiedad de la influencia forma parte de un fenómeno intelectual más amplio que se denominaría revisionismo. En sus palabras, "revisionism, whether in political theory, psychology, theology, law, poetics, has changed its nature in our time. The ancestor of revisionism is heresy, but heresy tended to change received doctrine by an alteration of balances, rather than by what could be called creative correction" (28-29). Sin embargo, la ansiedad de la influencia y el revisionismo, según mi criterio, son dos cosas diferentes. La ansiedad de la influencia es una fricción que se establece entre el discípulo y su maestro, dando lugar al revisionismo.

4. *La insurrección de Mariana.* Todas las citas de este poemario aparecerán bajo esta abreviatura: *La insurrección.*

Recordemos que Freud observa que la ansiedad es algo que se siente como consecuencia de encontrarnos ante una situación de peligro: "our universal fear of domination. . . . When a poet experiences incarnation qua poet, he experiences anxiety necessarily towards any danger that might end him as a poet" (57-58).

De la misma manera, Rodas, movida por la ansiedad de la influencia, crea una nueva estética poética a diferentes niveles de forma y contenido, "discourse" y "story" (Chatman). Su primer poemario, *Poemas de la izquierda erótica*, es un "manifiesto" político-poético de su postura ante la vida y ante la literatura. Mediante el uso de un lenguaje directo, trasgresor e irreverente, la poeta declara con claridad cuáles van a ser las pautas que seguirá su creación literaria y los caminos que irá abriendo su poesía. De hecho, *Poemas de la izquierda erótica* es una obra pionera en Centroamérica en su acercamiento a las relaciones hombre-mujer. Por primera vez en la historia del Istmo, la mujer le habla al hombre de igual a igual y celebra su sexualidad abiertamente, sin vergüenzas o remordimientos.

Ya el título con el que Rodas bautizó *Poemas de la izquierda erótica*, su primera criatura, apunta a una dimensión de la obra mucho más compleja que la de una simple postura política, más o menos comprometida. La palabra *izquierda* arrastra a sus espaldas el peso milenario de lo no derecho, no correcto, no aceptable, no bueno. Según Juan Eduardo Cirlot "[the] left side, [is] the sinister, the . . . abnormal and the illegitimate; the right side is with the future, the felicitous, openness, evolution, the normal and the legitimate" (301-302). La poeta, como nos indica el título, se sitúa a la izquierda, como portavoz de ese grupo de disidencia política. Al identificar su poesía con la izquierda, Rodas está declarando que su creación se origina en la clandestinidad, en la ilegalidad, en la oposición a lo considerado aceptable. De este modo, al situarse a la izquierda, como creadora, también cruza la línea divisoria que separa el bien del mal, escogiendo este último como su lado preferido. Esto es, rechaza a Dios y se coloca al lado del Diablo.[5]

Al igual que en las doctrinas hindúes, donde "the right hand *zone* is the solar region; the left-hand the lunar" (Cirlot 302), la obra de Rodas nace de las sombras, totalmente alejada de los brillantes rayos solares. Ella, con su pluma, rasga las bellas vestimentas del ser humano y de la realidad,

5. Chevalier y Gheerbrant, en *The Penguin Dictionary of Symbols:* "The left is the direction of Hell, the right of Heaven" (801-802).

obligándole a enfrentarse con el animal que lleva dentro, el cordero que la noche convierte en lobo. Abre las puertas del subconsciente de par en par, para que veamos el otro lado de la realidad, la otra cara de Jano, el rostro que durante siglos han escondido frecuentemente los "grandes poetas" del pasado. Para esta creadora, negar el lado oscuro de la existencia humana es negar nuestra esencia, el demonio que se esconde detrás de todo ángel. En el universo de Rodas no existe la perfección, el ideal puro. Lo bello siempre tiene su lado grotesco: la gloria de unos se construye sobre el fracaso de otros; la verdad es aquello que esconde una gran mentira; la libertad es el término utilizado para describir a las perfectas dictaduras; y la vida, en general, es una gran farsa.

Tu subversión me conmueve, compañero
Te reúnes a menudo con amigos
para decir que América Latina
--Iberoamérica, perdón--
está hecho mierda.
Que es necesaria la revolución.

Eres un buen patriota, compañero
Tus amigos también.
Y como hablar da hambre
ordenan a la carta el bistec y el vino
                    que algún día
cuando les quede tiempo
después de hacer casa y comprar auto nuevo
y viajar por Europa y el Japón
harán llegar al pueblo.   (*Poemas* 79)

Como se puede ver en este poema, aunque la poeta se sitúa a la izquierda, es capaz de ver la falsedad que también existe en tal postura. Los intereses personales siempre tienen más fuerza que los ideales de justicia. Aquellos compañeros que hablan de revolución hacen exactamente lo mismo que hizo la propia Rodas en el poema anterior, al pasar de largo "junto a las rocas sin escuchar las voces".

Según Bloom, la actitud de rebeldía que experimenta el poeta frente a su precursor es comparable a la que siente el Diablo de Milton: "Milton's Satan [is the] archetype of the modern poet at his strongest. . . , reading *Paradise Lost* as an allegory of the dilemma of the modern poet. . . . Satan is that modern poet, while God is his dead but still embarrassingly potent and present ancestor, or rather ancestral poet" (19-20). Rodas, al igual que el personaje de Milton, es Satán. Recuérdese que Satán se negó a ser la encarnación de Dios porque, de serlo, sería una copia exacta de éste. El hijo no tendría una existencia propia, sería el padre. Sucesor y precursor serían uno. Rodas tampoco quiere ser una copia de sus "progenitores". Esto lo podemos ver en el primer poema de su segundo poemario *Cuatro esquinas del juego de una muñeca*, titulado "Carta a los padres que están muriendo": "Papis queridos: a ustedes quiero aclararles qué es todo esto. Las mujeres me entienden. Lo que yo hago no es bueno ni es malo. Es mío" (*Cuatro esquinas* 9). Esta rebeldía contra los precursores es necesaria para ser ella misma, para conseguir su autonomía. Como Oscar Wilde en *The Picture of Dorian Gray* se cuestiona: "Because to influence a person is to give him one's own soul. He does not think his natural thoughts, or burn with his natural passions. His virtues are not real to him. His sins, if there are such things as sins, are borrowed. He becomes an echo of someone's music, an actor of a part that has been written for him" (Wilde citado en Bloom 6).

Rodas acepta que en un tiempo siguió a sus progenitores: "Los admiré e hice mías sus ideas por un tiempo y no sabía por qué se me llagaba el cuerpo y el cerebro. Ahora entiendo lo infantil de esos propósitos y al ver sus rostros con esta vista nueva que me he dado, comprendo que no pertenezco a este cementerio. Y me largo" (*Cuatro esquinas* 11). En este poema, obviamente, Rodas no está hablándonos de sus padres biológicos, está juzgando a sus padres literarios. Al hacer referencia a los "cánones antiguos", "entrar en la historia", "medallitas", "cultura", "carrera disimulada", "fama", "eternidad", "colocar su sillón en lo más alto", "sabiduría", "talento" y "competencia", está describiendo las reglas que gobiernan al mundo literario del canon. Desenmascara a la élite académica. Nos explica lo que hay que hacer para llegar a la cima. Deja al descubierto las luchas por el poder, las intrigas y las reglas establecidas artificialmente para eliminar la competencia. La poeta también nos habla de la angustia y sufrimiento que en su propia persona ha causado, en un tiempo, el hecho de querer pertenecer a ese mundo. Nos confiesa abiertamente sobre la "ansiedad de la influencia", y cómo, movida por ésta, ha conseguido su autonomía, esa "vista nueva que . . . [se ha] dado". Como advierte Bloom, "the modern poet . . . by his presence . . . says: 'What I see and hear come not but from myself' and yet also: 'I have not but I am as I am'" (22-23).

Según Jesús Rodríguez, la poesía de Rodas contiene elementos del antipoema, tal como lo define Federico Schopf, al referirse a la poesía de

Nicanor Parra. De hecho, Rodríguez afirma que Parra ha sido uno de los escritores que más ha influido en la obra de Rodas porque: "El antipoema es un medio eficaz para establecer una nueva forma de poesía mediante la cual se quiere cuestionar y demoler los elementos y los valores que se consideran caducos" (210). Schopf dice que el lenguaje en el antipoema "será otro: ni poético ni referido a objetos sublimados, sino el que corresponde a su experiencia" (citado en Rodríguez 210). Todo lo antedicho encaja dentro de la definición que Rodas nos da de la poesía:

> Las palabras son parte de la poesía, pero no son la poesía. Tomar una frase y frotarla una y otra vez hasta que brilla, buscar las metáforas más rutilantes, abrir la preceptiva literaria, el diccionario de sinónimos y aplicar sus fórmulas, puede llegar a ser un ejercicio académico precioso, pero jamás poesía. La poesía es, esencialmente, extraer de uno mismo algo que le es común a los seres humanos, y decirlo. ("Prólogo" 5)[6]

De este modo, Rodas extrae de sí misma aquellas experiencias que considera que comparte con cualquier ser humano común y corriente y escribe sobre ellas, a su manera. Por ser como es, escribe como escribe. Como señala Mario Alberto Carrera, es "una fémina de rompe y rasga" (151), y como tal, se afirma, se autoriza. Ella forma parte del grupo que Bloom denomina como "poetas fuertes": "strong poets, major figures with the persistence to wrestle with their strong precursors, even to the death" (5).

> Mentira. Ni cambio de forma
> al escribir
> ni paro de tejer la cadena de erotismo.
> Bernarda Alba y Penélope
> en
> otro
> contexto.
> La naturaleza acertó en mí. (*Cuatro esquinas* 43)

Como podemos ver en el poema anterior, Rodas se enfrenta, no se rinde, luchará hasta la muerte y es consciente de ello. Al afirmar que la naturaleza acertó en ella, está, al igual que los héroes masculinos del pasado, proyectando su triunfo, pues las fuerzas de la naturaleza están de su parte.

---

6. Rodas manifestó sus ideas sobre la poesía en el prólogo que escribió al poemario de Aida Toledo, *Brutal batalla de silencios.*

Está afirmando su lugar en el mundo de la literatura. Bernarda Alba y Penélope fueron personajes / objeto, producto de la pluma masculina. Ella será sujeto, y para conseguirlo empuña la pluma cual espada para destruir los mitos del canon del patriarcado, establece un nuevo canon en donde la voz de la mujer tiene la misma fuerza que la del hombre y crea una nueva estética poética que la consagra como una figura importante en el mundo de las letras. ¿Cómo lo hace? ¿Cómo se crea la poeta? ¿Cómo consigue Rodas imponerse sobre sus precursores? ¿Cómo llega a crear, decir algo nuevo y de una manera diferente?

Rodas no se lanza a esta empresa a ciegas. Ella es consciente de que el camino a recorrer es largo y difícil, como se puede ver en el siguiente poema:

El umbral de estos días me atrapa
frente al hogar tratando
de acumular cenizas sin recuerdos
de emitir sonidos nuevos.
Imposible
Sólo puedo decir Esquirín.
Así te llamo yo a tí y tú te vas.

Lástima. Ya lo escribió Cardenal. (*Cuatro esquinas* 71)

La poeta se da cuenta de que su tarea de escritora es un infierno cuando, después de tratar incesantemente de "acumular recuerdos" y "emitir sonidos nuevos", se encuentra con que el precursor, Ernesto Cardenal, ya lo había escrito antes. Como asegura Bloom: "This deathly vitality in Milton is the state of Satan in him, and is shown us not so much by the character of Satan in *Paradise Lost* as by Milton's editorializing relationship to his own Satan, and by his relationship to all the stronger poets of the eighteenth century" (32).

La "poeta fuerte", Ana María Rodas, enfrentada con la nada, sabiendo que tiene que partir de cero, decide que vencerá todos los obstáculos y lo hará escribiendo a su manera, aunque lamenta "no complacer a todos" (*Poemas* 48). Seguirá con su oficio de poeta con todas sus consecuencias y confiesa por qué lo hace:

Oficio de poeta,
Menos mal.

Así en vez de castigarme a ciegas
con el pasado
y llorar a solas
puedo sentarme frente a una máquina tan gris
                    como el ambiente
mover los dedos rápido
y decir que todo es una mierda.   (*Poemas* 52)

Rodas escribe y seguirá escribiendo porque, como le ha confesado a sus padres / maestros, no le "queda otro remedio", y es su mejor "agarre a la vida". No podría enfrentarse al absurdo de su existencia sin esta válvula de escape. Mediante la escritura la autora se deshace de sus demonios. Es la única posibilidad que tiene de desnudarse y liberarse del gran peso que la vida le ha impuesto. Como esboza el poema anterior, se podría concluir que incluso le sirve de terapia. Debido a todo lo antedicho y movida por una fuerte voluntad, lucha día a día para ser poeta, para tener su propia voz. Y será en el tiempo donde encontrará las respuestas a sus preguntas y sus propias palabras para expresarlas.

El tiempo está en mí aportando
las calidades que busco diariamente:
la riqueza del mar al lado de mi humana
                    magra vida
el amor que se enrolla en sí mismo
....
Está hecho de plantas, de ladrillos absurdos
de bombillas que se encienden
y se apagan
y se queman.
De un mucho dar la espalda a las reglas
de los hombres está hecho mi tiempo.   (*Cuatro esquinas* 15)

Parece que Rodas tendrá que descender todos los días a los infiernos de su propio ser en busca de su propia poesía. En palabras de otra gran poeta, la española Ana María Facundo, quien afirma que el dolor causado por la creación poética es comparable al de un parto, tendrá que "parir" día trás día:

El lento parirse inacabado
de lo todo que se siente rebullendo,
que se palpa en carne viva,
que nos sangra
        y que sabemos
escapable, como el viento
o la niebla,
como el rojo que da vida.
Parto interminable
como la hora que da hora
y nos retuerce en la rosa
de sus heces
        y nos alienta
y nos persigue
        y nos clava al cimiento
que nos alza.
Parto agudo
En el silencio descontado
Como un puñal de ahogado canto   (Facundo 82-83).

Así Rodas prosigue su lucha y acepta la maldición que cae sobre ella heroicamente, aunque ello suponga morir cada anochecer y volver a nacer cada amanecer.

Soy niña de repente
y me doy la mano a mí misma y me consuelo
explicándome
que no es cierto
que uno pueda vivir muriendo
                                        que la muerte
es apenas cosa de un instante.
(Lo terrorífico no es Ella
el horror recomienza cuando hago consciente
mi vida pasada).   (*Cuatro esquinas* 21)

Una vez que Rodas se ha atrevido a desafiar a los grandes maestros de la poesía, tiene que luchar para conseguir innovar ese género mediante la incorporación de una nueva visión, nuevos temas, nuevas metáforas, nuevas imágenes. Para poder conseguir esta meta, usando la misma herramienta que han usado sus precursores, a Rodas solamente le queda un camino, el de darle al lenguaje una nueva significación. Sorprendiendo al mundo académico guatemalteco, la poeta, con una maestría extraordinaria, empezó a crear símbolos, metáforas e imágenes únicas en la historia de la literatura.

La revisión de Rodas comienza con la inspiración del acto creativo y termina con las conscientes reacciones emotivas que desea provocar en el lector. Como parte de su proceso de desmitificación, no solamente trivializa los grandes temas de la tradición literaria, sino que también rechaza por completo la consagración de la poesía a dichos temas. Según Rodas, no deben existir temas prohibidos para la inspiración poética, como podemos ver en el siguiente poema:

> Esto no sirve dicen.
> No es poesía porque hablo de máquinas.
> De cocina
>
> De lo que cuesta
> cuando no hay deseos
> trabajar.
>
> Yo escribo simplemente lo que siento.
> Y todo es poesía porque para mí lo mismo
> vale una gota de lluvia
> que el humo negro. (*Poemas* 46)

Para Rodas la vida, con todo su dolor y su alegría, con toda su fealdad y su belleza, es un canto poético por naturaleza. Como postulaba Shelley, "poets of all ages contributed to one Great Poem perpetually in progress" (Bloom 19). La fuente de inspiración para la autora es su lucha diaria, la poetización de sus experiencias personales, por muy poco líricas que nos parezcan. Ella, al compartir con nosotros sus más íntimos sentimientos, no está hablándonos de leyes infalibles, grandes verdades o sagrados valores. Rodas solamente quiere exponernos su mundo interior, su forma de pensar, su cosmovisión. Esta manera confesional de poetizar invita al lector a la reflexión, a repensar y consecuentemente a cuestionar el conocimiento previo, las ideas convencionales, el canon.

Lucía Guerra-Cunningham dice que "la escritura de Ana María Rodas surge precisamente de una conciencia del Yo en la tensión creada por los imaginarios de la 'mujer dicha' y la búsqueda de un lenguaje para la mujer en vías de decirse a sí misma" (121). La mujer en vías de decirse niega a la angelical y perfecta "mujer dicha" y se afirma amparada por su propio cuerpo en poemas como el siguiente:

De acuerdo
soy arrebatada, celosa
voluble
y llena de lujuria.

Qué esperaban?

Que tuviera ojos,
glándulas,
cerebro, treinta y tres años
y que actuara
como el ciprés de un cementerio? (*Poemas* 22)

Esta escritura, en la que el cuerpo de la mujer es el sujeto, no le da posibilidades al hombre de penetrarla. ¿Cómo puede el hombre cuestionarle a la mujer su anatomía, sus sentimientos, su esencia? La pluma masculina no puede entrar en este terreno. Según Aida Toledo, esta "línea que ha sido llamada erótica, en realidad corresponde más a esta lucha de expresión y defensa de los mundos de la mujer contemporánea" ("Feminismo" 139). Toledo menciona algo que no le parece de mucha importancia, pero en mi opinión es clave en todo lo que se refiere a las apropiaciones o no apropiaciones literarias masculinas por parte de Rodas: "El amante viene a ser en los textos de Rodas una excusa para exponer y discutir una serie de aspectos del mundo de la mujer" (140). De ser así, estamos ante la meta-poesía. Consecuentemente, el tema central de la obra de Rodas sería la creación poética. La Beatriz de Dante, la Laura de Petrarca y todas las musas inexistentes de Bécquer, en la poesía de Rodas, llevan pantalones, son hombres. O sea, esta poeta tiene un "muso". Esto no me parece descabellado en absoluto. Todos los poemarios de Rodas, analizados detenidamente, giran en torno al acto creativo.

Muchos son los críticos que consideran que una de las características más sobresalientes de la poesía de Rodas es el uso de un lenguaje masculino. Yo no estoy de acuerdo con esta afirmación, por considerar que el lenguaje, como medio de comunicación, no tiene género. Sin embargo, sí creo que Rodas se ha apoderado del lenguaje como un instrumento de poder. Ella usa la palabra con la misma autoridad y fuerza creativa que la usó Dios en el Génesis. Dios dijo y creó el universo. Rodas dice y también crea el suyo, y lo hace a través del lenguaje del cuerpo. Ya en su primer poemario, consciente del gran poder y significado simbólico que tiene la palabra, afirma: "Que estoy hecha / sobre todo / de palabras" (*Poemas* 47).

Rodas se enfurece ante las reglas y los límites establecidos por el canon literario. Es una poeta que cree en la libre expresión a todos los niveles, y se burla de las reglas gramaticales porque establecen limitaciones a esa libre expresión. Se niega a aceptar una separación entre lenguaje poético y lenguaje popular. Para esta poeta todo el lenguaje tiene el mismo valor, el de la comunicación, y cualquier palabra que comunique con más claridad lo que pensamos, es la palabra que debe usarse. Como afirma Dante Liano, "las escogencias extremas necesitan formas extremas. Si la forma poética elegida no es también de ruptura, de escándalo y de lucha, probablemente su contenido escandaloso se atenúa, se domestica, se acomoda" (55). Yo me atrevería a afirmar que esta autora usa el lenguaje con mucha más libertad que sus colegas masculinos, creando con ese lenguaje metáforas e imágenes que jamás se habían asomado a las páginas de los grandes maestros. En *Poemas de la izquierda erótica* ya aparecen algunas de ellas: "Montar las olas de la ira" (44); "un cuchillo de recuerdo ahonda la llaga" (34); "Soy el primer grano / de tu inmenso desierto del futuro" (62) y "Para estrechar / con pasión y ternura / tus testículos / --dos mundos de misterio--" (27). Como podemos ver en estos ejemplos, mediante el uso de lo tangible y lo intangible, Rodas convierte las palabras más vulgares en sugerentes y bellísimas expresiones poéticas.

En *Cuatro esquinas del juego de una muñeca* la poeta recorre los cuatro puntos cardinales de su propio ser. Penetra en lo más profundo de sus entrañas y descubre los infiernos y los cielos de su propio cuerpo. En este poemario, Rodas va más allá de lo tangible y lo intangible, materializando los conceptos más abstractos y haciéndolos suyos. Todo es percibido a través del erotismo, del cuerpo físico del sujeto lírico; como podemos ver en las siguientes imágenes: "un eterno sueño con leve olor a semen y agua" (26); "besar las últimas colinas de la tarde" (27); "Esa playa que no significaba nada / acaba de pasar vía vagina" (31); "Desflorador de mi cerebro" (34) y "Desnuda, totalmente desnuda / ante tus años" (35).

En los dos últimos poemarios, como ha afirmado Preble-Niemi, abunda el lenguaje figurado y "además, ese lenguaje es innovador y aún más expresivo que el de los libros anteriores" (179). En *El fin de los mitos y los sueños* voy a enfocarme en el tema de la mujer, para mostrar cómo Rodas, mediante el uso de nuevas metáforas e imágenes, cambia el mito de la mujer de madre o amante a madre / amante. Rodas destruye las imágenes clásicas que la historia de la literatura ha ido forjando a través de los siglos, que han separado a la madre de la amante, idealizando y bendiciendo a la primera y maldiciendo a la segunda. Rodas se niega a aceptar esa dicotomía en la mujer. Para ella, la mujer es madre y amante a la vez. Para poder proyectar esa realidad poéticamente, Rodas se ve obligada a crear la figura incestuosa que algunos críticos, como Francisco Nájera, asocian con el complejo de Edipo (20-21) y yo veo como una metáfora de la patria, la naturaleza y la vida.

> Soy una madre, soy una inmensa madre
> Que cubre con sus alas a todos los hijos
>   los jóvenes
>   los viejos
> los que aún no han soltado las amarras
> los que no tienen ya valor para abrir las ventanas.
>   Soy
> una matriz inmensa
> que pulsa por las noches al compás del universo entero. (*El fin* 61)

En este poema estamos ante la Madre Naturaleza, la eterna paridora, la madre que ni de noche descansa, pues tiene que mantener el ritmo del universo. Rodas, mediante el uso de una imagen irracional, en la que el sujeto poético se presenta como una gran matriz, logra transmitirle al lector la atemporalidad de esa gran madre, tan vieja como el mismo universo. De igual manera, mediante la creación de otra imagen irreal, la de la madre alada, por asociación de ésta con un ave, Rodas consigue sensibilizar al lector ante las cualidades maternales que ésta posee. Esta inmensa madre, posible metáfora de la patria, protege a todos sus hijos por igual, jóvenes y viejos.

Toda madre ha sido y es amante, a no ser que haya sido víctima de una violación. Irónicamente, los mismos patriarcas, que han separados estas dos partes del ser femenino, son los mismos que le han impuesto a la mujer estos dos papeles. Según los infalibles dueños de la palabra, la mujer en el Génesis ha sido creada para hacerle compañía a Adán y darle hijos. Rodas rasga el velo para que veamos la mujer real, libre de los convencionalismos sociales, la amante en la madre y la madre en la amante:

Yo, el incesto
la que nunca acaba de
parir
y recibir el semen.
La más
amable
madre.
La más odiada. (*El fin* 25)

Otras nuevas metáforas e imágenes que aparecen en esta colección son: "Lunas que caían a pedazos / descolgadas del cielo" (13); "Arqueas el lomo, / ola que pasas la mañana yendo lentamente desde afuera" (47); "Los pasos grandes del miedo / recorren mi casa" (77); "Los sueños, esos pozos chiquitos en que ahogamos / la razón / el buen criterio / la lógica" (65);

Y uno está en su casa
y le acompañan
el que no está
lo no vivido
un colchón frío
    y una
    ventana
    abierta (*El fin* 91)

En *La insurrección de Mariana*, la innovación metafórica llega a la cúspide, creando con ello insólitas, pero bellísimas, imágenes poéticas, mediante el uso de palabras escatológicas, digresiones, elementos binarios, asociaciones, opuestos, alusiones y deformaciones. Analizar este poemario en base al uso de un lenguaje masculino o a la poetización de lo vulgar, es reducirlo a sus elementos más básicos. En cada poema, Rodas convierte su angustiosa y solitaria existencia en un bello universo poético. Con una sorprendente facilidad, la poeta salta de lo personal a lo social, del mundo al universo. Como podemos ver en las siguientes metáforas e imágenes, también la dolorosa y cruda realidad puede llegar a ser poéticamente bella en los versos de Rodas: "un rostro festoneado a balazos" (20); "la angustia que perforó mis ojos" (13); "entretenida en largas orgías con la muerte" (15); "Lástima, tu piel no es otra cosa / que una jaula" (61); "esconde la conciencia / en la segunda gaveta de la izquierda" (19); "borrar del aire /

los sofocados llantos de los pasados años" (19) y "Vivía posada a la orilla del aire / blanca y rubia y delgada / con una lengua filosa que cortaba sin miedo / y con un pecho abierto que no tenía cercas" (14).

En conclusión, Ana María Rodas, movida por la ansiedad de la influencia, quiere hacer historia como poeta, escribiendo una poesía fiel a sí misma y también fiel a su tiempo. Para conseguirlo, como hemos visto, ha tenido que romper con el canon a diferentes niveles, pero esto no quiere decir que haya eliminado la tradición literaria en su totalidad. Rodas, al igual que todo creador, tomó aquello que era necesario para establecer sus bases, pero como dice Bloom: "If the dead poets, as Eliot insisted, constituted their successor's particular advance in knowledge, that knowledge is still their successor's creation, made by the living for the needs of the living" (19). Rodas, de igual manera, se aprovecha del conocimiento alcanzado por sus precursores literarios, sin embargo la asimilación de ese conocimiento es muy suya, al igual que lo es esa "vista nueva que . . . [se ha]dado". Esto lo podemos ver en uno de sus poemas existencialistas:

Uno sólo viaja con el dolor
con la úlcera, con la depresión y la angustia.
Hace escalas
y llora algunas veces
y mira hacia la noche y se pregunta
para qué darle un tour a las miserias.

La noche observa con luces que no dicen nada. (*El fin* 55)

El sufrimiento, la soledad y la angustia que invaden al sujeto lírico, ante la indiferencia del universo, presentes en este poema, nos lleva a un existencialismo tan viejo como la vida misma. ¿Cuál es el origen del sentimiento de desamparo que siente la poeta? ¿Le viene su toma de conciencia de Kierkegaard, Nietzsche, Sartre...? ¿Le viene de alguna obra de Dostoyevsky, Kafka, Camus...? Tal vez ni ella misma lo sepa. Aunque la escena nos recuerde múltiples textos, no podemos señalar a ninguno de ellos en particular. El existencialismo sentido por Rodas es muy suyo, es único. No es una imitación, copia o reproducción de otro texto. Es un sentimiento que brota de lo más profundo de su ser y se exterioriza a través de su escritura.

Freud, como ya hemos dicho, creía que la ansiedad es algo innato en nosotros; todos, poetas o no, sufrimos de ella. Nietzsche la consideraba imprescindible para llevar a cabo toda gran empresa.[7] Borges ha comentado que los poetas crean a sus propios precursores (Bloom 19). Todas estas ideas nos llevan a la conclusión de que los precursores son necesarios en la dinámica literaria, el progreso, la continuidad, la creación. Los nuevos poetas crean a sus maestros como modelos a los que tienen que vencer para asegurarse un lugar en la historia de la literatura. Ambos, precursor y poeta nuevo, se necesitan para afirmarse mutuamente. El joven poeta no podría existir sin un precursor al que sustituir, opacar, matar para ir más allá de él, y el precursor tampoco podría existir sin un joven poeta que lo eternice, aun en la negación. Como puntualizó Emerson: "Christ 'did well. . . . But he that shall come shall do better' " (citado en Bloom 134).

Obras citadas

Bloom, Harold. *The Anxiety of Influence.* New York, Oxford University Press, 1973.

Carrera, Mario Alberto. *Panorama de la poesía femenina guatemalteca del siglo XX.* Guatemala, Editorial Universitaria de Guatemala, 1983.

Chatman, Seymour. *Story and Discourse: Narrative Structure in Fiction and Film.* Ithaca, Cornell University Press, 1980.

Chevalier, Jean y Alain Gheerbrant. *The Penguin Dictionary of Symbols.* New York, Penguin Books, 1996.

Cirlot, Juan Eduardo. *A Dictionary of Symbols.* Oxford, Alden Press, 1976.

Facundo, Ana María. *Obra poética (1965-2000).* Vol. I, Madrid, Fundamentos, 2002.

Guerra-Cunningham, Lucía. "Retextualización del cuerpo en la poesía de Ana María Rodas". En Toledo, *Desde la zona abierta*, pp. 117-129.

Liano, Dante. "La poesía de Ana María Rodas". En Toledo, *Desde la zona abierta*, pp. 53-66.

7. Nietzsche afirma: "Great men, like great ages, are explosives in which a tremendous force is stored up; their precondition is always, historically and physiologically, that for a long time much has been gathered, stored up, saved up, and conserved for them—that there has been no explosion for a long time. Once the tension in the mass has become too great, then the most accidental stimulus suffices to summon into the world the 'genius', the 'deed', the great destiny" (citado en Bloom 50).

Méndez de la Vega, Luz. *Poetisas desmitificadoras guatemaltecas*. Guatemala, Tipografía Nacional, 1984.

Nájera, Francisco. "Ana María Rodas o la escritura del matriarcado". En Toledo, *Desde la zona abierta*, pp. 13-23

Preble-Niemi, Oralia. "La poesía de Ana María Rodas: Logos y *poiema*". En Toledo, *Desde la zona abierta*, pp. 173-185.

Rodas, Ana María. *Cuatro esquinas del juego de una muñeca*. Guatemala, Edición de autor, 1975.

———. *El fin de los mitos y los sueños*. Guatemala, Editorial RIN-78, 1984.

———. *La insurrección de Mariana*. Guatemala, Ediciones del Cadejo, 1993.

———. *Poemas de la izquierda erótica*. 1973. Guatemala, Gurch, 1998.

———. Prólogo. *Brutal batalla de silencios*, de Aida Toledo. Guatemala, Cultura, 1990.

Rodríguez, Jesús. "Reflexiones sobre *Cuatro esquinas del juego de una muñeca*". En Toledo, *Desde la zona abierta*, pp. 209-214.

Schopf, Federico. Prólogo. *Poemas y antipoemas de Nicanor Parra*. Santiago de Chile, Nascimento, 1972, pp. 7-50.

Solares-Larrave, Francisco José. "Sobre la poesía de Ana María Rodas". Introducción. En *El fin de los mitos y los sueños*, de Rodas, Guatemala, Editorial RIN-78, 1984, pp. vii-xxxii.

Toledo, Aida. editora. *Desde la zona abierta: Artículos críticos sobre la obra de Ana María Rodas*. Guatemala, Palo de Hormigo, 2004.

———. "Feminismo y subversión en los setenta en Guatemala: *Poemas de la izquierda erótica*, historia de un libro". En Toledo, *Desde la zona abierta*, pp. 131-143.

Fuente: San Pedro, Teresa. "Ana María Rodas y la ansiedad de la influencia". *Antípodas: Journal of Hispanic and Galician Studies*, núm. 21, 2010, pp. 161-181.

"La poesía de Ana María Rodas: Logos y *poiema*"

Oralia Preble-Niemi

La publicación en 1973 de *Poemas de la izquierda erótica*, primer poemario de Ana María Rodas, ocasionó un escándalo en el panorama cultural guatemalteco, especialmente entre los varones. El alboroto se debía a lo que decían los poemas, mejor dicho, a su logos. Por su representación de una sexualidad liberada en la mujer y por el lenguaje "indecoroso", incluso antes de que se publicara el libro, los poemas fueron desacreditados como poesía por un miembro del grupo poético al que Rodas pertenecía.[1] Que eso sucediera, no debería sorprender a nadie, puesto que, como lo ha señalado Biruté Ciplijauskaité, quienquiera que ingresa en un discurso diferente incurre en la subversión (205-208). Los campeones del discurso hegemónico no pudieron aceptar semejante subversión discursiva de parte de una persona que consideraban subalterna. Rodas, por su parte, no quiso aceptar ser silenciada por este tipo de "ninguneo"[2] y siguió escribiendo porque, como declara Anthony Stanton, los poetas "empiezan a escribir al no encontrar en los demás [poetas] el poema que quieren leer" (12).

Con el paso del tiempo, el escándalo y la vituperación pública disminuyeron. A la vez, el logos transgresor de ese primer poemario y de los tres que lo han seguido ha suscitado una defensa por parte de los feministas (hombres y mujeres) y la aceptación por la crítica literaria,[3] especialmente dentro de

1. En su estudio, *Panorama de la poesía femenina guatemalteca del siglo XX*, Mario Alberto Carrera afirma: "Algunos se desmayaron y se fueron de este mundo al leer los textos de Rodas (que más tarde conformarían su primer libro), entre ellos el poeta y excelente novelista Marco Antonio Flores, quien le dijo tajante y desparpajadamente que lo que ella estaba haciendo no era poesía" (154).
2. Uso el término con el sentido que le da Octavio Paz en su ensayo "Máscaras mexicanas" en *El laberinto de la soledad*, 25-38.
3. Mario Alberto Carrera considera que: "Rodas sigue . . . los caminos de mayor vanguardia de la poesía de hoy. Por ello dije alguna vez, al principio de este panorama, que ella abre la *nouvelle vague* femenina de la poesía guatemalteca" (*Panorama* 157). Por su parte, Luz Méndez de la Vega indudablemente alude a la obra de Rodas cuando habla de "una poesía especialmente agresiva, irreverente en el lenguaje y desmitificadora de todas las 'delicadezas' que caracterizan a la poesía femenina tradicional. Poesía que en contraste a la evasión de la realidad, con los ojos abiertos sobre la verdad político-social del país o sobre su propia realidad de género oprimido o sobre la realidad de un mundo de seres incomunicados e

los círculos académicos. Muchos concuerdan con el juicio de Francisco Nájera, quien advierte el atrevimiento léxico de Rodas y reconoce el valor de su obra al: "expresar una visión 'feminista' de la realidad y proponer así una experiencia matriarcal del mundo. . . , una estrategia político / textual . . . [que] le permite inscribir el discurso femenino. . . , anulando los límites erigidos por el pensamiento patriarcal" (51).[4] En otras palabras, el logos de Rodas equivale a la desconstrucción de ese constructo social que establece lo 'femenino' dentro de la cultura occidental, de aquella ficción limitadora ideada por el patriarcado para la mujer.[5] Para lograr una desconstrucción de estas proporciones se exigía que, según la expresión brechtiana, se "hiciera extraño" lo que en la Guatemala de 1973 se veía como algo normal, algo natural.

Chiara Bollentini plantea que era necesario hacerlo de la manera en que lo hizo Rodas porque: "*hasta que no se le diera una forma impactante al contenido* —aunque fuera éste explícito, como en el caso de ciertas predecesoras de Rodas—,[6] *el mensaje llegaría suavizado a su receptor*" (160; cursiva mía de énfasis). Efectivamente, el logos de Rodas es precisamente lo idóneo; es impactante, perturba las sensibilidades recatadas y las actitudes quizás hipócritas de los que consideran que la subalternidad y el silencio de la mujer son algo natural.

---

intranscendentes, levanta su voz sin el rebuscamiento de las palabras 'inofensivas', sino precisamente usando el lenguaje también como un arma o un bisturí que descarna las pústulas de los prejuicios" (*Poetisas desmitificadoras guatemaltecas* 13). Teresa San Pedro considera, como lo indica el título de su artículo, que, incluso, se trata de una nueva estética: "La palabra directa de Ana María Rodas o *la negación de la estética poética tradicional*" (el énfasis es mío).

4. Dante Liano expresa una opinión análoga: "La fuerza epigramática de Rodas está en la sencillez de su lenguaje preciso y directo, en un topos, como el erótico, en donde el eufemismo ha reinado desde siempre. Hablar a los hombres como los hombres hablan pero con una perspectiva femenina, tal es su hallazgo poético" (174).

5. Luz Méndez de la Vega hace un estudio valioso de dicho fenómeno en su ensayo "Lenguaje, religión y literatura como deformadores de la mujer y de la cultura", el cual fue originalmente presentado como Lección Inaugural al inicio del curso lectivo del año 1981 en la Facultad de Humanidades de la Universidad de San Carlos en la Ciudad de Guatemala. Posteriormente fue publicado en la *Revista Universidad de San Carlos* en 1980.

6. Aquí Bollentini sin duda se refiere específicamente a Josefa García Granados, quien en el siglo XIX escribió poemas en los que llamaba a las cosas por su nombre, incluyendo los órganos genitales.

A pesar de los muy acertados comentarios hechos hasta la fecha por la crítica sobre el logos de la poesía de Rodas, a mi parecer, el análisis de su obra poética quedará incompleto, a menos que nos acerquemos a esa obra como *poiema*, algo que apenas se ha hecho. Me explico con las palabras de C. S. Lewis, quien plantea que un poema:

> a la vez *significa* y es. Es tanto logos (algo dicho) como *poiema* (algo hecho). Como logos cuenta una historia, o expresa una emoción, o exhorta o ruega o describe o reprende o excita a la risa. Como *poiema*, por sus bellezas aurales, así como por el balance y el contraste y la multiplicidad unificada de sus sucesivas partes, es un *objet d'art,* cosa formada para dar gran satisfacción. (Lewis 182; traducción mía)

Lo mismo se puede inferir del comentario de Mario Alberto Carrera: "la forma es la esencia de la poesía y no los temas. Los temas puede compartirlos con la sociología, con la psiquiatría, o con la metafísica. La *forma* es lo que convierte un texto en poema" (154; cursiva mía de énfasis). Carrera propone, análogamente a lo que han hecho otros,[7] que la forma en Rodas "es la agresión por la palabra" (155). Para muchos, el *poiema* de Rodas consiste primeramente en su expresión airada contra el machismo que pretende paralizarla dentro del molde inferiorizante que por siglos el patriarcado le ha impuesto a la mujer. Otro rasgo del *poiema* de Rodas señalado por Carrera es el uso de "una sintaxis aparentemente simple que arranca de modos de habla popular y hasta dialectal y que hacen del poema una cosa fresca" (157-158). Teresa San Pedro, por su parte, sugiere que Rodas "reacciona contra la superficialidad y falsedad de la retórica tradicional que se empeña en disfrazar la cruda y fea realidad con bellas palabras y vacías metáforas" (196).

No niego ni tengo pleito con ninguno de los acertados comentarios que hasta la fecha han pronunciado los críticos. Sin embargo, en mi opinión, como *poiema*, esta obra va mucho más allá de un mero estridentismo feminista, del uso del habla popular o dialectal y del rehuirle a la metáfora bella. Una lectura cuidadosa de sus cuatro poemarios revela que el lenguaje figurado, si no la metáfora bella, ha sido parte íntegra de la poesía de Rodas desde el principio, y éste, de acuerdo con las preceptivas poéticas

7. Véase, arriba, los comentarios al respecto de Mario Alberto Carrera y Luz Méndez de la Vega, nota 3, y de Dante Liano, nota 4. También véase lo que Francisco José Solares-Larrave opina en su prólogo a *El fin de los mitos y los sueños*: "Rodas discurre entre procacidades e insultos" (xiii-xiv).

tradicionales y contemporáneas, es la esencia de *poiema*. Por tanto, en este estudio, me propongo buscar ejemplos del lenguaje figurado que Rodas incorpora en su obra, analizarlo y develar los efectos emotivos, o sea, poéticos que éste produce en la sensibilidad lectora.

Es verdad que en los dos primeros poemarios el lenguaje figurado escasea, pero no por eso es éste menos efectivo cuando ocurre. De hecho, por su valor sorpresivo, la presencia de una bien realizada metáfora o de una imagen peregrina dentro de un poema escrito en habla cotidiana alcanza un potente efecto poético y transmite su carga emotiva con mayor intensidad. No me propongo analizar todo caso de lenguaje figurado en la obra de Rodas, y me limito a discutir sendos ejemplos de los dos primeros poemarios, para que conste su presencia en ellos, aclarando a la vez, que no son los únicos.

Del primer libro, *Poemas de la izquierda erótica*, he escogido un poema en el que el dolor de una memoria, que es evocada por medio de versos en habla cotidiana, es agravado por el efecto de un recurso que Carlos Bousoño ha denominado la "imagen contemporánea" o "imagen visionaria".[8] Los versos sencillos de la primera estrofa rememoran una situación que más adelante se matizará de dolor. Rezan así:

> dos sábanas
> quemadas por un cigarrillo
> varios almuerzos
> y un montón de madrugadas jóvenes
> mirando hacia el techo. (*Poemas* 34, v. 3-7)

Estos recuerdos aparentemente ordinarios, en realidad, se relacionan con un amor fracasado. Eso se desprende de unos versos posteriores que aluden al tiempo en que ese amor existía: "una jícara que cuelga de una lámpara /

8. Según Bousoño, al contrario de la imagen tradicional, en la que la semejanza entre los planos real y referencial es obvia, en la imagen contemporánea, que también denomina visionaria, "la semejanza objetiva entre los dos planos es perceptible *tras el esfuerzo de un sutil análisis*; pero . . . sólo es visible tras ese esfuerzo, no antes, no en la lectura espontánea del instante poético en cuestión. Para la sensibilidad del lector, es, pues, como si tal semejanza no existiera. . . . Nuestra emoción es independiente y previa al reconocimiento intelectual del parecido objetivo, que sólo alcanzamos a vislumbrar después . . . con la ulterior reflexión, la cual se hace superflua desde el punto de vista estrictamente estético" (145). El uso de la letra cursiva en esta cita y en lo sucesivo es del autor.

recuerda / haber sido comprada con amor" (34, v. 9-11). La última estrofa del poema introduce la reacción del sujeto hablante ante lo que recuerda: "Por dentro aún arde; / un cuchillo de recuerdo ahonda la llaga" (34, v. 14-15). El primero de estos versos, el penúltimo del poema, expone el sufrimiento de la hablante ante la realidad de su pérdida. Sin embargo, su expresión en habla cotidiana casi no conmueve la sensibilidad lectora. No es sino hasta que ese verso es modificado por una imagen visionaria contenida en el último verso que ello se logra. Ahí, Rodas modifica la sensación expresada con la expresión "un cuchillo de recuerdo ahonda la llaga", una imagen visionaria que, por un proceso irracional del intelecto de quien lee el poema, hace más vívida la angustia de la hablante. Tras un leve análisis, se entiende la razón por la cual se experimenta una emoción más fuerte al leerla. Analicemos la imagen para entender. "Un cuchillo" es un arma que hiere, pero el cuchillo del poema está hecho "de recuerdo", algo que es imposible en la realidad. En el poema el recurso es poéticamente eficaz sin que inicialmente el lector racionalmente entienda cómo esa imagen irreal despierta ciertas emociones. Sin embargo, si imaginamos la acción de un cuchillo ahondando una llaga, intelectualmente entendemos que esa acción intensificaría el dolor padecido por la persona herida. En la imagen irracional del "cuchillo de recuerdo", el cuchillo se convierte en una metáfora por obra del material del que se dice estar hecho, el "recuerdo". Mejor dicho, lo que hiere a la hablante es el recuerdo de un amor que se ha apagado. La imagen visionaria irracionalmente transmite una carga emotiva que golpea la sensibilidad lectora mucho más eficazmente que aquel conversacional "Por dentro aún arde".

El segundo poemario de Ana María Rodas, *Cuatro esquinas del juego de una muñeca* (1975), tampoco contiene mucho lenguaje figurado, pero no falta. De este libro he seleccionado un poema cuya estrofa inicial contiene otra imagen visionaria, la cual es modificada por una serie de recursos poéticos que acrecientan su valor conmovedor. He aquí esa estrofa:

> El umbral de estos días me atrapa
> frente al hogar tratando
> de acumular cenizas sin recuerdos
> de emitir sonidos nuevos (*Cuatro esquinas* 71, v. 1-4)

El primer verso es una metáfora en la que una coyuntura temporal se expresa con el vocablo, "umbral", o sea, el lugar por donde se entra o se sale de un recinto. Es preciso recalcar que, en la época en que se escribió este poema, antes del cambio del milenio, la metáfora "umbral" = tiempo no estaba tan trillada como lo está ahora. Por eso, se necesitaba un leve análisis para darnos cuenta que ese recinto al que conduce el "umbral" es, irracionalmente, un período de tiempo ("estos días"). El verbo, "me atrapa", evoca la imagen de una persona apresada dentro de "esos días". Lo que esa imagen evoca no puede ocurrir dentro de la realidad; el tiempo es algo insustancial, incapaz de atrapar a una persona o un objeto. No obstante, la imagen visionaria obliga a la consciencia lectora a percatarse de los sentimientos de impotencia y frustración que el sujeto poético siente. Los dos versos que siguen evocan a la hablante sacando la ceniza del hogar. Sin embargo, veamos cómo el *poiema* transforma el logos.

Cuando se modifica las cenizas con la cláusula "sin recuerdos", se crea otra imagen contemporánea, una entidad que no es posible encontrar en el mundo real. Modificada así, la ceniza adquiere un significado metafórico que, sin base en lo racional, hace que la mente lectora reconozca que se trata de un amor muerto que la hablante lírica desea olvidar. En el último verso que cito la "yo" del poema expresa el deseo "de emitir sonidos nuevos" y, por medio de la metáfora, emitir sonidos = vivir experiencias y se manifiesta el anhelo de tener vivencias no relacionadas con el amor caduco. Las imágenes visionarias y los recursos que las modifican no son, en sí, bellos. Sin embargo, tampoco se los puede calificar de vacíos. Su intensa carga emotiva nos obliga, al leerlos, a sentir la soledad y la angustia de la impotente hablante lírica, sentimientos que no se resuelven con la facilidad con que se limpia la ceniza del hogar.

El tercer poemario y el último de Rodas contienen abundante lenguaje figurado. Además, ese lenguaje es innovador y aún más expresivo que el de los libros anteriores. Por eso, de éstos, he seleccionado dos ejemplos de cada uno para analizar. Del tercero, *El fin de los mitos y los sueños* (1984), he elegido ejemplos del tipo que Bousoño denomina una "visión".[9] El primer trozo que se analizará presenta la imagen de una mujer gigantesca con estas palabras:

---

9. Bousoño plantea la visión como "*la simple atribución de cualidades o de funciones irreales a un objeto*, las cuales . . . significan, bien que 'irracionalmente', algo de ese objeto" (178), y las describe de la forma siguiente: "las visiones se caracterizan por tres notas fundamentales: 1a La cualidad irreal . . . aparentemente no pretende sino impresionarnos de un modo. . . , de manera que, a primera vista, se trata de una pura irrealidad que, no sabemos cómo ni por qué, resulta emocionante, esto es, poética. . . . 2a Pero un análisis de nuestra emoción, y a posteriori, por tanto, de ella, descubre siempre un lazo entre lo irreal . . . y ciertos ingredientes reales . . . a cuyo conjunto podemos denominar 'significación irracional'. . . . 3a Mas esos ingredientes de 'significación irracional' . . . no aparecen nítidamente en el análisis, sino con una difuminación o imprecisión que justamente caracterizan a las visiones. Quiero decir que donde no se da esa niebla y percepción brumosa no hay visión" (182-183).

Soy una madre, soy una inmensa madre
que cubre con sus alas a todos los hijos
    los jóvenes
    los viejos
los que aún no han soltado las amarras
los que no tienen ya valor para abrir las ventanas. (*El fin* 61, v. 1-6)

Esta visión contiene todos los elementos conceptuados por Bousoño: tiene atributos irreales, pero suscita una emoción cuyos "ingredientes de 'significación irracional' . . . aparecen nítidamente en el análisis" (183). El sujeto hablante se presenta como una madre inmensa y alada, dos atributos irreales, pero que tienen efecto en la sensibilidad lectora. La estatura gigantesca y las alas de la visión nos hacen intuir algo de la capacidad y el poder extraordinarios de esa madre. La experiencia de quien lee el poema también le atribuye a esta imagen irreal las más tradicionales cualidades maternales, como son la ternura y la protección de su prole. Esa ternura y protección se proyectan hacia una serie de hombres, de una manera semejante a la que la nicaragüense Gioconda Belli usa cuando plasma otra imagen de maternidad universal en su poema titulado "La madre":

No quiere ya sólo a sus hijos,
ni se da sólo a sus hijos.
Lleva prendidas en los pechos
miles de bocas hambrientas.
    (*Línea de fuego* en *El ojo de la mujer* 93, v. 10-13)

Si leemos el poema de Rodas desde una óptica racional, la selección de algunos de los hombres a quienes esta madre protege no nos sorprende (los hijos, los jóvenes), pero la elección de otros (los viejos) nos extraña por su falta de lógica. Los últimos versos que cito arriba, de forma irracional, nos llevan a una conclusión que, tras un leve análisis, entendemos mejor. Esta madre gigantesca con alas es una figura maternal para todos los varones de su patria: los niños, los jóvenes, los que todavía sienten las metafóricas "amarras" de la situación política de la época, y los que se sienten acobardados por la realidad aterradora que rige, apenas al otro lado del cristal de sus ventanas. La hablante quisiera tener la capacidad y el poder que representan su estatura y sus alas para poder protegerlos a todos como si fuera su madre.

En el otro ejemplo que he sacado de este poemario, Rodas usa la tradicional prosopopeia dentro de una visión. El trozo que analizo es la estrofa inicial del poema:

> Eran el viento y una mañana fría
> que hundía sus pies en los canales de Hamburgo
> sacudía su melena soñolienta.
> Yo era algo más dentro de esa mañana
> su sueño
> su estómago hambriento
> su sexo comenzando a darse cuenta de la carne. (*El fin* 51, v. 1-7)

La *prosopopeia* representa la mañana como una persona que hunde los pies en los helados canales de Hamburgo y se sacude el sueño. Dentro del simulacro que es la visión, en forma de atributos irreales, se encuentra la hablante lírica, como si fuera feto, haciendo el papel de diferentes órganos y sensaciones de la visión. Es su sueño, su estómago con hambre y su sexo despertando con deseo. No hay forma de interpretar intelectualmente el significado racional de cada una de esas imágenes. En vez, la sensibilidad lectora entiende que la emoción que el poema irracionalmente suscita es una de estar hundido/a en una situación desusada que es simultáneamente incómoda, fundamental y trascendental. Esta visión obedece estrictamente el precepto de Bousoño que el significado de la visión se entiende, pero "con una difuminación o imprecisión . . . donde no se da esa niebla y percepción brumosa no hay visión" (183).

En el prólogo a su último poemario, *La insurrección de Mariana* (1993), Rodas comenta que éste le parece un "libro raquítico" (10). En mi opinión, de raquítico tiene quizás sólo su número de páginas. La poesía que integra este poemario es impresionante por sus imágenes innovadoras y cargadas de significación. Pasemos enseguida al trozo que es mi primer ejemplo:

> Dónde te has escondido en este tiempo?
> Bajo tus mismas faldas.
> Enfundada en tu propia fortaleza negaste la evidencia.
> Qué evidencia
> puede haber si no vas a un entierro?
>
> Quién ha muerto en esta eterna primavera?
> Quién puede morir en este lugar de cielos y volcanes
> que se reflejan siempre en los maizales verdes? (*La insurrección* 26)

En este poema, la voz lírica se interroga de manera dialógica, acusándose (y defendiéndose de la acusación) de la flaqueza que le hizo imposible enfrentarse a ciertas muertes, muertes que, por virtud de la "eterna primavera", que las ubica en Guatemala, son las de las víctimas del terror en esa nación durante el período brevemente anterior a la composición del poemario. En el primer verso, la imagen visionaria del sujeto hablante, escondiéndose debajo de sus propias faldas, evoca el sentimiento de refugio que las faldas maternas nos rindieron a todos en nuestra infancia, faldas que, como adultos, es imposible ya buscar para que nos amparen. La imagen de una "fortaleza" en que se enfunda la hablante acrecienta la calidad bélica de los tiempos a los que se aluden; pero, a la vez, esa imagen se debilita cuando se la presenta como una funda para el sujeto poético. El poema nos hace ver lo inútil que fueron todas las tretas psicológicas para proteger al pueblo contra el terror. Al leer esta estrofa se siente la angustia y la culpabilidad de la hablante por haberse dejado amilanar por las atrocidades y por haber tratado de protegerse psicológicamente, negando las muertes. El golpe emotivo a la sensibilidad lectora se efectúa al comprender la imposibilidad de encontrar el refugio que busca el sujeto poético. El conflicto interior se refleja en la chocante antítesis del oscuro ambiente bélico del terror y la bucólica imagen de la Guatemala pintoresca. La hablante lírica se siente culpable del encogimiento que le posibilitó la supervivencia y avergonzada de las tretas psicológicas de las que necesitó echar mano para alcanzarla:

> Soy la superviviente. La que cerró los ojos
> y se llenó las orejas con cera.
> La que pasó junto a las rocas sin escuchar las voces.
> Ciega por propia voluntad para evitar la visión de los buitres
> limpiándose los picos en los huesos
> (*La insurrección* 26, v 11-15).

El subtexto es que hubo buena razón para tener miedo, que rigió un régimen de terror que amedrentó a muchos. Este subtexto se desprende de los últimos dos versos del poema citados arriba. Si se interpreta la figura de los buitres metafóricamente como los esbirros y sicarios que fueron culpables de tantas muertes en la época, la última imagen del poema resulta impactante porque presenta esos buitres, no ensuciándose el pico con la sangre de las víctimas, sino ya saciados y limpiándoselo en los huesos que han dejado desnudos y pulidos. La sensación que ocasiona esa imagen en la sensibilidad lectora es la de horror ante unos hombres que ya debían estar saciados, hastiados de la crueldad y la violencia, pero que seguían infligiéndolas por costumbre o por vicio.

El otro ejemplo que cito del último poemario contiene otra imagen visionaria. Este trozo es la primera parte de un poema en el que la hablante lírica presenta su autorretrato:

> Vuelta la página de la racionalidad diurna
> me contemplo:
> recorrida de peces
> mordida de culebras.
> Enmarañado, el pelo es un paraje en el que viven
> los bichos más extraños.
> Una luz interior ahogada a ratos por el agua
> me ayuda a recorrer el laberinto.
> Minotaura! (*La insurrección* 67, v. 1-9)

Aquí Rodas retrata a la hablante lírica de una forma irracional; pero la significación se devela tras un leve esfuerzo analítico. Al interpretar el primer verso, se aclara que ha anochecido y que la hablante se encuentra en un estado de insomnio irracional. Casi sin recurso a la razón, se intuye que la hablante lírica sufre de algo parecido a un malestar psicológico. Siente sensaciones legamosas en la piel y un ardor como de picaduras de víbora por el cuerpo. El intelecto lector interpreta los bichos extraños que viven en su pelo enmarañado como los pensamientos raros de la insomne. La interpretación de la "luz interior ahogada a ratos por el agua" surge como los momentos intermitentes de sueño que le alivian el insomnio. La metáfora "yo" = Minotaura nos comunica que la hablante se siente atrapada como en un laberinto. En un verso posterior a los que he citado, dice: "Llevo tantos años buscando una salida!" (67), lo cual indica que el sujeto hablante cree que su salida está vedada, exacerbando así la angustia que sienten tanto ella como el lector. Si se ubica el poema en el contexto de la época en que se escribió, se puede creer que se trata, de nuevo, de las emociones que sufrían los guatemaltecos que, como Rodas, sobrevivieron las décadas bélicas, pero que no podían ni podrán nunca borrar los recuerdos del terror.

Para concluir, con el análisis de un número muy limitado de ejemplos del lenguaje figurado que Ana María Rodas ha usado, en crescendo desde su primer poemario, creo haber demostrado que la poesía de esta poeta es, efectivamente, *poiema*, algo trabajado minuciosamente para obtener la poeticidad y, por medio de ella, poderosas reacciones emotivas en la sensibilidad lectora. En sus primeros dos libros, el estridentismo y el habla cotidiana son los recursos poéticos privilegiados, como lo han señalados varios críticos antes que yo. Sin embargo, dentro de ese lenguaje de todos los días, he destacado unas pequeñas joyas en forma de imágenes inauditas y de metáforas hábilmente trabajadas que eficazmente vibran en la sensibilidad de quien las lee. En sus dos últimos poemarios, en contraste con los dos primeros, el lenguaje figurado es más abundante e innovador. En ellos se encuentra una variedad de sorprendentes visiones e imágenes visionarias (o contemporáneas), recursos poéticos que Carlos Bousoño ha identificado como la marca del gremio de los mejores poetas de la época contemporánea, y de otros recursos líricos que cobran su valor poético al recurrir al reino de la irracionalidad. Ello coloca la obra de Ana María Rodas en la corriente de la mejor poesía de su época. En suma, una gran cantidad de sus poemas son verdaderamente *poiema*, además de manifestar conceptos revolucionarios en su logos.

Obras citadas

Belli, Gioconda. *El ojo de la mujer.* Managua, Vanguardia, 1991.

Bollentini, Chiara. "La poesía de Ana María Rodas: la revolución sociosexual en la Guatemala del patriarcado". *Confluencia,* vol. 13, núm. 2, primavera 1998, pp. 156-168.

Bousoño, Carlos. *Teoría de la expresión poética.* Tomo I, 5a ed. aumentada, Madrid, Gredos, 1985.

Carrera, Mario Alberto. *Panorama de la poesía femenina guatemalteca del siglo XX.* Guatemala, Editorial Universitaria, 1983.

Ciplijauskaité, Biruté. *La novela femenina contemporánea (1970-1985).* Barcelona, Anthropos, 1988.

Lewis, C. S. *An Experiment in Criticism.* Cambridge, Cambridge University Press, 1961.

Liano, Dante. "La poesía de Ana María Rodas". *Maschere: Le scritture delle donne nella culture iberiche,* editado por Susanna Regazzoni y Leonardo Buonomo, Roma, Bulzoni Editore, 1994, pp. 171-181.

Méndez de la Vega, Luz. "Lenguaje, religión y literatura como deformadores de la mujer y de la cultura". Serie Separatas Anuario Núm. 31. *Revista Universidad de San Carlos*, 2ª época, núm. 11, 1980, pp. 3-35.

———. *Poetisas desmitificadoras guatemaltecas.* Volumen 18, Guatemala, Tipografía Nacional, 1984.

Nájera, Francisco. "Ana María Rodas o la escritura del matriarcado". *Centroamericana*, núm. 3, 1992, pp. 42-53.

———. Introducción. En *Mariana en la tigrera*, de Rodas, Guatemala, Editorial Artemis Edinter, 1996, pp. 1-2.

Paz, Octavio. *El laberinto de la soledad.* México, DF, Fondo de Cultura Económica, 1964.

Rodas, Ana María. *Cuatro esquinas del juego de una muñeca.* Guatemala, Edición de autor, 1975.

———. *El fin de los mitos y los sueños.* Guatemala, Editorial RIN-78, 1984.

———. *La insurrección de Mariana.* Guatemala, Ediciones del Cadejo, 1993.

———. *Poemas de la izquierda erótica.* 1973. Guatemala, Gurch, 1998.

San Pedro, Teresa. "La palabra directa de Ana María Rodas o la negación de la estética poética tradicional". *Ístmica*, núm. 3-4, 1998, pp. 196-206.

Solares-Larrave, Francisco José. "Sobre la poesía de Ana María Rodas". En *El fin de los mitos y los sueños*, de Rodas. Guatemala, Editorial RIN-78, 1984, pp. vii-xxxii.

Stanton, Anthony. *Inventores de tradición: ensayos sobre poesía mexicana moderna.* México, DF, Fondo de Cultura Económica, 1998.

Fuente: Preble-Niemi, Oralia. "La poesía de Ana María Rodas: Logos y *poiema*". En *Desde la zona abierta: artículos críticos sobre la obra de Ana María Rodas*, editado por Aida Toledo, Guatemala, Palo de Hormigo, 2004, pp. 173-185.

"Sobre la poesía de Ana María Rodas"

Francisco Solares-Larrave

Ya no será
ya no
no viviremos juntos
no criaré a tu hijo
no coseré tu ropa
no te tendré de noche
no te besaré al irme.
Nunca sabrás quién fui
por qué me amaron otros...
–Idea Vilariño

1. La poesía

La pregunta inmortal "¿qué es la poesía?" ronda los tiempos como maldición de cabezas sudorosas. Hija de sufrimiento y dolor, se ha intentado explicarla en función de las míticas musas, del no menos mítico concepto de "inspiración", de la alegría del espíritu en contacto con la belleza que significa y también como resultado de un estado del alma que acerca lo terreno a lo sublime. Empero, siempre será preferible sortear el problema de su esencia para encontrar en su manifiestación la verdad que encierra:

> La poesía revela este mundo; crea otro. Pan de los elegidos; alimento maldito. Aísla; une. Invitación al viaje; regreso a la tierra natal. Inspiración, respiración, ejercicio muscular. Plegaria al vacío, diálogo con la ausencia: el tedio, la angustia y la desesperación la alimentan. Oración, letanía, epifanía, presencia. Exorcismo, conjuro, magia. Sublimación, compensación, condensación del inconsciente. Expresión histórica de razas, naciones, clases. Niega a la historia: en su seno se resuelven todos los conflictos objetivos y el hombre adquiere al fin, conciencia de ser algo más que tránsito. . . . (Paz 13)

Este hecho que trae y retrae recuerdos, disuelve fronteras y funda horizontes para nuevos sueños, la poesía existe en todo aquello que percibimos como bello. Cada uno de nosotros posee una fórmula que identifica la poesía (y lo poético) merced a una vivencia interior o exterior, lo que amplía nuestra visión —así como puede estrecharla— de lo existente en el mundo. La poesía es la belleza, podría aducirse sin pecar de liberal, y todo lo bello es poético porque ejerce esa profunda influencia que sólo la pureza es capaz de tener.

Si buscamos una respuesta a la pregunta inmemorial, podríamos seguir aún más sin encontrar una satisfactoria. La búsqueda de una esencia no terminará necesariamente en su hallazgo. Es mejor gozar la poesía que tratar de explicarla (aun cuando se intente en términos de lingüística), o se corre el riesgo de perder la ingenuidad que nos permite el disfrute de lo poético.

Entonces, ¿cómo discernir lo poético de aquello que no es poesía? Quizá la clave para solucionar este problema sea la entera confianza en la sensibilidad, abrir las posibilidades de impresión estética y adoptar una actitud "ingenua": el hecho estético tiene numerosas traducciones (puede ser pictórico, musical, arquitectónico), pero el hecho poético sólo tiene un canal viable: el lenguaje. La poesía se realiza en el lenguaje y su poder de sugerencia con respecto a la realidad que ambiciona reflejar. De ahí la fuerza de las imágenes: construcciones del lenguaje, contrastes que únicamente se hacen posibles merced a la lógica de la expresión y son imposibles en la realidad: poder liberador de las palabras. Lo poético se desprende como una exhalación de aquello en lo que creamos encontrarlo (porque cada cual tiene su idea propia de belleza y poesía), como un aroma diferencial: se eleva sobre las palabras escritas por Baudelaire y no de una nota periodística o un tratado de fisiología; se insinúa entre los cortes y escenas de una cinta de Polanski y no en un comercial; se siente proveniente de una obra de Jackson Pollock más que de un graffiti callejero... y así sucesivamente. Los ejemplos pueden parecer deliberadamente absurdos; ¿quién podrá negar que hay graffitis dignos de guardar en museos de arte, o notas artísticamente redactadas, así como comerciales seductores de inexplicable atracción? ¿Será acaso porque estas supuestas "excepciones" no son sino "inclusiones"?

Sea lo que fuere, el problema principal está parcialmente respondido: lo que se necesita para redondear la respuesta es la vivencia de la belleza, ya que no deja de ser un tanto absurdo hablar de la belleza sin sentirla. Poesía y belleza no son lo mismo, es decir, no se identifican la una como la otra, pero siempre la primera participa de la segunda. Y, en una buena medida, ésta se instala en la expresión auténtica y personal de un ser pensante y viviente.

2. La poesía erótica

Por lo general, siempre se procede (con el fin de facilitar cualquier clase de estudio), a clasificar toda forma de arte; en poesía existen parcelas diferenciadas entre sí de alguna forma, como la poesía filosófica, la llamada "comprometida", la moral, la poesía erótica y la poesía amorosa. Todas estas "formas" comparten una serie de rasgos comunes, tanto en lo formal como en lo ideológico y las fronteras que las separan son demasiado sutiles (por no decir débiles) como para instituirse en definiciones taxativas. Empero, subsisten y fructifican como las ramas de un mismo árbol. Así, al tratar lo referente a la poesía erótica se excluyen los subgéneros restantes y se llega a una cuestión particularmente interesante: la innegable relación entre poesía amorosa y poesía erótica.

No es, por cierto, una relación estricta de casualidad; empero, podría considerarse de esa manera si se piensa que sólo lo erótico tiene posibilidad de ser amado (al utilizar el término erótico de acuerdo con el sentido o connotación que etimológicamente posee). Visto de esta forma, lo erótico y lo amoroso comparten un mismo cauce, son palabras diferentes para una misma actitud: lo erótico es "amable" per se.

Ahora bien, se habla de poesía erótica en forma separada con respecto a la poesía amorosa. ¿A qué obedece esta distinción si no a una mala interpretación de los contenidos que establecen la división entre esta clase de poesía y la demás?, ¿qué mejor ejemplo que los poemas de amor de Miguel Hernández, muchas veces eróticos y rotulados como "amorosos"?

El fenómeno del amor conlleva en su aparición el deseo por el objeto amado, el ansia por su posesión absoluta; la idea stendhaliana de la cristalización no es más que un pálido reflejo de la potencial energía de esta pasión, una visión intelectualizada. El amor es una fuerza tan poderosa como el odio o la fe, y de igual manera puede mover montañas ya que "si bien se mira, la poesía es siempre un acto de amor..." (Luis 9).

Tal vez convenga hablar, como anota Leopoldo de Luis, de poesía amorosa y poesía sobre el tema del amor, haciendo hincapié en que la primera es algo sustancial "y se alía a la obra de los más grandes poetas de todos los tiempos", mientras que la poesía de tema de amor "puede ser cortical, puede no exceder los breves límites de una anécdota" (9-10). Como ejemplos de poesía amorosa puede recordarse a Safo, a los ardientes románticos ingleses, al mismo Miguel Hernández y a Pablo Neruda, entre tantos; para comprender lo segundo, baste con recordar a Bécquer o a Campoamor, cuya obra presenta, bajo un cuidadoso disfraz estilístico y retórico, el tema del amor a los ojos llorosos de una sociedad, cuya complacencia, con respecto a él, parecía nutrirse más de imágenes que de vivencias. Cada uno tiene su mérito, pero deberá comprenderse que poesía amorosa y poesía erótica, en un momento dado, traslapan sus "significados" y se funden en una sola cosa, cuyo transporte, soporte, eje, importancia y validez descansan en su vivencia personal, no en su lectura o audición. El amor no es un mero goce estético sino, como afirma Erich Fromm, un rescate existencial.

En pocas palabras, la conclusión inevitable es que la poesía erótica es amorosa, lo cual la sitúa a distancia de aquélla cuyo tema es el amor. La primera es el resultado de una vivencia interna de poderosa intensidad, en tanto que la segunda procede de una observación que interioriza el hecho amoroso sin hacerlo enteramente suyo, porque no le pertenece. La primera, nace del dolor y la soledad; la segunda, de la presencia ante ese dolor y esa soledad en calidad de sensible testigo.

3. La poesía de Ana María Rodas

"Y la forma es la esencia de la poesía y no los temas" (154) afirma Mario Alberto Carrera en el contexto de su ensayo sobre Ana María Rodas; esta aseveración se justifica por el hecho de que la obra poética de Ana María Rodas puede parecer cualquier cosa menos poesía, de la misma forma que se discute sobre los géneros en las obras de Tito Monterroso, Borges o Álvaro Menén-Desleal (157). Rodas discurre entre procacidades e insultos, trabajando en poesía, en contraste con autores —y también autoras— cuyo concepto de poesía es de naturaleza artepurista. El enfrentamiento de estilos produce un inevitable conflicto, cuya solución radica en la definición inicial de poesía: belleza que se origina en la expresión auténtica y personal de un ser pensante y viviente.

Una característica importante en la obra literaria de cualquier autor es la unidad, tanto temática como formal. El mejor ejemplo lo constituye Albert Camus, cuyos temas forman una sólida construcción que se afirma sobre sus bases en una forma continua. El registro de Camus no es el existencialismo estridente de pose naturalista, sino más bien el reflejo de la severa crisis moral que afectó la Europa de su tiempo y que aparece connotado en sus relatos y novelas de manera progresiva, ascendente, como una espiral que amplía siempre sus límites. Le rigen preocupaciones éticas y filosóficas que se denotan situacionalmente, como escenas de valor semántico e indiscutible carga ideológica.

De la misma forma podría hablarse de otros autores que, a lo largo de su obra, conservan y consolidan su unidad temático-estilística. Entre ellos cabe presentar a Ana María Rodas, con sus dos poemarios previos a *El fin de los mitos y los sueños*, que son *Poemas de la izquierda erótica* y *Cuatro esquinas del juego de una muñeca*. En ambos se encuentra la comunidad de tópicos y estilo que distinguen a Rodas de otros autores de poemas semejantes, como Enrique Noriega (*Post-Actus,* 1982) y Luis Eduardo Rivera (*Servicios ejemplares*, 1978), e inclusive, Carlos Illescas (*Réquiem del obsceno,* 1962 y *Los cuadernos de Marsias*, 1973), de quienes podría aducirse, por momentos, una posible influencia. En todo caso, son autores de una poesía que, de un modo u otro, puede llamarse amatoria. Empero, la de Ana María Rodas tiene particularidades diferenciales por cuanto se proclama abanderada de un feminismo que reclama un lugar justo para la mujer, pero no en el mismo tono petardista de las liberadas, sino como un ser humano que sufre profundamente las imposiciones que se sufren al ser mujer, algo poco más que un objeto. Y su proclama se eleva en términos como los siguientes:

> La gramática miente
> (cómo todo invento masculino)
> Femenino no es género, es un adjetivo
> que significa inferior, inconsciente, utilizable,
> accesible, fácil de manejar,
> desechable. Y sobre todo
> violable. Eso primero, antes que cualquier
> otra significación preconcebida. (*Cuatro esquinas* 45)

Es este sentimiento lo que la impulsa a la rebelión y luego una posterior "resignación", que expresa al escribir:

> Domingo 12 de septiembre, 1937
> a las dos de la mañana: nací.
> De ahí mis hábitos nocturnos
> y el amor a los fines de semana.
> Me clasificaron: ¿nena? rosadito.
> Boté el rosa hace mucho tiempo
> y escogí el color que más me gusta,
> que son todos.
> Me acompañan tres hijas y dos perros:

lo que me queda de dos matrimonios.
Estudié porque no había remedio;
afortunadamente lo he olvidado casi todo.

Tengo hígado, estómago, dos ovarios,
una matriz, corazón y cerebro, más accesorios.
Todo funciona en orden, por lo tanto,
río, grito, insulto, lloro y hago el amor.

Y después lo cuento. (*Poemas* 9)

No es artificio, por lo tanto, el haber sido llamada por Carrera "una fémina de rompe y rasga" (151). Ana María Rodas se yergue sobre su hipotético interlocutor, aquel Tú que es interpelado a veces (¿el lector?), al decir:

Hombres: seres pensantes
mitad cosa, mitad gusano
revolcándose
en alfombras de líquido o de humo. (*Poemas* 82)

Tú no sabías
que vivir juntos significara esto
de hacer el amor por tedio.
Porque has pasado a ser
un objeto más que se posee.
El escondite perfecto para guardar allí
la ira, el odio
la frustración del día. (*Poemas* 84)

A mí me harta un poco todo esto
en que dejo de ser humana
y me transformo en trasto viejo. (*Poemas* 17)

Poemas de la izquierda erótica presenta un enfrentamiento directo de la dualidad hombre-mujer (que podría pensarse también como masculino-femenino o macho-hembra). Rodas inicia con un tono protestatario un largo grito en demanda de rescate, pues su intensa subjetividad la condena a sentir más allá de lo que otros alcanzan...

De acuerdo,
soy arrebatada, celosa,
voluble
y llena de lujuria.

¿Qué esperaban?

¿Que tuviera ojos,
glándulas,
cerebro, treinta y tres años
y que actuara
como el ciprés de un cementerio? (*Poemas* 26)

Por esto, su pasión se sobrepone a todo lo hecho y dicho, con el fin de fundar un mundo nuevo en el que su validez personal se realice por encima de los inconvenientes que surgen, expresados como un deseo de que "algún día / pudieran reemplazar el corazón y la hipófisis / por sólo piedras": Rodas ama, a su pesar y con todo el goce que ello implica, y por eso dice:

Sin que lo sepas
te estoy diciendo
que si vinieras
no podría negarte el espacio
que te tengo
guardado
en el cuerpo. (*Poemas* 20)

Su amor no es exclusivo, lo que la llevará a escribir:

Yo amo en tí
los pies
de los indios.

La piel morena
los ojos negros.

Y te amo a tí
porque los amo a ellos. (*Poemas* 36)

Haces bien, gran maestro.
Yo soy la guerrillera en tu régimen
                el ob-je-to
que se alza con armas de amor
entre tu ejército de gorila egoísmo
                y el poder que imaginas
al fin de tu jornada.

Rastrea bien mis pasos
        en tu alma
y aplasta sin escrúpulos
cualquier brote de ternura subversiva
no sea que prenda el amor
y tu ordenada dictadura
                se vaya a la mierda.   (*Poemas* 72)

Al hacerse "guerrillera del amor", Rodas encarna una revolución afectiva (e inclusive moral) por expresar amor en términos sexuales, que no son sino la realización ontológica de la pasión. Al lado de esta "izquierda" que se eleva contra el moralismo y la hipocresía que insisten en sustentar una imagen romántica del amor, otra "izquierda" aflora en su temática: la poesía reflejada en sus críticas y autocríticas, como por ejemplo:

Esto no sirve, dicen.
No es poesía porque hablo de máquinas.
                        De cocina.

De lo que cuesta,
cuando no hay deseos,
trabajar.

Yo escribo simplemente lo que siento.
Y todo es poesía, porque para mí lo mismo
vale una gota de lluvia
que el humo negro.

¡Ahora sí! me atajan.
La lluvia, es objeto poético,
el diésel, problema municipal.   (*Poemas* 51)

Oficio de poeta.
Menos mal.
Así, en vez de castigarme a ciegas
con el pasado
y de llorar a solas
puedo sentarme frente a una máquina tan gris
como el ambiente
mover los dedos rápido
y decir que todo es una mierda. (*Poemas* 57)

Lloramos cuando nos dio la gana
Tú me hiciste
los retratos
más absurdos.
Yo te he escrito versos malos
plagados de verdadero sentimiento.
. . . .
Mañana, como el amor es magia
no voy a saber cuáles eran tus cosas,
cuáles las mías. (*Poemas* 35)

Ana María Rodas termina concediéndose una tregua al final, llevada por su anhelo intenso de no pensar más que actuar. Por esto, el último poema de *La izquierda erótica* sugiere ser un consejo, una recomendación que acaricia los oídos:

Mujer, ya viene el sueño
aprovecha este tiempo
y olvida a los que ahora
se agitan, beben,
aman, fornican.

Ya llegó el sueño, amiga.
Calma tu sangre
y aférrate al momento
en que por fin comienzas un camino.

Sin brazos amantes, sin muletas.
Recíbelo, no es más que el sueño
y ya es bastante. (*Poemas* 92)

Cuatro esquinas del juego de una muñeca continúa el camino abierto por *Poemas de la izquierda erótica*, con la diferencia de que ahora, Rodas no necesita presentarse como una "subversiva del amor", sino como una rebelde que dice adiós con rencor y sana cólera mientras se desprende de toda atadura (de todo establishment, digamos) al declarar "Lo que yo hago no es bueno ni es malo. Es mío" (*Cuatro esquinas* 9).

> Yo no los necesito. Si anduve pegada a los faldones de sus sacos fue porque mi infancia --siendo mujer-- se prolongaba artificialmente a través de todas esas cosas que ustedes inventaron para asegurarse que, cuando menos, la mitad de los seres humanos quedaría fuera de la competencia. . . .
>
> Los admiré e hice mías sus ideas por un tiempo y no sabía por qué se me llagaba el cuerpo y el cerebro. Ahora entiendo lo infantil de esos propósitos y al ver sus rostros con esta vista nueva que me he dado, comprendo que no pertenezco a este cementerio.
>
> Y me largo. (*Cuatro esquinas* 11)

Estos fragmentos de la "Carta a los padres que están muriendo" expresan el desprendimiento total de Rodas para lanzarse en busca de sí misma (aunque ya lo haya emprendido en *Poemas de la izquierda erótica*). Sus temas prevalecen, pero el trabajo rinde considerables resultados: mayor profundidad (lo que no significa cerebralidad o intelectualismo, sino conciencia más intensa), consolidación estilística (forma y lenguaje del poema) y una lograda sistematización que contribuye a definir claramente el mensaje del libro entero. A diferencia de *Poemas de la izquierda erótica*, todo rebeldía, desorden y revolución de temas, *Cuatro esquinas* significa un paso adelante en la concepción de un libro; está dividido en cuatro partes: "La muerte de los padres", "Juegos infantiles", "Frente al espejo" y "Mi juego". Rondando por todo el libro se encuentran sus constantes temáticas: la muerte, la soledad, el sexo y el amor:

> Puesta ya a hablar de la muerte
> me digo a mí misma que no he de morir
> más que en un solo día.
> No podré morir durante treinta o cuarenta años
> porque la muerte es apenas
> cosa de un instante.

La mueca de dolor se afila
y de golpe se suaviza. (*Cuatro esquinas* 18)

La soledad en Rodas tiene muchos rostros, y no posee ninguno:

Siempre habrá un marinero en mi vida
voy a estar rehaciendo camas
de las que un cuerpo escapa hacia la sal. (*Cuatro esquinas* 30)

Qué sabía Tchaikowsky
que su Patética sería el lienzo
con que esta noche sin tí
ato mi cuerpo. (*Cuatro esquinas* 33)

Te iba pensando y volviendo
a vivir
(sobre todo a través de lo que nunca dices)
No cabía el asfalto
ni el
tráfico
y choqué el carro. (*Cuatro esquinas* 36)

El sexo queda grabado como súplica:

Fuerte, mucho más fuerte
para que de tan fuerte
yo no distinga
entre el dolor y el placer
ni dónde acabas tú
y yo empiezo. (*Cuatro esquinas* 32)

Así también, se convierte en motivo de recriminación:

Dictador
¿Qué te pide hoy el cuerpo?
¿Una víctima nueva
o aquel viejo trapo
con que siempre te limpias los pies
después de andar por el fango?

Dictador, buenas noches.
Que sueñes conmigo
y mañana despiertes hallando el lecho vacío
    o mejor ocupado
por cualquier hipopótamo de esos
que fornicas con tanto entusiasmo. (*Cuatro esquinas* 46)

Mientras tanto, el registro del amor toma cauces universales: la nostalgia romántica, el entusiasmo revivido (o recordado) con un tono irónico, que revela una crítica meridianamente clara sobre hechos pasados. Las formas en que se aprecia el amor son múltiples, porque ya de sí, *Cuatro esquinas* es un poemario amoroso. Por ejemplo:

Yo puedo recordar ahora
con tanto amor antiguo, con ternura
y pensar cuántas veces
deshicimos juntos una cama
            para tener tres hijas. (*Cuatro esquinas* 29)

¿Viviremos realmente alguna vez
o sólo soñaremos
un eterno sueño con leve olor a semen y agua? (*Cuatro esquinas* 26)

De todas formas
no has sido más
que un pequeño paréntesis
detrás del cual se esconde
otra
pequeña
muerte. (*Cuatro esquinas* 48)

Yo soy cada minuto la habitación distinta
a la que puedes acceder
y sentarte
para leer un libro o tomar una taza de té.

Pero yo, yo, yo,
me, mi, conmigo. Eso primero.
Después podemos fornicar o hablar de poesía. (*Cuatro esquinas* 60)

Ana María Rodas encierra una profunda conciencia de la vida, sus límites y significado. Podría llamársele existencialista, pero no conviene enmarcar su obra dentro de un "ismo" que determina apreciaciones (y prejuicios) antes de vivir su obra, porque los poemas de Rodas poseen un tono vivencial de magnitud incalculable:

Está tan desprestigiado suicidarse
que ni siquiera
mis más íntimos amigos
lo hacen. (*Cuatro esquinas* 52)

Cabe hacerse la pregunta de qué suicidio menciona o alude Rodas (porque es bien sabido que hay muchas formas de morir, y no de morir matando el cuerpo, sino algo aún más profundo); el suicidio también es tema de Carmen Matute (quien se extiende aún más que Rodas) en su poesía.[1] Empero, es factible que el suicidio aquí se refiera a la sumersión en el establishment después de una lucha constante contra él; la rendición, el abandono de los ideales, una tregua convertida en vida...

Después vamos a gastar
toneladas de papel explicando cómo
a pesar de todo
la vida es una mierda que merece
el trabajo de cerrar los ojos y sumergirse en ella. (*Cuatro esquinas* 53)

En este momento, Rodas puede considerarse como la más lograda autora de poesía amorosa de tipo erótico (no pornográfico). Su tercer libro vuelve a ordenarse, tal como en *Cuatro esquinas*, pero ahora en muchas partes más. Conserva su estilo sintético, directo y coloquial; evade los intelectualismos que podría hacerla resbalar a la pedantería y enfrenta, más que presenta, un cuadro de intensa vida interna, en el que sus sueños incestuosos son metáforas sobre la soledad y su disolución, los recuerdos se extienden hasta el infinito y permiten una visión prismática del pasado, a la vez que los laberintos del subconsciente producen un conflicto entre la realidad ideal y la objetiva que la induce a escribir toda la parte titulada "Pesadilla".

1. Por ejemplo, en Carmen Matute, *Círculo vulnerable (*Guatemala, Editorial RIN-78, 1981). Es necesario aclarar que Carrera categoriza a Rodas como la fundadora de una *nouvelle vague* en la poesía femenina guatemalteca, y que Carmen Matute puede considerarse como una seguidora de esta tendencia (Carrera 14, 157).

El fin de los mitos y los sueños es más ambicioso que *Cuatro esquinas* en lo referente a la extensión del libro mismo y de algunos poemas (la serie de mitos, por ejemplo), pero mantiene unidad estilística y temática, lo que en Rodas significa el logro de una madurez literaria envidiable en nuestro medio.

La poesía arranca siempre de la visión subjetiva; aun cuando se trate de la llamada "filosófica" (recordemos a Unamuno), la óptica personal se impone sobre el imparcial realismo, lo cual convierte los tópicos tratados por un autor en propiedades exclusivas. La noción de amor, por ejemplo, no será la misma en Ana María Rodas que en Enrique Noriega (y no precisamente por ser una mujer y el otro hombre; el amor está por encima de toda distinción), lo que conduce a pensar que el tópico "amor" en cada uno es objeto de un tratamiento que tiene ciertas comunidades, nada más: su realización como fenómeno, su poder sensitivo, su carácter redentor entre otras cosas; pero no se encuentra en Noriega la misma réplica violenta sobre la instrumentalización del sentimiento ni la exigencia del mismo, con el fin de sentir una menor soledad. Estas ramificaciones del amor se dan en toda la obra poética de Ana María Rodas, y terminan enfatizando el hecho en este último volumen, en poemas esparcidos a lo largo del texto y particularmente concentrados en las partes "Desde afuera", "Niños del insomnio" y "Sobre esa cosa resobada", que para Rodas es el amor.

Esta breve revisión de los poemarios anteriores de Rodas permitirá una mejor comprensión de *El fin de los mitos y los sueños*. Ana María Rodas, recordemos, no escribe con el fin de escandalizar (aunque, de hecho, lo haga), sino para expresarse; esta necesidad urgente provoca una emergencia con estallidos quemantes que no puede ser más sincera que ella misma. Rodas se identifica plenamente con su poesía porque es parte constitutiva de su vida y es un reflejo literaturizado de sus experiencias como una mujer excepcional que tiene garantizado su lugar dentro de la literatura contemporánea guatemalteca.

Obras citadas

Carrera, Mario Alberto. *Panorama de la poesía feminina guatemalteca del siglo XX*. Guatemala, Editorial Universitaria de Guatemala (USAC), 1983.

Fromm, Erich. *El arte de amar*. México, DF, Paidós, 1959.

Luis, Leopoldo de. "La poesía amorosa de Miguel Hernández". Introducción. *Poemas de amor (Antología)*, por Miguel Hernández, Madrid, Alianza Editorial, 1976, pp. 7-39.

Paz, Octavio. *El arco y la lira*. México, DF, Fondo de Cultura Económica, 1979.

Rodas, Ana María. *Cuatro esquinas del juego de una muñeca*. Guatemala, Edición de autor, 1975.

———. *Poemas de la izquierda erótica*. Guatemala, Edición de autor, 1973.

Fuente: Solares-Larrave, Francisco José. "Sobre la poesía de Ana María Rodas". Introducción. *En El fin de los mitos y los sueños,* de Rodas, Guatemala, Editorial RIN-78, 1984, pp. vii-xxxii.

"Actualización necesaria: usos y significados del cuerpo en *El fin de los mitos y los sueños* de Ana María Rodas"

Francisco Solares-Larrave

Corría el año 1983 cuando Fernando Cifuentes, director de la Tipografía Nacional de Guatemala y entusiasta promotor de la publicación de autores guatemaltecos, me propuso que escribiera un prólogo para la tercera colección de poemas que estaba por publicar Ana María Rodas. Esta nueva colección, de la que se hablaba mucho y no se sabía nada, iba a aparecer como parte del proyecto literario editorial RIN-78, y también incorporada a la producción de la Tipografía Nacional, en 1984.

Ana María Rodas no me era del todo desconocida. De hecho, tan sólo meses antes había tenido la fortuna de conocerla personalmente en una reunión del grupo literario editorial RIN-78, al que se acababa de integrar y del que yo era parte desde 1980. En esa ocasión recibí como regalo suyo ejemplares de sus libros previos, *Poemas de la izquierda erótica* y *Cuatro esquinas del juego de una muñeca,* que me servirían para escribir mi prólogo.

En aquella época la producción de libros tomaba tiempo, era casi artesanal, aunque se contara con los recursos técnicos de la Tipografía Nacional. La oferta de Cifuentes, sin embargo, venía garantizada por su trabajo incansable por crear una colección de consulta de literatura guatemalteca en varios géneros (ensayo, poesía, novela y cuento). Por eso, pese a que no me consideraba apto para la tarea, la acepté con ciertas reservas. Como no estaba familiarizado con la poesía de Rodas y tenía sólo un conocimiento muy superficial de la autora, decidí que la escritura del prólogo revelaría mi propio proceso de familiarización y descubrimiento, ya que ese texto debía servir como introducción a *El fin de los mitos y los sueños*, el tercer libro de Rodas. Por esa razón, considerando un público lector muy definido (el de Guatemala), se hacía necesario contextualizar este tercer libro dentro de la obra previa, fuera como continuación o desvío.

Poco imaginaba a lo que llevaría la escritura y publicación de ese prólogo. Admito que a la edad en que lo escribí no tenía la capacidad de comprender demasiado bien las experiencias que habían llevado a la poeta a su concepto de arte y poesía. Sin este conocimiento recurrí a lo que sabía, que eran atisbos críticos filosóficos y literarios, además de mis limitadas capacidades para formular interpretaciones y comentarios. Cuando le entregué a Fernando Cifuentes el trabajo terminado no estaba completamente satisfecho; sentía haber aprendido cosas, pero no sabía con exactitud cuáles. Leer los poemarios de Rodas me había llevado a cuestionar valores e ideas con los que había crecido, además de otros que había aprendido incluso en las aulas universitarias. En otras palabras, me hizo pensar y experimentar la poesía de manera inusitada. Con todo, la mejor recompensa de mis aprehensiones fue que una tarde de sábado recibí una llamada telefónica de la propia autora, que acababa de leer las pruebas de mi prólogo. Primero temí un reproche, algún tipo de regaño o rectificación, pero no. Ana María me había llamado para agradecerme por haber leído toda su poesía publicada y por haber sabido comprenderla.

¡Eso sí que fue una sorpresa!

Cuatro años después, en junio de 1988, cuando ya ni siquiera recordaba haber escrito ese prólogo (aunque me hubiera abierto las puertas para la escritura de algunos más) salí de Guatemala con una beca Fulbright/ LASPAU para hacer un postgrado en literatura comparada en Estados Unidos. Hice mis estudios de maestría y doctorado en literatura hispanoamericana, aproveché para leer o releer obras diversas de autores y autoras de distintas épocas y países, y cuando estaba en uno de mis últimos semestres, ya trabajando en mi tesis doctoral, me enteré de que una compañera y futura colega estaba escribiendo su tesis doctoral sobre Ana María Rodas y, según dijo ella misma más tarde, mi prólogo era una especie de parada obligatoria para quienes estaban descubriendo la obra de Rodas en Estados Unidos. Con el tiempo me he enterado de la popularidad de mi primer ensayo, algo que jamás preví, y al mismo tiempo que me siento halagado, también quisiera, como dicen, "enderezar la plana" y decir con más claridad cosas que en 1984 apenas pude esbozar, abrumado como estaba por la responsabilidad de escribir un artículo explicativo sobre Ana María Rodas.

Comencemos por el principio. ¿Cuál es la característica distintiva de la poesía de Rodas? ¿Cómo podemos referirnos a su obra lírica? ¿Debemos usar una categoría establecida o tenemos que modificar la categoría para poder comprender esta poesía? Creo que esos eran los problemas que quería aclarar en mi texto de 1984. Al releerlo, a más de treinta años de distancia, encuentro que me faltó explicar adecuadamente mis ideas sobre la poesía de Rodas.

En principio, los textos de *Poemas de la izquierda erótica* y *Cuatro esquinas del juego de una muñeca* se prestan a una lectura relativamente fácil y cómoda para quienes quieran colocarlos dentro de la taxonomía literaria de la poesía erótica. De hecho, como escribí en mi prólogo, Rodas, en los poemas de estos libros, presenta su propia versión de una poesía amorosa en clave erótica, cosa que nos lleva a concluir que la poesía centrada en el erotismo es, además, poesía de amor. Con respecto al libro que prologué sin leer, ya que la finalidad de mi prólogo era contextualizarlo, puedo afirmar que se añade a esta tendencia de Rodas de reformular o acomodar definiciones de géneros poéticos. En otras palabras, esta poesía continúa como expresión del amor, al igual que la poesía tradicionalmente considerada amorosa, ya que trasciende el amor como tema y lo presenta como experiencia vital. Al respecto, cabe recordar las palabras de Guillermo Sucre, que en su libro *La mascara, la transparencia,* anotó:

> Los signos de la pasión son cambiantes. Ayer estuvo dominada por el alma; hoy, por el cuerpo. ¿Se puede seguir hablando de una misma experiencia o habrá que distinguir en ella, llamando a la primera *amor* y a la segunda *erotismo*? No creo que esa distinción tenga validez; predomine el alma o el cuerpo, una y otro se implican entre sí y se alientan de la misma energía. Esa energía es la pasión misma y los códigos religiosos o sociales no se detienen mucho a distinguir entre su carácter espiritual o sexual para condenarla abierta o subrepticiamente. (Sucre 343, cursivas originales)

Como afirma Sucre, los modelos estéticos cambian, así como su expresión, y estos cambios se reflejan en nomenclaturas superficiales que pierden de vista el hecho de que la fuente de la expresión lírica en estos poemas es la misma que encontraríamos a lo largo de la poesía de Rosalía de Castro, Gertrudis Gómez de Avellaneda, Delmira Agustini y Alfonsina Storni, hasta Idea Vilariño, Alejandra Pizarnik, Rosario Castellanos y, en Guatemala, Aída Toledo y Carmen Matute. Todas estas autoras representan en su poesía tanto el "alma" como el "cuerpo" de los que habla Sucre, y sus obras son, por esa razón, amorosas al referirse al cuerpo (de manera erótica o no). De la misma manera, la insistencia de Rodas en usar su cuerpo como vehículo de significación se une a esta singularidad que describe Sucre.

En su proceso poético, Rodas cuestiona esta poesía y estos códigos al presentar sus fallas en el lenguaje. Aunque la poesía de Rodas sea sobre amor y pasión, sus poemas representan ambas ideas en forma poco ortodoxa, hasta subversiva. El constante cuestionamiento de ideas como la maternidad, el exilio y la soledad, entre otros, comienza cuando

Rodas los presenta como mitos o sueños, es decir, diferentes de cualquier concepto racional. Es más, con su uso de "mitos" y "sueños", Rodas revela su reformulación. Los mitos dejan de ser historias de orígenes de naturaleza religiosa o sagrada, y se convierten en expresiones mínimas de una narración o experiencia personal. Los sueños, que Rodas alude con frecuencia, dejan de ser caprichos de la conciencia para aparecer como realidades alternas.

Ahora bien, Rodas recurre a una estrategia particular a lo largo de su poesía en este volumen: la resemantización de términos (situaciones, partes del cuerpo, lugares y otros elementos). En principio, el título de su libro revela la resemantización que Rodas propone de los conceptos de mitos y sueños. No cumplen con la definición establecida sino con otra que Rodas les atribuye. De ese modo comienza Rodas con su cuestionamiento del "Mito de Ixquic", la historia de la doncella y madre de Hunahpú e Ixbalanqué, héroes que derrotaron a los reyes de Xibalbá. En esta sección Rodas agrupa una serie de poemas que se refieren indirectamente a la maternidad, relaciones con otros, el amor y la pasión. La brevedad de los poemas de Rodas en esta sección permite percibir su cuestionamiento de la poesía amorosa, así como del lenguaje mismo en breves composiciones como la siguiente:

> Suspendida adentro de mí misma
> vomito
> la leche cuajada
> el beso en la mejilla, la guitarra.
> A pedazos regresa tu luna al cielo
>   de agosto.
> Sacarlo todo poco a poco. (*El fin* 14)

Desde este poema podemos notar los aspectos que dominarán este libro: la presencia del cuerpo (en el vómito y el beso), junto con la resemantización de varios elementos: la leche (asociada con la maternidad y la nutrición, que vomita en un acto de rechazo), y la luna (símbolo de femineidad, tiempo, ciclos, mareas y cambios de flujo). La luna que "regresa al cielo" encierra la idea de un retorno fragmentario, ilustración de la pena y el dolor que sugiere el poema. La resemantización continúa en el poema siguiente, que recurre a la luna para sugerir abandono, cambio y trastorno:

Oscureció y la luna rodaba agarrada
        bien fuerte de la tierra.
Las mareas. El monte por donde sólo azota el viento
la tierra pelada.
El ras-ras del tiempo que pasa
dejando frías mis manos.
Yo, que montaba en pelo la pasión
que soñaba bajo el sol
        mis sueños!
No queda nada. Nada (15)

La luna "agarrada / bien fuerte de la tierra" forja una relación metafórica de la dependencia de la luna. La idea de ciclos se ve reforzada con la alusión a las mareas, que a su vez crean un contraste con la "tierra pelada". La voz poética, en este contexto agreste, concluye el poema con una imagen cerril: "Yo, que montaba en pelo la pasión / que soñaba bajo el sol / de mis sueños!". Con esta evocación de montar "en pelo" Rodas crea un entorno tosco que coincide con su expresión. De nuevo, su lenguaje y uso de elementos resemantizados cuestiona la poesía amorosa, al mismo tiempo que ofrece una renovación del género.

Si revisamos el aparente concepto que usa Rodas para tratar los mitos, veremos que lo aplica para referirse a las historias que construyen su identidad, no a los mitos que forjan una identidad colectiva. Si bien las narraciones conservan su función, aparecen insinuadas y cuestionadas. Esta circunstancia explica su uso del término en la sección "Homenaje a la madre", que, a diferencia de la precedente, que contiene poemas alusivos a amantes y experiencias, refleja una posición con respecto a la maternidad. Para Rodas, la maternidad es una imposición y una carga, y los poemas de esta sección comparten un énfasis particular en el uso que la maternidad hace del cuerpo. Se ve así como receptora de semen (25), mujer en papel nutritivo (26), y como reformuladora del papel y la idea de madre cuando se compara con Rea y habla del amor por sus hijos como incestuoso (27). Si bien por un lado esta visión de la maternidad puede ser perturbadora, Rodas en realidad está reduciéndola a sus funciones más esenciales: amar y alimentar. De ahí a que combine, en el segundo poema de la sección, estas ideas sobre la maternidad con la función social de la madre como protectora de futuras familias, y fuente de sanciones y aceptación:

Me conocen mis hijos
les gusto
buscan mis pechos.
. . . .
A medida que crecen
toman mujer y ponen casa.
Siempre regresan a decir qué tal, buenos días
Te gusta esta muchacha?
La compré para ti,
para que te gustara y tome tu lugar en las noches. (26)

Al leer este poema con detenimiento (ignorando la elipsis) veremos que la alusión a los pechos tiene doble filo: si por un lado puede sugerir una intención erótica, también refleja el ánimo nutritivo y maternal. La voz poética afirma que sus hijos la conocen y la aman porque sus pechos les dan amor y comida. Ahora bien, el momento en que el poema se desvía de esta aparente intención y refleja costumbres y actitudes viene en los últimos cuatro versos, en los que Rodas retrata el ritual de aceptación de las esposas o novias de manera sarcástica: la muchacha de la que hablan los hijos fue comprada para reemplazar a la madre, es una progenitora sustituta, no una amante. Con estas líneas Rodas cuestiona la maternidad tradicional, y extiende el alcance del amor a la relación filial.

Ahora, para hablar del amor pasemos a la sección "Sobre esa cosa resobada" que Rodas dedica al tema. Desde el primer poema notamos la intención desmitificadora (no por nada el libro se titula *El fin de los mitos y los sueños*):

El más hermoso mito inventado por el hombre
más hermoso que Dios
o el hermoso ideal del socialismo
y el dinero que acumulan los ricos.
Más hermoso que el odio, la invención más hermosa,
El amor. (33)

Llama la atención que los puntos de referencia de Rodas sean Dios, el socialismo y el dinero; estos tres mitos poseen belleza, pero no se compara con la del mito del amor. Al colocarlo a la misma altura que los otros términos de su comparación, Rodas propone el cuestionamiento de los tres, pues aparecen definidos como mitos. Además, añade en su poema siguiente la redefinición que sirve como base para la resemantización de otros términos a lo largo del libro: "Amor es sólo la costumbre / dijiste" (34). De este contraste (el amor como mito bello y como costumbre) podemos deducir que el mito embellece, engaña y encubre realidades, pero también que la voz poética es capaz de infundir un nuevo valor poético a estos términos y circunstancias: "Equis número de lunas y de soles de por medio / estoy acostumbrada a ti" (34).

Rodas continúa con su renovación del amor (lo cotidiano a diferencia de lo inusitado) cuando escribe:

> Llena de miedos, habituada a vivir
> eternamente una película de Bergman o Fellini
> doblo la esquina de una cualquiera angustia
> y te encuentro
> sólido, palpable
> con el pelo cayéndote a los hombros y los hombros
> encortados/te proteges/levemente
>
> Cómo no iba a enamorarme de ti. (35)

De nuevo vemos el contraste entre el mito (la belleza combinada con la incertidumbre y la angustia existencial de Bergman y Fellini) y la realidad cotidiana ("una cualquiera angustia" y "el pelo cayéndote a los hombros"). Lo ordinario, aparentemente repetitivo ofrece seguridad, mientras que las incertidumbres sustentan los temores y mantienen el amor alejado.

Al reformular el amor, de la misma forma que lo ha hecho con la maternidad, Rodas refuerza su misión cuestionadora. En el caso del amor, los referentes de los que se vale en el proceso son físicos y alienantes, como podemos ver en poemas como los siguientes:

> Un cuerpo es sólo eso. No tiene memoria de otro cuerpo
> ni mala conciencia
> ni culpa cristiana.
> Un cuerpo es una máquina que necesita ser acelerada
> utilizada a menudo
> si
> no
> constantemente
> so peligro de que sobrevenga el deterioro. (44)

En este poema Rodas reduce su cuerpo a un objeto. Habla de él como carente de conciencia y de "culpa cristiana", como "una máquina que necesita ser acelerada" para prevenir su desgaste prematuro. Con esta reducción surge una visión mecanicista del cuerpo, la vida y el universo, que parecen todos estar bajo el régimen de leyes, principios y normas que sólo sirven para mantener un orden establecido. Al describir esta situación Rodas sugiere, como vemos en el poema que sigue, ciclos, procesos y reacciones que dominan al cuerpo en lugar de ser resultado de decisiones conscientes:

> Tengo una piel que emite señales de luciérnaga
>   en tiempos de apareo
> un cerebro que imagina abrazos
> una cama dispuesta
> un automóvil que ronronea de gusto al conducirlo.
>
> En una calle equis de esta ciudad amada
> un hombre desconocido podría tranquilizar mis pechos. (43)

En este poema Rodas divide el cuerpo, la personalidad y la conciencia, y los presenta como resultado de funciones fisiológicas y ciclos. La piel "emite señales de luciérnaga / en tiempos de apareo" mientras su cerebro "imagina abrazos". La fragmentación del cuerpo (piel, cerebro, pechos) nos lleva a concebir el amor como una especie de necesidad, parte de un ciclo cotidiano. Para otro autor y en circunstancias diferentes, la piel, el cerebro y los pechos serían símbolos de amor y pasión; en este caso, sirven para retratar el cuerpo de la manera más mecánica posible de modo tal que su integración en "una calle equis de esta ciudad amada" completa la imagen de anonimato y automatismo mecánico que Rodas confiere al amor, "esa cosa resobada".

Los cuestionamientos de Rodas continúan en "Desde afuera", en donde habla del exilio y de las perspectivas que se adquieren más allá de las fronteras de Guatemala. De la misma forma que en previas secciones recurre a la resemantización de términos (hemos visto su uso de partes del cuerpo, los conceptos de mito, maternidad y amor), en estas páginas Rodas continúa sus cuestionamientos y reformulaciones.

> Hamburgo era una cama
> una extendida cama sobre el Elba
> un lecho abierto para dormir en él los sueños

o para estar insomne
o despertar, como ese día, con el atenazante frío
con los ojos abiertos
protegida por un viejo impermeable y las leyendas
    de los cuarenta años
flotando con el pelo. (51)

Llama la atención la asociación de la ciudad alemana con una cama "para dormir... los sueños", pues sugiere una fusión de erotismo y refugio en un espacio extraño. El efecto final es una combinación de todos los elementos, Hamburgo, la cama y el río Elba, que trae a la memoria la definición de la metáfora formulada por Lautréamont y citada, además de otros, por Darío: "El encuentro fortuito, sobre una mesa de disección, de una máquina de coser y un paraguas" (Darío 175). En otras palabras, se trata de una mezcla casi aleatoria que, pese a su condición, crea un significado particular: el exilio se lleva dentro. Por esta razón escribe Rodas:

Uno sólo viaja con el dolor
con la úlcera, con la depresión y la angustia.
Hace escalas
y llora algunas veces
y mira hacia la noche y se pregunta
para qué darle un tour a las miserias.

La noche observa con luces que no dicen nada. (55)

Merced a esta noción del exilio personal que se vive más que se experimenta, Rodas crea una serie de alusiones que permean los poemas de esta sección. El dolor interior, oculto e invisible ante los ojos de los demás, se lleva y se sobrepone a las circunstancias, eventos y ambientes. Como afirma Rodas, uno "[h]ace escalas /y llora algunas veces" debido a esta sensación que se traduce en reacción física (el cuerpo otra vez). La dualidad de cuerpo y sensibilidad reaparece en este breve poema, que le sirve a Rodas para presentar no sólo su propia visión de sí misma sino cómo es percibida por otros:

Por fuera --mi mundo eternamente dividido
entre
adentro

y afuera--
    soy una periodista extranjera.

Por dentro soy sólo una expatriada. (57)

El "afuera" y el "adentro" son ejes de oposición que la definen como individuo en una encrucijada: mujer en un mundo competitivo, madre en un ambiente hostil, amante de otros que no parecen entenderla, cuerpo insuficiente para su propia sensibilidad. Al destacar esta tensión, Rodas la reformula. Si bien podríamos aducir que se trata de la famosa dualidad antropológica de Platón (la noción de que el individuo es una combinación inestable de cuerpo y alma), Rodas ofrece una manera distinta de ver esta misma dualidad: el cuerpo, lo que se percibe, refleja condicionamientos sociales ("soy una periodista extranjera"), mientras que el alma, el elemento pensante, revela sus conflictos y reacciones ante la realidad política y social de Guatemala. Todas estas ideas coinciden en un breve poema de esta misma sección:

Las cartas de Guatemala
mi diario
y un examen
--rubia fría eficaz
cómo muerde el estómago--
sin nada de la magia que Mariano extiende
como suave almohada
como sábana tibia. (56)

"Las cartas de Guatemala" contienen noticias sobre tragedias de diversa naturaleza, que Rodas, en su papel analítico (en "mi diario") examina y evalúa al mismo tiempo que recibe su impacto emocional. De ahí que sea "rubia fría eficaz / cómo muerde el estómago", y que su comportamiento contraste con la magia de Mariano, que la extiende como "suave almohada / como sábana tibia", como alusiones a sensaciones físicas, percepciones a través del cuerpo y no para manejo mental. Vemos entonces cómo en un espacio limitado a ocho versos, Rodas se las arregla para presentar, mediante alusiones, su dualidad como ser humano pensante y emocional, la percepción de los otros, y su reacción ante esta circunstancia en términos físicos, de cuerpo.

En las secciones que siguen, Rodas recalca esta noción del cuerpo como vehículo de significados. La vemos en "Sueños de la madre", en donde escribe "Soy / una matriz inmensa / que pulsa por las noches al compás del universo entero" (61) y más aún en este poema:

Los sueños, esas cosas idiotas que nos suceden
cuando estamos totalmente desprevenidos.
Ese afán absurdo de matar a los hijos
de acostarse con el amigo
de vivir en una casa que no existe
de sudar
de llorar
de soltar semen
sin recordar después la causa
de la humedad estéril. (63)

Desde el primer verso encontramos cuestionamientos y reformulaciones expresadas a través del cuerpo. Rodas señala los sueños como causantes de perturbaciones como "matar a los hijos" y "acostarse con el amigo", y concluye con imágenes fisiológicas (sudar, llorar, "soltar" semen) para concluir en que los sueños nos llevan a olvidar "la causa / de la humedad estéril". Su lenguaje es intempestivo, y sus asociaciones inesperadas ("humedad estéril"), pero el efecto que causa (cuestionamiento, distanciamiento) persiste.

La expresión del cuerpo es aún más intensa en la sección "H2O + NaCl", que contiene varios poemas emblemáticos de Rodas. Por ejemplo

Ahora están metidas tras barrotes
que tengo en la garganta
y no sé si yo las he hecho presas o si ellas
    me han vuelto prisionera. (73)

Las lágrimas (codificadas como H2O + NaCl, fórmula química de agua con sal) se encuentran como aparentes prisioneras de la voluntad de la autora, pese a que todavía se pregunta si es ella quien tiene el control sobre sus lágrimas, o si la presencia de las lágrimas ha condicionado su vida. No sólo es esta relación una reformulación existencial, aparece también formulada en términos fisiológicos y químicos que, de manera similar a la de sus poemas sobre el amor, proyectan la noción de que la vida está determinada por factores que no se pueden controlar. Esta idea domina la sección, y siempre aparece en código determinista o materialista, como en este poema:

> Antes podía con ellas   las lamía
> a medida que iban resbalando
> o me extasiaba
>   aprendiendo
> cómo algunos tejidos las absorben
> y otros las hacen saltar piedras
>   en agua.
> En todo caso jamás las reprimía.
> Venían cayendo de estos mis ojos
> atorados ahora
> y no sentía vergüenza de ellas
> ni de la nariz rojiza ni de los párpados
>   hinchados.   (72)

La prevalencia de las lágrimas (símbolos de tristeza, dolor y desesperación) se une a la presencia del cuerpo y sus funciones. Rodas nos dice que "lamía" sus lágrimas, cuando no las contemplaba deslizarse por su cuerpo, o ser absorbidas o rechazadas por la ropa. Añade que las lágrimas caían de sus ojos, pero que no se sentía avergonzada de los signos del llanto ("nariz roja" y "párpados hinchados"). Al parafrasear el poema de este modo encontramos que las lágrimas funcionan como motor de la tristeza, no un signo, mientras que el cuerpo y sus alusiones sirven para reflejar un estado anímico.

Una curiosa combinación de la resemantización que usa Rodas para reformular la poesía amorosa mediante imágenes que evocan el cuerpo y sugieren una visión mecánica del mundo, se nota en uno de sus poemas finales. El primer poema de la sección "In memoriam" se titula también "In memoriam", y constituye la suma de la creatividad de Rodas:

> Sinequan, Pacitran
> Valium / cinco o diez, a veces
>   inyectado/
> Equipax, Soma,
> Ludiomil,

Kalmocaps, Tofranil,
Meprobamato.

La lista interminable
desembocaba
siempre
    al Limbitrol

Siempre estaba diciéndole adiós. (87)

Una vez más, Rodas objetiviza su cuerpo aún más, pues lo convierte en dependiente y resultado del efecto de calmantes. Pese a que siempre trata de dejarlos, el hecho de que forman parte de su identidad refuerza la noción que ha planteado a lo largo del poemario: el cuerpo es vehículo de significación y expresión.

En una de las secciones finales de su libro, Rodas expresa y revela su ánimo cuestionador y confrontacional en el poema "Absoluta", que bien podría usarse como ejemplo de su estética:

Subió a los infiernos y está sentada
a la diestra de sí misma
tiene en la mano empuñada
    una pluma
y no sonríe ni espera la resurrección de un muerto. (100)

Desde el primer verso notamos el eco bíblico, la parodia crítica del credo católico que narra la etapa final de la vida de Jesús. En este caso, sin embargo, se trata de la mujer, figura sacrificada y sufrida que, cosa interesante, está sentada "a la diestra de sí misma" y no a la de Dios Padre. Rodas se aparta del modelo cuando añade que la mujer "tiene en la mano empuñada / una pluma", con lo que le da un arma (que, a su vez, evoca la idea del poder que tiene la pluma sobre la espada). La mujer, entonces, a diferencia de cualquier hombre, "empuña" la pluma (como arma) y, para enfatizar el contraste, no refleja esperanzas en el futuro porque "no sonríe ni espera la resurrección de un muerto". Es decir, este tipo de expectativa le es irrelevante ya que, en el momento en que la retrata Rodas, ostenta el poder.

En suma, la lectura de la poesía de Ana María Rodas constituye una experiencia, pues tiene la virtud de revelar tanto las inquietudes, posiciones y visión del universo de la autora, como también sacudir y renovar nuestras propias creencias. La capacidad de Rodas para crear belleza usando un lenguaje fascinantemente simple y evocador nos recuerda a los maestros clásicos de la poesía, que nunca despreciaron palabras ni construcciones sino más bien las exploraron. De ahí que en Rodas descubra uno ecos de Parra, Machado, Agustini y Neruda, sin que por ello pierda la autora su propia voz. Y es que su manejo singular de las alusiones físicas trasciende lo escatológico y lo chocante, para presentarse como agudos juicios que cuestionan instituciones, creencias y valores. El balance final nos da una obra poética singular, valiente como pocas, y original más que ninguna. Prueba de su calidad es el presente volumen, al que como homenaje sincero se suma este ensayo, que espera ofrecer esta vez la apreciación que merece una autora como Ana María Rodas.

Obras citadas

Darío, Rubén. *Los raros.* San José, Costa Rica, EDUCA, 1972.

Rodas, Ana María. *El fin de los mitos y los sueños.* Guatemala, Editorial RIN-78, 1984.

Sucre, Guillermo. *La máscara, la transparencia: ensayos sobre poesía hispanoamericana.* 1975. México, DF, Fondo de Cultura Económica, 1983.

Ensayo escrito expresamente para esta antología.

"Ana María Rodas, el peso de la palabra poética"

Anabella Acevedo Leal

He domado el lugar que ocupan
mis pies
sobre la tierra.
Sí lo reconozco algo he hecho.
He pagado mi cama y mi pan. Sé que merezco
el tranquilo descanso bajo este terreno
que he domado con mis propias entrañas.
–Ana María Rodas, *El fin de los mitos y los sueños*

La palabra nombra, traduce, interpreta, disturba, encanta, sugiere. Y dentro de una casi infinita cadena de posibilidades, la palabra también puede llegar a pesar sobre la persona que busca "contarse" con la finalidad de darle sentido a las experiencias que la atraviesan. Me refiero a la palabra poética, aquella que intenta incesantemente acercarse a espacios inasibles por vía de la lógica y de la razón.

Esto resulta más evidente en el discurso de escritores como la guatemalteca Ana María Rodas (Guatemala, 1937), cuya obra es en gran medida una confesión, un inevitable e insistente dibujo de sí misma. En un poema que abre su primer libro, *Poemas de la izquierda erótica* (1973), es la poeta quien nos descubre la entrada a su cosmos poético, a un espacio vital de donde surge la historia personal y, al mismo tiempo, la historia literaria:

Domingo 12 de septiembre, 1937
a las dos de la mañana: nací.
De ahí mis hábitos nocturnos
y el amor a los fines de semana.
Me clasificaron: ¿nena? rosadito.
Boté el rosa hace mucho tiempo
y escogí el color que más me gusta,
que son todos.
Me acompañan tres hijas y dos perros:
lo que me queda de dos matrimonios.
Estudié porque no había remedio;
afortunadamente lo he olvidado casi todo.

Tengo hígado, estómago, dos ovarios,
una matriz, corazón y cerebro, más accesorios.
Todo funciona en orden, por lo tanto,
río, grito, insulto, lloro y hago el amor.

Y después lo cuento. (*Poemas* 9)

Para los que han conocido personalmente a Rodas no hace falta leer toda su producción creativa para entender que la necesidad de contar, de contarse a sí misma, es lo que marca su obra y su vida, una vida de renovadas búsquedas, de continuos encuentros y desencuentros. En fin, es la vida de un reducido número de mujeres guatemaltecas que en algún momento se decidieron por la creación literaria y que desde entonces se enfrentan con las dificultades que prevalecen en una sociedad tan tradicional como la suya.[1]

Familia, estudios y primeros trabajos

La mujer detrás de esta poesía confesional nació, en realidad, mucho antes de 1937, en ambos lados del Océano Atlántico, en un pasado con historias de hombres itinerantes y mujeres fuertes. Del lado de España estaban sus abuelos maternos. Ella, una mujer del sur que repentinamente se encontró abandonada por su primer esposo, sola con su hija. Cuando tenía unos cuarenta años decidió dejar a su hija en manos de su madre y se aventuró en el primer barco a América que pudiera encontrar, ya que para escapar de tanta desgracia pensaba tirarse al mar durante un viaje que nunca pensó completar. No llegó al continente —al menos no en este viaje— y tampoco perdió la vida. Al desembarcar en Cuba venía casada con un joven empresario teatral de veintitrés años que había conocido en alta mar. En esa isla nacería la madre de Ana María Rodas, quien, a los doce

1. La mayor parte de la información que se utilizó para elaborar este trabajo es el resultado de una serie de entrevistas con la escritora en diciembre de 1994 y julio de 1995. Agradezco a Ana María Rodas su abierta e incondicional ayuda y las maravillosas tardes en las que compartió su vida conmigo. Sobre su obra, se ha publicado poco, sin embargo, es importante señalar dos ensayos muy serios y de excelente calidad: "Ana María Rodas o la escritura del matriarcado", de Francisco Nájera (1992) y "La poesía de Ana María Rodas" de Dante Liano (1994). Valiosa también es la introducción de Francisco Solares-Larrave al poemario de Rodas, *El fin de los mitos y los sueños* (1984).

años, saldría rumbo a Guatemala junto con su padre y la compañía teatral en busca de un lugar en el que la familia se establecería definitivamente, pues la abuela de Ana María nunca se sintió completamente convencida de la idea de vivir en Cuba.

Del lado de Guatemala, en Chichicastenango, un pequeño pueblo del departamento del Quiché, estaban sus abuelos paternos. Ella, posiblemente una mujer indígena —lo que no pueden afirmar con certeza las genealogías, lo revelaron, según sugiere la misma Ana María, sus rasgos físicos—. Él, un criollo que recorrió el país con su padre como consecuencia de sus trabajos de arqueología y etnología. Con los años, sería de las historias que su abuelo paterno le relataba de donde Ana María adquiriría su amor por las culturas indígenas, especialmente durante el año que éste vivió en casa de su nieta.

El padre de Ana María decidió mudarse a la ciudad de Guatemala con el fin de buscar mejor fortuna. Así, empezó a trabajar como tipógrafo, y más adelante como redactor, en el periódico *El Imparcial.* Pero un trabajo no fue todo lo que el periodista, escritor, arqueólogo, etnólogo y pintor Ovidio Rodas Corzo encontraría en la capital del país, pues al poco tiempo conoció a la que en unos años sería la madre de la futura escritora, Ana María Pérez Lagomazzini. Ella tenía solamente dieciséis años y él era diez años mayor y no contaba con la autorización de los padres de su novia; así que se fugaron y se casaron en Mixco, un pequeño pueblo en las afueras de la capital.

Ana María Rodas nació unos años más tarde en la Ciudad de Guatemala, en donde se radicaron sus padres, en un ambiente propicio para las letras, no sólo por el hecho de que su padre era periodista, sino porque desde temprano la niña tuvo contacto cercano con la literatura. Su madre le leía un capítulo de algún libro cada día y no necesariamente se trataba de libros para niños. Además, aprendió a leer y a escribir a los cuatro años de edad, lo cual no habría tenido consecuencias especiales si su madre no la hubiera descubierto leyendo los "peligrosos" libros que poblaban la casa familiar. El resultado fue que parte de la biblioteca fue trasladada a la casa de al lado, la de su abuela, en donde Ana María pasaba, para su fortuna, mucho de su tiempo. Así fue como empezó a leer todo lo que caía en sus manos, sin tener entonces mucha idea de que esos libros prohibidos permanecerían en su memoria de una forma u otra. El resultado inmediato de esas mezclas entre Quevedo y Salgari, leídos en las ramas de un árbol, fue una novela de aventuras que Ana María escribió en la época de su niñez en minúsculas hojas de papel, de donde salían personajes y tramas disímiles.

Sus primeros estudios formales los realizó en el English American School, en donde estuvo solamente dos años y en el que nunca llegó a sentirse a gusto. Terminó el sexto grado en el Colegio Europeo y ya para entonces tenía la certeza de que lo que quería hacer en la vida era dedicarse al periodismo, a lo que su madre se opuso, ya que Ana María solamente tenía doce años de edad. Finalmente, el acuerdo fue que durante las tardes "la niña", como la llamaba su madre, estudiaría en una academia de secretariado y por las mañanas trabajaría en el *Diario de Centro América*. Un año más tarde dejó los estudios, pero harían falta muchos años y tiempos difíciles para que hiciera lo mismo con el periodismo.

En el *Diario de Centro América* trabajó durante un año. Su tarea era llenar los espacios que quedaban entre una noticia y otra con notitas intrascendentes de carácter misceláneo. Al año siguiente pasó a *Nuestro Diario*, en donde se hizo cargo de la sección social, cosa que le disgustaba. Según ella misma confiesa con una sonrisa en los labios, empezó a inventar la información, pues para ese entonces le interesaba más su amistad con los cronistas deportivos que los eventos más recientes en la alta sociedad guatemalteca. Tenía solamente catorce años cuando solicitó que la transfirieran a la sección deportiva. Un hecho curioso en la vida de Ana María durante esa época fue que llegó a ser la secretaria de la Federación de Box y Lucha de Guatemala.

Hacia 1953 decidió ingresar a la escuela de periodismo de la Universidad de San Carlos, en donde, debido a una ley en vigor en esos años, se le facilitaba la entrada a los periodistas sin estudios secundarios que tuvieran varios años de ejercer la profesión. Los que contaran con una experiencia de tres a cinco años —como sucedía con Rodas— necesitaban hacer un examen de equivalencia y entrar al primer año de la carrera. Ana María cuenta que fue Flavio Herrera quien le hizo el examen de equivalencia en el área de Humanidades, y que en ese primer año tuvo la suerte de contar con profesores como David Vela, Hugo Cerezo Dardón y Salvador Aguado-Andreut, entre otros.

No obstante, los tiempos cambiarían rápida y violentamente en Guatemala con el advenimiento del gobierno de Carlos Castillo Armas, quien impuso el exilio y la muerte a numerosas personas en el país. Muchos de ellos —como ha parecido ser infortunadamente común en la historia de Guatemala— eran profesores y estudiantes de la Universidad de San Carlos.

La vida también se modificó drásticamente para Rodas. *Nuestro Diario* desapareció y, por ello, regresó al *Diario de Centro América*, en donde esta vez se hizo cargo de todo lo relacionado con la economía y las finanzas empresariales nacionales. Luego pasó a trabajar como correctora de estilo del periódico, en algunas ocasiones apoyando el trabajo de otros reporteros con más experiencia que ella. Al año siguiente, que estuvo marcado por la muerte de su padre, fue contratada como reportera en el periódico *El Imparcial*.

Como era, y es, común en la clase media en Guatemala, Rodas se casó muy joven, a los dieciocho años, y durante la década de los sesenta, su vida parece ajustarse a moldes más bien tradicionales. Vuelca toda su atención hacia sus tres hijas y su trabajo periodístico, a pesar de la oposición de su esposo, quien nunca estuvo de acuerdo con su carrera.

Solamente interrumpió su trabajo en el periódico durante un breve espacio de tiempo con cada embarazo. Pero la aparente estabilidad no duró y a los veintisiete años Rodas se optó por el divorcio y la autosuficiencia. A estos cambios se les une el dolor causado por el suicidio de su madre, lo que la sume en un desconcierto del que tardaría en salir.

Rodas poeta: protesta de la mujer ante la sociedad patriarcal

Más tarde, después de tres años de un nuevo matrimonio y el contacto directo con pintores y escritores de reconocido prestigio en Guatemala, Ana María Rodas descubre que la escritura, en la personalísima forma de un diario, podía ser el mejor antídoto contra la ira y la frustración que habían ido aumentado con los años y la dominaban en ese tiempo. Se derivaban de la muerte de ambos padres y el desmoronamiento de su segundo matrimonio. Poco sospechaba la periodista que, una vez traducido en poesía, ese medio de desahogo llegaría a tomar la forma de sus primeros tres libros.

Antes de incursionar en el terreno de la poesía, Rodas se había lanzado a la narrativa, y la crítica menciona obras como *Teatro de imbéciles* y *Crónicas irreverentes*. La escritora confiesa que la narrativa —el género que más le gusta— se le resistía y que sus textos carecían de la calidad estética que buscaba. Sin embargo, su primera colección de cuentos, *Mariana en la tigrera*, gana un premio prestigioso y se publica en 1996, y en 2021, se publica una compilación de textos que incluye cuentos inéditos, *Antigua para principiantes*.

Su primer poemario, *Poemas de la izquierda erótica* (1973), causaría controversias y escándalos por sus "atrevidos" temas y por el estilo coloquial. En este libro, la palabra poética no responde a una búsqueda de formas e imágenes perfectas, sino, por encima de todo, a la necesidad de explicar su mundo interior en relación con los hechos más concretos de su vida. Es grito de dolor y de protesta, pero también es extrañeza por el reconocimiento de su condición:

> Yo sólo soy sincera --y ya es bastante--
> hablando de mis propias miserias y alegrías
> puedo contar que me gustan las fresas,
> por ejemplo,
> y que algunas personas
> me caen mal por hipócritas, por crueles,
> o simplemente porque son estúpidas.
> Que no pedí vivir
> y que morir no es algo que me atraiga
> excepto cuando me hallo deprimida.
> Que estoy hecha
> sobre todo
> de palabras.
> Que para poder manifestarme
> uso tinta y papel a mi manera.
> . . . .
> Por lo demás, lamento no complacer a todos (*Poemas* 52-53)

Poemas de la izquierda erótica es también la reflexión de la poeta sobre la validez de su obra. Durante los años en que escribía los poemas que más tarde formarían el libro, solía reunirse con un grupo de escritores y pintores de cierta importancia dentro y fuera del país. Sin el menor empacho, este coro consagrado le restaba calidad estética a su discurso y continuaba viendo a la mujer poeta únicamente como la exesposa del pintor Arnoldo Ramírez Amaya, periodista y fiel participante de sus ideas:

> Los poetas tienen fama
> de utilizar palabras suaves.
> De hablar del amor, de la melancolía,
> de los cielos azules, del horizonte vago.
> O yo no soy poeta
> o pongo en entredicho a mis colegas.
> ¡Qué vergüenza que no me dé vergüenza lo que digo! (*Poemas* 76)

Es la misma Ana María Rodas quien explica que un día, mientras "escribía su ira" en su diario —una especie de escritura automática practicada como ejercicio cotidiano— se dio cuenta de que algunos trozos adquirían forma propia, eran poemas o partes de poemas que luego ella unía, a veces sin cambiar demasiado, dejando que lo prosaico permaneciera. Esta "antipoesía" fue el tono dominante. Ella llama a este sistema personal "el vómito", una escritura sin planes y sin un orden determinado que va más allá de una intencionalidad estética, pues responde a una necesidad vital. También recuerda las incisivas acusaciones de muchos contra la supuesta pornografía que dominaba su discurso: ¿cómo era posible que alguien —mujer, además— hablara del "sudor del combate / en la almohada" (*Poemas* 54), del placer del amor físico o del dolor del deseo insatisfecho? Ella misma responde en cierta medida a esas interrogantes en otro poema del mismo libro:

> ¿Qué esperaban?
>
> ¿Que tuviera ojos,
> glándulas,
> cerebro, treinta y tres años
> y que actuara
> como el ciprés de un cementerio? (*Poemas* 26)

Hay que mencionar que ataques y acusaciones similares han continuado, evidencia de que en Guatemala ser una mujer independiente, dueña de sus actos y poseedora de una voz propia, además de poeta, puede entenderse como una postura subversiva imperdonable. Situarse, entonces, dentro de la "izquierda erótica" no resulta a veces tan cómodo como muchos podrían suponer. La primera edición del libro, publicada por la autora, incluía dibujos de la mano de su exesposo, Arnoldo Ramírez Amaya, aunque no quedaron incluidos en la segunda edición del libro de la Editorial Gurch en 1998 (Toledo 131).

La sorpresa al verse convertida en poeta se debió en parte a su ocupación periodística que había desarrollado con pasión casi desde la niñez y a la que se ha dedicado profesionalmente durante años. Rodas confesó que la poesía no había sido una de sus lecturas frecuentes, excepto por su amistad con ciertos poetas. Entonces, después de media vida de cronista, describiendo y comentando su realidad en periódicos y revistas, la periodista de pronto empezó a utilizar otros códigos discursivos, otras formas expresivas que irán adquiriendo la calidad de poemas. De ahí que lo prosaico resultara tan natural en la poesía de la Ana María Rodas poeta.

¿Una poeta feminista? Sí, aunque no como producto del estudio de teorías estéticas o corrientes ideológicas determinadas, sino más bien como resultado natural de la necesidad de expresar su condición de mujer en una sociedad de carácter eminentemente patriarcal, muchas veces a extremos difíciles de entender, y de aceptar. La escritora llegó al feminismo a través de la lectura de Shulamith Firestone, una de las voces más importantes del feminismo radical de la segunda ola del movimiento. Como mencionó en una entrevista: "Las mujeres vivíamos el feminismo, no nos juntábamos a hablar de él" (en Solano).

Por supuesto que Ana María forma parte de una tradición de poetas guatemaltecas que han sabido manifestar su palabra. De las más recientes, se podrían mencionar a Romelia Alarcón Folgar, Alaída Foppa, Margarita Carrera, Isabel de los Ángeles Ruano y Luz Méndez de la Vega, algunas de las cuales terminaron en la temprana muerte, la locura o el olvido.

Guerra, represión, cambios

No todo en la vida de Ana María Rodas es o ha sido poesía, o el recuento de amores y desamores. Sus recuerdos muchas veces son dolorosos por los amigos muertos y desaparecidos, víctimas de la violencia que ha prevalecido en Guatemala en las últimas décadas. Los años de *Poemas de la izquierda erótica* fueron los setenta, cuando la represión contra atisbos sospechosos por parecer ligeramente revolucionarios o contestatarios eran rápidamente silenciados o eliminados.

Un par de años más tarde, Rodas publica un nuevo testimonio de su realidad, el segundo poemario, *Cuatro esquinas del juego de una muñeca* (1975), otro manifiesto de la poeta en donde parece recorrer un pasado personal a menudo doloroso. En uno de los primeros poemas de este libro, por ejemplo, habla de sus padres y de sí misma:

> Padres Creadores de toda ilusión viviente
> por agonizar entre los cánones que ustedes inventaron
>   y lo humano
> escogió mi padre, padre de carne y hueso
> evadirse de Su Reino alucinante
> a través de diez años de angustia y de alcohol.

Y más tarde
la que me parió de madrugada
tragó una capsulita con olor a almendras.
Yo soy lo que queda de ese par de cadáveres reales
. . . .
Viviré mi vida sencilla fuera de Su Universo. (*Cuatro esquinas* 14)

A pesar del tono pesimista que domina muchos de los poemas de este libro que habla de épocas duras en la vida de Rodas, la autora logra siempre rescatar el ánimo necesario para seguir viviendo contra viento y marea, pues: "la vida es una mierda que merece / el trabajo de cerrar los ojos y sumergirse en ella" (*Cuatro esquinas* 53), como se lee en un poema.

En 1979 fue invitada a viajar a Alemania y, gracias a su contacto allí con diferentes organizaciones culturales, se dio cuenta del peligro que correrían los periodistas en Guatemala en los próximos años. Esta nueva conciencia de la inestabilidad de su condición la hace regresar a su país agobiada por nuevas razones y convencida de que lo único que podía hacer era renunciar al periodismo, toda una forma de vida para ella. Durante los dos años siguientes trabajó como jefe de Relaciones Públicas de la Vice Presidencia y el Consejo de Estado, puesto que perdió con el golpe de Estado de 1982.

En la década de los ochenta el temor predominaba. Muchos intelectuales, estudiantes e individuos en general fueron asesinados y desaparecidos, y en algún momento, sólo cabía la retirada. Guatemala siguió siendo hermosa a pesar de todo y algunas personas, como Rodas, supieron sobrevivir a la desesperanza. Fue difícil al principio, porque luego de decidir abandonar su ocupación de años y después quedar sin trabajo, se encontró en una situación intolerable. Según el prólogo al poemario *La insurrección de Mariana* (1993), para muchos en el país las únicas opciones "eran encierro, entierro o destierro" (9). La opción de Rodas fue trabajar en el Departamento de Asuntos Culturales de la Embajada de los Estados Unidos, labor que hizo de 1982 a 1987. Además, publicó un nuevo libro, *El fin de los mitos y los sueños* (1984), que refleja la soledad y la angustia de la poeta a la vez que la determinación de afrontar la realidad tal como se le presente. Está dispuesta a "poner de manifiesto . . . el inagotable río de cariño que encuentro cada vez que sumerjo mi cansancio o mi dolor entre los brazos de mi gente", como indica en la introducción a *El fin* (6).

En el transcurso de esos años Rodas se dio cuenta de que la enseñanza podría ser la opción más segura en su vida. La poeta recuerda muy bien las circunstancias del descubrimiento: las monjas del colegio en donde sus hijas estudiaban, el Colegio de la Asunción, se enteraron de que ella era escritora y la invitaron a dar una conferencia sobre Gabriel García Márquez y ella aceptó. Mientras hablaba al frente de las estudiantes se dio cuenta del placer que le daba esta actividad; además, pudo constatar el interés de las alumnas cuando vio su reloj y notó que hacía mucho rato que la clase había terminado y todavía tenía mucho por decir.

Como consecuencia de esa nueva posibilidad, tomó la decisión de regresar a estudiar a la universidad, lo que no pudo realizar de inmediato porque no encontraba los certificados de sus años de estudio en la escuela de periodismo. La determinación de llevar a cabo sus intenciones la hizo estudiar en el Instituto de Bachillerato por Madurez y pudo ingresar a la Universidad de San Carlos en 1983.

En esos años de estudios universitarios publicó poco, en parte porque trabajó a tiempo completo, de 1987 a 1994,[2] en la revista *Crónica* que ella ayudó a organizar desde sus inicios. Ya hacia el final de esa etapa en su vida, publicó *La insurrección de Mariana*, poemario que parece marcar una nueva dirección en su vida profesional, emocional y literaria. Ahí muestra ser una mujer esperanzada y fiel a sus principios, dispuesta a seguir escribiendo una poesía abierta y testimonial, ajena a las críticas de muchos que la acusan de escandalizar a las mentes puras.

Curiosamente, en uno de los cuadros más hermosos que pueblan la casa de Rodas, pintado por Moisés Barrios, se ve un bello grupo de rosas de colores suaves y formas tradicionales en el centro; en lo que pareciera ser una ventana, se observa otro grupo de rosas, esta vez en blanco y negro. Encima de todo está pintado: POESÍA DE BURDEL. Para quien ha leído a Ana María Rodas, resulta evidente que Barrios supo interpretar muy bien el triunfo de la poesía sobre la mediocridad en un medio en el que muchos realizan una lectura del arte basándose en clichés y falsos convencionalismos.

Actualmente, la vida de Ana María se reparte entre la docencia universitaria, actividades culturales, la escritura de ensayos periodísticos y, por supuesto, su trabajo de creación. Entre sus planes se encuentra el de dedicarse más a la narrativa, rescatando lo rescatable de sus prosas más tempranas, reescribiendo otras y dándole forma a tantas ideas que le rondan en la mente, buscando incesantemente que la palabra sea la llave que le permita acceder a sí misma con una mirada clara. En estas últimas

2. Según indica el CV de Rodas.

décadas, ha sido directora del *Diario de Centro América,* de la Tipografía Nacional (2008-2012), directora de la Biblioteca Nacional de Guatemala (2012) y ministra de Cultura y Deporte (2015-2016). En 2000 recibió el Premio Nacional de Literatura de Guatemala.

Obras citadas

Liano, Dante. "La poesía de Ana María Rodas". En *Maschere. Le scritture delle donne nelle culture iberiche,* editado por Susanna Regazzoni y Leonardo Buonomo, Roma, Bulzoni Editore, 1994, pp. 171-181.

Nájera, Francisco. "Ana María Rodas o la escritura del matriarcado". *Centroamericana*, núm. 3, 1992, pp. 43-52.

Rodas, Ana María. *Cuatro esquinas del juego de una muñeca.* Guatemala, Edición de autor, 1975.

———. *El fin de los mitos y los sueños.* Guatemala, Editorial RIN-78, 1984.

———. *La insurrección de Mariana.* Guatemala, Ediciones del Cadejo, 1993.

———. *Poemas de la izquierda erótica.* Guatemala, Edición de autor, 1973.

Solano, Francelia. "Ana María Rodas: las mujeres vivíamos el feminismo, no nos juntábamos a hablar de él". *La cuerda*, lacuerda.gt, 3 de noviembre de 2020.

Solares-Larrave, Francisco. Introducción. En *El fin de los mitos y los sueños*, de Rodas, Guatemala, Editorial RIN-78, 1984, pp. vii-xxxii.

Toledo, Aida, editora. *Desde la zona abierta.* Guatemala, Palo de Hormigo, 2004.

Versión actualizada y revisada de: Acevedo Leal, Anabella. "Ana María Rodas, el peso de la palabra poética". En *Volver a imaginarlas: Retratos de escritoras centroamericanas*, editado por Janet Gold, Guatemala, Guaymuras, 1998, pp. 21-34.

" 'Carta a los padres que están muriendo': diatriba y emancipación de un discurso transgresor en Ana María Rodas"

Jorge Chen Sham

Muy tempranamente para la gestación de un discurso poético emancipador y transgresor con dimensión femenina, Ana María Rodas irrumpe desacralizando esas normas que el patriarcado había impuesto tácita y escrupulosamente para la escritura de las mujeres y le otorga una dimensión revolucionaria al realizar una interpretación desde las trincheras convulsas del activismo y del enfrentamiento en clave sociopolítica. Se trataba de una batalla y de una liberación que la escritora e intelectual guatemalteca llevaba al terreno literario, como muy bien lo ha constatado Aída Toledo en el más reciente trabajo de conjunto sobre una Guatemala con cara y manos de mujer (445).[1] Ya el título de su poemario seminal, resultó altamente contestario e incómodo para un país conservador que libraba en esas décadas de los 60 y 70 una cruel y sangrienta guerra del statu quo contra los movimientos de tipo popular, como pueden ser los indígenas o el inicio de las guerrillas;[2] por esta razón, Barrientos Tecún la sitúa dentro de esa imbricación de lucha y combate ideológico por "voces rupturistas que elabora[ba]n discursos reivindicativos en cuanto a la imagen y la condición femeninas, provocando quiebres tanto en las escrituras como en las temáticas" (177).

Rodas asumía una posición contestaria en *Poemas de la izquierda erótica* (1973), la cual pasó a representar ese hito de lo que se configura como una de las tendencias más importantes en la escritura de mujeres por esos años, entre 1975 y 1990, la de una desmitificación del papel de la mujer

1. El lector perspicaz habrá notado que parafraseo el título de la antología que realiza Magda Zavala con este mismo título *Con mano de mujer: Antología de poetas centroamericanas contemporáneas (1970-2008)*, cuya portada explícitamente propone este elemento corporal propio al quehacer humano y artístico.
2. Piénsese en lo que aborda el testimonio de las guerrillas que narra Mario Payeras en *Los días de la selva* (1981), en donde las luchas del Ejército Guerrillero de los Pobres, en su radio de acción desde El Petén hasta sus incursiones hacia la sierra guatemalteca, dan cuenta de la efervescencia de la lucha armada de las izquierdas centroamericanas. En 1982 la Editorial Nueva Nicaragua del Gobierno Sandinista hizo una nueva edición que permitió circular el texto con un subtítulo que anclaba aún más en una realidad concreta y bien específica: *Los días de la selva, relatos sobre la implantación de las guerrillas populares en el norte de El Quiché, 1972-1976.*

y sus espacios sociales, que yo mismo he analizado en sus dos vertientes: la de una profunda revisión del matrimonio y la casa como una prisión y una cárcel que coartan el hacer femenino y nos obligan a dilucidar sus trampas;[3] y la otra, de una rebelión contra los estereotipos sexuales y los códigos de aceptabilidad social que obligaban a definirse primeramente desde un cuerpo político,[4] o simplemente "un cuerpo femenino politizado", con un programa en tanto ética y agenda revolucionaria.

Es decir, en la encrucijada entre la identidad sexual (y no solamente biológica) y la lucha revolucionaria que atizó la Centroamérica de los 70 y 80, el teatro de guerra y de sublevación política se plantea ahora como una reivindicación de los códigos estético-poéticos vigentes gracias al erotismo y al cuestionamiento del sexismo dentro de una sociedad falocéntrica. Sus puntos de mira y sus estrategias son abiertamente minados (en su sentido militar y metafóricamente hablando). Pero esta insurgencia la inauguraba Ana María Rodas con su poemario del año 1973; se trataba de una ruptura con el sistema de valores patriarcales, al liberar a la mujer de sus ataduras sociohistóricas, de manera que la búsqueda de su identidad estaba orientada hacia la reivindicación del cuerpo y de la sexualidad femeninas, por cuanto en ellos se alojaban los índices de la dominación ante "el sufrimiento profundo y la humillación de la mujer reducida a objeto por ese 'tirano' que actúa de forma egoísta, sin amor, sin ternura, sin cariño" (Bollentini 159). Ileana Rodríguez y Linda Craft llevaron a cabo esta tarea de continuar la empresa escrituraria de Ana María Rodas al terreno de un enfoque crítico que estudiara las modalidades de representación del sujeto femenino dentro de un espacio político en el que la escritura es arma de combate y de testimonio.

Pero volviendo a la primera tendencia que apuntaba más arriba, la que conduce a que las escritoras cuestionen las trampas del matrimonio y las relaciones que se tejen en el "fogón doméstico" con esa apelación al

3. El lector comprenderá que un desarrollo argumental de esta tendencia, así como de la otra, que explicitaré de inmediato, rebasa propiamente los límites de este artículo. Pero en el caso de Costa Rica, es significativo la propuesta de narrativa que hace Rima de Vallbona que implica por parte del personaje femenino un doloroso y desmitificador proceso de conciencia en donde ella se ve como cómplice y víctima del machismo, cuyas novelas he analizado en *Radiografías del sujeto agónico: Culpa y trascendencia en la novelística de Rima de Vallbona* (2001).

4. Para el caso costarricense, un poemario clave, precisamente, en esos años convulsos que van de 1975 a 1985, es *La estación de fiebre* (1983), de Ana Istarú. Véase mi artículo: Chen Sham, "De la insurrección del cuerpo a un nuevo entendimiento".

elemento más visible de su sujeción al hogar, Lucía Guerra ha explicado tan sugestivamente cómo "la territorialización de la actividad femenina, circunscrita a la casa, pone de manifiesto una delimitación en la cual el hacer doméstico se postula como trabajo arduo [pero] carente de todo valor sagrado o trascendental" (15). Así, el "ángel del hogar" o la "perfecta casada"[5] debían ser resguardadas, tituladas y protegidas, pero para comprender esto desde el punto de vista jurídico y del derecho civil imperante en nuestros países latinoamericanos, la mujer estaba supeditada a la autoridad del padre o del marido y, por eso, sometida al hombre (Leret de Matheus 61). En este sentido, la mujer dejaba la casa del padre para casarse o prefería ir al convento.[6] En el primer caso, sujeta así a la potestas maritalis, al sometimiento al marido, sobre ella recaía la autoridad del hombre y la vigilancia y supervisión de su actividad como las ordenanzas en su esfera de acción (53).

A la luz de lo anterior, se plantea, a todas luces, una situación de inferioridad o de incapacidad jurídica de la mujer, la cual dominó claramente hasta los años 60-70 del siglo XX.[7] Su cuestionamiento y rechazo no solo se debe a una cuestión de luchas en favor de la igualdad sino también a una emancipación que debe nacer de la conciencia y de la escucha de sí mismo, según las claves que la propia Ilustración ofrecía en palabras del filósofo Immanuel Kant en su discurso de 1784, "Contestación a la pregunta: ¿Qué es la Ilustración?". Y apuntaba con toda claridad lo siguiente sobre la relación de la emancipación del individuo y el entendimiento:

> *Esta minoría de edad* significa la incapacidad para servirse de su entendimiento sin verse guiado por algún otro. *Uno mismo es el culpable* de dicha minoría de edad cuando su causa no reside en la falta de entendimiento, sino en la falta de resolución y valor para servirse del suyo propio sin la guía de algún otro. *Sapere aude!* ¡Ten valor para servirte de tu propio entendimiento! Tal es el lema de la Ilustración. (Kant 83, las cursivas son del texto)

5. Ofrezco las dos metáforas más conspicuas de esta evolución del papel de la mujer y su confinamiento dentro de la casa.
6. Recordemos que la soltería femenina era mal vista y podría esconderse bajo el amparo de otras figuras maternales como la "maestra"; un desarrollo de esta idea rebasa, por supuesto, este artículo.
7. Piénsese, al menos para las sociedades más avanzadas como la francesa o la norteamericana, que las mujeres adquirieron el derecho a tener una cuenta bancaria independiente de su marido hasta los años 70 del siglo XX.

La significación de este "*Sapere aude*!" es lo que conduce a la conciencia emancipadora y liberadora, pues desde esta perspectiva representa actos complementarios, uno se liberta del amo en tanto que el esclavo, o quien posee la minoría de edad, se rebela ante sus cadenas, para luego aceptar la condición de libertad que le ofrece, según una filosofía del oprimido, una conciencia que le permite actuar.[8] Es aquí en donde el segundo poemario de Ana María Rodas me llama la atención, desde esa primera tendencia que he señalado y cuya realización textual encuentro ostensiblemente perturbadora para los espíritus pueblerinos y una sociedad tradicional en *Cuatro esquinas del juego de una muñeca* (1975). Por cierto, llama poderosamente la atención que Rodas publique en forma venial y sin casa editorial este libro. Si bien la crítica especializada se interesó muy tempranamente por *Poemas de la izquierda erótica*, no sucedió lo mismo con *Cuatro esquinas del juego de una muñeca.* Desde nuestro punto de vista, representan los dos caballos que guían su aventura escritural, como si fueran las dos bridas de su carro de batalla contra la sociedad patriarcal guatemalteca.

Ahora bien y volviendo al texto, en *Cuatro esquinas del juego de una muñeca*, toda la metaforización del sujeto femenino se hace a partir de la noción de "muñeca", cuya significación, nos recuerda Carolina Sanabria, se construye bajo su funcionamiento en tanto "juguete", relacionada con el juego infantil de las niñas y con la moda refinada de trajes y vestidos (168) para luego transformarse, dentro del consumo capitalista como ideal de belleza y del "fashionismo" con la muñeca Barbie (Chen Sham, "Crítica al consumismo", 188). Su modelo ideológico está en *Casa de muñeca* (1879), del escritor danés Henrik Ibsen. En esta obra dramática fundamental de la literatura mundial Ibsen problematiza tanto el cuestionamiento del matrimonio burgués como las críticas a la autoridad parental. Resuenan, entonces, las palabras de Nora al final de la obra, cuando se da cuenta del engranaje social en la que ella ha sido tratada como una muñeca de la casa, que debe ser sumisa y obediente al dictado de la autoridad masculina. Recordemos sus palabras, cuando adquiere la conciencia de la obediencia-respeto a la que ha estado supeditada y cuando habla en el desenlace de la obra frente a su esposo:

---

8. Es lo que desarrolla con gran acierto Paulo Freire de la siguiente manera: "¿Quién mejor que los oprimidos se encontrará preparado para entender el significado terrible de una sociedad opresora? ¿Quién sentirá mejor que ellos para ir comprendiendo la necesidad de la liberación? Liberación a la que no llegarán por casualidad, sino por la praxis de su búsqueda; por el conocimiento y reconocimiento de la necesidad de luchar por ella" (*Pedagogía del oprimido,* 38).

NORA. . . . Cuando estaba al lado de papá, él me exponía sus ideas, y yo las seguía. Si tenía otras distintas, las ocultaba; porque no le hubiera gustado. Me llamaba su muñequita, y jugaba conmigo como yo con mis muñecas. Después vine a tu casa…

HELMER. Empleas unas frases singulares para hablar de nuestro matrimonio.

NORA. -- (*Sin variar el tono.*)

Quiero decir que de las manos de papá pasé a las tuyas. Tú lo arreglaste todo a tu gusto, y yo participaba de tu gusto, o lo daba a entender; no puedo asegurarlo, quizá lo uno y lo otro. Ahora, mirando hacia atrás, me parece que he vivido aquí como los pobres… al día. He vivido de las piruetas que hacía para recrearte, Tovaldo. Pero entraba eso en tus fines. Tú y papá habéis sido muy culpables conmigo, y vosotros tenéis la culpa de que yo no sirva para nada.

HELMER. Eres incomprensible, Nora; incomprensible e ingrata. ¿No has sido feliz a mi lado?

NORA. ¡No! Creía serlo, pero no lo he sido jamás. (Ibsen 161-162)

Nora rechaza su condición de "minoría de edad" en la alegoría (porque va más allá de una simple metáfora) de la "casa de muñecas", porque la relación "parte" y "todo", propio de la metonimia, se metaforiza agregándole connotaciones de sumisión y de obediencia a las "muñecas" dentro de la sociedad y, por lo tanto, desemboca en una interpretación que oprime y sujeta a las mujeres a su papel de juguetes y adornos, con arreglo a la *potestas maritalis.* Ibsen es audaz y atrevido en este rompimiento con el orden burgués y conduce a Nora a su propia emancipación, la de ser consciente de su "sujeción".

1. "Carta a los padres que están muriendo" y la comunicación epistolar

Pues bien, el texto inaugural de *Cuatro esquinas del juego de una muñeca* (1975) es altamente subversivo y transgresor; su título destruye las expectativas del lector, porque corroe la imagen tradicional de la familia y de la autoridad parental. En "Carta a los padres que están muriendo", [9]ante la apremiante realidad de la pérdida inminente y la muerte en ciernes, las condiciones de interpretación del título obligarían a enfrentarse ante este hecho tan doloroso de la muerte, de manera que implicaría por parte

9. En adelante, para simplificar el título solamente se nombrará como la "Carta".

de la voz poética una perspectiva de despedida y, como corolario, de agradecimiento, tratándose de los padres. Estas expectativas de lectura son rápidamente destruidas por Rodas. En primer lugar, llama la atención el uso de prosa y de verso dentro de la "Carta", lo cual transgrede la división tradicional que separa narrativa y poesía y lo vuelve una innovación para la literatura guatemalteca de la época. Por esta razón, lo primero es establecer la estructura del texto de Rodas:

a) El inicio de la "Carta" funciona como una reafirmación (página 9); se trata del primer párrafo de la "Carta".

b) Las objeciones a los "padres", que cubren las páginas 9 a 12, y que culminan con la emancipación.

c) El desarrollo de la "Carta" corresponde, propiamente hablando, a la diatriba contra los padres (páginas 13 a 14); está en verso y, en ella, se les fustiga y critica.

d) El desarrollo de la "Carta", adquiere la forma de una recapitulación autobiográfica en verso (páginas 14 a 22), en la que el yo poético hace un recuento de su pasado y presente. Desde el punto de la autoconciencia que emerge esta es la parte más extensa de este largo poema de Ana María Rodas.

A la luz de lo anterior, la estructura de la "Carta" en cuanto discurso epistolar posee dos segmentos bien estructurados: la diatriba a los padres (páginas 9 a 14) y el proceso recapitulativo que corresponde a las justificaciones del "oprimido"[10] (páginas 14 a 22), por cuanto en el examen de conciencia hay que liberar su palabra. A la diatriba esencialmente dedicaremos este trabajo.

En el inicio de la "Carta" se establece el circuito de una comunicación epistolar; en este contrasta el uso de una forma de tratamiento muy personal y de identificación con el destinatario, al dirigirse a ellos como "Papis queridos"[11] (9) con esa muestra de cariño, mientras que la intencionalidad perlocutiva asegura la forma del mensaje: "a ustedes quiero aclararles qué es todo esto. Las mujeres me entienden. Lo que yo hago no es bueno ni es malo. Es mío" (9). Así, en segundo lugar, las expectativas del lector no funcionan, porque la "Carta" se presenta como una aclaración ante lo que debería ser un malentendido y, por lo tanto, ofrece explicaciones que

10. Sobre estas volveremos más adelante.

11. A partir de aquí, simplificaremos las referencias al texto poniendo únicamente la página de la edición manejada.

podrían justificar a quien se dirige así a sus padres. Sin embargo, Ana María Rodas en la "Carta" da cuenta de la constitución del "yo" en su relación con un "ellos", "los padres", y para eso, se identifica con las "mujeres", a las cuales apela en su propio reconocimiento.[12] Dentro del sistema de relaciones de la "Carta" entonces, el "yo poético" se debate entre dos bandos: Las "mujeres" ~ "Yo" ~ los "padres".[13] Este antagonismo luego se intenta neutralizar en la siguiente afirmación, cuando la voz poética se defiende a sí misma, cuando reivindica su individualidad y protagonismo ("Lo que yo hago no es bueno ni es malo. Es mío").

El acto de rebelión contra los padres es contundente, y eso contrasta con la forma epistolar seleccionada, pues "[t]oda carta, por el mero hecho de dirigirse a alguien ausente, lejano en el espacio y con quien sólo nos comunicaremos en un tiempo diferido, lleva en sí esta posibilidad de distancia" (Violi 96). Es decir, una carta se hace en la ausencia y a la distancia; sin embargo, en el siguiente párrafo Rodas precisa la cercanía de quien imagina el encuentro: "Los veo revolverse, incómodos, en sus poltronas" (9). Entonces, se neutraliza la distancia y se los imagina no solo como si fuera una conversación *in praesentia*,[14] sino que los mira en un entorno en el que del recibimiento pasamos a la tensión familiar. No solo la polémica se ha desatado en este espacio conflictivo entre los padres y la hija,[15] sino también, ella adivina sus palabras y lo que sería su tenso intercambio de palabras: "Presiento que buscan las palabras para invocar los cánones antiguos y tratar de meterme a su yugo nuevamente. Ya no es posible. No me interesa entrar en la historia ni tener éxito; no quiero sus medallitas ni sus palabras de aprobación porque no las necesito" (9).

A la luz de lo anterior, toda la dinámica de las relaciones entre la hija y los padres se establece en términos de una relación asimétrica y de poder; la clave está en la palabra "yugo", mientras que la casa solariega ya no puede considerarse el hogar sino una prisión, y el precio por pagar ahora es su libertad. Tal subordinación del hijo a la autoridad parental puede interpretarse a la luz de lo que Julia Kristeva denomina con pertinencia

12. Eric Landowski plantea que en estos criterios de reconocimiento intervienen patrones o criterios biológicos, sociales, culturales a la hora de clasificar y categorizar (102), dependen de usos arraigados profundamente en la sociedad y apelan a nuestros afectos y sentimientos, porque "ponen a prueba la *sensibilidad social*" (106, las cursivas son del texto).

13. Utilizo el signo matemático de la disyunción, como podrá observar el lector.

14. En la retórica clásica esa es la definición propia del género epistolar.

15. En este momento de la "Carta", por supuesto, no sabemos que se trata de una "hija".

como "la dialéctica del amo y del esclavo" (56). Este tipo de relaciones, tales como la servidumbre, la privación y el engaño, están al orden del día en este poema insurgente y emancipador de Rodas. Porque los padres representan y "utilizan la significación de la cultura, para forjar cuchillos y clavárselos unos a otros" (9), según la denuncia de la hija, surge la imagen del trato despiadado de los que se alimentan de los despojos de los demás desde la ley de la selva. Por eso, ella los fustiga y es cuando el sujeto anuncia su determinación liberadora: "Papis encantadores que amontonan cadáveres para colocar su sillón en lo más alto y mearse y escupir sobre los otros, la antes hija está diciéndoles adiós" (9).

Llaman la atención las dos conductas reprochables de los "padres"; las dos objeciones se complementan: a) "para forjar cuchillos y clavárselos unos a otros", y b) "que amontonan cadáveres para colocar su sillón en lo más alto".[16] Actos abominables y de terror que los padres realizan en el ejercicio de su manipulación, observemos cómo al final se confirma la despedida y, a sorpresa de los lectores, la hija tira la puerta metafóricamente hablando[17] y, para realizarlo, tiene que liberarse de su dependencia en dos etapas bien marcadas:

a) "Yo no los necesito. Si anduve pegada a los faldones de sus sacos fue porque mi infancia --siendo mujer-- se prolongaba artificiosamente a través de todas esas cosas que ustedes inventaron" (10). En primer lugar, en el proceso de conciencia se trata de acabar con las excusas y las justificaciones, para que esa imagen tradicional de estar pegado a las faldas de los mayores, como si se necesitara una ayuda para caminar, una protección, ya no se soporta más.

b) El desapego y la desvinculación conducen a una segunda etapa del proceso de conciencia, el cual tiene otro desarrollo con la apelación a la función que posee la escritura en tanto tabla de salvación: "Pero yo escribo porque tengo que hacerlo. No voy detrás de ser un nombre repetido en las cuatro esquinas del universo. Yo escribo porque no me queda otro remedio. Y esa necesidad sencilla ha sido mi mejor agarre

16. La lógica de la violencia se dinamiza aquí mediante este recordatorio del exterminio y de la muerte que provocan, con lo cual el poema podría leerse, y lo es para los lectores guatemaltecos y centroamericanos, como una denuncia alegórica del ejercicio del poder autoritario.

17. Y lo es porque al final de la sección del poema, indica escuetamente: "Y me largo" (11).

a la vida" (10). De esta manera, el ejercicio de la escritura es un acto catártico y de liberación al mismo tiempo. He aquí expresada una de esas verdades para cualquier escritor o poeta pero que tiene una fuerza motivacional aquí desde el punto de vista de la emergencia de la conciencia personal, tal y como veíamos en Kant y en la Ilustración.

Ahora bien, denostar a los padres, censurarlos y atacarlos es siempre incómodo desde el punto de vista de los vínculos y de la representación de la familia. Anteriormente observábamos esa toma de conciencia en el personaje de Nora de Ibsen, para comprender que la emancipación que desea la "hija" en la "Carta" se realiza en tanto se establece una igualación del oprimido y del inocente, al punto de que "el esclavizado desarrolla, aun cuando sólo sea, la astucia del oprimido, y de ahí una amplia gama: resentimiento, rencor, anulación, huida" (Rodríguez Magda 33) ante el dominio de quien ya no puede ser desvalorizado más. Así, el patriarcado adquiere sus contornos en relaciones de propiedad (la hija versus los padres) y de subordinación (la casa paterna y la familia). Su modo de acción, como indica Rosa María Rodríguez Magda, es del ámbito de la ideología y de la represión (35), para que las imágenes de manipulación y violencia sean una constante en Ana María Rodas y los "padres" sean detestables y reprochables.

Largarse de la casa, cerrar su puerta, son actos de ejercicio emancipador, para tener acceso pleno a la palabra y a la libertad: todo comienza con la escritura de esta carta demoledora, para quien desea no continuar siendo sojuzgado. Su modelo se encontraría, según mi interpretación, en otra carta, la que el escritor Franz Kafka escribe con el sucinto título de "Carta al padre" (1919), en donde no solo fustiga a la autoridad parental, sino que hace un ajuste de cuentas ante la figura del Padre, todopoderoso y omnipotente:

> A todo esto correspondía luego tu supremacía espiritual. Tú habías llegado tan alto mediante tu propia fuerza y por eso tenías una confianza ilimitada en tu opinión. Cuando era niño, esto ni siquiera me deslumbraba tanto como deslumbraba más tarde al adolescente, al hombre joven en formación. Desde tu sillón gobernabas el mundo. Tu opinión era la exacta y cualquier otra alocada, excéntrica, chiflada, anormal. Y tu confianza en ti mismo fue tan grande que ni siquiera era necesario que fueras consecuente para que sin embargo no cesaras de tener razón. (Kafka 7)

Kafka nos dibuja la figura autoritaria y apabulladora del Padre, detentor de la palabra, el saber y a la que debe el hijo secundar y obedecer. No solo podemos observar la correspondencia del "hijo" en Kafka con la "esposa" en Ibsen, en tanto son personajes situados y catalogados en la "minoría de edad", sino también avasallados por el ejercicio del poder. La autoridad de quien impone la opinión y las conductas es harto evidente, para que el modelo de Rodas sea, en este sentido, Kafka, en cuanto a esta manera de desenmascarar y cuestionar la autoridad parental[18] y sus engranajes, pero que, en el caso de Kafka, no ofrecía ese paso cualitativo hacia la liberación, tal y como plantea lúcidamente Blas Matamoro: "El 'hijo' que escribe esta carta se vive como esclavo de unas leyes que no tienen existencia general, puesto que el padre es la Ley y las ha dictado exclusivamente para el 'hijo'. Son leyes inexplicables que sólo sirven para someter, de modo que el sumiso podrá pasar al rol de sometedor" (62). Es decir, el "sumiso" y obediente debe rebelarse con el fin de no ser sometido más y, como lo percibe Kafka, no ser parte más de ese engranaje amo / esclavo. Matamoro acepta que la crítica realizada por el escritor checo a la dinámica del poder, lo conduce a un callejón sin salida. Pero no estamos en ese dilema con Ana María Rodas: ella nos ofrece la alternativa de la lucha contra los opresores en tanto acto ético necesario a la liberación, si se quiere librar de aquello que oprime y sojuzga.

De esta manera, en Rodas comprendemos que los padres en la "Carta" no "están muriendo" a causa de una enfermedad ni por su edad, sino que, para ella, la hija, ellos empiezan a morir desde su óptica personal, empiezan a estarlo desde este momento en que los fustiga y desea alejarse para siempre de su influencia y su manipulación.

2. "Carta a los padres que están muriendo" y la diatriba

Efectivamente, la extensión de la "Carta al padre" de Kafka es voluminosa y va reviviendo y describiendo todo lo que le oprime su pecho y ha callado por tanto tiempo, de manera que se vuelve un verdadero requisitorio de denuncia y de ajuste de cuentas. Dicho de otra manera, si Kafka denunciaba una y otra vez al padre autoritario y castrador del hijo, para retomarlo desde un punto de vista freudiano, lo mismo realiza Ana María Rodas, y la parte de la "Carta" en donde abiertamente condena a sus padres adquiere

18. Hay otros aspectos que se pueden comparar en Rodas y en Kafka desde el punto de vista de este odio y rencor a los padres; lo significativo es su autoridad y su represión-intimidación sobre el hijo.

la forma de una clásica diatriba escrita en verso. Aída Toledo califica a Rodas con la siguiente frase, "Sin pelos en la lengua" en el apartado que le consagra particularmente a su producción (449); lo mismo podríamos aplicárselo a la voz poética en la "Carta". Sofía Kantor nos recuerda la importancia de este género en la literatura medieval por su carácter didáctico-moralizante y señala, oportunamente, que la diatriba, desde un punto de vista pragmático es siempre un doble acto, de acusación y de persuasión con miras a influir al otro (21). La denuncia es el hilo conductor para que la condena a los padres sea vista en forma de un perjuicio o, en forma clásica, de un daño que es necesario solventar y erradicar. Para ello, Rodas presenta a los padres dentro de una sistemática del engaño y de las mentiras:

> Allí quedan ustedes sobre cadáveres hacinados.
> Ustedes mismos cadáveres insulsos
> que no acogerá ninguna tierra porque serán
> y han sido y siguen siendo su propio monumento.
> Y los monumentos no conocen
> la dulzura de la podredumbre natural bajo la tierra.
> Ni la peste de las llagas del cuerpo
> y sus sueños de gloria son los mismos sueños
> del subhombre que soñaba a medias cuando aún
> desconocía las estrellas
> con descargar la piedra, el brutal golpe
> para desembarazarse del hermano
> y poder gozarse él solo de la carne
> la sangrienta presa. (*Cuatro esquinas* 13)

Llama poderosamente la atención el eco de estas palabras que fustigan y denuncian a los "padres". Si los califica de "cadáveres insulsos" es porque sobre ellos se erigen dentro de una sociedad de muerte y de terror que asesina impunemente. Pero les augura un triste y fatal desenlace, cuando apunta a que no tendrán el descanso propio de la tierra, porque no podrán ser inhumados: "que no acogerá ninguna tierra porque serán / y han sido y siguen siendo su propio monumento". La oposición de la condición mortal versus ser "monumento" remite así a la artificiosidad y al adorno de quien se escuda en poses, en engaños y en apariencias. Recuerda la admonición acusatoria de Jesús en San Mateo, Cap. 23, versículos 13-39, cuando profiere las "Siete maldiciones a los fariseos" y en las dos últimas con cólera, los conmina de la siguiente manera:

> ¡Ay de ustedes, maestros de la Ley y fariseos hipócritas! Pues ustedes son semejantes a sepulcros bien pintados que tienen buena apariencia, pero por dentro están llenos de huesos y de toda clase de podredumbre. Ustedes también aparecen exteriormente como hombres religiosos, pero en su interior están llenos de hipocresía y de maldad. . . .
>
> ¡Ay de ustedes, maestros de la Ley y fariseos hipócritas! Ustedes construyen sepulcros para los profetas y adornan los monumentos de los hombres santos. Ustedes dicen: si nosotros hubiéramos vivido en tiempos de nuestros antepasados no habríamos consentido que mataran a los profetas. Fíjense en esas mismas palabras: ustedes son los hijos de los que mataron a los profetas. ¡Terminen, pues, de hacer lo que sus padres comenzaron! (*Biblia Latinoamericana. La nueva* 48)

En la sexta maldición, Jesús califica a los fariseos de "sepulcros bien pintados" dentro de una oposición entre la falsedad / la apariencia y lo exterior / lo interior, con lo cual ataca lo que, desde entonces, denominamos "postura farisea", mientras que, en la séptima, los acusa de construir monumentos para santos y profetas con el fin de que los demás aquilaten sus buenas y virtuosas obras, cuando en realidad denigran y lanzan improperios de muerte contra quienes pretenden engrandecer. Jesús destruye sus comportamiento y actos, para que la voz poética en Rodas haga lo mismo con sus padres, pero en un contexto en el que los "monumentos" son ellos mismos, que han deseado perdurar a costa y a expensas de los que mueren. En este desplazamiento de los reproches paternales que retoman los elementos de la diatriba a los fariseos por parte de Jesús, la voz poética en Rodas desenmascara a los "padres" que desconocen y se olvidan no solo a los que han mandado sepultar en esa espiral de la violencia, sino también, con sorna, los identifica de la siguiente manera: "Y los monumentos no conocen / la dulzura de la podredumbre natural bajo la tierra. / Ni la peste de las llagas del cuerpo", porque desconocen la realidad y se inventan excusas como los fariseos, que ni quieren ver y miran para otro lado, ante la realidad de opresión y de violencia y de muerte que se denuncia "con descargar la piedra, / el brutal golpe para desembarazarse del hermano", en la remisión al acto abominable y fratricida de Caín.[19] A la luz de esta

19. Recordemos las palabras de Yavé: "¿Qué has hecho? La voz de la sangre de tu hermano grita desde la tierra hasta mí. Por lo tanto, maldito serás, y vivirás lejos de este suelo fértil que se ha abierto para recibir la sangre de tu hermano, que tu mano derramó. Cuando cultives la tierra, no te dará frutos. Andarás errante y

amplificación a un terreno de muertes y de impunidad por parte del terror entronizado en la sociedad y sus sistemas, las resonancias simbólicas de la "Carta" pueden llevarnos al terreno de los convulsos años de la guerra civil en Guatemala, para que los "padres" vivan también de la muerte. Y el encono se apodera en ella para lanzar así su grito, "Quédense allí en donde están ahora, no pierdan ni un segundo su postura perfecta" (13), aludiendo a la falsedad y a la engañosa apariencia de los fariseos.

3. "Carta a los padres que están muriendo" y el rechazo al padre

La diatriba implica, en cuanto acto comunicativo, tomar en consideración "la existencia del estado psicológico interno del hablante" (Cuvardic García 18), de violencia y de injuria frente a los padres, desalmados y opresivos, tal y como hemos analizado. Pero también es necesario considerar que este género de ataque y de injurias ha sido instrumentalizado en Occidente y, en sus ejemplos más conspicuos, para el ataque de las mujeres, de sus perversiones y de sus faltas de moralidad y de virtud, para que la misoginia en contra de las mujeres deshonestas y que no siguen la recta senda de autoridad de los padres o del marido sea su rasgo más perceptible (Donoso Rodríguez 122-123).[20] Con gran novedad y reversión de la intencionalidad misógina, en Rodas la hija se subleva contra los padres y se liberta (prefiero este verbo a liberarse) y ello implica todo un proceso de autoanálisis y de reflexión que Paulo Freire plantea desde la óptica de un convencimiento personal:

> Desde los comienzos de la lucha por la liberación, por la superación de la contradicción opresor-oprimidos, es necesario que éstos se vayan convenciendo que esta lucha exige de ellos, a partir del momento en que la aceptan, su total responsabilidad. Lucha que no se justifica sólo por el hecho de que pasen a tener libertad para comer, sino "libertad para crear y construir. . . ". (Freire 66)

Pues bien, este proceso de convencimiento desemboca en la "conciencia encontrada", de escucha y de toma de posición como veíamos en el discurso de la Ilustración y es lo que se desarrolla desde la página 15 a la 22

vagabundo sobre la tierra" (Génesis 4: 10-12, *Biblia latinoamericana, La nueva* 17).

20. En este sentido, podría verse lo que, en *La Celestina,* de Fernando de Rojas, se plantea en el caso de las mujeres que siguen el mal amor; lo mismo sucede con el Archipreste de Hita en el *Libro de buen amor.*

de *Cuatro esquinas*, que no analizaremos porque está fuera de la diatriba. Sin embargo, la clave del rompimiento se ventila en la página 14, con un rechazo rotundo y sin ambages a la figura parental. La diatriba termina, entonces, con una nueva apelación y el apóstrofe lírico se dirige a ellos derribando la noción de "protección nutricia" que ellos detentan:

> Padres Creadores de toda ilusión viviente
> por agonizar entre los cánones que ustedes inventaron
> y lo humano
> escogió mi padre, padre de carne y hueso
> evadirse de su Reino alucinante
> a través de diez años de angustia y de alcohol.
> Y más tarde
> la que me parió de madrugada
> tragó una capsulita con olor a almendras.
> Yo soy lo que queda de ese par de cadáveres reales
>   de esa pareja
> que encontró la puerta falsa
> para evadir las dentelladas de los perros
> que ustedes amaestran.
> Yo ya no muero la muerte decretada por ustedes
> a quienes se rebelan
> ni viviré el engaño de destrozarme por ser alguien.
> Me han mordido tanto sus perros
> ya no les temo.   (*Cuatro esquinas* 14)

Si leemos con atención esta parte de la diatriba, hay una diferencia entre el vocativo inicial "Padres Creadores" y su particularización, que se concreta remitiendo a la biografía personal en la figura de "mi padre, padre de carne y hueso" y la madre, ausente y anónima, a la que simplemente se refiere, como si fuera un trauma familiar fruto del ambiente violento y lo hace de la siguiente manera: "la que me parió de madrugada". A los "Padres Creadores" los acusa de inventar estrategias de manipulación: "de toda ilusión viviente / por agonizar entre los cánones que ustedes inventaron", por cuanto esos "cánones" se refieren a las normas y reglas para afianzarse en el poder. Aquí ocurre un desplazamiento que no es nada inocente, porque pasamos a la figura del padre autoritario y alcohólico, al que evoca sin que explicite las consecuencias de su ausencia y enfermedad: "evadirse de su Reino alucinante / a través de diez años de angustia y de alcohol".

El trauma se advierte en la contigüidad de lo que no puede mencionar directamente en relación con la madre ("la que me parió de madrugada / tragó una capsulita con olor a almendras"). El lector, perspicaz y despierto, debe colegir y sacar las implicaciones de los hechos que se esbozan de soslayo y que contrastan con los duros ataques de otras partes de la diatriba. A ello coadyuva el hecho que, en esta parte de la diatriba los mecanismos de rompimiento se hacen ostensibles, porque ni la disposición tipográfica en la página es lineal, ni tampoco hay regularidad en los versos (Martínez Fernández 54), con lo cual no solo se destaca el carácter oral de la "Carta", sino también el ritmo trepidante y la zozobra de parte de quien así ataca y denuncia su actitud psicológica ante quien ataca.

En efecto, se experimenta como una experiencia dolorosa. Si, como plantea Morton Schatzman, el niño es el cuerpo de su pasado y su pasado se halla inmerso en él por medio de recuerdos de su agresión y violencia, aquí claramente, sin que podamos extrapolarlos hacia la infancia, eso es cierto, "conserva recuerdos de lo que le hizo su padre siendo niño" (56), o, añadamos, siendo adolescente también. Los recuerdos afloran y no solo repercuten, sino que se desplazan hacia otras formas de enlace, porque la referencia a los "perros" de los "Padres Creadores" es altamente significativa. Acusa a sus progenitores de haber cerrado las puertas a lo que sucedía en el exterior de la "casa" protectora: "de esa pareja / que encontró la puerta falsa / para evadir las dentelladas de los perros / que ustedes amaestran". La fina ironía que acompaña la "Carta" se remata en esta parte final de la diatriba y desemboca en la imagen de estos "perros" al servicio del sistema de violencia y opresión.

Para quienes conocemos la traumática conquista de lo que se llamó, en la primera etapa mesoamericana, la Castilla de Oro y la figura controvertida de Pedrarias Dávila a principios del siglo XVI, la relación con las acciones de "destrozar" y "morder" de los perros poseen el efecto de conducirnos a la dolorosa represión y esclavitud de los indios destrozados y devorados (Castro Vega 94), pero de la que, ahora, recobrando fuerzas y determinación, la voz poética de la "Carta" se liberta, de esas cadenas infames y ominosas. De esta manera, la frase final de la diatriba puede lanzar como expectativa de esperanza y de asunción de su pasado: "Viviré mi vida sencilla fuera de su Universo" (14), es decir, sin la influencia y bajo unas reglas propias que ahora acaba de descubrir, fuera del seno familiar y fuera de un sistema opresivo desde el punto de vista colectivo, con lo cual se amplifica así las dimensiones sociopolíticas de una libertad, porque esta "familia autoritaria" puede interpretarse también como sinécdoque de la sociedad guatemalteca.

4. Consideraciones finales

Esta amplificación del valor de una liberación dentro de una relación oprimido / opresor, tal y como lo hemos elaborado, coloca a Ana María Rodas con una escritura y una voz "sin rubores, sin delicadezas", según apunta con acierto Teresa San Pedro (197), para que las rupturas con la poesía tradicional sean más obvias en la fragmentación, el fragmentarismo y el movimiento de los versos dentro de la página del poema, de tensiones de escritura que se manifiestan en la irregularidad métrica, estrófica y de las convenciones prosa / verso (Martínez Fernández 54), a lo largo de toda la "Carta". El ejercicio de la emancipación no es una cosa banal y, en tanto experiencia dolorosa y que hay que asumir, deja secuelas en la estructura del poema y de sus páginas, como si fueran secuelas y síntomas de este acto tan inusual desde el punto de vista de la tradición y la norma patriarcal. Así las cosas, libertarse de los padres permite plantear una oposición de los actantes de la "Carta", con lo cual se establece ese paso hacia la "mayoría" de edad, que ya el propio Dante Liano apuntaba en su breve estudio, el cual acompaña la reunión de los tres poemarios de Ana María Rodas por parte de la Editorial Piedra Santa (231).

En efecto, tal y como le gustaba plantear a la filosofía de la Ilustración en relación con esa capacidad de pensar, decir, actuar y discernir, descubrir la conciencia implica para la mujer situarse en lo que hoy se conoce, siguiendo los programas narrativos de la semántica, como una "agencia femenina" de la representación cultural de la mujer en cuanto "objeto" y "sujeto", de sus modelos de ficción y del papel que tales ejercen sobre el desarrollo de un campo de acciones que rebasa la literatura y el arte en tanto agenda ética y feminista que busca la igualdad de géneros y promover una reflexión que cuestione y problematice los ámbitos de la cultura y el saber que generan unos condicionamientos sobre la mujer y su definición sociocultural (Saneleuterio 14).

Obras citadas

Barrientos Tecún, Dante. "Individuo y sociedad en la poesía de Ana María Rodas (Guatemala, 1937) y Rossana Estrada Búcaro (Guatemala, 1963)". *Península*, vol. 11, núm. 1, 2015, pp. 175-190.

Biblia latinoamericana, La nueva. 23ª edición, Madrid, Ediciones Paulinas / Editorial Verbo Divino, 1979.

Bollentini, Chiara. "La poesía de Ana María Rodas: la revolución socio-sexual en la Guatemala del patriarcado". *Confluencia*, vol. 13, núm. 2, 1998, pp. 156-168.

Castro Vega, Óscar. *Pedrarias Dávila, la ira de Dios.* San José, Litografía e Imprenta Lil, 1996.

Chen Sham, Jorge. "Crítica al consumismo en 'Cosas de muñecas', la eponimia en Mylene Fernández". En *Onomástica e intertextualidad en el relato corto latinoamericano,* editado por Chen Sham y Mayela Vallejos Ramírez, San José, Editorial Universidad de Costa Rica, 2016, pp. 185-200.

———. "De la insurrección del cuerpo a un nuevo entendimiento: *La estación de fiebre* de Ana Istarú". *Caracol*, vol. 10, 2015, pp. 416-445.

———. *Radiografías del sujeto agónico: Culpa y trascendencia en la novelística de Rima de Vallbona.* San José, Perro Azul, 2001.

Craft, Linda. *Novels of Testimony and Resistance from Central America.* Gainesville, University of Florida Press, 1997.

Cuvardic García, Dorde. "El acto de habla de la diatriba de hablante femenino en un contexto matrimonial en crisis: el caso de *Diatriba de amor contra un hombre sentado,* de Gabriel García Márquez". *Humanidades*, vol. 5, núm. 1, 2015, pp. 13-29.

Donoso Rodríguez, Miguel. "Mujer y misoginia en tres textos medievales españoles". *Taller de Letras*, núm. 43, 2008, pp. 121-130.

Freire, Pablo. *Pedagogía del oprimido.* 3ª edición, Buenos Aires, Siglo Veintiuno, 2008.

Guerra, Lucía. *La mujer fragmentada: Historias de un signo.* La Habana, Casa de las Américas / Colcultura, 1994.

Ibsen, Henrik *Casa de muñeca: Drama en tres actos.* 1879. Barcelona, Sopena, 1978.

Kafka, Franz. *Carta al padre y otros relatos.* 1919. 8ª edición, México, DF, Porrúa, 2011.

Kant, Immanuel. "Contestación a la pregunta: ¿Qué es la Ilustración?". *¿Qué es la Ilustración? Y otros escritos de ética, política y filosofía de la historia,* editado por Roberto Rodríguez Aramayo, Madrid, Alianza, 2004.

Kantor, Sofía. *Amor dethronatus: Semántica y semiótica del "daño" y del* "engaño". *Libro del buen amor,* cc. 181-422. Madrid / Frankfurt am Main: Iberoamericana / Vervuert, 2014. Medievalia Hispanica 18.

Kristeva, Julia. *Historias de amor.* 4ª edición, México, DF, Siglo Veintiuno, 1993.

Landowski, Eric. "Ellos y nosotros: notas para una aproximación semiótica a algunas figuras de la alteridad social". *Revista de Occidente,* núm. 140, 1993, pp. 98-118.

Leret de Matheus, María Gabriela. *La mujer, una incapaz como el demente y el niño (según las leyes latinoamericanas).* México, DF, B. Costa-Amic Editor, 1975.

Liano, Dante "La poesía de Ana María Rodas". En *Poemas de la izquierda erótica* (*trilogía*), de Rodas, Ciudad de Guatemala, Piedra Santa, 2004, pp. 229-246.

Martínez Fernández, José Enrique. *El fragmentarismo poético contemporáneo (fundamentos téorico-críticos).* León, Servicio de Publicaciones de la Universidad, 1996.

Matamoro, Blas. "El héroe sin padre". *Cuadernos Hispanoamericanos,* núm. 401, 1983, pp. 61-75.

Payeras, Mario. *Los días de la selva y El pueblo resistirá las pruebas.* Managua, Editorial Nueva Nicaragua, 1982.

Rodas, Ana María. *Cuatro esquinas del juego de una muñeca.* Ciudad de Guatemala, Edición de autor, 1975.

Rodríguez, Ileana. *Women, Guerrillas, and Love.* Minneapolis, University of Minnesota Press, 1996.

Rodríguez Magda, Rosa María. *Femenino fin de siglo: La seducción de la diferencia.* Barcelona, Anthropos, 1994.

San Pedro, Teresa. "La palabra directa de Ana María Rodas o la negación de la estética poética tradicional". *Ístmica,* núm. 3-4, 1998, pp. 196-206.

Sanabria, Carolina. "La vivificación del objeto en 'Muñequita linda' de Jorge Ninapayta de la Rosa". En *Onomástica e intertextualidad en el relato corto latinoamericano,* editado por Jorge Chen Sham y Mayela Vallejos Ramírez, San José, Editorial Universidad de Costa Rica, 2016, pp. 167-183.

Saneleuterio, Elia. "Escritoras españolas e hispanoamericanas de todos los siglos y la agencia femenina en los personajes de ficción". En *La agencia femenina en la literatura ibérica y latinoamericana,* editado por Saneleuterio, Madrid / Frankfurt am Main, Iberoamericana / Vervuert, 2020, pp. 13-25.

Schatzman, Morton. *El asesinato del alma: La persecución del niño en la familia autoritaria.* 17ª edición, México, DF, Siglo Veintiuno, 2003.

Toledo, Aída. "Hablar de un corpus desdibujado, borroso y desconocido. Acerca de los problemas de bosquejar el panorama de la literatura guatemalteca escrita por mujeres". En *Desde los márgenes a la centralidad. Escritoras en la historia literaria de América Central,* editado por Consuelo Meza Márquez y Magda Zavala, Aguascalientes, Universidad Autónoma de Aguascalientes, 2019, pp. 419-476.

Violi, Patrizia. "La intimidad de la ausencia: formas de la estructura epistolar". *Revista de Occidente,* núm. 68, 1987, pp. 87-99.

Zavala, Magda. *Con mano de mujer: Antología de poetas centroamericanas contemporáneas (1970-2008).* Heredia, Costa Rica, Fundación Interartes, 2011.

Ensayo original escrito especialmente para esta antología

"Final del conflicto / final de una historia: los espacios en *El fin de los mitos y los sueños* de Ana María Rodas"

Mónica Albizúrez

El llamado giro espacial ha contribuido en las ciencias sociales y literarias a explorar el poder explicativo del espacio para el individuo y los procesos sociales. Como afirma Fredric Jameson, "nuestra vida cotidiana, nuestra experiencia psíquica, nuestros lenguajes culturales, están hoy dominados por categorías espaciales" (40). En el caso de la literatura, los textos, al crear sus propios espacios formales y ficcionales, ratifican, anulan, reconfiguran o remarcan órdenes espaciales del mundo social. Los reinventan. Ese espacio, que es simultáneamente objetivo y subjetivo, material y metafórico, pretende ser examinado en el libro de poemas de Ana María Rodas, *El fin de los mitos y los sueños*, publicado en 1984. Mi intención es situar el análisis de este poemario con relación a la experiencia del espacio social que era contemporáneo a la publicación, hilvanando lo público y lo privado, desde una particular mirada reivindicatoria de la agencia femenina.

Contexto de escritura

En uno de los pocos estudios sobre *El fin de los mitos y los sueños* de Ana María Rodas, el crítico literario Dante Barrientos Tecún indica cómo el discurso poético guatemalteco y centroamericano se ha caracterizado por una intrincada articulación con los acontecimientos históricos y políticos de la región, a tal punto que "los textos producidos por los poetas centroamericanos pueden abordarse como una forma de testimonio y/o modalidades de la escritura de la historia" (177). En esta línea, el crítico guatemalteco considera que las palabras de Rodas en el prólogo a *El fin* titulado "El futuro no es lo que solía ser", son claves para entender cómo este poemario se desdobla desde una dimensión privada (el fracaso amoroso) y pública (la destrucción de un tejido social):

> Pero no era sólo el fin de una historia de amor lo que hace tres años me daba un aire fantasmal. Muchos se habían ido o estaban a punto de hacerlo. Algunos para siempre; otros dejaron Guatemala y se fueron a ambientes más amables y aptos para la vida.
>
> En fin, 1980 fue un año en que comencé a aprender lo que es la verdadera soledad. . . . Realmente, había que enterrar los mitos y los sueños. (*El fin* 4)

Precisamente el título de este poemario implica un corte radical. Sabiendo las múltiples definiciones disciplinarias de los mitos y los sueños, me interesa remarcar cómo unos y otros implican narrativas por medio de las cuales se estabilizan profundas ambigüedades colectivas y personales, de tal manera que enterrarlos significa una desestabilización angustiante del sujeto. Relacionado con ello, Rodas indica explícitamente el periodo escritural del poemario, que abarca los últimos años de la década de 1970 a junio de 1980. ¿Cuáles eran entonces los mitos y los sueños en la ciudad de Guatemala en ese periodo? Si en el poemario, los lugares de la casa, del cuerpo y del adentro aparecen constantemente, ¿qué referencias sociales y espaciales son importantes para entender el poemario? Indudablemente, a finales de los 70 en la Ciudad de Guatemala se vivía con ímpetu, no obstante la violencia creciente, *el derecho a la ciudad* enunciado por Henri Lefebvre en 1967, como el derecho de los habitantes urbanos a decidir y crear la ciudad frente a la mercantilización de los espacios (hacerla un espacio de lucha anticapitalista). Vale mencionar como ejemplo los siguientes hechos: las reformas urbanísticas impulsadas por el gobierno municipal de Manuel Colom Argueta a favor de sectores populares (1970-1974); los desplazamientos y apropiación de tierras por sectores desposeídos luego del terremoto de 1976 que dejó ver las grandes desigualdades urbanas; las grandes movilizaciones sindicales y campesinas, como la huelga de los trabajadores de la Coca Cola (1976-1979) o la mítica marcha de los mineros de Ixtahuacán 1977; las protestas multitudinarias por la violencia selectiva (como las evidenciadas luego del asesinato del exalcalde Manuel Colom Argueta o del presidente de la Asociación de Estudiantes Universitarios Oliverio Castañeda en 1978).[1]

---

1. El capítulo tercero, "Los gobiernos militares de los años 70" de *El entorno histórico,* tomo 3 de *Guatemala: Nunca Más, Informe del Proyecto Interdiocesano de Recuperación de La Memoria Histórica* (REMHI), contiene un resumen del contexto histórico de los años 70, hasta el golpe militar en contra del gobierno del general Lucas García el 23 de marzo de 1982 cuando se inicia el gobierno del también general Efraín Ríos Montt (Arzobispado de Guatemala, 73-155). Allí se describen otros hechos emblemáticos del movimiento popular guatemalteco, así como la creciente represión militar. Por su parte, Deborah Levenson-Estrada, en el capítulo 4 de su libro *Trade Unionists Against Terror, Guatemala City, 1945-1984,* realiza una cartografía de las tomas de fábricas, huelgas y manifestaciones que se llevaron a cabo en la Ciudad de Guatemala en aquella década de 1970, siendo la huelga de los mineros de Ixtahuacán "unrefutable evidence that a defiant national popular organization of Indian and Ladino peasants and urban and rural workers could be built" (132).

Así pues, en la década de 1970, frente a la apropiación del país que las elites económicas y militares habían llevado adelante desde la contrarrevolución del 1954, los habitantes de la ciudad y del campo guatemaltecos ocuparon espacios. Sin embargo, la ciudad progresivamente se va convirtiendo en un espacio regido por la violencia en el cambio de década. La quema de la Embajada de España el 31 de enero de 1980 por las fuerzas de seguridad del Estado supuso la constatación ciudadana de la irrupción ilimitada de la violencia, en un adentro que ya no conoce protección alguna, ni siquiera la extraterritorialidad diplomática.

La arquitectura del resguardo y la inviolabilidad del lugar y del cuerpo son anulados. En el caso particular de las mujeres artistas, la ocupación de espacios públicos y desarrollo de estéticas variadas, pero en conexión con la imaginación de cambios sociales en la década del 70, da paso a un enclaustramiento o al exilio.[2] La conocida artista visual Isabel Ruiz, que había sido pionera en llevar exposiciones a espacios marginales, indica cómo todo cambió con el recrudecimiento del conflicto armado al iniciar la década de los 80: "aquí dentro no se sabía lo que los creadores estaban haciendo" (citada en Acevedo 47). Con diferencias y matices, aquella experiencia del repliegue está presente en la declaración de Ana María Rodas en el prólogo a *El fin* fechado 31 de octubre de 1983: "Ciertamente, afuera llueve. Violencia y sangre" (6). De aquí que la escritura equivalga a la ocupación de un espacio interior, seco de violencia y sangre, pero como se evidenciará en el análisis, conflictivo por una subjetividad en crisis.

Iconotexto: lo lunar

Un primer rasgo que enfatiza la importancia del espacio en el poemario de Ana María Rodas es el peso que tiene la ilustración para constituir un libro en donde conviven imágenes y palabras. El libro *El fin de los mitos y los sueños* está ilustrado por el conocido artista visual Moisés Barrios. Tanto la carátula como las once divisiones del poemario poseen fragmentos de una composición pictórica del artista sobre la luna, ejecutada en negro y

2. La década del 70 es significativa por la irrupción de mujeres artistas que reflexionan la condición femenina en la construcción nacional. Sobresalen, en tal sentido, Margarita Azurdia con la serie *Homenaje a Guatemala* (ca. 1974) consistente en tallas de madera con formas antropomorfas y zoomorfas de colores vistosos en donde la mujer adquiere protagonismo (ver Cazali, "Margarita"); la propia Ana María Rodas con *Poemas de la izquierda erótica* (1973) que marcó un parteaguas en la poesía femenina guatemalteca; la poeta Alaíde Foppa, desde el exilio en México, con la fundación del periódico feminista *Fem* (1976).

blanco, a partir de viñetas de almanaques viejos, como los producidos en la Tipografía e Imprenta Sánchez y De Guise.[3] Esta imprenta, que produjo calendarios, esquelas, viñetas, novenas, folletos y calendarios lunares, fue muy popular en Guatemala. El último calendario que circuló en Guatemala fue en 1984, precisamente el año de publicación del poemario de Rodas, con lo cual se refuerza la idea del final de una época. [4]

Las ilustraciones, como se puede observar en el ejemplo abajo, apelan a un imaginario de claridad e inocencia en la representación de la luna, siempre dotada de un rostro humano.

Ilustración de Moisés Barrios, sección "Niños del insomnio"

El fin de los mitos y los sueños

3. Agradezco la intermediación de la curadora Rosina Cazali para obtener esta información de parte del artista Moisés Barrios (correo electrónico).

4. La escritora Maria Elena Schlesinger, quien se ha dedicado a recuperar las tradiciones e imaginarios populares guatemaltecos, publicó un artículo periodístico en donde se lee: "Fue muy famoso en su época el llamado Calendario de Sánchez y De Guise que contenía, además del santoral del día (muy importante porque la tradición católica indicaba que el recién nacido llevara el nombre del santo del día), las predicciones del clima, calendario lunar, predicciones astronómicos y consejos varios para la vida diaria, muchos de ellos salidos de la pluma de la hija de don Víctor, doña Victoria Sánchez, quien administró el negocio en su última etapa. El último calendario de SyDG circuló en Guatemala en 1984 y por esos días las puertas de este legendario negocio quedaron cerradas para siempre. Cuentan que un día, las viejas máquinas dejaron simplemente de funcionar, por desgaste o cansancio, decía la gente, y el almacén, las bodegas y la imprenta quedaron inmóviles tal cual, como detenidas en el tiempo".

Desde esa estética, las imágenes en *El fin de los mitos y los sueños* cumplen dos funciones importantes. La primera sirve como un corte visual con el "afuera" sangriento descrito por Rodas en el prólogo, restituyendo la idea de la tradición y de la convivencia cotidiana. Es decir, las imágenes fortifican un espacio escritural. Esto se consigue también por el color rosa que sirve de fondo en la carátula, cuyo diseño fue realizado por el maestro Marco Augusto Quiroa con base en las composiciones de Moisés Barrios. La segunda función se refiere a una tensión entre estas imágenes y la poesía de Rodas, la cual se compone de escenas perturbadoras que desmienten cualquier creencia en valores duraderos y estables. Si el calendario establece la regularidad, ésta en la poesía de Rodas abre paso a una subjetividad irregular en el espacio social. De tal manera consideramos que el poemario constituye un iconotexto, en el sentido dado por Peter Wagner: "artifact in which the verbal and the visual signs mingle to produce rhetoric that depends on the co-presence of words and image" (16). Pablo Hernández, en el contexto del arte centroamericano, propone una lectura conjunta de imágenes y palabras dejando dicotomías y jerarquías para comprender en esos iconotextos "aspectos culturales, retóricos y políticos en la determinación de su configuración y funcionamiento" (75). Es lo que ocurre en este poemario, en donde la ilustración es importante para entender su retórica y las consecuencias políticas implícitas en ella.

Vaciarse

Conforme a lo antes expuesto, la primera sección del poemario de Ana María Rodas está presidida por una luna delineada únicamente en sus contornos por un trazo negro. Da, pues, la idea de transparencia a través de la figura. Bajo la imagen, aparece el título "El mito de Ixquic". Ixquic, en la cosmogonía maya, es la hija de Cuchumaquic, uno de los Señores de Xibalbá. Su importancia radica en que no solo da a luz a los gemelos Hunahpú e Ixbalanqué, que vencerán a los señores de la muerte y se convertirán en la luna y el sol, sino porque ella transita del inframundo al supramundo. Según el Popol Vuh, Ixquic escuchó la historia de Hun-Hunahpú, un dios que había sido transformado en árbol de jícara. Ella visitó al árbol clandestinamente y quedó embarazada cuando el árbol le escupió en la palma de la mano. Contraponiendo la acción del embarazo de Ixquic por efecto de haber sido escupida, bajo esta sección se incluye un poema que postula la acción inversa: la yo poética que vomita:

Suspendida adentro de mí misma
vomito
la leche cuajada
el beso en la mejilla, la guitarra
a pedazos regresa la luna al cielo
        de agosto.
Sacarlo todo poco a poco.   (*El fin* 14)

La acción de vomitar se refiere no a la saliva en el mito indígena, sino a la leche cuajada que, en el poemario, se vincula al semen y a la leche materna, elementos presentes en otros poemas. En el primer caso, en uno de los poemas se presenta la escena de un kleenex "empapado" de semen "que bien puede querer decir amor o decir asco" (42). En los poemas articulados bajo el título "Homenaje a la madre", la yo poética reclama al amante-hijo ejemplar "qué inocente yo / cuando te daba leche / y creía seriamente que iba a conformarnos eso" (30). Es decir, vomitar la leche cuajada es vaciarse de una actividad sexual y maternal del cuerpo. Regresando al motivo de la luna, esta entonces alude al hijo Hunahpú, que es desfigurado en fragmentos y en una dirección de expulsión. "Sacarlo todo poco a poco" es deshacerse de la memoria amatoria (el beso, la guitarra) pero sobretodo de la procreación (la leche cuajada, la luna). No tener nada adentro, como la imagen translúcida que preside el texto. Sin embargo, esa semejanza entre ilustración y palabra es a la vez un desencuentro, pues el lector, como sucederá en otras secciones, podía imaginar textos menos inquietantes a partir de los rostros lunares.

Lo lunar también imprime a la lectura una atmósfera de nocturnidad. Pareciera que el lector transita por espacios vigilados por las lunas, en los que se instala la antinatura. Un momento particularmente desquiciador de aquel tránsito es la sección "Homenaje a la madre", en la que el incesto consume vorazmente la identidad de la hablante lírica. "Yo, el incesto / la que nunca acaba de / parir" (25). Los hijos amantes son representados como seres insaciables que nunca dejan de volver, y a diferencia de Edipo, no se arrepienten y luchan por entrar al espacio donde se encuentra la yo poética para acceder a su cuerpo: "En las noches, cuando los gemidos / de mis hijos / lamen la puerta de mi cuarto" (26). Nora Domínguez ha analizado en el campo de la narrativa chilena un grupo de novelas que alteran e interrogan "los sitios naturalizados de la maternidad", siendo tal interrogación inseparable de la biopolítica impuesta por las dictaduras (165). Según Domínguez, por ejemplo, la novela de Cristina Peri-Rossi,

Indicios pánicos, prefigura el horror que vendría con las dictaduras cuando en el texto madres e hijos "actúan el pánico permaneciendo en estados antinaturales" (166). Considero que la presencia del incesto en el poemario de Ana María Rodas no puede dejarse de leer sin tener en cuenta el trastocamiento brutal del tejido social guatemalteco durante el conflicto armado, ya no como prefiguración, sino como constatación en proceso.

Al mismo tiempo, por aquel trastocamiento, el poemario plantea la crisis de una heterosexualidad funcional. Gayle Rubin en "The Traffic in Women", indica que, en un sistema de regulación heterosexual autoritario, las mujeres son intercambiadas como objetos sin derechos, constituyéndose en conductoras de una relación antes que participantes en ella. Esta apreciación es aplicable a los siguientes versos de Rodas, en los que las relaciones maternales y heterosexuales se viven como explotación obscena:

> Siempre regresan a decir qué tal, buenos días
> Te gusta esta muchacha?
> la compré para ti
> para que te gustara y tome tu lugar
> en las noches.
>
> (En las noches, cuando los gemidos
> de mis hijos
> lamen la puerta de mi cuarto). (*El fin* 26)

El conflicto entre imágenes y palabras que permanece en el poemario es entre una regularidad lunar que lleva aparejada la activación del impulso sexual —de ahí el agobio que puede producir el efecto realista de la ilustración de las lunas en el curso de la lectura— y la búsqueda de una reclusión. La soledad del cuerpo asexuado no maternal se convierte pasajeramente en un refugio para la hablante lírica: "Ahora es la estancia perfecta / mi refugio / cuando salgo / finalmente /de ti" (40).

"Desde afuera"

¿Pero es posible un afuera o, mejor dicho, se puede construir un cuerpo y una casa vaciados del acceso carnal antinatural y de una maternidad odiada? La sección titulada "Desde afuera" propone la distancia geográfica. En esta sección, a diferencia de las anteriores, las coordenadas geográficas son explícitas. La voz poética que se autodenomina "corresponsal de guerra / . . . / Por supuesto mi guerra" sigue una ruta trasatlántica y de norte sur: Hamburgo, San Francisco, Bloomington y San José (53). No obstante aquella autodenominación, el lector apenas sabe de la guerra, y los poemas más bien se convierten en crónicas de los recorridos de la hablante lírica: el Elba, las misiones antiguas cerca de San Francisco o la Universidad de Indiana. Las escenas perturbadoras de las secciones anteriores dan paso, en medio del verso-crónica, a un malestar físico: "Uno sólo viaja con el dolor / con la úlcera, con la depresión y la angustia / . . . / para qué darle un tour a las miserias" (55). Por lo tanto, el cuerpo no puede separarse de "mi guerra" al ser un proyecto individualizado por prácticas construidas en lugares precisos y en función de la interdependencia de personas y lugares. El cuerpo, según Gill Valentine, es un lugar poroso ("a porous location") que es influido por las relaciones sociales complejas y a diferentes escalas. De ahí el giro irónico y la pregunta retórica del poema, pues no se trata de conocer nuevos lugares, sino de exponerse a sí misma en esos lugares desde la condición de enfermedad y tensión que no termina al cruzar una frontera. El cuerpo ha absorbido afectos que permanecen en el movimiento. Sin embargo, bajo este apartado "Desde afuera", se menciona por primera vez una idea de comunidad afectiva que se extraña: "Quiero mi casa / escuchar las voces de mis hijas / acariciar mis perros / platicar con mis amigos" (56). A diferencia del tema del exilio que ha sido trabajado en la crítica literaria guatemalteca, esta sección se centra en reflexionar la salida temporal del país, a la que tuvo acceso una clase media letrada no comprometida políticamente. Acceso, por supuesto, no exento de dificultad. Esta movilidad, en el poemario, determina una escisión identitaria de extranjería fuera del país y de expatriada en la nación.

> Por fuera --mi mundo eternamente dividido
> entre
> adentro
> y afuera--
> soy una periodista extranjera.
>
> Por dentro soy solo una expatriada. (*El fin* 57)

La presencia del adentro y el afuera en el poemario se reitera en este texto que localiza a la hablante lírica en un no lugar en el extranjero. No se trata de la nostalgia del exilio pues se va a volver, tampoco de los lazos transmigrantes con el lugar de partida y de destino. Se trata de un estado de desprendimiento de la nación sabiendo que se permanece en ella. En tal sentido, este poema despliega un afecto ligado al espacio del que se quedó en el conflicto armado y vivió como expulsado.

La casa, el hospital

El paréntesis de la crónica en verso en un espacio extranjero se cierra con la vuelta de la referencia a la maternidad. Esta vez la sección se titula "Sueños de la madre" y la luna que preside los poemas no es la luna llena de "Homenaje a la madre", sino un cuadrante en negro. Las escenas del incesto ceden a una reflexión sobre los sueños, bajo la "cara silenciosa" de la luna (62), que los propicia. Esos sueños son el inconsciente atroz que amenaza destruir los límites y las normas que modelan la convivencia familiar y social, como lo es "ese afán absurdo de matar a los hijos / de acostarse con el amigo / de vivir en una casa que no existe" (64). Esta casa inexistente adquiere dimensiones oníricas y memoriales. El único poema que rompe con una retórica referencial y provocadora, adhiriéndose a un registro metafórico, presenta la casa soñada como volcán, universo, pasadizo secreto, balsa para ir por los mares y torre encima de los árboles en donde la hablante lírica descubre el horizonte.

Este catálogo de experiencias espaciales amalgama, entonces, origen territorial, universalidad, escondite clandestino, movilidad y altura para dimensionar un objetivo. Esa casa-sueño representa el deseo de la pertenencia conciliatoria de una nación y de un mundo, en donde la protección y el reclamo de movilidad en contra de la violencia institucionalizada provean la mirada de algún futuro. Por otra parte, la casa convoca la memoria de una infancia inocente, pero también la experiencia de una subjetividad femenina anticonvencional: "Allí uso el vestido de novia que no tuve / y una ráfaga de balas indoloras / allí, con Julio, tuvo dos hijos. / Siempre: la casa" (*El fin* 68).

A nivel intermedial es inevitable vincular esta escena de la hablante lírica en un sueño, ataviada con el vestido de novia que nunca tuvo, con el performance de la artista visual Regina José Galindo en 2004 titulado "Boda Galindo-Herrera". Este performance se describe de la siguiente manera: "Me visto de novia y me tomo una fotografía en un lugar especializado en retratos de bodas para dejar registro de algo que jamás sucedió".[5] Tanto el

5. La foto fue tomada por Canche Serra, uno de los fotógrafos más importantes de Guatemala en las décadas del 70, 80 y 90 en cuanto a ceremonias religiosas y escenas familiares.

poema de Rodas como el performance de Galindo, ambos distanciados por exactamente treinta años, indican cuán central en el imaginario femenino guatemalteco es el vestido de bodas, como sinécdoque del matrimonio legítimo. Poesía y performance simulan un autorretrato definido por las matrices de dominación masculina (Collins 1990). La metáfora "ráfaga de balas indoloras" reafirma la paradoja de la agresividad y la vulnerabilidad que generan tales matrices en el sujeto femenino.

Otra experiencia espacial importante en el poemario de Rodas es el encierro, que se encuentra en las secciones tituladas "H2O + NaCl", —fórmula química de las lágrimas— y "Pesadilla". Los poemas incluidos en la primera sección están articulados en torno al pronombre "ellas", aunque nunca se nombran las lágrimas. El acecho del llanto condiciona lo cotidiano, como cuando se vacía la oficina, se termina la conversación con un amigo o la dosis del valium no es posible.

"Ellas" se personifican como presas: "Ahora están metidas tras barrotes / que tengo en la garganta" (83). La elusión de la palabra lágrimas ya anuncia retóricamente la imposibilidad de verbalizar. Al estudiar el miedo en Guatemala, la antropóloga Linda Green sostiene que durante y después del conflicto armado, el miedo ha sido "pervasive and insidious" (227) en las subjetividades personales y las relaciones sociales. De ahí, el poder de anular la palabra e inmovilizar. En otro poema, la hablante lírica se localiza "paralizada" en una casa recorrida por "Los pasos grandes del miedo" (77). Por otra parte, la voz poética recurre a un discurso híbrido entre la sintomatología del pánico y lo propiamente figurado al expresar la vectoricidad del miedo en todo el cuerpo: "El frío, la presión baja, lo borroso en los ojos / el miedo se instala en el pecho" (77). El miedo es literal y simbólico, desmoviliza y, como afirma Green, penetra todo, el cuerpo y la casa.

El encierro también se transfiere al hospital, como consecuencia de la depresión. La voz poética asume con ironía que, de aceptarse los mitos de origen psicoanalíticos creados por un hombre, tal enfermedad se derivaría de complejos de castración. La doble lectura, por el contrario, desmiente esos grandes mitos y no por ellos está ella "amarrada a un monstruo de metal que me alimenta / quiera o no quiera" (80). La depresión, en realidad, tiene que ver con un mundo en crisis personal y colectivo. El tratamiento de la enfermedad mental adquiere una dimensión de extrema visibilidad y desprotección. La voz poética nos dice que ese hospital es "cúpula de vidrio" (82) y, por lo tanto, asequible a la mirada externa y asociado al principio de inviolabilidad sagrada. El proceso de curar, entonces, se postula público en cuanto se quiere compartir el dolor, pero a la vez extremadamente resguardado en cuanto a agresiones externas. Finalmente, en ese recinto hospitalario, se sueña una imagen bucólica que cierra la sección "Pesadilla": "mis hijas sonríen al hombre que amo / El perro rejuvenece, el techo de mi casa es todo nuevo / Y no es cierto que afuera haya muertos" (82).

Ataúdes, monumentos

A diferencia de las otras ilustraciones, la sección última del poemario resulta elocuente al contener las cuatro fases de la luna, luna nueva, cuarto creciente, luna llena y cuarto menguante. De esta forma gráfica, se resuelve el final de un ciclo, en el que, tal y como lo expresa el título, se han terminado los mitos y los sueños. La casa desmitificada es la siguiente:

> Y uno está en su casa
> y le acompañan
> el que no está
> lo no vivido
> un colchón frío
>   y una
>   ventana
>   abierta. (*El fin* 91)

Ya no hay sueños de vestidos de novia no usados, no hay miedo, tampoco la presencia perturbadora de los hijos amantes. Sin embargo, se trata de una casa que, por lo vivido, no puede ser plena ni acogedora. "El que no está" implica en este texto una indeterminación, más precisamente desde la estética de la recepción, diríamos que constituye un lugar de indeterminación para ser llenado por el lector potencial en aquellos años ochenta. "El que no está" se podía y se puede concretizar desde múltiples historias individuales que estaban formando / forman la memoria de la violencia.[6]

En las siguientes secciones se abandona el motivo de la casa y aparecen poemas autofigurativos. A diferencia de los poemas anteriores, estos sí tienen títulos, con lo cual se refuerza la propia subjetividad, como si

6. El poema hace presente al ausente y, en tal sentido, recuerda el proyecto fotográfico "Ausencias" (2010) de Gustavo Germano, quien contrapone fotos de detenidos-desaparecidos argentinos con familiares y/o amigos frente a las fotos sin la presencia de aquellos, décadas después. Se convoca la presencia del detenido-desaparecido de esta manera.

se tratara de dejar leyendas de lápidas o monumentos para ser leídas y recordadas. En tal sentido, el poema titulado "Proyecto de monumento" contiene la idea de erigir la tumba de la mujer desconocida, que es y se aclara irónicamente entre diagonales "la mujer cosa, la única pensable" (92). Ese monumento es en realidad la estatua de un hombre que pone su pie sobre una forma femenina "envuelta en un sudario de silencio" (92). De nuevo, en clave irónica, se termina el poema con el verso "Adentro de la tumba/por supuesto/no hay nada" (92). Se ha discutido en el campo cultural latinoamericano y centroamericano cómo las luchas sociales reivindicatorias reprodujeron muchas veces modelos patriarcales y particularmente glorificaron un héroe viril que paradójicamente oprime a mujeres, gays y lesbianas (Taylor; Cortez).

Este poemario de Rodas pone en evidencia muy tempranamente, por un lado, cómo la historia de aquellos años exigía empezar a entronizar memoriales y, particularmente, a las mujeres, pero finalmente las instancias de legitimación masculinas se imponen y lo que resulta es un proyecto fallido, en el que la mujer aparece silenciada y negada:

> Proyecto de monumento
>
> La Tumba de la Mujer Desconocida
> /la mujer cosa, la única pensable/
> se remata con una estatua de hombre
> apoyando su pie delicadamente
> sobre
> una forma
> femenina
> envuelta en un sudario de silencio
>
> Adentro de la tumba/por supuesto/no hay nada. (*El fin* 92)

El poema "Autorretrato", por su parte, delinea una subjetividad funcional, que ha dejado el encierro. Sin embargo, la aparente normalidad reforzada por elementos ligados a una típica postal de playa, resulta inoperante:

> Mausoleo silencioso
> que se para en dos piernas
> usa bikini
> anteojos oscuros de playa

Ataúd inmenso
que a veces detiene su automóvil y llora. (*El fin* 96)

La hipérbole del ataúd inmenso invita a leer el poema desde la magnitud del cadáver o de los cadáveres que están dentro. De nuevo, la doble lectura personal y social que propone Barrientos Tecún es posible en este poema. El presagio de los miles de cadáveres que luego serían exhumados en las tumbas clandestinas adquiere una presencia espectral. Toda pretensión de un orden normal después del conflicto armado es imposible.

En el cielo

Ahora bien, ¿cuál es el final del poemario? ¿Cómo se lee en clave retrospectiva el espacio? Si la primera sección aludía al mito de Ixquic para rebatir la procreación, el poema final, titulado "Absoluta" alude al imaginario cristiano y al dogma de la resurrección. La oración del credo es reformulada con un sujeto femenino en el centro, que ha desplazado a Dios, y en donde se afirma con ironía la imposibilidad de la resurrección:

Subió a los infiernos y está sentada
a la diestra de sí misma
tiene en la mano empuñada
una pluma
y no sonríe ni espera la resurrección de un muerto. (*El fin* 100)

La utilización de un lenguaje religioso en el poema final es significativa. Al momento de la publicación del poemario, los diecisiete meses de la presidencia de Efraín Ríos Montt acababan de terminar. En uno de sus discursos, el 10 de enero de 1983, Ríos Montt había declarado el carácter mesiánico de su presidencia mediante la ocupación de un lugar central en el espacio nacional y terrenal: "Sé que Dios me puso aquí" (citado en Garrard-Burnett 69). Además, las diferentes alocuciones, y muy especialmente los discursos dominicales transmitidos en cadena nacional a la población, enfatizaban que la problemática principal del país era la decadencia de valores, que incluía una familia desunida y no dispuesta al propio sacrificio en función del Reino de Dios. En este poema, queda excluida cualquier voluntad de sacrificio en función de una redención. Se baja a los infiernos y la figura de Jesús salvífico es solo un muerto. Los poemas anteriores han desmentido la versión de la familia unida; el libro es entonces también un espacio de resistencia frente a un estado que, desde un fundamentalismo moralista, ganaba la guerra a costa de una violencia extrema. En clave feminista, "Absoluta" desmiente la espera y pasividad femenina, para dar paso al arma posible para encarar un proyecto propio y autónomo: la escritura. Otras armas violentas no cumplen función alguna. Las últimas lunas de la ilustración, por fin, parecen iluminar la última escena de autodeterminación. Dante Liano sostiene que los versos de Ana María habían sido "como tirar piedras a la luna" (287) por el tono colérico y que, con estos poemas finales, viene el alivio de una búsqueda que ha cesado.

Si, como sostiene Arturo Borra, existe una poesía del exilio, en cuanto un extrañamiento del lenguaje por el trabajo estético, pero también en cuanto construye una posición enunciativa de disconformidad, de deshabituación y deshabitación frente a las percepciones del entorno social, podemos afirmar que *El fin de los mitos y los sueños* cabe en esta categoría. Es una poesía que postula deshabitar el espacio privado regido por mitos y sueños impuestos en torno a la procreación y maternidad, emprender el viaje del dolor cuando se intersectan pérdidas personales y colectivas, y, finalmente, deshabituarse respecto de los imaginarios patriarcales y militares-nacionalistas triunfantes de la época. La cesura que se abre al final del poemario, por donde se puede escribir una nueva historia, está determinada por el ejercicio de la letra y la inmanencia / centralidad de la mujer en el espacio social y simbólico.

El espacio interior de la poesía: replantear la literatura de la posguerra guatemalteca

La crítica literaria ha empleado la categoría de "la posguerra" para delinear un momento político, social y cultural en Centroamérica caracterizado principalmente por el fracaso de los proyectos revolucionarios, así como por la emergencia de nuevas subjetividades en un contexto de globalización (Ortiz Wallner; Cortez; Coto-Rivel). La literatura gestada en ese momento epocal, heterogénea en cuanto estéticas y temas, ha sido predominantemente estudiada desde la narrativa, y en general, se identifica historiográficamente con la década de los noventa del siglo XX y el inicio del siglo XXI. En tal sentido, *El fin de los mitos y los sueños* me parece un ejemplo valioso para pensar la literatura de la posguerra desde el espacio poético y, al hacerlo, ahondar en cómo ya, en los primeros años de la década de 1980, cuando militarmente el conflicto armado guatemalteco estaba resuelto y ganado por el ejército a costa de una violencia terrible, hay textos que están planteando la necesidad de representar simbólicamente el fin de una época. Desde la ilustración del libro, marcar un calendario que ha terminado y comprender que aquella ciudad sublevada de los años 70 se había convertido en tumbas, hospitales mentales y casas cerradas.

En *El fin de los mitos y los sueños*, es evidente cómo el retorno a la intimidad, el cuerpo y el género marca un distanciamiento de una literatura política en sentido estricto de aquellos años y, por lo tanto, se acerca a lo que Sergio Coto-Rivel ha llamado ficciones de lo íntimo en la novela contemporánea centroamericana.[7] Por otra parte, el tono del poemario y su imaginario suponen la asunción de una derrota personal y colectiva; lo que menos hay en *El fin de los mitos y los sueños* es esperanza en un gran proyecto colectivo utópico, sino la reconstrucción mediante la agencia individual femenina escritural. Se percibe el desencanto que Beatriz Cortez identifica como una sensibilidad crucial de la posguerra centroamericana.

Es interesante que este poemario se haya publicado solo dos años después del testimonio más importante en la historia de la literatura guatemalteca y centroamericana, *Me llamo Rigoberta Menchú y así me nació la conciencia*, de 1982 (Burgos-Debray), en el que la lucha popular es fundamental desde la voz subalterna. Tal dato invita a considerar la cartografía diversa y caleidoscópica de la literatura guatemalteca, editada afuera y desde dentro del país en el contexto de la guerra fría. Esa mirada simultánea, y no una sucesiva, permite atisbar diferentes posiciones y lenguajes en el desciframiento de la realidad del conflicto armado. En tal sentido, la particularidad del texto de Rodas es dar visibilidad a la escritura de mujeres letradas, urbanas y ladinas que permanecieron en el país durante el conflicto armado sin militar en la guerrilla. Rodas en el prólogo habla de "años vacíos" (6) porque para ellas también fueron muchos los despojos. Así, aquellas mujeres[8] ocuparon el espacio de la poesía, el que se cree más inofensivo, para representar las pérdidas derivadas de la violencia, pero sin renunciar a una lectura personal y privada de sí mismas. El uso del lenguaje figurado, más oblicuo, les permitió lidiar con el limitado margen para la expresión.

---

7. Sergio Coto-Rivel indica así esta tendencia "un important retour à l'intime et aux luttes propres au genre et à la sexualité, une forte présence des rapports du sujet à l'espace urbain et finalement une caractérisation souvent détaillée des différents phénomènes de violence affectant la région" (270).

8. Otras poetas son Luz Méndez de la Vega, Margarita Carrera y Delia Quiñónez.

Obras citadas

Acevedo, Anabella. "Isabel Ruiz conversa con Anabella Acevedo". Guatemala, El Librovisor, 2008, bibliotecadigital.aecid.es.

Arzobispado de Guatemala, Oficina de Derechos Humanos. *El entorno histórico*. Guatemala, 1998. Tomo 3 de *Guatemala: Nunca Más, Informe del Proyecto Interdiocesano de Recuperación de La Memoria Histórica* (REMHI), www.odhag.org.gt/publicaciones/remhi-guatemala-nunca-mas/.

Barrientos Tecún, Dante. "Individuo y sociedad en la poesía de Ana María Rodas (Guatemala, 1937) y Rossana Estrada Búcaro (Guatemala, 1963)". *Península*, vol. 11, núm. 1, 2016, pp. 175-190.

Borra, Arturo. *La poesía como exilio. En los límites de la comunicación*. Zaragoza, Prensas de la Universidad de Zaragoza, 2017.

Burgos-Debray, Elisabeth. *Me llamo Rigoberta Menchú y así me nació la conciencia*. La Habana, Casa de las Américas, 1983.

Cazali, Rosina. Correo electrónico a Mónica Albizúrez. 24 de junio de 2020.

———. "Margarita Rica Dinamita". En *Tres mujeres, tres memorias: Margarita Azurdia, Emilia Prieto y Rosa Mena Valenzuela*, editado por Virginia Pérez Ratón, San José, TEOR/éTica, 2009, pp. 25-59.

Collins, Patricia Hill. *Black Feminist Thought: Knowledge, Consciousness, and the Politics of Empowerment*. New York, Routledge, 2000.

Cortez, Beatriz. *Estética del cinismo: pasión y desencanto en la literatura centroamericana de la posguerra*. Guatemala, F&G, 2009.

Coto-Rivel, Sergio. *Fictions de l'intime: le roman contemporain d'Amérique centrale*. Rennes, Presses Universitaires de Rennes, 2017.

Domínguez, Nora. "Salidas de madre para salirse de madre". *Revista Iberoamericana*, vol. 49, núm. 202, 2003, pp. 165-181.

Galindo, Regina. "Boda Galindo-Herrera", fotografía, 2004, www.reginajosegalindo.com/boda-galindo-herrera/.

Garrard-Burnett, Virginia. *Terror in the Land of the Holy Spirit: Guatemala under General Efraín Ríos Montt, 1982-1983*. New York, Oxford University Press, 2010.

Germano, Gustavo. *Ausencias*. Barcelona, Casa América Catalunya, 2007.

Tambien: "Ausencias Argentina (2006)", www.gustavogermano.com.

Green, Linda; "Fear as a Way of Life". *Cultural Anthropology*, vol. 9, núm. 2, 1994, pp. 227-256. JSTOR, https://www.jstor.org/stable/656241.

Hernández, Pablo. *Imagen-palabra. Lugar, sujeción y mirada en las artes visuales centroamericanas.* Madrid, Iberoamericana Vervuert / Frankfurt am Main, Arlekín y TEOR/éTica, 2012.

Jameson, Frederic. *El postmodernismo o la lógica cultural del capitalismo avanzado.* Barcelona, Paidós, 1991.

Lefebvre, Henri. "El derecho a la ciudad". 1967. En *El derecho a la ciudad.* 1968. 3ª edición, Barcelona, Península, 1976.

Levenson-Estrada, Deborah. *Trade Unionists Against Terror, Guatemala City, 1945-1984.* Chapel Hill, University of North Carolina Press, 1994.

Liano, Dante. *Visión crítica de la literatura guatemalteca.* Guatemala, Editorial Universitaria, 1997.

Menchú, Rigoberta. Ver Burgos-Debray.

Ortiz Wallner, Alexandra. *El arte de ficcionar: la novela contemporánea en Centroamérica.* Madrid, Frankfurt am Main, Iberoamericana Vervuert, 2012.

Rodas, Ana María. *El fin de los mitos y los sueños.* Guatemala, Editorial RIN-78, 1984.

Rubin, Gayle. "The Traffic in Women". En *Toward an Anthropology of Women,* editado por Rayna R. Reiter, New York, Monthly Review Press, 1975, pp. 157-210.

Schlesinger, María Elena, "Sánchez y De Guise". *El Periódico* (Guatemala), 30 de mayo de 2016, elperiodico.com.gt/lacolumna/2016/05/30/sanchez-y-de-guise/.

Taylor, Diana. "Opening Remarks". *Negotiating Performance: Gender, Sexuality, and Theatricality in Latin/o America,* editado por Taylor y Juan Villegas, Durham, Duke University Press, 1994, pp. 1-16.

Valentine, Gill. *Social Geographies: Space and Society.* New York, Routledge, 2001.

Wagner, Peter. "Introduction: Ekphrasis, Iconotexts, and Intermediality – the State(s) of the Art(s)". *Icons - Texts - Iconotexts: Essays on Ekphrasis and Intermediality,* editado por Wagner, Berlin, De Gruyter, 1996, pp. 1-40, https://doi.org/10.1515/9783110882599.1.

Versión actualizada de: Albizúrez, Mónica. "Final del conflicto / final de una historia: los espacios en *El fin de los mitos y los sueños* de Ana María Rodas". *Amerika*, núm. 20, 2020, journals.openedition.org/amerika/11756; https://doi.org/10.4000/amerika.11756.

"Erotismo, heterosexualidad y violencia de género en el poemario *Poemas de la izquierda erótica* (1973) de Ana María Rodas"

Milagros Palma

Antes de abordar el erotismo en el poemario de la escritora guatemalteca Ana María Rodas (Guatemala, 1937), haremos una introducción rápida sobre su construcción y sus consecuencias desde la perspectiva del género. El erotismo se define como la búsqueda voluntaria del placer (Clerget). Sin embargo, esa búsqueda no es igual para todos los seres humanos ya que está condicionada por el sexo de cada individuo. La binaridad del género supone comportamientos diferenciados en vista de la perpetuación de la especie humana.

Según los estudios en biología molecular, la búsqueda del placer en los organismos multicelulares motiva la actividad sexual. El placer en el macho humano es necesario a la reproducción de la especie. No existen en el ser humano estructuras neuronales preestablecidas que den lugar a reacciones espontáneas, estereotipadas que conduzcan a la reproducción como en las especies animales menos evolucionadas. Si en los animales la reproducción es producto de una reacción química, lo que se suele llamar instinto, o programa hormonal o estro, en los humanos es aprendido, lo que se suele llamar construcción social, educación, condicionamiento. La reproducción humana es una simple consecuencia del comportamiento erótico. Erotismo, placer y reproducción estarían íntimamente ligados.

En los humanos la actividad sexual es adquirida y depende del placer que en el macho humano va acompañado de la eyaculación necesaria a la inseminación para la reproducción. El placer del macho está conectado con la reproducción de la especie. Sin embargo, la participación de la hembra humana no depende de ese binomio ya que la ovulación es una actividad programada biológicamente, independiente del erotismo y del placer. Esta obedece a consignas, imposiciones, ya que el erotismo y el placer no están condicionados por esta actividad hormonal necesaria a la fecundación. La práctica del placer se instala desde el comienzo de la vida, gracias a un proceso de descubrimiento, de exploración, de repetición y de memorización que por lo general se le impide a la hembra humana (Palma).

Según las neurociencias, el erotismo masculino se construye desde muy temprano en el niño, mientras que el erotismo femenino ha sido diabolizado por la religión y las creencias en general porque no participa en la reproducción de la especie. Por consiguiente, se ha impedido toda manifestación de placer sexual en la hembra humana como lo podemos observar en el poemario que vamos a estudiar.

Poemas de la izquierda erótica

La escritora guatemalteca Ana María Rodas, con 82 poemas en verso libre incluidos en *Poemas de la izquierda erótica*, rompe con el canon literario tradicional. La voz poética da cuenta del terror conyugal en el espacio privado: el terror sexual que es, como lo señala Judith Butler, el mecanismo de la subordinación en la relación de género.

Este poemario es doblemente emblemático: por el momento de su publicación en el contexto de Guatemala de los años 70 y por su título, ya que la palabra "izquierda" hace alusión a la situación política en América Latina. Están a punto de explotar varias revoluciones. La juventud se compromete con el cambio social. La lucha armada está a la orden del día. Su ideal es "el futuro radiante", sin injusticia, ni opresión de clase con el advenimiento del "Hombre nuevo". En el adjetivo "erótica", hay un diferencial significativo en función del género, con la oposición placer / frustración, masculino / femenino.

Desde el primer verso del primer poema, compuesto de diecisiete versos, la voz poética muestra con una economía de palabras cómo la regulación de los individuos sexuados se inicia desde su nacimiento, como lo sugiere el verbo "clasificar": "Me clasificaron: ¿nena? rosadito". El término "rosadito" sirve para clasificar a los individuos de sexo femenino, apareciendo lo biológico y lo cultural tradicionalmente como asociaciones naturales. Contra esa asociación fija entre biología y cultura y para la cual la teoría feminista crea el concepto de género, se rebela el yo poético como lo expresa en los versos donde afirma la voluntad del sujeto que decide, con el pretérito de los verbos "botar" y "escoger". Así sugiere la rapidez con la cual anula un cierto determinismo asociado al color rosado para la clasificación de los individuos de sexo femenino.

Luego de dar algunas informaciones sobre vida privada y función genitora, la voz poética hace un recuento de la normalidad de los órganos vitales de la mujer y a los cuales se le suelen asociar actividades emocionales como lo expresa en el siguiente verso: "río, grito, insulto, lloro y hago el amor". Esta enumeración de verbos en presente parece regular la norma de lo femenino. Sin embargo, el último verso, después de un doble espacio de líneas en blanco, sugiere el tono de los siguientes poemas: "Y después lo cuento". Con esta expresión se insinúa una ruptura con respecto al tabú que pesa sobre la vida íntima de la mujer. El yo poético hace revelaciones comprometedoras.

Temática y tonalidad están dadas desde este primer poema. El yo poético habla de lo femenino, del motivo de gritos, insultos, llantos y hasta de la práctica del placer femenino (v. 16). No va a callar, como popularmente se le suele imponer al sujeto de sexo femenino por medio de diversas expresiones y dichos como el que reza: "calladita te ves más bonita". El diminutivo agrega la idea de silencio total, sepulcral y el mensaje es claro: "para agradar tienes que cerrar la boca", no decir lo que piensas, ni lo que sientes. El silencio es fundamental para mantener el sometimiento femenino frente al terror masculino.

Con la expresión "lo cuento todo", el yo poético, infringe, quebranta la ley del silencio: hablar en femenino representa una transgresión y como tal, una amenaza. La expresión con la cual se cierra el último verso del primer poema aparece no solo como una desviación de la normativa del género, sino que además es una violación contra un principio que organiza y ordena el comportamiento femenino. Con transgresiones de esta naturaleza, Ana María Rodas rompe con el antiguo canon literario que ha reproducido, con leves modificaciones, la norma de la "estructura jerárquica de la heterosexualidad como instrumento de subordinación sexual femenina" (MacKinnon).

En efecto, Ana María Rodas expone en su *Poemas de la izquierda erótica* la violencia de la esclavitud sexual de la mujer en el espacio privado. La insurrección contra la ideología de géneros comienza donde menos se espera: en el seno mismo de la izquierda. La onda de choque de la insurrección feminista que acompaña a la Revolución de mayo parisino de 68 y que produce efectos devastadores en las izquierdas europeas, continúa prendiendo el deseo femenino en la Latinoamérica de los años 70.

> Limpiaste el esperma
> y te metiste a la ducha
>
> Diste el manotazo al testimonio
> pero no al recuerdo.

Ahora,
    yo aquí, frustrada,
    sin permiso para estarlo
    debo esperar
y encender el fuego
y limpiar los muebles
y llenar de mantequilla el pan

    Tú comprarás con sucios billetes
        tu capricho
        pa-sa-je-ro

A mí me harta un poco todo esto
    en que dejo de ser humana
    y me transformo en trasto viejo. (*Poemas* 17)

La amargura y la frustración sexual son claras en este poema. A través del coito, el hombre goza eyaculando, como sugiere el sustantivo "esperma", mientras que la mujer invierte su energía pulsional o libidinal en los oficios domésticos como lo indican los tres últimos versos de la tercera estrofa, así como los dos últimos de la última. El yo poético comienza identificando el origen del sufrimiento femenino como lo insinúa el último verso en el que, por arte del placer sexual del varón, la mujer pierde su humanidad: "dejo de ser humana" (v. 16).

Esta pérdida de la humanidad hace de ella un objeto desechable: "y me transformo en trasto viejo" (v. 17). La conversión de la mujer objeto en "trasto viejo", traduce el estado de abyección a la cual alude el yo poético, luego del servicio sexual gratuito en el régimen heterosexual obligatorio, como se observa en los dos primeros versos: "Limpiaste el esperma / y te metiste a la ducha". El pretérito de los verbos "limpiar" y "meter" traducen la rapidez de ambas acciones, hechas casi mecánicamente con gran frialdad. La voz poética denuncia la frustración sexual, la explotación del cuerpo femenino en la división genérico del trabajo sexual y del trabajo doméstico. El yo poético da cuenta del sufrimiento de la protagonista: está privada de su sexualidad durante el servicio sexual. Sin embargo, los reclamos al respecto no solo se expresan líricamente, sino que sugieren que el personaje creía encontrar el placer, ya que suponía que debía ser una reacción inmediata al coito.

Contra estos estereotipos culturales obra en los Estados Unidos *The Hite Report* (1976) de la socióloga Shere Hite, quien sostiene que el placer femenino es fundamentalmente clitoridiano. La actividad coital por "muy divertida que sea, no proporciona la suficiente estimulación de la zona (el clítoris) necesaria para que la mujer alcance el orgasmo" (Hite, "Ciencia sin sentido").

En América Latina, en los años 70 el encuentro entre jóvenes de ambos sexos promovido por la ideología de izquierda, que se suponía debía darse bajo el signo de la igualdad, genera, más que desencanto, amargura, como lo constata la feminista chilena Julieta Kirkwood: "A poco andar, la reflexión lleva a percibir una larga, profunda distancia entre los valores postulados de democráticos: igualdad, no discriminación, libertad, solidaridad, de una parte, con lo que es 'vivido' y asumido como realidad concreta singular" (67).

Las mujeres comprometidas con la ideología de izquierda optan por la disidencia. El siguiente poema traduce ese momento fundacional en Centroamérica:

> Tú, país alienado,
> no mereces la pena
> de desperdiciar mis balas, ni mi sueño
> se hará realidad alguna vez tras tus fronteras.
>
> Marcho al exilio, dictador,
> antes de terminar como charco de sangre
> en cualquier camino tuyo de papel. (75)

Los sustantivos "dictador" y "exilio" traducen la tensión social que vive América Latina en los años 70. Aquí, el cónyuge es comparado con un dictador, que no solo manipula sino que además explota el cuerpo de su pareja. Su proximidad en el espacio privado es más nefasta que la acción de un dictador porque hasta los sueños reprime.

> Ya sé
> Nunca voy a ser más que una
> guerrillera del amor. (76)

En efecto, los focos de una nueva guerrilla, las "guerrilleras del amor" estallan por toda América Latina:

> Haces bien, gran maestro.

Yo soy la guerrillera en tu régimen
el ob-je-to
que se alza con armas de amor
entre tu ejército de gorila egoísta
y el poder que imaginas
al fin de tu jornada.

Rastrea bien mis pasos
en tu alma
y aplasta sin escrúpulos
cualquier brote de ternura subversiva
no sea que prenda el amor
y tu ordenada dictadura
se vaya a la mierda. (72)[1]

Los términos "amor" y "ternura" aparecen como expresiones terroristas en el contexto de la tiranía conyugal. El "amor" y la "ternura" son transformados en armas ya que con ellos se puede acabar con el sufrimiento femenino derribando ese orden abominable en el que el placer sexual es un privilegio masculino. El yo poético opone el amor y la ternura a la tiranía del régimen heterosexual.

Aquí aparece la idea de una revolución auténtica en donde el "amor" y "la ternura" son la base de la subversión y que además propone acabar con el terror del "dictador", la esclavitud del señor feudal y la barbarie del "gorila egoísta" a quien solo le interesan su bienestar y su placer sexual. El tirano construye su poder gracias al placer que obtiene con el uso del cuerpo de su sierva transformada en objeto.

Con la expresión coloquial "que se vaya a la mierda" se traduce la irreverencia y el desinterés por unos ideales de papel en los que se ha dejado de creer porque se descubre la farsa y el engaño de los cuales se ha sido objeto.

La observación, el análisis son necesarios, permiten diseñar la estrategia de la insurrección sin tregua que se lleva a cabo en el espacio doméstico:

1. Nota de editor: En la versión original del ensayo, se añaden dos versos a este poema: "Tú huyes de tí mismo / Yo en cambio huyo de tí", que pertenecen a un poema distinto de página 69 y se citan correctamente más abajo.

Casi todo está muerto
y lo que queda
lo estás aniquilando con gran eficiencia.

Te observo atentamente
para aprender a transformarme de ser humano en fiera
para sobrevivir en esta jungla
donde gobiernan los hombres como tú. (85)

No queda más opción que luchar o morir ante el "aniquilamiento eficaz" de lo que le queda de humano, en una jungla en donde reina la ley del más fuerte. Entonces se acude a la misma estrategia y se utiliza la violencia que reanuda con la supuesta ferocidad del mundo animal. De ahí la operación simbólica de la naturalización de la violencia que se banaliza con la asociación simbólica humano / fiera.

Es la opresión doméstica y la frustración sexual lo que hace que la joven Ana María se vuelva poeta: "Yo no tenía la más mínima intención de escribir poesía" (citada en Toledo). Su poesía es una denuncia, contra todo lo que le es "detestable en aquella relación de pareja". Y como lo dice ella misma, en el contexto de su vida conyugal surge su vocación de poeta: "empecé a escribir poesía".

Con *Poemas de la izquierda erótica*, Ana María consagra la ruptura con su pareja a nivel privado y además a nivel político, con lo cual se muestra que lo privado es también público. Sus poemas trazan el camino que han de tomar las mujeres que integran los batallones en las luchas revolucionarias de los 70 y 80 en América Latina.

Revolucionario: esta noche
no estaré en tu cama.
Que no te extrañe la subversión de amor
antiguo dueño.

Tú hinchas el cuero
y te preocupas tanto de problemas sociales
No te fijas, farsante,
que en tu casa
calcas tan justamente
los modales del mejor tirano. (86)

En este poema el yo poético compara al revolucionario con un tirano aún más cruel y más sofisticado que los dictadorcitos sacados de las ficciones latinoamericanas de los 70. El proyecto de esta especie de dictador no es la justicia social como vemos en los dos últimos versos del poema: "calcas tan justamente / los modales del mejor tirano". Todo eso es una farsa. El poder es lo único que le interesa. Este poema resume una letanía de exorcismo popular de la época: "del revolucionario, líbranos señor". La expresión religiosa "líbranos, señor", con la cual se invoca la protección del todopoderoso, traduce la desconfianza que se crea en torno a la imagen crística a la cual contribuye la muerte del Che Guevara en 1967.

Ana María Rodas toma conciencia de la especificidad de las relaciones de género cuando declara: "no importaba cuán inteligente, cuán talentoso, cuán revolucionario, etcétera, pudiera ser un hombre, de todas formas, era machista y trataba mal a su mujer y se sentía con el derecho de quemarle el rancho, como decimos nosotros" (en Toledo). Las expresiones "tratar mal", "quemar el rancho", forman parte del campo léxico de la vejación y aluden al terror, a la violencia del hombre en el espacio doméstico como medio de control y de subordinación de la mujer. El terror es el arma clásica más eficaz de tiranos, dictadores, conquistadores. Sin embargo, el yo poético expresa el deseo que recorre a la poeta y que no parece atemorizado y sin retención alguna dice lo que no se debe decir jamás: que la tiranía conyugal es la más inhumana, ya que limita, restringe la libertad de la compañera, sobre todo en el contexto político centroamericano en el cual ella también lucha a muerte por la libertad colectiva y por la justicia social. Y como en todo contexto dictatorial el yo poético expresa la huida ya figurada en el poema antes citado en donde las expresiones "marcho al exilio" para no terminar "en un charco de sangre" son escenarios cotidianos y como suele suceder cada vez que el rebelde se enfrenta al déspota, al dictador, al señor feudal, al amo, al dueño. "Entonces el matrimonio empezó a hacer aguas y surgió *La izquierda erótica*" (en Toledo).

El testimonio de Rodas es elocuente en lo que respecta al origen de su poesía y su profunda indignación con su vida de pareja:

Digámonos adiós
Vete, no sientas pena
    mi angustia
    es menos

dura.
Tú huyes de tí mismo
yo en cambio sólo huyo de ti. (69)

Huir es la actitud concreta que deben tener en ese momento de gran peligro los perseguidos por las dictaduras sanguinarias de América Latina. Sin embargo, tomar una decisión tan radical en el espacio privado supone un nivel de lucidez o de instinto de supervivencia muy grande y es precisamente a lo cual alude la autora en su entrevista con Aida Toledo:

> Primero fue el grito de rebeldía. Como la erupción de un volcán: incontenible, quemante. Vomitado por un núcleo central que alimentó la frustración de tantas mujeres durante la historia del hombre. Luego, escarbando entre la lava, tomé conciencia de lo que ya sabía: que en mí había erotismo. ¿Pero qué diferencia existe entre saber y tomar conciencia?[2]

La rebelión supone un proceso que pasa por la toma de conciencia, el rechazo de cualquier tipo de vejación, la indignación y la huida. Pero dicho proceso es el resultado de un contexto propicio. En las protagonistas de narraciones de escritoras centroamericanas el proceso de liberación es apenas germinal. No se rompe el silencio, la rebelión es virtual, permanece a nivel de monólogo interior. Los personajes están paralizados por el terror. No pueden hablar, ni siquiera logran formular en su pensamiento la naturaleza de la opresión que las aplasta. El terror les impide indignarse y por eso se refugian en la locura o deciden suicidarse: Helena Galindo y su madre Doña Isabel en *No pertenezco a este siglo* de Rosa María Britton (1995); Morena, en *Agonice con elegancia*, de Irma Prego, inédito; Arcadia en *Desencanto al amanecer* (2001), de Jacinta Escudos...

Aunque el yo poético es víctima de esa misma violencia, utiliza la palabra para denunciar el terror conyugal. Ana María Rodas, la poeta guatemalteca, después de consagrar esta insurrección verbal contra la tiranía masculina en el espacio privado, muestra los mecanismos de aniquilación del deseo femenino.

2. Nota de editor: Esta cita atribuida a la entrevista original publicada en la revista *Tatuana* (Guatemala), núm. 1, julio 2002, no aparece en la versión posterior en www.jehat.com, que es el texto incluido en esta antología.

A tí te aterra
hablar de estas cosas.

Las sientes, claro, pero sólo te carcomen por dentro.

Porque ¿cómo decir "yo deseo"?
--las mujeres no deseamos
sólo tenemos hijos--

Cómo puedes pedir a tu marido
que te lama y te monte
--eso no lo aprendiste en el colegio--

Y cuando él alcanza su orgasmo egoísta
no puedes gritarle
yo no termino.

Ni puedes masturbarte
ni buscarte un amante.

Para una mujer eso no es bueno. (28)

El primer verso alude al origen del terror de la tiranía masculina que proviene del hecho de evocar el deseo femenino que ya está, supuestamente, regulado, fijado para siempre, para la eternidad y que debe ser "dominio inalterable y eterno de ley" como explica Judith Butler (25).

En este poema se invalida algo que la *doxa* afirma a través de una fórmula axiomática en donde se sugiere la elipsis: dicen que o se piensa que "las mujeres no deseamos". Pero ante esta supuesta verdad elevada a rango universal cuando el personaje reivindica lo contrario, el hombre se aterroriza. Porque el verbo "desear" en presente del indicativo "yo deseo" solo puede enunciarlo un sujeto de género masculino en una sociedad como la guatemalteca de los años 70; su formulación por un sujeto femenino es una anormalidad, una desviación con respecto a las normas del género: la heteronormatividad. Una aberración con respecto a lo que debe obligatoriamente sentir un cuerpo dotado de aparato reproductor. El yo poético da cuenta del terror del hombre cuando la mujer le dice "yo deseo" y no "yo te deseo" o simplemente "yo te amo", que es la formulación normatizada del deseo regulado según la norma heterosexual del deseo femenino.

La sexualidad femenina ha sido erradicada en aras de la reproducción y de la procreación: "solo tenemos hijos" (v. 6). Es decir que el coito es simplemente un acto reproductor como lo es en el mundo natural ordenado y programado definitivamente por la naturaleza biológica. La rabia de la mujer es inmensa, como sugiere la palabra "gritarle", ya que lo único que le importa al varón es su placer, como se ve en la expresión "orgasmo egoísta". Además, denuncia las convenciones sociales según las cuales el placer sólo es bueno para los individuos de sexo masculino: "Para una mujer eso (mismo) no es bueno".

El pronombre demostrativo "eso" alude al carácter negativo del deseo femenino como lo sugiere la expresión "no es bueno" ordenado así por la cultura y la educación mantiene al sujeto en la ignorancia. La religión, la familia lo diaboliza. Todo le impide su realización, se le impide desde la más tierna infancia explorar y descubrir su cuerpo, prohibiéndole instalar los circuitos orgásmicos. El terror tiránico del hombre es un método eficaz de sometimiento de la mujer que se somete impotente al ultraje, al uso y abuso de su cuerpo:

Lavémonos el pelo
y desnudemos el cuerpo

Yo tengo y tú también
hermana,
dos pechos
y dos piernas y una vulva.

No somos criaturas
que subsisten con suspiros

Ya no sonriamos
ya no más falsas vírgenes

Ni mártires que esperan en la cama
el salivazo ocasional del macho. (15)

Con el vocativo "hermana", el yo poético arenga a las mujeres a abandonar la sumisión y todo aquello que ellas hacen para significar su disponibilidad sexual y agradar a los hombres; que rechacen una hipócrita condición de mártires porque no se puede seguir viviendo con el desprecio del varón, como lo implica el último verso en la metáfora: "el salivazo ocasional del macho".

Con expresiones como "salivazo" para significar "eyaculación", sacado del vocabulario popular masculino, Rodas rompe con la estética heterosexual y consolida una palabra clara con respecto al largo balbuceo de las autoras que la preceden. "Estaba aburrida de leer que las mujeres hablan del amor, las flores, la pasión pero de una forma tan lírica, que ahí no había pasión sino cursilería" (Cazali).

El lenguaje de Ana María Rodas es preciso, accesible, coloquial, eficaz porque además expresa lo cotidiano y lo vital en las mujeres. Nombra las cosas por su nombre y si no lo tienen, les atribuye uno. Pero lo importante es que, en vez de hablar del amor, habla de su deseo frustrado y de lo que le impide su realización, que son no solo las normas sino también el cónyuge que considera el placer como una prerrogativa de su género: "Con un hombre talentoso, joven, revolucionario, que tenía exactamente los mismos defectos que tenía el resto de los hombres que no eran ni talentosos, ni revolucionarios, ni jóvenes" (en Toledo).

Con esta amplia enumeración, la poeta da a entender que lo común en el género masculino, sin excepción de nivel de educación, de credo, de clase social, de color político, de raza, es el terror que le produce el deseo femenino porque considera el deseo como un privilegio de su género, como lo es, según Marx, la riqueza para las clases dominantes explotadoras. De esa explotación sexual y el terror que ello supone, surgen los *Poemas de la izquierda erótica.*

Este poemario denuncia la alienación del erotismo femenino: la frustración de su pulsión de placer, una sexualidad que es buena para el sujeto masculino y no toma en consideración el femenino. Al respecto Judith Butler aclara que fuera de esta oposición, el género no existe. De ahí que cite a MacKinnon que sostiene que "no hay constitución del género, fuera de esta forma de subordinación y de explotación de la sexualidad". Sin embargo, esta explotación es vivida de la manera más inhumana. El poemario muestra cómo se ha perpetuado esta explotación de la hembra humana, además fingiendo placer que es una obligación para el entretenimiento y revigorización de la virilidad.

Obras citadas

Butler, Judith. "Relaciones de género". *La ventana* (Guadalajara, México), núm. 23, 2006, pp. 7-35, www.lazoblanco.org.

Cazali, Rosina. "*Poemas de la izquierda erótica*, 30 años después". *La cuerda* (Guatemala), año 5, núm. 44, abril de 2012, www.literaturaguatemalteca.org/rodas5.htm.

Clerget, Stéphane. *Comment devient-on homo ou hétéro.* Paris, J.-C. Lattès, 2008.

Hite, Shere. "Ciencia sin sentido". *El País semanal*, 5 de enero de 2003.

———. The Hite *Report: A Nationwide Study on Female Sexuality.* New York, Dell, 1976.

Kirkwood, Julieta. "Feministas y políticas". *Nueva Sociedad* (Caracas), núm. 78, julio/agosto 1985, pp. 62-70.

MacKinnon, Catharine. *Le féminisme irréductible.* Paris, Des femmes, 2005.

Palma, Milagros. *Construcción, deconstrucción y perspectivas del género en los personajes de ficción en la producción literaria femenina de América Central, (1960-2001).* Tours, Université François Rabelais, 2013. Tesis inédita.

Rodas, Ana María. *Poemas de la izquierda erótica.* Guatemala, Edición de autor, 1973.

Toledo, Aida. " 'Yo estoy, yo soy, y no necesito nada más'. Diálogo con Ana María Rodas". *Tatuana* (Guatemala), núm. 1, julio 2002 (versión rev. 2003, en www.jehat.com).

Versión actualizada de: Milagros Palma. "Erotismo, heterosexualidad y violencia de género en el poemario *Poemas de la izquierda erótica* (1973) de Ana María Rodas". *América* (París), núm. 46, 2015, pp. 85-95.

"Convergencias feministas y de justicia social en dos generaciones de poetas guatemaltecas: Ana María Rodas y Rosa Chávez"

Sofía Kearns

Ana María Rodas y Rosa Chávez son ampliamente reconocidas en Guatemala y en el ámbito internacional por su creación poética. Rodas, nacida en 1937, adquirió renombre por haber embanderado en los años setenta un discurso feminista que criticaba los valores patriarcales de la época, y por escribir en un estilo poético que adaptaba creativamente estrategias textuales tradicionalmente masculinas como el lenguaje realista y conversacional, el uso del sarcasmo mordaz y la explicitez sexual. De su creación poética sobresalió una voz femenina que para esa época era muy novedosa, porque proyectaba un modelo femenino diferente que cuestionaba el patriarcado, especialmente en la esfera política, y utilizaba su sexualidad como arma de crítica social.[1]

Rosa Chávez, nacida en 1980, de origen K'iche' y Kaqchikel, ha publicado cinco poemarios y una pieza teatral en la última década, todos bien conocidos por introducir una voz femenina indígena que ausculta su identidad étnica, a la vez que la genérico-sexual.[2] Su poesía, al igual que la de Rodas, enfatiza una perspectiva femenina rebelde, expresada a veces mediante un lenguaje sexual explícito. El pasado del genocidio y el presente del renacimiento cultural maya son temas de gran prominencia en su poesía y se relacionan con el activismo cultural y sociopolítico que la autora ejerce a través de colectivos de creadores y gestores culturales y artísticos, entre ellos Ri Akux Nikotzijan, Ruk'u'x, Caja lúdica, Folio 114 y Canela fina.[3]

---

1. Véase mi estudio "Ana María Rodas y la negociación con la tradición patriarcal" sobre la desconstrucción poética del modelo tradicional "Mujer" que Rodas hace. Rodas ha publicado poesía y prosa y ha sido reconocida con diversos premios literarios, incluyendo el Premio Nacional de Literatura "Miguel Ángel Asturias" en 2000. Sus poemarios son: *Poemas de la izquierda erótica* (1973), *Cuatro esquinas del juego de una muñeca* (1975), *El fin de los mitos y los sueños* (1984) y *La insurrección de Mariana* (1993).
2. Chávez ha publicado los poemarios *Casa solitaria* (2005), *Piedra ab'aj* (2009), *Los dos corazones de Elena Kame* (2009), *El corazón de la piedra* (2010) y *Quitapenas* (2010). También publicó, con Camila Camerlengo, una obra de teatro basada en su obra poética, titulada *AWAS* (2014).
3. Para mayor información sobre la obra y el activismo cultural de Chávez, véase Meza Márquez y Toledo Arévalo (2015).

Aunque provienen de generaciones y orígenes étnicos y sociolingüísticos muy diferentes, las obras poéticas de estas dos guatemaltecas incorporan discursos feministas que se valen de la ironía y el sarcasmo para hacer una crítica social. Partiendo de estas similitudes, el presente estudio compara sus diversas apropiaciones de discursos feministas e investiga cómo éstos se relacionan con sus estilos poéticos y con la crítica social del momento histórico y cultural que cada una de ellas revisa, especialmente la guerra y el genocidio de los Mayas en su país.[4]

Ana María Rodas: revolución e insurrección contra el autoritarismo

Los primeros tres poemarios de Rodas, publicados en los años setenta y ochenta, son textos feministas cuyo tono sarcástico denuncia el patriarcado guatemalteco, en particular los actores políticos, cuyas acciones ella condena como caducas, ineficaces y altamente violentas. Me concentro en dos de sus poemarios: *Poemas de la izquierda erótica*, el primero y el más conocido, publicado en 1973, y *La insurrección de Mariana*, publicado en 1993. Las fechas de estas publicaciones son importantes porque muestran dos contextos sociopolíticos muy diferentes que marcan la temática y el tono de cada poemario. *Poemas de la izquierda erótica* salió en una época en la que se intensificaba la polarización entre las fuerzas del Estado y las guerrillas izquierdistas en Guatemala, situación que culminaría en la década siguiente en los altísimos índices de violencia (torturas, masacres, asesinatos y genocidio) ejercida por el Estado sobre personas y organizaciones catalogadas como disidentes. El poemario en su totalidad expresa un deseo de autoenajenación del sistema político extremadamente violento que no sirve a los propósitos femeninos y feministas y ofrece una respuesta a dicho sistema mediante la creación de una revolución propia que el yo poético llama la "izquierda erótica", una revolución textual-sexual femenina que da el título al poemario y que Dante Liano apropiadamente sitúa "a la izquierda de la izquierda" (57).

Esta "izquierda erótica" se lee como una respuesta directa al movimiento izquierdista guatemalteco de la época que era el blanco de la represión

4. El genocidio maya ocurrió entre 1981 y 1983 dentro del marco de la guerra civil de Guatemala que duró 36 años, entre 1960 y 1996. El gobierno guatemalteco con sus agentes militares y paramilitares aplicó una política de exterminio a las comunidades mayas, especialmente en el departamento del Quiché. Sus principales blancos fueron cuatro grupos mayas específicos, según lo denunció la Comisión para el Esclarecimiento Histórico de las Naciones Unidas en 1999: los Mayas Ixil, los Q'anjob'al y Chuj, los K'iche' y los Achi.

estatal.[5] Rodas, como otras feministas latinoamericanas, tenía una relación tensa con el movimiento izquierdista: por un lado simpatizaba con la ideología de izquierda, y en particular con la resistencia que el movimiento ejercía contra la represión estatal; por otro, rechazaba el autoritarismo y el sexismo que caracterizaban al movimiento izquierdista mismo.[6] Dicha tensión se lee en muchos poemas de esta colección en donde la voz poética expresa una fuerte crítica hacia figuras patriarcales autoritarias, especialmente la del amante-guerrillero, mediante un discurso amoroso-erótico. La voz poética se dirige a él en el tono directo y familiar de "tú" y con un lenguaje abiertamente sexual para criticarlo por no considerar a la mujer como su igual en la lucha política, y por aplicar un doble estándar en la relación personal con ella. Dicha interpelación y crítica son evidentes en estos versos: "Revolucionario: esta noche / no estaré en tu cama. / Que no te extrañe la subversión del amor / antiguo dueño. / . . . / No te fijas farsante, / que en tu casa / calcas tan justamente / los modales del mejor tirano" (86). Desde la "izquierda erótica", la voz poética lanza su crítica poderosa al patriarca, valiéndose de las mismas armas que éste utilizara contra ella: sus prejuicios que hacen de las mujeres meros objetos sexuales. Esto se aprecia en el siguiente ejemplo donde nuevamente se dirige al guerrillero:

> Yo soy la guerrillera en tu régimen
> el ob-je-to
> que se alza con armas de amor
> entre tu ejército de gorila egoísmo
> y el poder que imaginas
> al fin de tu jornada. (72)

Rodas cambia radicalmente el tono dos décadas después en *La insurrección de Mariana*, pasando de un tono denunciatorio y sarcástico a otro confesional

5. A finales de los años setenta y comienzos de los ochenta los principales actores en la guerra civil eran el Ejército Nacional y los grupos guerrilleros de izquierda que habían logrado apoyo popular en la década de los setenta, siendo los más importantes el Ejército Guerrillero de los Pobres (EGP) y el Comité de Unidad Campesina (CUC). El EGP tenía su base de operaciones en el Quiché y por eso el ejército designó a este departamento como zona enemiga; su meta fue eliminar tanto a la guerrilla como a las poblaciones no-combatientes que los apoyaban, como los Mayas del Quiché.

6. Ver el estudio de Bastián Duarte, pp. 156-158. La nicaragüense Gioconda Belli es otra autora centroamericana que ha escrito sobre esta misma tensión, tanto en su poesía como en su prosa.

y testimonial. Esto se hace evidente en el título mismo, "Mariana", donde el yo lírico se constituye con algunos datos autobiográficos, y lleva el nombre de la autora, aunque invertido (Ana María = Mariana). Este cambio puede entenderse por la fecha de publicación, 1993, época en la que el final de la guerra civil podía ya vislumbrarse. En este poemario la poeta expone, a través del prólogo y en varios de los poemas, cómo la poesía fue su estrategia para sobrevivir la década genocida de los ochenta, cuando las opciones para los ciudadanos eran, según ella, "encierro, entierro o destierro" (9). Ella confiesa que escogió el encierro o el "enconchamiento" (9) o su "jaula de oro" (73) durante esta "década perdida" (73) en la que reconoce que escribió poco. Y haber escrito poco le produce gran culpa, como se aprecia en el siguiente poema, donde la voz poética se desdobla, refiriéndose a sí misma mediante "tú" para establecer un monólogo interior:

> Dónde te has escondido en este tiempo?
> Bajo tus mismas faldas.
> Enfundada en tu propia fortaleza negaste la evidencia.
> Qué evidencia
> puede haber si no vas a un entierro?
>
> ¿Quién ha muerto en esta eterna primavera?
> Quién puede morir en este lugar de cielos y volcanes
> que se reflejan siempre en los maizales verdes?
> Quién soy yo para sentir, ahora, después de la década perdida
> este infame dolor que me destroza el pecho?
>
> Soy la superviviente. La que cerró los ojos
> Y se llenó las orejas con cera.
> La que pasó junto a las rocas sin escuchar las voces.
> Ciega por propia voluntad para evitar la visión de los buitres
> limpiándose los picos en los huesos. (*La insurrección* 26)

La culpa que la voz poética expresa en este poema refleja un aspecto autobiográfico particular: aunque Rodas se dedicara al periodismo, evitó denunciar abiertamente la guerra y las atrocidades del genocidio en sus escritos. Es sorprendente que ninguno de los poemas de esta colección se refiera al genocidio de la población maya directamente. En el poema citado arriba alude a este hecho indirectamente mediante la imagen de los huesos en los que los buitres se limpian el pico. La falta de transparencia sobre este tema, no solamente en su profesión como periodista, sino también en su creación poética, puede explicarse quizás por la perspectiva urbana, ladina y de clase media de Rodas. Perteneciendo a este segmento social, ella debió sentir directamente la fuerza de la censura que el terrorismo estatal imponía en esos años. El último verso del poema nos da una clave más: su reacción fue "evitar la visión" espeluznante de la violencia genocida para protegerse emocionalmente. En lugar de denunciar, el poema enfatiza el sentimiento de culpa mediante el tono autoirónico logrado a través de los elementos contrastantes en las preguntas retóricas. La belleza de los volcanes, los maizales y la eterna primavera contradicen la verdad del genocidio. La culpa y quizás la censura todavía vigente la obligan a silenciar su propio dolor porque sabe que otros, la población indígena no mencionada, han sufrido más directa y agudamente las consecuencias de las políticas genocidas. Esta voz poética se presenta como víctima que sufrió y sobrevivió a la violencia estatal, y también como victimaria por omisión, por no haber denunciado más abiertamente lo que ocurría.

El tema de la sexualidad, tan prominente en su primer poemario, también aparece transformado en *La insurrección de Mariana*. Aquí ya no hay una expresión abierta y estridente del deseo sexual, sino más bien existe una sensualidad latente. El tono confiado y desafiante de la "revolución" pasa a otro más reposado de la "insurrección", es decir, una revolución a menor escala, como lo anuncia el título. Mariana está saliendo cautelosamente a flote, como superviviente del evento cataclísmico de la guerra, por lo cual su fuerza erótica y el lenguaje poético que la expresa aparecen suavizados en comparación con poemas anteriores. Imágenes totalmente nuevas del mar y del bosque tropical expresan una fuerza sensual que puede simbolizar un poder perdido que ahora redescubre, como se expresa en este poema:

> Emerjo
> de las profundidades. Huelo a sangre y sal
> Soy el océano
> que se mueve crujiendo, arrastrando
>   deseos
>   temores
>   visiones
> entre los dedos.
>
> Soy un pantano humeante lleno
> de sensuales animales viscosos
> soy el calor, el agua, el trueno

esta jungla prehistórica
este bosque tropical

Me hundo en lo desconocido. No sé
a
dónde
regreso.
Al resurgir sólo experimento
la certeza triunfal de haber sobrevivido al viaje. (*La insurrección* 65)

La representación del yo mediante sensaciones e imágenes del olor a sangre y sal, el océano y los pantanos tropicales casi estáticos con elementos crujientes y viscosos, apuntan a la vez al horror de la guerra, de la cual va saliendo, y también al regreso paulatino a la vida, a la sexualidad y el placer, que se hacen obvios a través de los elementos de la naturaleza como "el calor, el agua, el trueno", aunque amainados por la perplejidad de no saber a dónde realmente llega ni cuál es el futuro.

Rosa Chávez y el doble proyecto de recuperación étnica y feminista

La poesía de Chávez es parte del "Renacimiento maya", el movimiento político-cultural iniciado primero por Rigoberta Menchú y su famoso testimonio, y seguido por líderes indígenas tras los acuerdos de paz de 1996 en Guatemala, que enfatiza la resistencia étnica, política y cultural y la renovación cultural Pan-Maya después del genocidio.[7] Chávez vivió sus primeros once años en el Quiché y por consiguiente experimentó directamente el ambiente de guerra, manifestado en el silenciamiento que su familia misma impuso del idioma nativo y su cultura para sobrevivir. En la actualidad, Chávez entiende el K'iche' y se esfuerza por escribirlo, pero nunca aprendió el Kaqchikel, el idioma de su familia materna. Como los Mayas de hoy, la autora continúa sufriendo discriminación y pobreza en la época postconflicto del siglo XXI, aunque también encuentra gozo e inspiración en su creación artística y en el actual despertar y empoderamiento de la cultura maya.[8]

Su poesía es singular por su perspectiva interseccional. Es decir, muestra sus diversas experiencias, identidades y negociaciones con núcleos de poder por ser indígena, mujer, queer, de origen campesino trasladada a la ciudad.

7. Ver los estudios de Montejo (2005) y Arias (2007) sobre la construcción y celebración de la identidad étnica Pan-Maya después del final de la guerra civil.

8. Ver la entrevista a Chávez hecha por Meza Márquez y Toledo Arévalo en 2014.

También lo es por darle igual importancia a los temas genérico-sexuales y a los étnicos. Así, por ejemplo, el poema que se incluye a continuación en apariencia se relaciona solamente con una experiencia sexual femenina, pero debe entenderse por su contexto como una reflexión sobre la soledad existencial de la mujer campesina maya en el ámbito urbano, pudiendo interpretarse a un nivel más general como una alusión a los Mayas desplazados en las ciudades.[9] El poema menciona un orgasmo que no provee placer, sino dolor al estar los órganos femeninos secos, sin lubricación alguna.

Arde vagina seca
clítoris vencido
saliva espumosa
gemidos calculados por minuto
lubricando las culpas
raspa el cuerpo ausente
arde clítoris hinchado
pedacito de nadie
arde, lastima,
esta soledad tan seca. (*Quitapenas* 27)

Los "gemidos calculados", "las culpas" y "el "cuerpo ausente" que se "raspa" sugieren que es un orgasmo simulado donde el placer corporal está totalmente ausente. Este poema conecta la sequía y ausencia de placer con la soledad "seca" del final del poema, refiriéndose a una soledad radical de la voz poética. El lenguaje sexual explícito de este poema se encuentra en otros poemas, particularmente en los de su primer poemario, *Casa solitaria*, para indicar un deseo desestabilizador de las normas heterosexuales, como es el caso del poema "¿Qué voy a hacer sin tu olor Elena?", en el que la voz alude al deseo lesbiano:

¿Qué voy a hacer?
cuando piense en tu pusa y no te pueda
chupar, acariciar, metértela o sencillamente
verte desnuda
dejame aferrarme a tu
vientre mamarte esos

9. Meza Márquez y Toledo Arévalo en su libro *La escritura de poetas mayas contemporáneas producida desde excéntricos espacios identitarios* (2015) hacen una interpretación todavía más amplia de este poema como referencia al dolor del sometimiento a la conquista y la colonización (pp. 72-73).

pechos tan ricos
consolame Elena
....
Elena andate,
comete el mundo
pero antes decime
¿Qué voy a hacer sin tu olor?[10]

Es importante enfatizar que el equilibrio que la poesía de Chávez logra entre los temas étnico-culturales y los genérico-sexuales es excepcional, ya que muchas de sus precursoras, y aun algunas de sus contemporáneas indígenas, se han visto obligadas a enfatizar el primer tema y a silenciar el segundo para sobrevivir como cultura (Dulfano). Para Chávez la recuperación y celebración de la cultura y lengua mayas es una meta tan importante como inscribir una voz indígena femenina. Su recuperación cultural y lingüística maya se patenta primero por el formato bilingüe de sus publicaciones, que sitúan en el mismo plano de importancia el k'iché, su idioma nativo, y el español, el idioma impuesto. Además de buscar la justicia lingüística, estos poemas subrayan temas y tradiciones específicos de la cosmovisión maya, como la memoria de los muertos y su poder entre los vivos, la fuerza del pueblo maya ante la adversidad y la piedra como elemento prominente en el arte maya y simbólico de su resistencia cultural.

Al mismo tiempo, los poemas dan clara prioridad a la voz y la presencia femeninas. En el poema que se cita a continuación, por ejemplo, la voz poética utiliza una estrategia textual y cultural que cumple con este doble propósito: se aprovecha del poder que la cultura maya les concede a los recién nacidos para reafirmar el poder que ella tiene como Maya y también como mujer:

Nací de comadrona
a los nueve días
de mi nacimiento
el abuelo se fue al monte
en su morral mi ombligo
seco como la tusa
lo colgó en un árbol de aguacate
de allí proviene

10. Se citan estos versos de *Casa solitaria* según se publicaron en "Cuatro poemas por Rosa Chávez".

la fuerza de mi espíritu
y la seguridad de mis pasos.

Jun nan lyom xk'ulan wech
chi b'elejeb' q'ij
chi inalaxinaq chik
ri numan xb'e par i juyub'
ri numuxu'x pa ri uchim
chaqi'j jacha' ri jo'q
pa jun oj xuxeqeb'a' wi kanoq
chi la' k'u la' petinaq
ri uchuq'ab'il ri nuk'u'x
rachi'l ri utak'alib'al ri waqan. (*Piedra ab'aj* 54)

El poder femenino emana en otros poemas desde la rebeldía femenina contra las imposiciones no solamente occidentales, sino también indígenas. Por ejemplo, en el muy diciente y humorístico "El corte", la voz poética celebra su herencia indígena al mencionar el corte, que es parte del atuendo femenino maya compuesto de una falda ancha que se envuelve al cuerpo y se ata con un cinturón. Al mismo tiempo, en un tono rebelde, se declara libre para quitarse ataduras que le cortan la libertad a la mujer tanto desde la tradición occidental como desde la maya. Dice así:

Me desato el corte
y el llanto antiguo que me acompaña
me desato de quien aprieta mis nudos
me desata la madre mundo
me desata el padre mundo
desatada ando por la vida
de un lado para el otro
pastoreando chivos
entre el monte citadino,
el monte rudo,
el monte cóncavo,
el monte de Venus,
el monte tapiscado,
el monte pisado,
ando desatada,
cuidado. (*Piedra ab'aj* 72)

La anáfora y la imagen del monte en sus múltiples variaciones, presentada a través de un lenguaje juguetón y un tono autoirónico, puede referirse a los diversos contextos donde esta entidad femenina se desenvuelve y donde debe "desatarse" o luchar por su libertad individual: en la ciudad ("el citadino y rudo"), en lugares quizás incomprensibles señalados por la cualidad de lo cóncavo, en lo que respecta a su sexualidad ("Venus"), en lo que da fruto ("tapiscado") y lo que no lo da ("pisado"). El tono humorístico del último verso, por el cual advierte del peligro que ella puede llegar a ser por estar "desatada", indica cierta liberación que la hablante ya ha logrado.

Diversos feminismos y sus adaptaciones poéticas

Los discursos feministas que Rodas y Chávez plantean y recrean en su poesía se relacionan con diferencias generacionales y con los diversos desarrollos e incorporaciones del feminismo en Guatemala. Rodas se asocia con el feminismo liberal de influencia norteamericana y europea que enfatiza la liberación sexual femenina. Este feminismo todavía operaba dentro del marco heterosexual femenino-masculino, elaborando un análisis basado en esta dicotomía genérica para denunciar la injusticia producida hacia las mujeres por el poder patriarcal. Chávez, por otro lado, combina ciertos aspectos del feminismo liberal con los del discurso del nuevo feminismo indígena del siglo XXI que se ha venido a llamar "feminismo contrahegemónico" o "comunitario". El feminismo liberal, con su énfasis en la libertad individual, especialmente en lo concerniente a la sexualidad, se lee en su poesía mediante la expresión abierta del deseo, incluyendo el no heterosexual, y en la búsqueda de la liberación de imposiciones patriarcales que vienen tanto de la cultura occidental como de la indígena. Al mismo tiempo, en su creación poética y en su activismo cultural y político, Chávez desplaza la voz de la mujer blanca de clase media para introducir la suya de la mujer indígena, rompiendo así con el silencio que por tradición se le impusiera, además de por su género, por etnicidad y clase social. Resulta entonces en un discurso feminista bastante diferente al hegemónico que:

> no privilegia el género o la etnicidad sino que reconoce la interseccionalidad de estas categorías competitivas . . . y que junta la teoría y la práctica, lo occidental y lo no occidental, lo alternativo y lo hegemónico . . . y que reconoce que el lenguaje tiene un significado no sólo dentro del campo lingüístico y estético, sino atado a las condiciones materiales y a la propia identidad cultural. (Dulfano, mi traducción)

La multiplicación de voces femeninas indígenas como la de Chávez y el aparecimiento del feminismo comunitario indígena,[11] especialmente en el área mesoamericana, son fenómenos del presente siglo que tienen raíces a finales del anterior y cuya genealogía vale la pena repasar aquí brevemente. Según la antropóloga mexicana Rosalva Aída Hernández Castillo, ya desde los años setenta ocurrían colaboraciones entre mujeres indígenas rurales y mujeres mestizas urbanas de diversas ramas del saber, como antropólogas, teólogas de la liberación, trabajadoras sociales y colaboradoras de diversas organizaciones no gubernamentales. Juntas, las indígenas y las mestizas o ladinas buscaban soluciones al problema de la violencia doméstica y estatal que afectaba desproporcionadamente a las mujeres campesinas. Lo interesante es que dichas colaboraciones fueron al comienzo lideradas por mujeres mestizas pero más tarde por mujeres mayas, quienes, motivadas y concientizadas por la revolución zapatista, comenzaron a buscar formas de autoridad y poder social (542-545).

A nivel hemisférico, las celebraciones del llamado "descubrimiento de América" en 1992 impulsaron una reflexión crítica por parte de grupos indígenas de todo el continente sobre la historia y la situación de los indígenas de las Américas. Más tarde, la Conferencia Mundial de las Mujeres celebrada en Beijing en 1995 marcó otro paso decisivo para ampliar las voces de mujeres indígenas del mundo.[12] Finalmente, es importante recalcar la famosa Ley Revolucionaria de las Mujeres emitida por el movimiento Zapatista en México, cuya influencia fue más profunda y directa para las mujeres mayas que para otras indígenas del continente. Esta ley enumeró sus derechos humanos como mujeres, incluyendo el derecho a decidir el número de hijos, a no ser obligadas al matrimonio y a participar en el gobierno zapatista al igual que los hombres. El Renacimiento maya en Guatemala se ha alimentado del ejemplo de resistencia física y cultural de la revolución zapatista y la voz feminista de Rosa Chávez surge dentro de este contexto.

11. Ver más sobre este feminismo comunitario en los estudios de Gargallo Celentani (2014), Huhndorf y Suzak (2010) y Bidaseca y Vásquez Laba (2011).

12. El reporte del Foro Permanente para las Cuestiones Indígenas de las Naciones Unidas, titulado *Examen al cabo de 20 años de la Declaración y Plataforma de Acción de Beijing y el futuro: un marco para promover las cuestiones relacionadas con las mujeres indígenas* (2015), enumera los muchos logros de las mujeres indígenas en estos años en establecer mecanismos y mandatos específicos sobre los pueblos indígenas dentro de las Naciones Unidas.

Conclusión

Nos referimos aquí a dos pioneras cuyas letras han llegado a tener impacto en generaciones posteriores dentro y fuera de Guatemala por su fuerte interés en temas de justicia social y por sus adaptaciones particulares de ideologías feministas. En conjunto, sus obras poéticas representan un importante cambio desde la perspectiva exclusivamente burguesa del feminismo guatemalteco y latinoamericano de las décadas de los sesenta y setenta, hacia un feminismo producido por mujeres indígenas contemporáneas. Rodas aplicó los lineamientos del feminismo de corte liberal dentro del contexto de la guerra genocida en su país, analizando las relaciones de género, la desigualdad genérica y la sexualidad femenina desde una perspectiva urbana de clase media. Con un lenguaje sexual explícito y cargado de mordaz ironía, su voz interpela a las figuras que conforman el patriarcado guatemalteco de la época, en particular al guerrillero izquierdista. Su discurso amoroso-erótico le sirve tanto para comunicar su confrontación del sistema patriarcal dentro de la izquierda guatemalteca, como para conceptualizar el placer físico como símbolo de resistencia personal.

Chávez, por su parte, presenta una de las voces más fuertes del feminismo comunitario del siglo XXI. Ella adapta ciertos aspectos del feminismo liberal, a la vez que logra descentrarlo con la diferencia étnica, lingüística y comunitaria. Su discurso feminista, de manera similar al de Rodas, recurre a un lenguaje sexual explícito y al humor irónico para reaccionar contra injusticias causadas por el autoritarismo y sexismo extremos; sin embargo, y a diferencia de Rodas, su análisis interseccional se ocupa no solamente de las injusticias de género y sexualidad, sino también de las étnicas, lingüísticas y de clase. Debido a la diferencia generacional con Rodas, su contexto no es solamente el de la guerra civil y del genocidio, sino también el del presente del Renacimiento maya, un movimiento que ella enriquece notablemente con su discurso y activismo feminista.

Obras citadas

Arias, Arturo. *Taking Their Word. Literature and the Signs of Central America.* University of Minnesota Press, 2007.

Bastián Duarte, Ángela Ixkic. "From the Margins of Latin American Feminism: Indigenous and Lesbian Feminisms". *Signs*, vol. 38, no. 1, Autumn 2012, pp. 153-178.

Bidaseca, Karina y Vanesa Vásquez Laba. "Feminismo e indigenismo: Puente, lengua y memoria en las voces de las mujeres indígenas del sur". En *Feminismos y Poscolonialidad. Descolonizando el feminismo desde y en América Latina,* editado por Bidaseca y Vásquez Laba, Ediciones Godot, 2011, pp. 361-378.

Chávez, Rosa. *AWAS.* Editorial Catafixia, 2014.

———. *Casa solitaria.* Óscar de León Palacios, 2005.

———. *El corazón de la piedra / Ri uk'u'x ri ab'aj.* Monte Ávila, 2010.

———. "Cuatro poemas por Rosa Chávez". *Latin American Literature Today*, no. 27, 2023, procedentes de *Hijas de América Latina: Una antología global*, editado por Sandra Guzmán, HarperCollins Español, 2023, latinamericanliteraturetoday.org/es/2023/09/cuatro-poemas-3.

———. *Los dos corazones de Elena Kame.* Universidad de La Plata, Argentina, 2009.

———. *Piedra ab'aj.* Editorial Cultura, 2009.

———. *Quitapenas.* Editorial Catafixia, 2010.

Comisión para el Esclarecimiento Histórico. *Guatemala, memoria del silencio.* Oficina de Servicios para Proyectos de las Naciones Unidas, 1999. www.centrodememoriahistorica.gov.co/descargas/guatemala-memoria-silencio/guatemala-memoria-del-silencio.pdf.

Dulfano, Isabel. "Heteroglossia and Indigenous Feminist Writing and Theory". *Knowledge Cultures*, vol. 3, no. 4, July 2015, www.addletonacademicpublishers.com.

Gargallo Celentani, Francesca. *Feminismos desde Abya Yala. Ideas y proposiciones de las mujeres de 607 pueblos en nuestra América.* Corte y confección, 2012. Primera edición digital, enero 2014, francescagargallo.wordpress.com/ensayos/librosdefg/feminismos-desde-abya-yala.

Hernández Castillo, Rosalva Aída. "The Emergence of Indigenous

Feminism in Latin America". *Signs*, vol. 35, no. 3, Spring 2010, pp. 539-545.

Huhndorf, Shari y Cheryl Suzak. "Indigenous Feminism: Theorizing the Issues". En *Indigenous Women and Feminism. Politics, Activism, Culture*, editado por Suzak, Huhndorf, Jeanne Perreault y Jean Barman, University of British Columbia Press, 2010, pp. 1-17.

Kearns, Sofía. "Ana María Rodas y la negociación con la tradición patriarcal". En *Desde la zona abierta. Artículos críticos sobre la obra de Ana María Rodas*, editado por Aida Toledo, Palo de Hormigo, 2004, pp. 25-51.

Liano, Dante. "La poesía de Ana María Rodas". En *Desde la zona abierta. Artículos críticos sobre la obra de Ana María Rodas*, editado por Aida Toledo, Palo de Hormigo, 2004, pp. 53-66.

Meza Márquez, Consuelo y Aida Toledo Arévalo. *La escritura de poetas mayas contemporáneas producida desde excéntricos espacios identitarios.* Universidad Autónoma de Aguascalientes, 2015, editorial.uaa.mx/docs/ve_poetas_mayas.pdf.

Montejo, Víctor. *Maya Intellectual Renaissance. Identity, Representation and Leadership*. University of Texas Press, 2005.

Naciones Unidas. Consejo Económico y Social, Foro Permanente para las Cuestiones Indígenas. *Examen al cabo de 20 años de la Declaración y Plataforma de Acción de Beijing y el futuro: un marco para promover las cuestiones relacionadas con las mujeres indígenas.* Abril 2015, documents-dds-ny.un.org/doc/UNDOC/GEN/N15/030/91/PDF/N1503091.pdf?OpenElement.

Rodas, Ana María. *Cuatro esquinas del juego de una muñeca*. Edición de autor, 1975.

———. *El fin de los mitos y los sueños*. Editorial RIN-78, 1984.

———. *La insurrección de Mariana*. Ediciones del Cadejo, 1993.

———. *Poemas de la izquierda erótica*. Edición de autor, 1973.

Versión actualizada de: Kearns, Sofía. "Convergencias feministas y de justicia social en dos generaciones de poetas guatemaltecas: Ana María Rodas y Rosa Chávez". En *Agencia, historia y empoderamiento femenino*, editado por Diane Marting, Eva París-Huesca y Yamile Silva, Santo Domingo, Ministerio de la Mujer, Crítica dominicana literaria sobre escritoras hispanoamericanas, 2018, pp. 237-254.

Contribuyentes

Anabella Acevedo es una académica independiente. Fue Directora Ejecutiva del espacio de arte contemporáneo Ciudad de la Imaginación, en la Ciudad de Quetzaltenango. Durante 13 años también fue Directora para Guatemala del Programa Internacional de Becas de la Fundación Ford dentro del Centro de Investigaciones Regionales de Mesoamérica. Se ha dedicado a la investigación y a la docencia. Su enfoque principal en temas vinculados con la literatura, el arte y el pensamiento contemporáneo de Guatemala ha resultado en ensayos en libros, revistas especializadas y periódicos. Fue parte del equipo curatorial de la XVIII y IX Bienal de Arte Paiz; cocuradora de los proyectos Estados de Excepción (2003) y Guatemala Después (2015), en Ciudad de la Imaginación; y curadora general del proyecto "Y desde siempre fuimos hacia la vida" para el Centro de Acción Legal para los Derechos Humanos, CALDH, en Guatemala. Forma parte del Consejo Editorial de la publicación feminista *la Cuerda* y es docente de la Universidad Rafael Landívar. Cofundadora, junto con Rosina Cazali, del proyecto LAICA, que busca estimular la reflexión sobre la memoria reciente, a través de una plataforma que asegura la profesionalización de las prácticas de la investigación y teorización del arte contemporáneo de Guatemala. Reside en Quetzaltenango desde 2006.

Mónica Albizúrez es investigadora invitada del Departamento de Historia Global de la Universidad de Hamburgo y lectora de español en el Departamento de Idiomas de esa universidad. Doctora en Literatura Hispanoamericana por la Universidad de Tulane (2007), Maestra en Literatura Hispanoamericana por la Universidad Rafael Landívar, Guatemala (2001), Licenciada en Letras (1997) y Abogada y Notaria por la Universidad de San Carlos de Guatemala (1994). Es miembro honoraria de la Academia Guatemalteca de la Lengua. Entre sus publicaciones sobresalen: con Gloria Chacón (coeditora), *Teaching Central American Literature in a Global Context* (Nueva York, Modern Language Association, 2022); *Modernidades extremas: textos y prácticas literarias en América Latina. Francisco Bilbao, Manuel González Prada, Manuel Ugarte y Manoel Bomfim* (Madrid, Iberoamericana / Frankfurt am Main, Vervuert, 2016); y con Alexandra Ortiz Wallner (coeditora); *Poéticas y políticas de género. Ensayos sobre imaginarios, literaturas y medios en Centroamérica* (Berlín, Edition tranvía, Walter Frei, 2013). Con Tania Pleitez (coeditora) publicó el dossier "Mujeres centroamericanas: autorías y escrituras dispersas en lo global (1890-1980)" en *Lectora: revista de dones i textualitat* (Barcelona), núm. 27, 2021. En el campo de la creación literaria ha escrito dos novelas: *Ita* (Guatemala, F&G, 2018), finalista del certamen BAM Letras 2017, y *La letrada* (Guatemala, F&G, 2023), ganadora de la Bienal Guatemalteca de Novela "Terrena", 2022-2023. Además, ha publicado diversos artículos en revistas académicas. Es columnista de *Plaza Pública* y de *gAZeta*, ambos diarios digitales de Guatemala.

Jorge Chen Sham es doctor en Estudios Románicos por la Université Paul Valéry, Montpellier III (1990). Desde el 2003 es profesor catedrático en la Escuela de Filología, Lingüística y Literatura de la Universidad de Costa Rica, en donde enseña teoría literaria, literatura española y literaturas centroamericanas. Sus campos de investigación abarcan: las literaturas centroamericanas, la recepción cervantina, la prosa de los siglos XVIII español e hispanoamericano, la poesía hispánica y las Generaciones del 98 y 27. Premio al Investigador del Área de Artes y Letras (2008) y Diploma al mérito del Club Rotario de León (Nicaragua), es profesor destacado por el Consejo Universitario (2009, 2010, 2011 y 2015), así como miembro correspondiente de la Academia Nicaragüense de la Lengua y de la Academia Norteamericana de la Lengua Española.

Barbara Dröscher es latinoamericanista y especialista en estudios literarios comparativos. Es docente en la Freie Universität Berlin (FUB), dio clases de literatura hispánica en la Universität Rostock, de literatura alemana en la Universidad de la Habana y de estudios literarios en la Universidad Centro Americana (UCA) en Managua y en la Universidad Nacional de Costa Rica en Heredia. Después de una estancia de tres años en Nicaragua (1992-1995), sus investigaciones en el Instituto Latinoamericano de la FUB han enfocado principalmente Centroamérica, Colombia y México. Luego, estudió la literatura del siglo XX escrita por mujeres para más tarde concentrarse en las ficciones fundacionales y la metaficción histórica. La figura de La Malinche se convirtió en una referencia en sus múltiples publicaciones sobre el tema de transculturación y género y en sus estudios sobre la literatura centroamericana, cuyos resultados se pueden leer en: "Transculturación y género en narraciones de autoras centroamericanas al final del siglo XX", *Istmo. Revista virtual de estudios literarios y culturales centroamericanos* (no. 22, enero-junio 2009), entre otros. Actualmente, investiga las telenovelas desde la perspectiva de los estudios culturales con un enfoque especial en las colombianas y sus transformaciones durante la época de la globalización.

Frances Jaeger es profesora en el Departamento de Lenguas y Culturas de Northern Illinois University. Recibió su doctorado (1997) y su maestría en Español (1991) de la University of Illinois at Urbana-Champaign. Completó su licenciatura en Español y Música (1989) en Elmhurst College. Sus intereses de investigación y enseñanza se han centrado en la literatura latinoamericana. Ha realizado estudios sobre las poetas nicaragüenses Gioconda Belli, Daisy Zamora, Michèle Najlis, Vidaluz Meneses y Rosario Murillo. También ha publicado trabajos sobre Ernesto Cardenal, Roque Dalton, Nicolás Guillén, Miguel Ángel Asturias, Humberto Ak'abal, Luis Alfredo Arango, Joaquín Beleño, Rubén Darío, Rosa María Britton y Gloria Guardia. Sus artículos han aparecido en *Casa de las Américas, Revista iberoamericana, Hispanic Journal, Middle Atlantic Review of Latin American Studies, Istmo, Explicación de textos literarios* y *Alba de América,* entre otras publicaciones. Es coeditora (literatura panameña) del *Handbook of Latin American Studies* publicado por la Library of Congress (EEUU). Es editora de *Ana María Rodas (Guatemala), corazón y cerebro. Poesía completa (1973-2015) y acercamientos críticos.* Un proyecto actual es la traducción de la novela canalera, *Los forzados de Gamboa* (*Gamboa Road Gang*), de Joaquín Beleño.

Sofía Kearns es profesora en el Departamento de Lenguas Modernas en la Universidad Furman, en Greenville, Carolina del Sur, EEUU. Sus investigaciones se centran en las intersecciones de raza, etnicidad, clase social, género, sexualidad y nación en la literatura de autoras latinoamericanas contemporáneas. Ha publicado artículos sobre las obras de Gioconda Belli, María Mercedes Carranza, Ana María Rodas, Rosa Chávez, Liliana Ancalao y Anacristina Rossi, entre otras. Sus más recientes publicaciones son: "La literatura indígena y su rol en el proyecto de recuperación lingüística en el continente americano" (*MIFLC Review*, vol. 19, 2019. pp. 71-85); "La compaginación de identidades étnicas y femeninas en la poesía indígena de Liliana Ancalao y Rosa Chávez" (*Ciberletras* 38, julio 2017, www.lehman.cuny.edu/ciberletras/v38/kearnss.htm); "Widening the Spectrum of Desire and Nation: Anacristina Rossi's Fiction" (*QED. A Journal in GLBTQ Worldmaking*, vol. 3, no. 2, 2016, pp. 93-106); y "El logro de la 'palabra única' en *El canto de las moscas*", en *María Mercedes Carranza. 7 ensayos sobre su obra,* editado por Luz Eugenia Sierra (Bogotá, LETRA A LETRA e Instituto Caro y Cuervo, 2014, pp. 97-129).

Milagros Palma es antropóloga franco-nicaragüense que ha ocupado puestos académicos en l'Université de Caen, l'Université Paris 12 y l'Université Picardie

Jules Verne. Es licenciada en letras y lingüística. Ha creado la editorial Indigo & Coté-Femmes y sus premios "Sor Juana Inés de la Cruz" y "Gabriela Mistral". Entre sus numerosas publicaciones cuenta ensayos de antropología y de análisis literario; entre otros: *La mujer es puro cuento. Simbólica de la feminidad indígena y mestiza en Colombia* (1986); *Nicaragua. Once mil vírgenes. Imaginario mítico religioso del pensamiento mestizo nicaragüense* (1988); *Malinche, el malinchismo o la cara femenina de la sociedad mestiza* (1990); *El gusano y la fruta. El aprendizaje de la feminidad en América Latina* (1994); *Un latinoamericano en París* (2011); *El mito de París. Entrevistas con escritores latinoamericanos en París* (2014); *América central. Estereotipos de género, violencia y frustración sexual en la narrativa femenina* (2017).

Oralia Preble-Niemi es profesora emérita del Departamento de Lenguas y Literaturas Extranjeras de la University of Tennessee-Chattanooga. Recibió su doctorado en Literatura Iberoamericana (1977), su maestría en Español (1974) y su licenciatura en Español y Pedagogía (1972) de la University of North Carolina-Chapel Hill. Sus intereses de investigación y enseñanza se han centrado en la literatura latinoamericana, con énfasis en la centroamericana. Ha realizado estudios sobre poetas como los guatemaltecos Margarita Carrera, Luz Méndez de la Vega, Dina Posada, Ana María Rodas, Miguel Ángel Asturias y Luis Alfredo Arango, las nicaragüenses Gioconda Belli y Christian Santos, la costarricense Virginia Grütter, la boliviana Adela Zamudio y la chilena Gabriela Mistral. También ha realizado estudios sobre narradores como el argentino Jorge Luis Borges, el colombiano Gabriel García Márquez, los cubanos Mireya Robles y Alejo Carpentier, el guatemalteco Miguel Ángel Asturias y el mexicano Juan Rulfo. Es autora de estudios sobre el dramaturgo mexicano Emilio Carballido y los cuentistas Baldomero Lillo (Chile) y Enrique Jaramillo Levi (Panamá). Ha publicado dos libros en colaboración con colegas y dos por su propia cuenta.

Teresa Anta San Pedro es una catedrática española residente en Estados Unidos. Su carrera universitaria se ha realizado mayormente en su país de adopción, a excepción de un año que estudió en la Universidad Complutense de Madrid. Para su doctorado se especializó en Narrativa Hispanoamericana del Siglo XX, pero ha presentado y publicado más de un centenar de artículos sobre poesía, teatro, novela, estudios socioculturales, economía y política en las Américas, Asía, Europa y Oceanía. La mayoría de sus presentaciones y publicaciones tratan las obras de unas 20 escritoras mujeres a ambos lados del Atlántico, como Elena Garro, Luz María Umpierre, Consuelo Tomás, Ana María Rodas,

Concha Romero, Vidaluz Meneses, Ana María Fagundo, Aida Toledo, Christian Santos y Gloria Espinoza de Tercero. Sus ensayos críticos tienen el propósito de dar a conocer la literatura femenina escrita en español en el mayor número de países y culturas posibles. Esta obsesión surgió cuando asistió al primer congreso de CILCA (Congreso Internacional de Literatura Centroamericana) y escuchó por primera vez poemas de las grandes POETAS centroamericanas.

Francisco Solares-Larrave es profesor de literatura y cultura hispanoamericanas en Northern Illinois University. Recibió su licenciatura en letras y filosofía de la Universidad Rafael Landívar en 1987 y al año siguiente comenzó estudios de postgrado en literatura comparada en la Universidad de Illinois en Champaign-Urbana, gracias al programa de becas Fulbright-LASPAU, donde concluyó su doctorado en literatura hispanoamericana en 1996. Su carrera como crítico comenzó desde 1981 y fue por esa razón que en 1984, tuvo la oportunidad de prologar *El fin de los mitos y los sueños,* el tercer libro de Ana María Rodas, pese a que no lo había leído todavía. A esta publicación le siguieron otras en Guatemala, y más tarde, en Estados Unidos, Argentina y México, añadió nuevos ensayos sobre la obra de Rubén Darío, las novelas históricas como género y textos decimonónicos. Además de su labor como ensayista, también ha publicado volúmenes de cuentos en Guatemala y Argentina. A la fecha trabaja en un estudio sobre el costumbrismo hispanoamericano.

Aida Toledo es investigadora de la Vicerrectoría de Investigación y Proyección de la Universidad Rafael Landívar de Guatemala. Es doctora en Filosofía por la Universidad de Pittsburgh, Pennsylvania (2001). Realizó una estancia postdoctoral en Género, en la Universidad Autónoma de Aguascalientes, México (2014). Sus áreas de especialización son los estudios sobre mujeres, pueblos originarios, arte, literatura y cultura latinoamericanas. Ha publicado recientemente los libros *En el filo del cenote. Interioridades críticas del campo literario en Guatemala* (Cara Parens, 2019) y *Meter la mano en las entrañas. Sobre teoría y prácticas del género testimonial* (Cara Parens, 2021). Ha terminado de redactar el libro *Género, subalternidad y descolonialidad. Algunos aportes para el debate sobre los feminismos* (Universidad Rafael Landívar, 2024).

Anexos

Anexo I. Ana María Rodas en antologías y traducciones

Poesía de Ana María Rodas en antologías

I Festival Internacional de Poesía de Granada, Nicaragua 2005. Memoria poética 134 poetas / 21 países. Managua, Festival Internacional de Poesía de Granada, 2006.

II Festival Internacional de Poesía de Granada, Nicaragua 2006. Memoria poética 144 poetas / 32 países. Managua, Festival Internacional de Poesía de Granada, 2006.

III Festival Internacional de Poesía de Granada, Nicaragua 2007. Memoria poética 137 poetas / 42 países. Managua, Festival Internacional de Poesía de Granada, 2007.

V Festival Internacional de Poesía de Granada, Nicaragua 2009. Memoria poética 95 poetas/ 46 países. Managua, Festival Internacional de Poesía de Granada, 2009.

XI Festival Internacional de Poesía de Granada, Nicaragua 2015. Memoria poética 112 poetas / 47 países. Managua, Festival Internacional de Poesía de Granada, 2016.

XII Festival Internacional de Poesía de Granada, Nicaragua 2016. Memoria poética 105 poetas / 50 países. Managua, Festival Internacional de Poesía de Granada, 2017.

Breviario del deseo (Poesía erótica escrita por mujeres). Editado por Luzmaría Jiménez Faro, Madrid, Torremozas, 1989.

Con mano de mujer. Antología de poetas centroamericanas contemporáneas (1970-2008). Editado por Magda Zavala, Heredia, Costa Rica, Fundación Interartes, 2011.

Cumbre poética iberoamericana: antología de Salamanca. Editado por Alfredo Pérez Alencart, Salamanca, Edifsa, 2005.

La herida en el sol. Poesía contemporánea centroamericana (1957-2007). Editado por Edwin Yllescas Salinas, México, Universidad Nacional Autónoma de México, 2007.

Memoria del 15 Festival Internacional de Poesía de Quetzaltenango: En homenaje a Ana María Rodas, a las mujeres desaparecidas y a las que buscan, editado por Marvin García, Quetzaltenango, Guatemala, Metáforas Editores, 2019, pp. 181-186.

"Memorias de Valeria" (poemas inéditos). En *Poiesis en Helmántica: XXV Encuentro de Poetas Iberoamericanos, XX Aniversario de la Capitalidad Cultural Europea (Antología en homenaje a Ana María Rodas, Rosa Alice Branco y Daisy Zamora)*, editado por Alfredo Pérez Alencart, Salamanca, Ayuntamiento / Edifsa, 2022, pp. 11-37. Descargable en: tiberiades.org//?p=7019.

El monte de las delicias: poesía erótica femenina en español. Barcelona, Áltera, 2004.

Mujer, cuerpo y palabra: Tres décadas de re-creación del sujeto de la poeta guatemalteca (Muestra poética, 1973-2003). Editado por Myron Alberto Ávila, Madrid, Torremozas, 2004.

Mujer, desnudez y palabras: Antología de desmitificadoras guatemaltecas. Editado por Luz Méndez de la Vega, Guatemala, Artemis Edinter, 2002.

NO RESIGNACIÓN (Poetas del mundo por la no violencia contra la mujer): antología de Salamanca. Editado por Alfredo Pérez Alencart, Salamanca, Ayuntamiento de Salamanca, 2016.

Los nombres que nos nombran. Tomo II, editado por Francisco Morales Santos, Guatemala, Tipografía Nacional de Guatemala, 1983.

Nueva poesía guatemalteca. Editado por Francisco Morales Santos, Caracas, Monte Ávila, 1990.

Palabras de mujer. Poetas latinoamericanas. Editado por Juan Gustavo Cobo, Bogotá, Siglo XXI Editores de Colombia, 1991.

Para conjurar el sueño: Poetas guatemaltecas del siglo XX. Editado por Aida Toledo y Anabella Acevedo, Guatemala, Universidad Rafael Landívar, 1998.

La poesía del Grupo RIN-78, editado por Luz Méndez de la Vega, Guatemala, Grupo Literario Editorial RIN-78, 1986.

Poesía soy yo: Poetas en español del siglo XX (1886-1960). Editado por Raquel Lanseros y Ana Merino, Madrid, Visor, 2016.

Poetisas desmitificadoras guatemaltecas. Editado por Luz Méndez de la Vega, Guatemala, Tipografía Nacional de Guatemala, 1984.

Poiesis en Helmántica: XXV Encuentro de Poetas Iberoamericanos. Ver "Memoria de Valeria".

Puertas abiertas. Antología de poesía centroamericana. Editado por Sergio Ramírez, México, Fondo de Cultura Económica, 2011.

Rosa palpitante: Sexualidad y erotismo en la escritura de poetas guatemaltecas nacidas en el siglo XX. Editado por Juan Fernando Cifuentes y Aida Toledo, Guatemala, Palo de Hormiga, 2005.

Adaptación dramática

Poemas de la Izquierda Erótica al Teatro. Adaptación dramática por el Grupo de Teatro Itinerante Guate-California (GUACAL). Jorge Cabrera, dir. Teatro Frida Kahlo, Los Angeles, California, agosto-septiembre 2014. Ver: www.pbssocal.org/shows/artbound/ana-maria-rodas-one-story-spanning-three-generations

Traducciones de la poesía de Ana María Rodas

Libros

Alemán:

Gedichte der erotischen Linken. Traducido por Erich Hackl y Peter Schultze-Kraft, Salzburg, Otto Müller, 1995.

Italiano:

Poesie della sinistra erotica e altri versi. Editado y traducido por Carla Perugini, Bari, Italia, Palomar, 2006.

Farsi:

آنکه از چشم‌هایم بخوانی : (شعرهای چپ اروتیک) شعرها فارسی و آلمانیبی

/Bī ānkih az chashm'hāyam bikhvānī : (shi'r'hā-yi chap-i irutīk) shi'r'hā Fārsī va Ālmāni. [*No puedes leerme en los ojos. Poemas de la izquierda erótica, en farsi y alemán.*] Traducido por Alī Asghar Fardād, Londres, Mehrī Publications, 2021.

Poemas traducidos en antologías

Alemán

Dann fliegt mein gefiedertes Herz. Lateinamerikanische Liebesgedichte. Zweisprachig. Editado por Jorge Ávila, Wolfgang Eitel y Esther Muschelknautz, Múnich, R. Piper, 1992.

Das Herz des Himmels: Vom Leiden der Indios in Guatemala. Editado y traducido por Erich Hackl, Viena, Herder, 1985.

VERSschmuggel / Contrabando de VERSOS: Spanische und deutschsprachige Gedichte / Poemas en español y alemán. Editado por Aurélie Maurin y Thomas Wohlfahrt, Madrid, Huerga y Fierro, 2006.

Inglés

Guatemalan Reader: History, Culture, Politics. Editado por Greg Grandin, Deborah T. Levenson y Elizabeth Oglesby, Durham, Duke University Press, 2011.

Ixok Amar-Go: Central American Women's Poetry for Peace. Editado por Zoë Anglesey, Penobscot, Maine, Granite Press, 1987.

Lovers and Comrades. Women's Resistance Poetry from Central America. Editado por Amanda Hopkinson, traducido por Hopkinson y miembros del El Salvador Solidarity Campaign Cultural Committee, Londres, Women's Press, 1989.

Poetry's Geographies: A Transatlantic Anthology of Translations. Editado por Katherine M. Hedeen y Zoë Skoulding, Latrobe, PA, Eulalia Books, 2023.

These Are Not Sweet Girls. Latin American Women Poets. Editado por Marjorie Agosín, Buffalo, Nueva York, White Pine Press, 1994.

Voces por la paz / Voices for Peace. Editado por Amanda Castro, traducido por Amanda Castro y David Swerdlow, Tegjucigalpa, Ixbalam Editores, 2004.

Woman Who Has Sprouted Wings: Poems by Contemporary Latin American Women Poets. Editado por Mary Crow, 2a ed., Pittsburgh, Latin American Literary Review Press, 1987.

Italiano

Il fiore della poesia latinoamericana doggi. Vol. 1, Messico, America centrale e isole. Edición bilingüe. Traducido por Emilio Coco, Rimini, Italia, Raffaelli Editore, 2016.

Poeti del Guatemala (1954-1986). Editado por Dante Liano, traducido por Alfonso D'Agostino, Roma, Bulzoni Editore, 1988.

Anexo II. Estudios de las obras de Ana María Rodas

Antología de crítica

Toledo, Aida, editora. *Desde la zona abierta: artículos críticos sobre la obra de Ana María Rodas.* Guatemala, Palo de Hormigo, 2004.

Tesis doctoral

Kearns, Sofia. *Hacia una poética feminista latinoamericana: Ana María Rodas, María Mercedes Carranza y Gioconda Belli.* 1995. University of Illinois at Urbana-Champaign, Dissertations Abstracts International, vol. 57, no. 4, Oct. 1996, 1639A.

Tesis de maestría

Aguirre Ramos, Liliana. *La poesía de Ana María Rodas: la metáfora revestida de una voz masculina.* 2016. Universidad Tecnológica de Pereira, repositorio.utp.edu.co/server/api/core/bitstreams/87c81e3f-5f8a-4ee9-90dd-65fe1b32a058/content

Vásquez Osorio, Martha Lucía. *Poética de la ironía en Ana María Rodas.* 2017. Universidad de Tolima, repositorio.utp.edu.co/server/api/core/bitstreams/75fdb7b5-4313-4a27-ad03-e8f188466766/content

Artículos críticos sobre la poesía de Ana María Rodas

* = Incluido en esta antología

Acevedo, Anabella. "Las posibilidades narrativas de la poesía en la obra de Ana María Rodas". En Toledo, *Desde la zona abierta,* pp. 201-207.

*Acevedo Leal, Anabella. "Ana María Rodas, el peso de la palabra poética". En *Volver a imaginarlas: Retratos de escritoras centroamericanas,* editado por Janet Gold, Guaymuras, 1998, pp. 21-34.

*Albizúrez, Mónica. "Final del conflicto / final de una historia: los espacios en *El fin de los mitos y los sueños* de Ana María Rodas". *Amerika*, núm. 20, 2020, journals.openedition.org/amerika/11756.

Barrientos Tecún, Dante. "Individuo y sociedad en la poesía de Ana María Rodas (Guatemala, 1937) y Rossana Estrada Búcaro (Guatemala, 1963)". *Península*, vol. 11, núm.1, 2016, pp. 175-190.

Bollentini, Chiara. "La poesía de Ana María Rodas: la revolución socio-sexual en la Guatemala del patriarcado". *Confluencia: Revista Hispánica de Cultura y Literatura,* vol. 13, núm. 2, 1998, pp. 156-168. Republicado en Toledo, *Desde la zona abierta*, pp. 93-107.

Carrera, Mario Alberto. "Ana María Rodas". En P*anorama de la poesía femenina guatemalteca del siglo XX,* Universidad de San Carlos de Guatemala, Editorial Universitaria de Guatemala, 1983, pp. 151-173.

Dillon, Michael. "Imágenes de sobrevivencia en *La insurrección de Mariana* de Ana María Rodas". En Toledo, *Desde la zona abierta,* pp. 215-225.

Dröscher, Barbara. "Ana María Rodas". *Mujeres letradas. Fünf zentralamerikanische Autorinnen und ihr Beitrag zur modernen Literatur: Carmen Naranjo, Ana María Rodas, Gioconda Belli, Rosario Aguilar und Gloria Guardia*, de Dröscher, Berlín, Edition tranvía-Verlag Walter Frey, 2004, pp. 85-120.

Galeano, Juan Carlos. "Ana María Rodas: poesía erótica y la izquierda de los patriarcas". *Letras femininas*, vol. 23, núms. 1-2, 1997, pp. 171-181. Republicado en Toledo, *Desde la zona abierta*, pp. 81-92.

Guerra-Cunningham, Lucía. "Retextualizaciones del cuerpo en la poesía de Ana María Rodas". *Explicación de textos literarios*, vol. 31, núm. 2, 2002-2003, pp. 31-42. Republicado en:

- Toledo, *Desde la zona abierta,* pp. 117-129.
- *Literatura centroamericana: Nuevos estudios. Ensayos,* editado por Jorge Román-Lagunas. Guatemala, Oscar de León Palacios, 2007.

Hackl, Erich. "Ana María Rodas y su poesía". En *Poemas de la izquierda erótica*, por Rodas, Madrid, papeles mínimos ediciones, 2019, pp. 95-103.

*Kearns, Sofía. "Ana María Rodas y la negociación con la tradición patriarcal". En Toledo, *Desde la zona abierta*, pp. 25-51.

*Kearns, Sofía. "Convergencias feministas y de justicia social en dos generaciones de poetas guatemaltecas: Ana María Rodas y Rosa Chávez". En *Agencia, historia y empoderamiento femenino*, editado por Diane Marting, Eva París-Huesca y Yamile Silva, Santo Domingo, Ministerio de la Mujer, 2018, pp. 237-254.

Liano, Dante. "La poesía de Ana María Rodas". En *Maschere: Le scritture delle donne nelle culture iberiche,* editado por Susanna Regazzoni y Leonardo Buonomo, Roma, Bulzoni Editore, 1994. Republicado en:

• *Visión crítica de la literatura guatemalteca*, editado por Liano, Guatemala, Editorial Universitaria. 1997, pp. 273-288.

• Ana María Rodas, *Poemas de la izquierda erótica* (*trilogía*). Guatemala, Piedra Santa, 2004, 229-245.

• Toledo, *Desde la zona abierta*, pp. 53-66.

Méndez de Penedo, Lucrecia. "Contraépica feminista inaugural: *Poemas de la izquierda erótica*". En Toledo, *Desde la zona abierta*, pp. 109-115.

Nájera, Francisco. "Ana María Rodas o la escritura del matriarcado". *Centroamericana*, núm. 3, 1992, pp. 42-53. Republicado en Toledo, *Desde la zona abierta*, pp. 13-23.

Ollé, Marie-Louis. "La poesía de A. M. Rodas o ser en su estar, estar en su ser". *Nuevos caminos del hispanismo. Actas del XVI Congreso de la Asociación Internacional de Hispanistas* (AIH), Paris 2007, editado por Pierre Civil y Françoise Crémoux, vol. 2, 2010 (CD-ROM). Disponible en: cvc.cervantes.es/literatura/aih/pdf/16/aih_16_2_258.pdf

*Palma, Milagros. "Erotismo, heterosexualidad y violencia de género en el poemario *Poemas de la izquierda erótica* (1973) de Ana María Rodas". *América* (París), vol. 46, núm. 1, pp. 85-95. Disponible en: journals.openedition.org/america/1265

*Preble-Niemi, Oralia. "La poesía de Ana María Rodas: Logos y *poiema*". En Toledo, *Desde la zona abierta*, pp. 173-185.

Rivera-Hokanson. Miriam. "El lenguaje subversivo: una alternativa estética de la expresión poética en *Poemas de la izquierda erótica* de Ana María Rodas". En Toledo, *Desde la zona abierta*, pp. 163-172.

Rodríguez, Jesús. "Reflexiones sobre *Cuatro esquinas* del juego de una muñeca". En Toledo, *Desde la zona abierta*, pp. 209-214.

*San Pedro, Teresa. "Ana María Rodas y la ansiedad de la influencia". *Antípodas: Journal of Hispanic and Galician Studies*, núm. 21, 2010, pp. 161-181.

San Pedro, Teresa. "La palabra directa de Ana María Rodas o la negación de la estética poética tradicional". *Ístmica: Revista de la Facultad de Filosofía y Letras* (Universidad Nacional de Costa Rica, Heredia), núm. 3-4, 1998, pp. 196-206. Republicado en: Toledo, *Desde la zona abierta*, pp. 67-79.

*Solares-Larrave, Francisco José. "Sobre la poesía de Ana María Rodas". Introducción. *El fin de los mitos y los sueños,* de Rodas, Guatemala, Editorial RIN-78, 1984, pp. vii-xxxii.

Toledo, Aida. "Feminismo y subversión en los setenta en Guatemala: *Poemas de la izquierda erótica*, historia de un libro". *Destiempos,* vol. 4, núm. 19, 2009, pp. 345-358. Republicado en: Toledo, *Desde la zona abierta*, 131-143.

Artículos que aluden a Ana María Rodas en un contexto más amplio (i.e., poesía centroamericana, feminismo latinoamericano)

Dröscher, Barbara. "No tienen madres: Deseo, traición, desaparición en la literatura centroamericana escrita por mujeres". En *Afrodita en el trópico: erotismo y construcción del sujeto femenino en obras de autoras centroamericanas*, editado por Oralia Preble-Niemi, Potomac, Maryland, Scripta Humanistica, 1999, pp. 183-194.

Méndez de Penedo, Lucrecia. "Estrategias de la subversión: poesía feminista guatemalteca contemporánea". *Istmica*, núm. 5-6, 2000, pp. 43–71. También disponible en: diariodelgallo.files.wordpress.com/2011/03/estrategias-de-la-subversic3b3n-de-lucrecia-mendez-de-penedo.pdf

Robbins, Jill. "La poesía erótica femenina y la inscripción de la mujer en la cultura guatemalteca". En *Afrodita en el trópico: erotismo y construcción del sujeto femenino en obras de autoras centroamericanas*, editado por Oralia Preble-Niemi, Potomac, Maryland, *Scripta Humanistica,* 1999, pp. 153-168.

Zavala, Madga. "En pos del mapa de la escritura poética de las autoras centroamericanas". En *Con mano de mujer. Antología de poetas centroamericanas contemporáneas (1970-2008)*, editado por Zavala, Heredia, Costa Rica, Fundación Interartes, 2011, pp. 13-139.

Zavala, Magda. "Poetas centroamericanas de la rebelión erótica". En *Afrodita en el trópico: erotismo y construcción del sujeto femenino en obras de autoras centroamericanas,* editado por Oralia Preble-Niemi, Potomac, Maryland, Scripta Humanistica, 1999, pp. 245-259.

Sección iconográfica

Poemarios

Nota sobre las portadas de los libros

Con su primera colección de poesía, *Poemas de la izquierda erótica* (1973), Ana María Rodas inició una tradición colaborativa que formaría parte de sus publicaciones posteriores: la selección de pinturas, grabados y fotografías de artistas guatemaltecos para las portadas de sus libros. Sus múltiples contactos en el círculo de artistas y el hecho que su padre fuera artista plástico sin duda le confirmaron el enlace entre la palabra escrita y la imagen.

Los dos primeros poemarios de Rodas fueron colecciones organizadas por la poeta, ya que para la época pocas editoriales funcionaban en Guatemala. Por la escasa infraestructura para publicar y promover las obras literarias, los poetas solían preparar y financiar sus propias ediciones de limitado tiraje en imprentas privadas cuyo principal negocio consistía en la impresión de tesis universitarias, diversos tipos de publicidad y documentos.

Poemas de la izquierda erótica fue una edición de autor impresa en una imprenta privada. La portada y el arte interior eran obra del pintor Arnoldo Ramírez Amaya, reproducidos en formato grande para la presentación del libro, como la poeta menciona en su entrevista con Aida Toledo. El arte de Ramírez Amaya también aparece en la portada del segundo poemario, *Cuatro esquinas del juego de una muñeca* (1975), en la edición de autor publicada en una imprenta privada.

El tercer poemario, *El fin de los mitos y los sueños* (1984), gozó de nuevas posibilidades. Para entonces, Rodas se había unido a RIN-78, una cooperativa entre diversos escritores guatemaltecos para promover la literatura nacional. Mediante una cuota mensual cobrada a sus miembros, RIN-78 reunió fondos para cubrir los costos de publicación de sus obras. También formalizó ciertos aspectos de la preparación del manuscrito y *El fin de los mitos y los sueños* contó con la participación del pintor Marco Augusto Quiroa para el diseño del libro. El arte de la portada y las páginas interiores era obra de Moisés Barrios y el prólogo fue escrito por otro miembro de RIN-78, Francisco Solares-Larrave.

Ya para los otros libros, existían más posibilidades para publicar poesía en Guatemala. Se seleccionó un grabado de Moisés Barrios para la portada de *La insurrección de Mariana* (1993) y la crítica y curadora de arte Rossina Cazali fue la diseñadora del libro. La editorial comercial Ediciones del Cadejo se encargó de su publicación.

Las publicaciones más recientes incorporan la fotografía a las portadas. En la reedición de *Poemas de la izquierda erótica* en 1998 por la Editorial Gurch, se optó por una fotografía por Guillermo Gutiérrez en vez de los dibujos de Arnoldo Ramírez Amaya del libro original. Editorial Cultura seleccionó una fotografía de Luis González Palma para la portada de *Esta desnuda playa* (2015).

La continuidad en las publicaciones de Ana María Rodas del diálogo entre la poesía y el arte queda patente en la muestra siguiente de portadas que sostienen la simbiosis entre imagen y texto.

Poemas de la izquierda erótica, 1973.
Portada y arte interior de Arnoldo Ramírez Amaya.
Guatemala, Edición de autor.

Cuatro esquinas del juego de una muñeca, 1975.
Portada de Arnoldo Ramírez Amaya.
Guatemala, Edición de autor.

El fin de los mitos y los sueños, 1984.
Portada y arte interior de Moisés Barrios.
Guatemala, RIN-78

La insurrección de Mariana, 1993.
Portada de Moisés Barrios.
Guatemala, Ediciones del Cadejo.

Poemas de la izquierda erótica, 1998.
Portada del fotógrafo Guillermo Gutiérrez.
Guatemala, Editorial Gurch.

Poemas de la izquierda erótica (trilogía), 2004.
Guatemala, Piedra Santa.
Se incluyen las primeras tres colecciones:
Poemas de la izquierda erótica, Cuatro esquinas del juego de una muñeca y *El fin de los mitos y los sueños.*

Esta desnuda playa, 2015.
Portada del fotógrafo Luis González Palma.
Guatemala, Editorial Cultura.

Poemas de la izquierda erótica, 2023.
Edición Conmemorativa, 50 aniversario.
Guatemala, Parutz' Editorial.

Presentación de *Poemas de la izquierda erótica* en 1973.
De izquierda a derecha: Lucy, hija de Ana María Rodas; Manuel Eduardo Rodríguez, periodista; Tasso Hadjidodou, presentador del libro, agregado cultural de la embajada de Francia y gran promotor belga de la literatura guatemalteca; Vittorio Tassinari, dueño del restaurante donde tomó lugar la entrega del libro; Ana María Rodas; Arnoldo Ramírez Amaya, pintor y esposo de Ana María Rodas, diseñador del libro y pintor de cuatro enormes cuadros para la presentación,
dos de los cuales se ven al fondo;
Ramiro MacDonald, periodista.
(Colección familiar)

Doble retrato de Ana María Rodas al lado del dibujo de ella hecho por el artista Arnoldo Ramírez Amaya
(Colección familiar)

Ana María Rodas, con su hija, Irene
(Colección familiar)

Ana María Rodas, Ministra de Cultura y Deportes de la República de Guatemala, 18 septiembre 2015 – 14 enero 2016

Ministra de Cultura Ana María Rodas en 2016 con Haroldo Requena y Silas Ayala, amigos y compañeros de trabajo cuando Rodas era directora del *Diario de Centro América* y de la Tipografía Nacional. (Colección familiar)

Ana María Rodas lee su poesía
(Colección familiar)

Ana María Rodas, 2017
(Colección familiar)

Ana María Rodas con su secretario
(Colección familiar)

Casasola Editores
MMXXVI

www.ingramcontent.com/pod-product-compliance
Lightning Source LLC
LaVergne TN
LVHW041052080826
845145LV00007B/1545